普通高等院校“十三五”规划教材

营销策划理论与实务

胡青华　马碧红◎主　编

霍东霞　陈　迪　赵家钰　石　林◎副主编

李　宁◎参　编

清华大学出版社

北　京

内容简介

本书全面、系统地阐述了营销策划的基本理论与方法，并引用大量最新的营销策划案例，对相关理论与方法的应用加以阐释和说明。力求给读者全新的营销策划理论与实践的全貌，以培养读者的营销策划思维能力和实践能力。全书共十章，分别为营销策划概论、营销调研策划、营销战略策划、产品策划、价格策划、分销渠道策划、促销策划、营销策划书的撰写、网络营销策划和服务营销策划。

本书既可作为高等院校市场营销、工商管理及相关专业学生的教材，也可供广大营销从业人员、企事业单位营销管理人员学习和参考使用。

图书在版编目(CIP)数据

营销策划理论与实务 / 胡青华，马碧红主编．—北京：清华大学出版社，2018(2022.8 重印)
(普通高等院校"十三五"规划教材)
ISBN 978-7-302-50424-5

Ⅰ.①营… Ⅱ.①胡… ②马… Ⅲ.①营销策划-高等学校-教材 Ⅳ.①F713.50

中国版本图书馆 CIP 数据核字(2018)第 123088 号

责任编辑：刘志彬
封面设计：汉风唐韵
责任校对：宋玉莲
责任印制：刘海龙

出版发行：清华大学出版社
网　　址：http：//www.tup.com.cn，http：//www.wqbook.com
地　　址：北京清华大学学研大厦 A 座　　**邮　　编：**100084
社 总 机：010-83470000　　**邮　　购：**010-62786544
投稿与读者服务：010-62776969，c-service@tup.tsinghua.edu.cn
质量反馈：010-62772015，zhiliang@tup.tsinghua.edu.cn
印 装 者：三河市龙大印装有限公司
经　　销：全国新华书店
开　　本：185mm×260mm　　**印　　张：**17　　**字　　数：**392 千字
版　　次：2018 年 6 月第 1 版　　**印　　次：**2022 年 8 月第5次印刷
定　　价：52.80 元

产品编号：077919-01

前言

随着我国国际化进程的加快，现代市场环境日趋复杂多变，市场竞争愈发激烈和残酷。企业要想在市场竞争中脱颖而出，就必须拥有一批精通市场营销策划的专业人才。市场营销策划是为了改变企业现状，完成营销目标，立足于企业现有的营销状况，借助科学方法与创新思维，对企业未来的营销发展做出战略性的决策和指导。因此，现代企业之间的市场竞争更多地体现为人才思辨能力和策划能力的竞争。

本书尝试以“案例—原理—实务”三位一体为原则，立足案例，基于寓原理于实务的思路，既向学生提供必要的营销策划基础知识，又着重介绍营销策划的技巧、方法及应用。由于营销策划是一门实践性很强的应用性课程，考虑到营销策划实践者、准备从事营销策划工作的从业人员及自主创业者提升自我能力的需求，因此本书的编写以营销策划的基本程序为逻辑起点，以营销任务策划为主线，按照由理论到技能，由技能到实践的逻辑顺序进行构思，力求使教材具有科学性、实用性与前瞻性。具体而言，本书有以下几个特点。

1. 体例新颖。依照“案例—原理—实务”三位一体的原则，全面展现营销策划的内涵，注重学习目标、教学内容、章后习题、案例分析、实训活动之间的内在统一。

2. 强化案例教学。本书所用案例都是社会关注的热点话题，短小精悍，始终贯穿于教学活动中，可以激发学生的学习兴趣，培养学生积极主动思考的能力。

3. 强调实践和可操作性。本书多数案例来自营销策划工作的实践，具有一定的普遍性和典型性。理论讲解配以案例，让读者掌握把理论运用于实践的技巧。

总之，本书将理论和实践相结合，符合学校转型发展的要求，也是转型试点课程建设的成果，更能经得起经管专业中的营销仿真模拟实验室的检验，可以在实验实训中提高学生理论联系实际的能力。

本书在编写过程中得到了重庆大学城市科技学院、清华大学出版社等有关领导和专家的关心和支持，也借鉴和参考了国内外同行中很多学者的观点与最新研究成果，在此一并表示诚挚的感谢！

此外，由于水平有限，加之时间仓促，书中难免出现纰漏和错误，恳请各位读者批评指正。

编　者

目　录

第一章 营销策划概论

学习目标

1. 了解市场营销学的对象与内容。
2. 理解市场营销策划的含义和特征。
3. 掌握市场营销策划的基本步骤。
4. 了解创造性思维的基本形式。
5. 理解市场营销策划与创造性思维的关系。

导入案例

郑州亚细亚商战策划

郑州亚细亚商场的前身是德化商场，坐落于郑州二七广场东南角。20世纪90年代初，一句“中原之行哪里去——郑州亚细亚”的广告语传遍大江南北，而由亚细亚提出的众多服务理念，如“顾客是上帝”“微笑服务”等，至今仍为商界所借鉴。后来，中央电视台以亚细亚与郑州其他五家商场的商战为主线，拍摄了一部长达6集的电视纪录片《商战》，节目播出后引起巨大反响。

郑州亚细亚的成功与策划人王力的介入有直接关系。王力，字思波，时任北京公关学会副会长，1997年被评为十大策划人。1989年年末，王力为亚细亚项目推出了“升华——1990”计划，即以行动升华亚细亚商场，使商战形成有序、合理的良性竞争格局，并最终成为一门商业文化学。

为实现这一宏伟目标，王力首先让亚细亚的全部员工接受军训。20天下来，员工的精神风貌有了很大改观，《河南日报》头版也对亚细亚的这一举措予以积极报道。

紧接着，王力连续推出了“向二七纪念塔致敬”和“请您帮助亚细亚”的活动。二七纪念塔是20世纪50年代为了纪念1923年京汉铁路工人大罢工死难烈士而修建的，是郑州城市的象征，彪炳着郑州的光荣革命传统。可是在市场经济的冲击下，二七纪念塔渐渐被郑州人冷落。1990年2月7日，郑州亚细亚1 000多名员工列队在二七广场举行了“向二七纪念塔致敬”的仪式，雄壮的《国际歌》不仅震撼了每个亚细亚员工的心，也在社会上引起强烈反响。

1990年元旦，在《亚细亚人》报创刊号上，读者看到了这样两篇文章：《扶我上路，助我升华——请您帮助亚细亚》和《向您道歉》。第一篇文章借在节日向消费者问候之际，恳请消费者对商场工作提出意见和建议；第二篇文章就一位消费者反映的情况做出道歉，并着手整改。这两篇文章在社会上引起了极大的反响，《中国商报》发表专栏文章，对亚细亚人自我批评的精神予以高度评价。

王力先后为亚细亚设计的每一次公关活动都被众多传媒津津乐道。不到一年的时间，全国各主要报刊媒体相继报道了亚细亚商场的举措。“升华——1990”计划促成了被视为中国商业革命的“亚细亚现象”。亚细亚成为一个全国关注的热门话题，由王力精心策划的郑州商战在全国引起强烈反响，并以强大的冲击力激发了商场的竞争意识，使商场的零售额大幅度增长，而且提高了商场的知名度，促进了郑州乃至全国商业的繁荣。

资料来源：孔繁任，熊明华．中国营销报告：1978—2001．北京：光明日报出版社，2001．

市场营销学是一门应用性很强的学科。美国著名营销学权威菲利普·科特勒(Philip Kotler)对此的定义是：“市场营销是个人和群体通过创造并同他人交换产品和价值，以满足需求和欲望的一种社会和管理过程。”简言之，市场营销的中心议题是交换产品和价值，满足需求和欲望。要使交换双方称心如意完成这个交换过程并非容易之事，需要在营销过程中处于主体地位的一方具备一定的策略、技巧和手段。作为一个企业，必须经常对市场进行研究和分析，设定正确的营销目标，做出适应市场的营销战略决策和营销战术安排，保证市场交换过程的顺利完成，从而使企业在满足消费者需求的同时，也使自身不断发展壮大。实际上，企业开展的以市场营销学基本原理为指导的市场营销实践活动就是市场营销策划。因此，市场营销策划人员作为企业营销实践活动的主体，必须学习掌握和善于运用市场营销学的基本原理，做到用理论指导营销实践，用营销实践加深对理论的学习，提高自己的营销策划能力。

第一节 市场营销学概述

市场营销学是一门年轻的管理学分支学科。市场营销学的产生和发展是与现代经济发达国家买方市场的形成、发展紧密相连的。20世纪初，市场营销学诞生于市场经济发达的美国，20世纪50年代，市场营销学开始从美国传入欧洲、日本，20世纪80年代传入我国。这百年间企业经营管理指导思想发生了生产观念、产品观念、推销观念、市场营销观念、社会营销观念等方面的转变，市场营销学的研究对象——市场营销范畴和学科性质也在这些观念的转变过程中逐渐得以明确。当然，在新经济背景下，市场营销观念和学科并没有停止发展的步伐，不断涌现的营销新观念、新方法发展并丰富着市场营销学理论。

一、市场营销学的发展历史

市场营销学百年的成长过程，大致可分为萌芽时期、应用时期、变革时期和成熟时期四个阶段。

(一) 萌芽时期(19世纪末—20世纪20年代)

19世纪末，一些较发达的资本主义国家相继完成了工业革命，大机器在生产中得到应用，工业生产迅速发展，城市经济日益发达，西方经济从自由竞争阶段过渡到垄断阶段。由于科学管理的推行，许多大企业的劳动生产率在短期内迅速提高，生产能力的增长超过了市场需求的增长，产品销售日渐成为企业关心的重要问题。

在这种情况下，少数精明的企业家开始重视商品广告和推销术，以刺激需求，扩大销售。同时，一些经济学者也着手从理论上研究商品问题和销售问题。1902—1903年，美国的密歇根州、加利福尼亚州和伊利诺伊州的三所州立大学的经济系正式开设市场营销学，这可以看作市场营销学学科发展史上具有里程碑意义的事件。1912年，美国哈佛大学的赫杰特奇(J. E. Hegertg)写出了第一本以“marketing”命名的教科书。这本书的问世被视为市场营销学作为一门独立学科出现的标志。

这一时期的市场营销学是建立在卖方基础上的，实质是“分配学”和“广告学”，研究内容主要局限于推销和销售促进方法，虽然有一定的实用价值，但在理论上没有形成完整的体系，而且研究活动仅仅限于大学讲坛，在实践上还未能引起社会的足够重视。

(二) 应用时期(20世纪30年代—第二次世界大战结束)

1929—1933年间，资本主义国家爆发了生产过剩的经济危机，产品的供过于求以极端的形式出现。企业面临的首要问题不是如何扩大生产和降低成本，而是如何将产品推销出去。一些营销学者提出了“创造需求”的策略，开始重视市场调查研究，分析、预测和刺激消费者的需求，这在客观上推进了营销理论的发展。市场营销学开始进入流通领域的应用阶段，参与企业争夺市场的业务活动。

不过，这一时期市场营销学的研究仍然局限于流通领域，着重研究如何在更大规模上推销已生产的商品，重视研究商品推销术和广告术。这一时期，企业在原有组织机构的基础上扩大了推销部门，增设了市场调研、广告宣传等机构，以加强商品推销的效果。

(三) 变革时期(第二次世界大战结束—20世纪60年代)

第二次世界大战结束后，随着第三次科技革命的发展，劳动效率大大提高，产量大幅度增加，品种不断翻新。加之政府和垄断大企业吸取经济危机的教训，推行高工资、高福利、高消费政策，刺激社会购买力，使消费者的需求和欲望不断变化，引起商品需求在质和量上都发生了重大变化。但是，市场的基本趋势是产品进一步供过于求，消费者市场已成为卖主之间激烈竞争而买主处于优势地位的买方市场。这时，市场营销学的研究开始突破流通领域，进入生产领域和消费领域。

这一时期，“以生产者为中心”的观念被“以消费者为中心”的观念取代，市场销售被市场营销取代，产生了一系列的概念、原理和方法，如买方市场理论、广义市场概念、市场营销观念、市场细分、营销组合、品牌形象等。这一时期的变革被西方经济学家称为市场营销的“革命”，从而正式形成了“现代”市场营销学理论体系。

(四) 成熟时期(20世纪70年代初至今)

从20世纪70年代初起，由于科学技术的进步，社会政治、经济情况发生了很大变化，企业的经营管理实践也有了很大进展，市场营销学进一步与消费经济学、经营学、管理学、心理学、社会学、信息学和系统论等学科理论结合起来，形成一门综合性的经营管理学科，成为现代企业经营管理的理论武器，被广泛地应用于社会各个领域，受到普遍重视，并取得了惊人的成功，从而宣告现代市场营销学走向成熟。

20 世纪 80 年代以后，市场营销学面对新的挑战，强调注重研究企业营销管理中的战略和决策问题。美国市场营销学权威菲利普·科特勒首先提出了“大营销”观念，并将营销组合由 4P 扩展为 6P、10P、11P，使市场营销学的研究重点从战术营销转向战略营销，被称为市场营销的第二次革命。同时，各种新观点也不断涌现，社会营销、服务营销、全球营销、关系营销等理论大大丰富和发展了市场营销的基本理论。

总之，市场营销学是在市场经济高度发展、生产迅速扩大、市场供求矛盾日益尖锐、竞争越来越激烈的情况下发展起来的，它还会随着社会经济、政治状况的不断发展变化，得到进一步的充实和完善。

二、市场营销学的研究对象与内容

市场营销学的研究对象是买方市场下企业的市场营销活动及规律，是市场营销实践的科学总结和概括，是有关市场营销活动的指导思想、基本理论、策略、方法和技巧等有机结合而成的学科体系。

市场营销是企业的一项综合的经营业务活动过程，以满足消费者现实或潜在的需求为出发点，开展市场调查和预测，进行环境分析，在市场细分的基础上选择目标市场，进行定位，制定相应的产品策略、价格策略、渠道策略和促销策略等，这些都是市场营销学研究的对象。并且，市场营销学研究的目的不是罗列营销活动的具体内容及现象，而是通过对营销活动的具体内容及现象的分析研究，揭示营销活动发展变化的规律性，以更好地指导企业进行市场营销活动。

市场营销学的核心思想：①企业必须面向市场，面向消费者，必须适应不断变化的环境并及时做出正确的反应；②企业的存在要为消费者或用户提供各种满意的产品或服务，并且要用最少的费用、最快的速度将产品送达消费者或用户手中；③企业应该而且只能在消费者或用户的满足中实现自己的各项目标。

根据上述基本思路，市场营销学的结构体系由以下四部分内容组成。

(1) 营销原理：由市场分析、营销观念、市场营销系统与营销环境、消费者需要与购买行为、市场细分与目标市场选择等理论组成。

(2) 营销实务：由产品策略、价格策略、渠道策略、促销策略、市场组合策略等构成。

(3) 营销管理：由营销战略、计划、组织和控制等构成。

(4) 市场营销新概念：由直复营销、网络营销、服务市场营销和国际市场营销组成。

总之，市场营销学的研究是以了解消费者的需求为起点，以满足消费者的需求为终点，通过研究，制定出营销活动战略、策略、方法及技巧，使企业在满足消费者需求的过程中实现利润目标，在竞争激烈的市场上求得生存与发展。

第二节 市场营销策划的含义与特征

一、市场营销策划的含义

(一) 策划

策划的含义众说纷纭。《辞海》对策划的解释为：计划、打算。《现代汉语词典》对策划的解释为：筹划、谋划。哈佛管理丛书《企业管理百科全书》对策划的解释为：人们针对未来要发生的事情做出当前的决策。《经济管理大词典》对策划的论述为：在经营管理中为了达到某一经济目标，在一定的环境条件下，对可能实现的目标和方向做出的行动谋划方案。

现在一般的观点认为，策划就是为了达到一定的目的，在调查、分析有关信息的基础上，遵循一定的程序，对未来某项工作和事件事先进行系统、全面的构思，谋划并制定和选择可行的执行方案的过程。它不同于一般的“建议”，也不是单纯的“点子”，而是一种包含创造性的建议，解决的是做什么、怎么做、何时做和由谁来做的完整的系统方案。

美国著名营销大师菲利普·科特勒对策划做了这样的解释：策划是一种程序，在本质上是一种运用脑力的理性行为。也就是说，策划是对于未来将要发生的事情做当前的决策及推断。策划的目的是找出事物的因果规律，衡量未来可采取与可能采取的途径，也就是连接着我们目前所处的状况、拥有的资源、具备的能力与未来我们要实现的目标和期望的结果。本书将策划定义为，策划是通过收集客观事物的各种信息和预测发展变化趋势来确定目标，进行创造性的谋划，设计能产生最佳效果的资源配置与行动方式，为科学决策提供依据的复杂的脑力劳动过程。

(二) 市场营销策划

市场营销策划，是指在营销原理的正确指导下，对将要开展的营销活动进行创造性的谋划，并设计出营销活动方案的脑力劳动过程。市场营销策划的核心有机中和了策划的各要素，以期最大化地提升品牌资产。市场营销策划通过对企业内部环境予以准确的分析，并在有效运用经营资源的基础上，对一定时间内的企业营销活动的行为方针、目标、战略及实施方案与具体措施进行设计和计划。市场营销策划的实质，是通过各种形式和媒介平台，实现和消费者的心理沟通，以达到销售的目的。

二、市场营销策划的特征

市场营销策划作为市场营销学领域中新崛起的细分学科之一，具有以下主要特征。

(一) 市场营销策划是创新思维的学科

创新思维是人类心理活动的高级过程，是人类智慧最集中表现的一种思维活动，是创新活动的主要精神支柱和重要组成部分。市场营销策划实质上是一种经营哲学，是市场营销的方法论，因而是一门创新思维的学科。

(二) 市场营销策划是市场营销系统工程的设计学科

市场营销策划实质上是运用企业市场营销过程中所拥有的资源和可利用的资源构造一个新的营销系统工程，并对这个系统中的各个方面根据新的经营哲学和经营理念设计进行轻重缓急的排列组合。

（三）市场营销策划是具有可操作性的实践学科

市场营销策划就是在创新思维的指导下，为企业的市场营销拟订具有现实可操作性的市场营销策划方案，提出开拓市场和营造市场的时间、地点、步骤及系统性的策略和措施。市场营销策划不仅要提出开拓市场的思路，更重要的是在创新思维的基础上制定市场营销的行动方案，以及明确如何在激烈的市场竞争中获取丰厚的利润。

第三节 市场营销策划的基本原理与基本步骤

一、市场营销策划的基本原理

营销策划原理是指营销策划活动中，通过科学总结而形成的具有理性指导意义和规律性的知识。营销策划原理应该具有客观性、稳定性、系统性。营销策划所依据的是整合原理、人本原理、差异原理和效益原理。

（一）整合原理

营销策划人要把所策划的对象视作一个系统，用集合性、动态性、层次性和相关性的观点处理策划对象各个要素之间的关系，用正确的营销理念将各个要素整合统筹起来，以形成完整的策划方案和优化的策划效果。整合原理要求营销策划要围绕策划的主题把策划所涉及的方方面面及构成策划文案的各个部分统一起来，形成独具特色的整体。

整合原理同时强调策划对象的优化组合，包括主附组合、同类组合、异类组合和信息的整体组合等。运用这一原理指导营销策划，会产生产品功能组合、营销方式组合、企业资源组合、企业各种职能组合等策划思路和灵感。

（二）人本原理

人本原理是指营销策划以人力资源为本，通过发掘人的积极性和创造性作为企业进步的动力。这里涉及的人既包括企业内部的管理者和员工，也包括广大的消费者。人本原理要求营销策划人在拟订策划方案时兼顾两个方面：一方面要调动和激发企业人员的积极性和创造性，坚持“以人为本”，即企业的行为是企业人的行为，不能撇开人孤立地设计企业活动；另一方面要体现“以消费者为中心，为消费者服务，令消费者满意”的宗旨，将企业行为紧密地与销售对象的利益联系在一起，使营销策划方案有利于培育忠诚的顾客群。

同时，人本原理还崇尚“天人合一”的观念，即营销策划要把企业发展、社会发展与生态发展统一起来，达到绿色营销策划的最高境界，促进全球的可持续发展。

（三）差异原理

差异原理是指在不同时期，对不同主体，视不同环境而做出的不同选择。营销策划没有固定的模式，营销策划工作也不能刻舟求剑、生搬硬套。不同的策划主体和客体在不同时间与环境下形成的策划方案应是千差万别的。那种无视客观生活的变化而盲目照搬别人现成的“创意”或“模式”的营销策划行为是不科学、不现实的。对于初学者来说，可能会有一段模仿学习的过程，但真正实战时则不能停留在模仿的水平上，必须积极地创造。

检验营销策划文案优劣的标准只能是实践。只有在具体实践活动中提炼的素材，才真正属于本企业，才会在此基础上产生新的创意，形成新的有别于其他企业的营销策划文案，从而产生差异。从这个意义上讲，差异就是创新，就是创造。

营销策划的差异是由策划文案的特色体现的。体现营销文案特色的因素有很多，如企业的形象塑造、企业的理念创新、企业的产品特色、企业的营销举措、企业的价值导向、企业的情感倾向、企业的视觉设计和企业的市场运营方式等。正由于形成差异化的因素繁多，才为企业营销策划体现差异原理提供了巨大的空间，也为策划人提供了施展才干的广阔舞台。

(四) 效益原理

效益原理是指营销策划活动中，以控制成本为核心，追求企业与策划行为本身双重经济效益和社会效益。营销策划效益是策划主体和对象谋求的终极目的。企业之所以要进行营销策划，就在于谋求企业的经济效益和社会效益。无论企业是采取成本最小化途径，还是采取市场占有率最大化途径，都无一例外是为了提高效益。营销策划主体也是以营销策划对象能获取较佳的效益为生存条件的，营销策划如果不能给企业带来效益，谁还会请营销策划公司进行策划呢？

二、市场营销策划的基本步骤

尽管在营销策划的过程中，创意的作用非常关键，但是，现代企业的营销策划已经逐步成为一个规范运作的过程，企业实施营销策划的基本步骤如图 1-1 所示。

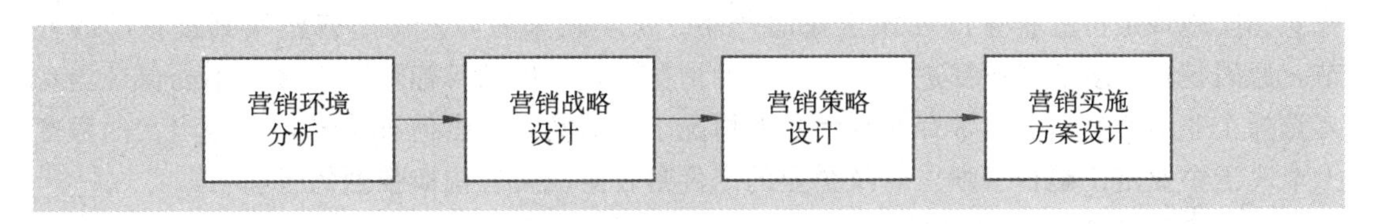

图 1-1 营销策划的基本步骤

(一) 营销环境分析阶段

营销环境分析主要包括外部环境分析和内部环境分析。这一阶段的主要目标是对企业所面临的内外部环境有一个清晰和深刻的认识。

▶ 1. 外部环境分析

任何企业的营销活动，总是在特定的外部环境背景下进行的。从企业的实践来看，企业的营销活动如果与宏观经济或者行业演进的趋势不相符，那么不论多么优秀的创意都无法挽救企业经营的失败。因此，任何企业在营销策划之初都必须对外部环境进行深入的分析，以确保营销方案能够与外部环境的变化趋势相匹配。优秀的营销方案往往就是因为抓住了外部环境变化的某些结构性趋势，从而使方案的实施更加顺利。

▶ 2. 内部环境分析

20 世纪 80 年代之前，企业的营销策划整体上更强调企业对外部环境的把握，而相对忽视对企业内部因素的分析。但是，随着竞争的加剧，越来越多的企业意识到，企业的营销活动并不单纯服务于销售的实现。从更深层的角度来讲，企业的营销活动必须有助于提升企业的核心竞争力，尤其是在克拉克·普拉哈拉德发表著名的管理学经典《公司的核心竞争力》之后，企业对于营销策划的思考开始围绕核心竞争力展开。在这种背景下，企业内部因素的分析就变得非常重要，因为只有将视角转向企业内部，才可能更准确地理解企业的核心竞争力。

（二）营销战略设计阶段

在外部环境分析和内部环境分析的基础上，营销策划的下一个步骤就是营销战略设计阶段。具体而言，营销战略设计的目标就是为具体的可操作的营销方案建立一个明确的方向，内容就是当前在营销学领域已经相对成形的分析框架 STP 分析。

▶ 1. 市场细分(segmentation)

内外部环境分析通常会提示企业面临的机会、威胁及企业自身的优势和劣势。但是，这种提示通常而言只是整体性和方向性的。企业在内外部环境分析的基础上，还需要对可能涉足的市场进行细分，以更加准确地了解不同消费者的需求。

▶ 2. 目标市场选择(targeting)

企业的资源总是有限的，在进行市场细分之后，企业需要在谨慎评估自身资源的基础上，选择部分或者全部市场作为目标市场。目标市场选择是企业在内外部环境分析的基础上形成的一个战略性结论，它相当于军事上的“选择哪里作为战场”，对于企业而言是一个非常关键的问题。如果战场的选择有问题，即使在战术上有过人之处，仍可能无法避免覆灭的命运。

▶ 3. 定位(positioning)

定位指的是企业在消费者心目中占据一定的位置。成功的定位会使消费者在决策时优先想到实施该定位的企业以及该企业的产品。从实践来看，定位是营销策划最核心的环节，原因是在大多数行业都进入买方市场的情况下，正确的目标市场选择并不能保证消费者选择企业的产品，在通常存在替代品的情况下，消费者做出何种选择，在相当大的程度上取决于企业定位是否清晰，以及企业的定位是否对消费者构成强烈的吸引力。

（三）营销策略设计阶段

在营销战略设计的基础上，营销策划的下一步骤就是进行战术的设计，具体而言，就是进行策略的设计，即建立一个营销策略框架。从营销学领域来看，这样的框架非常多，4P、4C、4R 等都是其中的典型。应当说，以上任何一种框架都可以应用于营销策略的设计。从 4P 到 4C，再到后来的 4R，反映了营销学界对消费者需求关注的不断加深。

1953 年，美国营销学者尼尔·鲍顿提出了“市场营销组合”的概念。1960 年，20 世纪营销学权威之一的杰罗姆·麦肯锡博士在著作《基础营销学》中第一次提出了营销组合的 4P 理论。4P 理论的提出，是现代市场营销理论最具划时代意义的变革。

1990 年，美国学者劳朋特教授从消费者的角度出发，提出了与传统营销的 4P 理论相对应的 4C 理论，即消费者的需要与欲望(consumer needs and wants)、消费者愿意付出的成本(cost)、购买商品的便利(convenience)和沟通(communication)。4C 理论充分体现了对消费者需求的重视，并成为整合营销传播的核心。

2000 年，美国的唐·E. 舒尔茨教授提出了 4R 营销新理论，阐述了全新的营销四要素：关联(relevancy)、反应(response)、关系(relationship)和回报(reward)。4R 理论侧重于用更有效的方式在企业和客户之间建立起有别于传统的新型关系，体现和落实了关系营销的思想。

考虑到4P理论的广泛影响及全球营销学界对4P理论的广泛认可，本书以4P框架作为营销策划的分析框架。在营销策划中，4P的具体内涵如下所述。

产品(product)：企业必须推出满足消费者需求的产品，而且这些产品必须形成一个恰当的组合，以满足不同目标市场的消费者的需要。

定价(price)：除非是价格被管制，企业都需要在仔细调研和分析的基础上给产品制定适当的价格。该种价格应该能够向消费者传递企业的定位信息。

渠道(place)：企业需要建立一个合适的渠道体系，以使消费者能够方便地购买到企业的产品。这个渠道体系可能由一条或者若干条渠道组成，可能很短，也可能很长。具体的设计仍然要基于行业特点以及公司定位。

促销(promotion)：不管是消费品、工业品还是服务产品，企业都需要和消费者保持充分的沟通，不断强化消费者对公司品牌或者产品品牌的认可度。同时，公司需要针对竞争环境的特点设计一系列促销手段，以推动产品的销售。所有的促销活动，都必须建立在与公司定位相匹配的基础上。

（四）营销实施方案设计阶段

在营销策略设计的基础上，企业必须从实施角度测算预期的回报，这一阶段的主要工作是从组织结构设计、营销部门与其他部门的整合、营销策划方案实施的评估与控制角度进行规划，从提升整个企业竞争能力的角度整合各种资源，以有效支持营销策划方案的实施并使整个实施过程处于可控制的状态。

▶ 1. 组织结构设计

尽管营销策划方案通常是在一个已经形成的组织结构中被提出的，但是基于竞争的需要，企业也可能为更好地实施某些重大的营销策划方案而对现有的组织结构进行调整。因此，在营销策划的过程中，既要尊重现有组织结构本身的合理因素，也要敢于对组织结构的变革提出设想。

营销人员应当对各种典型的组织结构设计进行深入的了解，没有一种组织结构是十全十美的。营销人员考虑组织结构的出发点，通常并不是寻找一种完美的组织结构，而是评价目前的组织结构是否能最大限度地支持营销策划方案的实施。而且在评估的基础上，营销人员应当就可能存在的变革方向提出自己的观点。

▶ 2. 营销部门与其他部门的整合

营销策划方案的实施是一个系统工程，需要企业内部各个部门之间有机地结合起来，为实现共同的目标设计出最合理的方案。在这个过程中，企业营销部必须和财务部、人力资源部、新产品开发部、信息管理部等各个部门保持良好的合作关系。比如，在预算和人员支持上，营销策划方案的实施非常需要来自财务部和人力资源部的支持。从预算的角度来看，任何营销策划方案都有外部资源约束的边界，企业在营销策划的实施上不可能无限制地投入财力。因此，营销策划方案在实施之前必须明确该项策划的预算。从竞争的角度来看，营销策划仍然必须服从一个基本原则，即在实现预定目标的前提下，尽可能实现营销费用最小化。之所以提出这样的原则，是因为从实践来看，存在两种常见的错误观点：一种认为营销策划会增加费用，因此营销策划越少越好。另一种则将企业的发展完全寄托在营销策划上，并为此不惜血本，甚至进行一些超越企业资源承受能力的策划，这种做法在最糟糕的情况下可能直接导致企业现金流的中断和企业的突然死亡。

营销与人力资源功能的整合同样非常重要，营销策划方案的执行可能需要很多人，当然也可能不需要增加额外的人手，但无论如何，企业应当对实施营销策划方案所需要的人力资源支持有充分的估计。在营销策略设计层面上进行策略变动，如将渠道从与大卖场合作改为既与大卖场合作又开设直营的专卖店，可能意味着公司的员工数量会有巨大的变化。企业可能能够在很短的时间筹集足够多的资金，但是通常很难在很短的时间内招聘到足够多的有能力的员工。因此，任何企业在营销策划方案的实施过程中，对方案所需要的人力资源支持都应当进行充分的跨部门沟通。

▶ 3. 营销策划方案实施的评估与控制

营销策划方案的实施过程并非单单是一个按照既定的方案操作的过程。在营销策划方案的实施过程中，企业必须持续对实施的效果进行评估，并且在需要的时候对原来的营销策划方案进行调整。

在实施效果的评估过程中，首先要确定一种评估的方法。简单地讲，评估方法就是一套衡量实施目标能否达到以及在多大程度上达到的一套评估体系。比如，如果一个营销策划以提高销售额为主要目标，那么企业就应当衡量哪些指标可以最准确地对这一目标的实现进行衡量。在这个具体的例子中，企业通常会发现下游企业的采购量是一个比较好的指标，但往往还需要以其他指标作为补充。在实际运作中，下游企业的采购可能因为种种原因而发生，但有时尽管下游企业的采购量增加了，最终消费者对公司产品的消费却并没有增加，公司的产品实际上都囤积在渠道中。如果出现这种情况，则通常认为，尽管在公司自身的利润表上销售收入有较大幅度的增长，但是并不能认为营销策划的实施达到了理想的效果。

第四节 市场营销策划与创造性思维

不断创新是企业生存之本，也是企业市场营销策划的灵魂所在。因此，企业市场营销策划离不开创造性思维。创造性思维是指企业市场营销策划者在市场营销策划过程中所产生的思想、点子、创意和想象等新的思维成果，它是一种创造新事物的思维方式。创造性思维就本质来说是一种辩证思维，由于受人脑的制约，因此具有明显的社会历史特点。

一、创造性思维的主要特征

（一）积极的求异性

创造性思维亦称求异思维，求异性始终贯穿于创造性思维活动中。求异性主要表现为对已有现象和人们的认识持怀疑态度，并在观察分析和判断中进一步探索事物发展的客观规律。

市场营销策划本身就是一个创造性活动，只有以求异性思维为基础进行市场营销策划，才能产生出人意料的效果，这在市场竞争日益激烈的今天显得十分重要。当然，这里讲的求异性绝不是为异而异，而是为了更加具有可实现性和提高竞争力而采用的求异思维。

（二）敏锐的洞察力

所谓洞察力，是指以批判的眼光观察并认识复杂事物的能力，包括事物的多变性和事物之间的相互联系。具备敏锐的洞察力有利于抓住事物的本质特征，从而掌握进行成功市场营销策划的钥匙；缺乏洞察力的策划会浪费企业的大量资源。当策划者能够对环境机遇或威胁提出正确的见解时，就为形成正确的战略奠定了基础，使策划有了支柱。

（三）丰富的想象力和灵感

策划过程的实质就是一个丰富多彩的想象过程，因为它是对未来活动的设想和预见，是将来可能发生的事实。当然这种想象不是幻想，而是对思维过程中的已有概念和现象进行集中与凝聚，并且将它们转化为强烈的创造行为。灵感是在人们脑海中闪现的智慧之光，它建立在策划者的亲身感受和直观体验的基础上，它是策划者因思想集中、情绪高涨而突然表现出来的创造能力。当然，灵感的获得必须有思维的积累，从某种意义上讲，它是可遇而不可求的。当年美国“汽车大王”福特为了创造一种新的生产方式，冥思苦想了很长时间。有一天，他在肉店里偶然看到三个人在分工协作，一个人剔牛头，一个人剔牛脊骨，一个人剔牛腿骨。见此情景，他的脑海中马上闪现灵感，于是创造出了划时代的“生产流水线”方式，极大地提高了劳动效率。

（四）超常的综合力

市场营销策划者既要表现出标新立异的特点，又要表现出对客观事物进行总结概括和综合提炼的能力，即通过观察分析策划主体中的问题，运用多学科研究成果探索问题的根源，在整合的基础上标新立异，而不重蹈覆辙。

二、创造性思维的主要形式

（一）创造性思维的基本形式

▶ 1. 理论思维

所谓理论思维，是指理性认识系统化的思维方式。理论思维的重要性就在于它所具有的科学性和真理性。实践证明，凡是理论思维混乱或不符合客观规律的策划者，他们的策划结果必然收效甚微或全部失败。

理论思维在市场营销策划中应用比较多，如系统思维。企业的市场营销策划过程是一个系统运作的过程，应该着重于整个市场营销系统，综合考虑，权衡利弊，做出抉择。

▶ 2. 直观思维

直观思维是在现实生活中，外界事物在人们头脑中产生的感觉。这种感觉具有直接性、具体性和生动性的特点，是触发人们创造性思维的重要基础。撞击直观思维的程度取决于人们的观察力、想象力和记忆力。在市场营销策划过程中，策划者往往通过观察思考，产生创造性直观思维。杜康酒的最初出现就充分说明，直观的积极思考有助于创造性思维的运用。

▶ 3. 倾向思维

在策划者的思维模式中，倾向思维也是一种基本的思维方式。倾向思维是指人们在思维过程中从一定的目的出发，沿着某一方向而进行的思维活动。在市场营销策划中，它一般是指策划者通过接触某一事物，从一定的倾向出发，突然开窍，产生灵感，找到了成功之路，这种思维也叫灵感思维。美国派克自来水笔誉满全球的过程，离不开这种倾向思维方式的运用。

▶4. 联系思维

市场营销策划的过程也是一种决策的过程，而决策是否正确与决策的依据有直接关系。因此，一个高明的策划者应该善于把握事物之间的联系，并产生联想，养成联系思维的习惯，掌握事物普遍联系的哲学观点。日本上新电机公司成功开发新商业区的事例就说明了这一点。

▶5. 逆向思维

通俗地说，逆向思维就是反其道而行之，反潮流而动，标新立异。在市场营销策划中，采用逆向思维也是取得策划成功的一个重要途径。1974年，香港金利来领带在其他同类产品纷纷降价的情况下反而提价，获得了成功，并且从此成为国际名牌产品，就充分说明了这一点。

▶6. 形象思维

形象思维就是策划者根据现实生活中的各种事物，如植物、动物、人或其他异彩纷呈的现象，通过选择、分析、综合，然后进行艺术塑造的一种思维方式。形象思维的特点是不脱离某一具体事物，同时包含策划者的强烈情感和幻想。动画片《唐老鸭和米老鼠》就是成功运用形象思维进行策划的典范。

▶7. 抽象思维

抽象思维不同于形象思维，是指运用科学的抽象概念来揭示事物的本质，表达认识现实的结果。它是人们在认识事物的过程中，借助概念、判断和严密推理来反映现实的过程。实践证明，策划者要保持旺盛的创造力，就要多方寻求启发，越是从意想不到处发展、抓冷门，就越有可能突破传统的框框，产生新的创意。

以上几种思维形式广泛存在于创造性思维之中，当然也存在于一般人的思维过程之中。

（二）创造性思维的特殊形式

创造性思维除了上述基本形式之外，在企业市场营销策划中，还有以下特殊形式。

▶1. 生存意识思维

（1）危机思维。所谓危机思维，是指企业在进行市场营销策划时，要时刻想到企业的问题和困难，越是在顺利的时候，越要想到潜在的危机。国内外不少企业特别注意这一问题，如在企业内部实行危机管理，居安思危，不断强化预防危机的意识。

危机思维的重要性在于使企业不会产生一种“万事大吉”的心理，这是一种来自外界的压力，实质上也是一种创造性思维。运用危机思维不仅能够使企业转危为安，而且能达到出奇制胜的效果。

（2）求生思维。所谓求生思维，是指当企业处于险境时，能够临危不惧、力挽狂澜、化险为夷。因为企业在市场竞争中会遇到险境，出现艰难和坎坷。

在市场营销策划中，采用危机反弹技术是运用求生思维的重要方式。例如，有一家航空公司的飞机因机械故障，中途迫降，顾客对此极为不满，此事对航空公司的声誉造成了一定的负面影响。于是，航空公司另调飞机将旅客送到目的地，当旅客下飞机时，航空公司再次道歉，并向顾客退还了机票钱，大大提高了公司的声誉。

(3) 防身思维。所谓防身思维，是指保守企业的秘密，以维护企业在市场竞争中的优势地位。西方国家的企业十分注重防身术的应用，美国可口可乐公司的产品之所以风靡世界，就在于可口可乐公司对产品配方严格保密。尽管许多商家挖空心思想获得该配方，但一直未能如愿。

(4) 与“狼”共舞思维。俗话说，“人无压力轻飘飘，井无压力不喷油”，与“狼”共舞思维是指企业要时刻有竞争意识。如果没有竞争对手的威胁，企业就会失去生气，缺乏生机，也不能借鉴竞争者的长处。只有与“狼”共舞，企业方能尽显英雄本色。

▶ 2. 公关意识思维

(1) 赞助思维。赞助是企业树立形象、拓展业务的一种重要策略。实践证明，许多企业的兴旺发达都与赞助有关。例如，健力宝公司从 1984 年第 23 届奥运会赞助中国体育代表团开始，先后赞助了第五届全运会、汉城奥运会、北京亚运会等，使健力宝公司的知名度越来越高。

(2) 迎合思维。迎合思维是指当企业进入一个新的市场时，一定要适应当地的文化环境，尊重当地的习俗和传统，尤其不要触犯当地的禁忌。入乡随俗就是这个道理。在企业市场营销策划中，迎合意识实际上就是贯彻“以消费者为中心”的经营思想。凡是营销成功的公司，在这方面都有明智的做法。

▶ 3. 特色意识思维

(1) 借名思维。借名思维是指借助名人来抬高自己。例如，我国生产的一种营养生发水被德国总理施密特使用，消息传开后，这种生发水在德国的销售量从原来的每年 4 万瓶猛增到 22 万瓶，由此可见名人效应的威力。但是，运用名人效应要注意选择与名人身份相关的行业和产品，同时注意商标的设计。

(2) 创名牌思维。在市场营销策划过程中，策划者应该具有创名牌思维，目的在于树立企业形象、赢得消费者的信赖。企业创名牌的基础是提高产品质量，市场上许多名牌产品都以质优闻名遐迩。创名牌的同时还要保名牌，否则不是砸了牌子，就是替他人做了嫁衣。

(3) 哗众取宠思维。哗众取宠思维是指在市场营销过程中尽量引起消费者对产品的注意，因为注意是引起购买欲望的第一步，如果消费者不注意企业产品，就毫无购买的可能。这就要求策划者具备事件思维，即通过某一事件来吸引人们的广泛关注。法国白兰地酒开拓美国市场，就利用了为美国总统艾森豪威尔祝寿的机会。

(4) 献丑思维。中国有一句老话，叫作“家丑不可外扬”。长期以来，这句话一直束缚着人们的思想，企业经营也是如此，如在宣传活动中，极力宣传优点而回避缺点。但有的企业策划者在运作过程中，有意暴露自己的缺点，因为他们认为世界上没有十全十美的东西，正所谓金无足赤、人无完人。在促销活动中，在宣传企业产品优点的同时，实事求是地讲出不足，反而能赢得广大消费者的理解和信赖，类似的事例不胜枚举。

(5) 人性思维。人性思维也叫攻心思维。三国时期，诸葛亮率兵作战，主张“攻心为上，攻城为下，心战为上，兵战为下”。这个道理也适用于企业市场营销策划，因为在现代社会经济活动中，许多业务要靠人际感情来维持，或者说，随着市场营销观念的深入人心，在一定程度上也会影响人们的情感关系，因此，只有用人性化意识维系消费者感情的企业，才能成为市场竞争中的佼佼者，中外许多事实也证明了这一点。

三、市场营销策划与创造性思维的关系

从某种意义上讲，市场营销策划的过程实质上也是创造性思维发挥的过程，创造性思维只有通过具体操作才能体现出来，市场营销策划和创造性思维有着十分密切的关系。

（一）创造性思维是市场营销策划的起点和终点

如前所述，创造性思维是企业市场营销策划的重要原则，因此，在市场营销策划一开始就要以创造性思维为指导，并将创造性思维贯穿市场营销策划过程的每个阶段，直到最后完成策划。

（二）创造性思维是市场营销策划的重要理论支柱

市场营销策划是在一定理论指导下的活动，其中一个重要的理论支柱就是创造性思维，正因如此，市场营销策划使企业的市场营销活动更有生气、有魅力、有特色。

（三）创造性思维渗透到市场营销策划的各个方面

企业市场营销策划并非只是某一方面的设计，而是一个全方位、系列化的创造过程，因此创造性思维要渗透到企业市场营销策划工作的方方面面。

四、市场营销策划人员的素质

在任何一个与对手博弈的场合，胜利总是属于那些在思想上、计划上和行动上高于对手的一方。市场营销策划本质上就是同竞争者博弈。因此，要比竞争者高出一筹，就必须具有足智多谋的人才，或者说，市场营销策划者必须是具有高素质的人才。

（一）市场营销策划人员的能力结构

市场营销策划人员应该具有多方面的知识和能力。

▶ 1. 观察力

所谓观察力，是指寻找问题或者善于发现问题的能力。例如，能够了解对方的需求，发现竞争者的弱点等。

▶ 2. 灵感

一般来说，想象和创新会产生灵感，人们在轻松和休闲的时候容易产生灵感。当然，灵感的出现也因人而异，因为各人所处的状况和环境不同。同时，灵感的产生应该有必要的情报作为基础，另外，要使自己处于自由的氛围之中，并且能接受他人智慧的刺激。

▶ 3. 构成力

在将诸多零散的灵感整合成市场营销策划时，需要借助整理、加工和构成的能力，也就是说，围绕市场营销策划的目的而进行系统的立体构造。构成力的核心是对灵感评价的能力和对评价后的灵感组合的能力。这就需要设定一系列标准，如可行性如何，是否符合目标，是否立即见效，能否持久等。同时，对灵感进行整理也必须谨慎，不可草率从事，用错灵感。

▶ 4. 情报力

情报力是指有效地收集和分析情报，使之有利于市场营销策划的能力。对情报的加工是一个复杂的过程，只有加工后的情报才能变成知识和智能。由于情报是根据某种目的收集的，所以所有情报往往都集中在某个焦点上。同时，由焦点向四周扩张，会波及别的情报，波及的情报也很重要，利用这些情报甚至能收到更好的效果。

▶ 5. 实现力

对市场营销策划来说，最重要的就是实现能力。经过长时间研究创造出来的具有特色的策划，如果实行时达不到理想的效果，那就劳而无功了。因此，市场营销策划者应该具有卓越的实现能力。这种能力表现在知道应该表现什么，安排表现的时间顺序，预测造成强烈刺激和印象的程度，以及可以形成统一的风格等。

▶ 6. 感召力

市场营销策划的目的是要打动对方，使对方的心理活动在策划者的计划之内，这就要时刻注意观察印象刺激的力度、对方接受的程度、受感动的深度等。因此，要求策划者在表现自己时有动有静、动静互用，用合适的方式表现自己，尤其是在人们的逆反心态下，更应想办法使对方接受并留下印象。

（二）提高市场营销策划人员能力的途径

市场营销策划能力并非一种天赋，而是经过后天训练培养出来的，关键在于自己努力学习和锻炼。提高市场营销策划人员能力的途径有以下几种。

▶ 1. 不墨守成规

这是针对那些墨守成规的人而言的，这种人故步自封，不愿冒险。而市场营销策划人员正好相反，他们需要思想解放，不安于现状，喜欢冒险，乐于改革。

实际上，不墨守成规的人是善于动脑的人。因此，市场营销策划人员应该养成经常动脑的习惯，尽可能设定每天动脑的时间和地点，如在散步时、在公交车上、在入睡前等。

▶ 2. 广泛阅读

广泛阅读就是广泛阅读书籍报刊。因为策划人员要进行市场营销策划，必须有足够的素材，这些素材往往是形成观念和点子的重要基础，而取得这些素材的捷径就是报刊和书籍等。有人非常重视晚上 8—10 点的时间，并且认为，如果每天能抽出 2 小时读书，一定会有很大的收获。

当然，读书一定要持之以恒，而且还要读好书，要善于利用片断时间。可以想象，阅读除了能获得大量素材之外，还可以培养丰富的想象力，而丰富的想象力正是市场营销策划人员的重要素质。

▶ 3. 随时做笔记

不管你在什么时间和地点得到灵感，都应该把它记下来，灵感就像天空飞翔的小鸟，不知何时会飞来并停在树上，如果你不留意，它又飞走了。因此，对待忽而出现又忽而消逝的灵感，最好的办法就是用笔把它记下来，这是市场营销策划人员必须注意的。我们也许有过这样的经历，散步或开车时突然想到一个点子，但因当时没有纸笔记下来，回家之后却怎么也想不起来了。所以，作为一个市场营销策划人员，随时记笔记是很重要的。

▶ 4. 多加讨论

常言道，“玉不琢，不成器”，市场营销构想也是如此，只有广泛地沟通和听取意见，才能更成熟和更完善，为此必须做到以下几个方面。

（1）当你把自己的构想告诉别人时，必须把原来的构想进行修改或过滤，从而整理出一个更加清晰的概念。

（2）与别人讨论自己的构想时，应该既包括与自己工作经历相同的人，也包括与自己工作经历不同的人，因为从不同经历的人那里可能会得到更加重要的启发。

（3）拿出自己的构想与别人讨论，可能要冒被别人剽窃的风险，但是要得到好的构想，就要敢于冒这种风险。

▶ 5. 放松自己

市场营销策划人员每天都要注意放松自己，因为在紧张的情况下无法出现好的构想。如前所述，构想大都出现在休息、散步、睡前等时间，这就说明在放松时比在学习时更容易进行创造性思考。

▶ 6. 树立消费者观念

人们往往容易沾染自以为是的陋习，对市场营销策划人员来说，尤其应该防止自以为是。市场营销策划面对的是广大消费者，市场营销策划人员应该站在消费者的角度全面地思考消费者需要什么。必须认识到，策划人的观点和策划人的构想往往是有偏差的。

当然，提高市场营销策划人员能力的途径有很多，市场营销策划人员必须从市场竞争的角度出发，在实践中不断提高自身的策划能力。

本章小结

市场营销学的研究对象是买方市场下企业的市场营销活动及规律。市场营销是个人和集体通过创造并同他人交换产品和价值以满足需求和欲望的一种社会和管理过程。20世纪初，市场营销学产生于市场经济发达的美国，至今已有百年历史，大致可分为萌芽时期、应用时期、变革时期和成熟时期四个阶段。

市场营销策划是指企业的策划人员在对企业内外部环境进行准确分析，并有效运用经营资源的基础上，对一定时间内的企业营销活动的行为方针、目标、战略，以及实施方案与具体措施进行设计和计划。市场营销策划具有以下主要特征：市场营销策划是创新思维的学科；市场营销策划是市场营销系统工程的设计学科；市场营销策划是具有可操作性的实践学科。

营销策划所依据的是整合原理、人本原理、差异原理和效益原理。市场营销策划的基本步骤包括营销环境分析阶段、营销战略设计阶段、营销策略设计阶段、营销实施方案设计阶段。

创造性思维是指企业市场营销策划者在市场营销策划过程中所产生的思想、点子、创意和想象等新的思维成果，它是一种创造新事物的思维方式。创造性思维的主要特征包括积极的求异性、敏锐的洞察力、丰富的想象力和灵感，以及超常的综合力。创造性思维的主要形式有基本形式和特殊形式。市场营销策划与创造性思维的关系：创造性思维是市场营销策划的起点和终点；创造性思维是市场营销策划的重要理论支柱；创造性思维渗透到市场营销策划的各个方面。

复习思考题

1. 简述市场营销策划的含义。
2. 市场营销策划的特征是什么?
3. 市场营销策划所依据的原理有哪些?
4. 市场营销策划的基本步骤有哪些?
5. 简述市场营销策划与创造性思维的关系。

案例分析

加多宝逆势之战

"怕上火,就喝王老吉"曾是大家耳熟能详的广告词。2012年,广药集团收回"王老吉"的商标使用权,虽然广药集团在法律层面获得了最后的胜利,然而市场却为加多宝讨回了公道。加多宝集团重磅打造加多宝凉茶,扭转市场的不利之势,更成为快消品行业中的经典之战。

一、市场定位

推广加多宝新品牌的同时又守住王老吉的老顾客,并阻击红罐王老吉,可谓"一箭三雕"。加多宝沿袭了在营销策划王老吉品牌时一贯的定位思想,对加多宝凉茶进行了精准、明确的定位:正宗凉茶领导者——加多宝。加多宝大张旗鼓地宣传加多宝是正宗凉茶,直接挑战王老吉的正宗凉茶定位,包括冠名《中国好声音》,加多宝也向外界宣传是看中该节目的正宗概念。为了有效阻截原来的王老吉品牌,加多宝用了这样的广告语"全国销量领先的红罐凉茶,改名加多宝,还是原来的配方,还是原来的味道",并且使用与原来的王老吉广告相似的场景画面,试图让原来的王老吉消费者相信王老吉凉茶已经改名加多宝凉茶,加多宝凉茶就是正宗凉茶的代表。加多宝通过此种策略,试图留住原来王老吉品牌辛辛苦苦积累下的老顾客。通过这则改名广告,可见加多宝集团已经从最初的打"悲情牌"走到了今天与王老吉的彻底决裂,也证明了只有告别过去才能真正地站起来。加多宝正在一步步地抢占先机,相比之下,广药集团还在为生产线烦恼,还在发布急招3 000名快销英才的广告,由此可知,对于快消品时间就是生命的道理。

二、品牌传播

近年来,加多宝与王老吉的官司风波、仲裁、更改广告语、清库存、亮合同、公证、专利,甚至不惜产品被查扣等事件,都是在吸引媒体和广大民众眼球的同时,免费借助媒体的大量报道,将原本在大众记忆中不曾存在的加多宝捧红。加多宝的这些动作,与直接发布广告相比,达到了更好的宣传效果。

一时间,仿佛人们都开始关注并且议论起加多宝。尤其是在加多宝斥6 000万元巨资赞助《中国好声音》之后,《中国好声音》的成功也让加多宝的名字传播得更广。

应该说冠名《中国好声音》只是加多宝品牌传播策略中的一个很小的部分,如果稍加留意,我们就会发现加多宝几乎冠名了国内所有卫视的知名综艺节目。甚至有人发现,加多宝还对某些二、三线城市的电视节目进行了冠名。除了电视节目冠名之外,加多宝的电视广告也是铺天盖地。加多宝看来是下了“血本”，要让加多宝凉茶迅速打响市场。这与当初在汶川地震期间王老吉捐款一个亿的大手笔显然是殊途同归。

除此之外，加多宝也在线下将品牌推广运用到极致，如公益助学，捐助贫困山区儿童，关爱老年人健康之旅；增加塑料瓶装加多宝，以便携带，弥补老版红罐加多宝的不足；实施软营销策略，主要通过一些科普类文章及介绍加多宝凉茶主要成分的功能，帮助当今压力极大的人们，预防肝火，留住健康。

三、渠道覆盖

广告学中有一个“终端巩固提高原则”，讲的是品牌广告不仅要在大的媒体平台曝光，也要在销售终端不断地出现，以加深消费者的心理印象。加多宝深谙这一道理，只要稍加留心，我们就会经常在一些餐饮、商超等销售终端看到加多宝的喷绘、红灯笼等宣传品。可以说，几乎每一个有加多宝凉茶销售的地方都有加多宝凉茶的广告。加多宝这种终端覆盖的能力，是其他快消品牌无法超越的。

除此之外，加多宝有一个庞大的渠道队伍，这些渠道人员不仅有销售指标的考核，也有终端宣传的考核。每天需要贴出多少张宣传品，都有明确的数量要求。正因为渠道队伍有这种强大的执行力，我们才会看到铺天盖地的加多宝凉茶广告。

从加多宝与广药集团之间的抗衡和市场业绩来看，加多宝无疑是胜利者，它创造了一个奇迹，即在被夺走强势知名品牌的严峻形势下，短期内重建新品牌，且被大部分消费者认可。这在中国市场实属罕见，可见今天的加多宝已经不仅仅是当初那个仅有百年凉茶配方的传统生产性企业了，它比很多快消品企业更了解这个市场。这一系列的成功可以简单概括为：分裂之后的加多宝首先有一个明确的市场定位，然后通过品牌传播与渠道覆盖将加多宝凉茶品牌传播出去。加多宝运用的好像是最简单的营销道理，但却因为强大的执行力保障了营销策略的落地生根。

思考：

1. 在广药集团和加多宝彻底决裂之时，加多宝面临的最主要的市场问题是什么？

2. 加多宝最后扭转市场态势，在凉茶行业市场领导者的位置上屹立不倒的主要原因是什么？

3. 根据加多宝的营销轨迹，描绘出加多宝的营销脉络。

实训活动

一、实训目标

通过收集企业营销策划书，分析企业营销策划书的结构特点，使学生初步了解营销策划的内容，了解营销策划的基本原理与步骤，以及营销策划人必备的基本能力，增强对营销策划学习的兴趣和信心。

二、实训内容

1. 对比不同行业、不同目的策划书的区别与共同点。

2. 引导学生对快速消费品、汽车和房地产行业的某一策划方案的结构、创意进行评价。

一般来说，营销策划书包括以下 9 项内容。

(1) 纲要：主要描述策划项目的背景资料、介绍策划的团体、概括策划书的主要内容等，要求简明扼要，让人一目了然。

（2）市场环境分析：主要指宏观环境分析，包括人文环境、经济环境、政治环境、自然环境、文化环境、技术环境等，以及竞争对手的实力分析和竞争对手的策略分析等。

（3）SWOT分析：分别评估企业内部的优势、劣势，外部环境的机会、威胁。

（4）市场选择与定位：细分市场、目标市场选择和市场定位。

（5）营销战略与目标：营销战略的选择和战略目标的确定。

（6）营销策略：产品策略、价格策略、促销策略和渠道策略。

（7）组织与实施计划：组织销售队伍和制订实施计划。

（8）财务预算。

（9）控制应变措施。

以上9项内容是营销策划书的主要内容，当然，并不是所有的营销策划书都应如此千篇一律、一应俱全。各个行业可根据企业所处的市场环境、产品、营销战略等情况，进行一些改造性的改变。

三、实训步骤

1. 以5～6人为一组，每组确定1名负责人，组建营销团队。
2. 对各营销团队进行适当角色分工，确保组织合理和每位成员的积极参与。
3. 各团队根据调研的结果，收集企业营销策划书。
4. 每组选派一个代表上台展示方案，制作PPT并进行模拟展示。
5. 评分标准：小组自评占20%，其他组互评占40%，教师评分占40%。

第二章 营销调研策划

学习目标

1. 理解市场营销调研策划的概念与作用。
2. 了解营销调研策划的主要内容。
3. 掌握营销调研策划的流程、方法。
4. 掌握问卷设计的结构。
5. 了解市场调研报告的构成。

导入案例

市场调研产品投放成功的关键

联合利华公司的Surf超浓缩洗衣粉在进入日本市场前，做了大量的市场调研。Surf的包装经过预测试，设计成日本人装茶叶的香袋模样，很受欢迎；调研发现消费者使用Surf时，方便性是很重要的性能指标，于是又对产品进行了改进。同时，消费者认为Surf的气味也很吸引人，联合利华就把“气味清新”作为Surf的主要诉求点。可是，当产品投放日本后，发现市场份额仅能占到2.8%，远远低于原来的期望值，一时使得联合利华陷入窘境。问题出在哪里呢？

问题一：消费者发现那么好的Surf洗衣粉在洗涤时难以溶解，原因是日本当时正在流行使用慢速搅动的洗衣机。

问题二：“气味清新”基本上没有吸引力，原因是大多数日本人是露天晾衣服的。

显然，Surf进入市场时实施的调研设计存在严重缺陷，调研人员没有找到日本洗衣粉销售中应该考虑的关键属性，而提供了并不重要的认知——气味清新，导致了对消费者消费行为的误解。

资料来源：品牌网.

第一节 营销调研策划概述

市场营销调研策划是市场营销策划的起点和基础，也是市场营销策划的一个非常重要的步骤。市场调研是探索新的市场机会的基本工具，通过市场调研对营销决策相关的数据进行收集、统筹、分析，为营销决策提供依据。

一、营销调研策划的概念及作用

（一）营销调研策划的概念

所谓市场营销调研策划，是指运用科学的方法，系统、客观、有计划地收集、整理和分析研究有关市场营销方面的信息，提出解决问题的建议，帮助营销管理人员了解营销环境，发现机会与问题，作为市场预测和营销决策的依据。其中，“系统”指对市场营销调研必须有周密的计划和安排，使调研工作有条理地开展下去；“客观”指对所有信息资料，调研人员必须以公正和中立的态度进行记录、整理和分析处理，应尽量减少偏见和错误；“帮助”指调研所得的信息及根据信息分析后所得出的结论，只能作为市场营销管理人员制定决策的参考，而不能代替他们去做出决策。

市场营销调研的基础是市场营销调查，市场营销调查是针对客观环境的数据收集和情报汇总，而市场营销调研是在调查的基础上对客观环境收集数据和汇总情报的分析、判断。调研为目标服务，市场营销调研就是为了实现管理目标而进行的信息收集和数据分析。

（二）营销调研策划的作用

市场调研既是企业营销活动的起点，又贯穿于整体营销过程的始终，在企业的市场营销活动中起着举足轻重的作用。有效的营销调研会使企业获益匪浅，市场营销调研的作用可综述如下。

▶ 1. 有利于企业发现市场机会，开拓新的市场

激烈的市场竞争给企业发展带来障碍的同时，也为企业创造出许多机遇。通过市场调研，企业可发现消费者尚未满足的需求，测量市场上现有产品满足消费需求的程度，从而不断开拓新的市场。

▶ 2. 有利于企业制定科学的营销规划

市场营销调研是企业进行科学预测和决策的基础。准确的预测和正确的决策都来源于对市场的了解和认识。企业只有通过营销调研，才能获得科学、客观、系统的市场信息资料，才能了解市场，才能根据市场需求、市场规模和竞争格局、消费者购买行为、营销环境的基本特征，对市场的变化和发展趋势进行准确的预测，才能科学地制定和调整企业营销规划。

▶ 3. 有利于企业优化营销组合

通过调研，了解企业经营的产品是否适销对路，如果出现滞销，可以及时找出原因。通过调研，还可以了解企业在市场上的竞争优势，了解企业销售渠道是否畅通、促销效果如何等情况，从中总结经验，针对企业存在的问题，制定有效的营销策略和措施，以提高

企业营销水平，实现企业的营销目标。

【案例 2-1】

卡西欧成功的奥秘

闻名世界的日本卡西欧公司，自公司成立起便一直以新、优取胜，营销的成功主要得力于市场调查。卡西欧公司的市场调查主要是销售调查卡，调查卡只有明信片一半大小，但考虑周密、设计细致，调查栏目中各类内容应有尽有。第一栏是对购买者的调查，其中包括性别、年龄、职业，分类十分细致；第二栏是对使用者的调查，使用者是购买者本人、家庭成员，还是其他人，每一类人员中又分年龄、性别；第三栏是购买方法的调查，是个人购买、团体购买，还是赠送；第四栏调查如何知道该产品的，是通过商店橱窗布置、报刊广告、电视广告，还是朋友告知、看见他人使用等；第五栏调查为什么选中该产品，所拟答案有操作方便、音色优美、功能齐全、价格便宜、商店的介绍、朋友的推荐、孩子的要求等；第六栏调查使用后的感受，是非常满意、一般满意、普通，还是不满意；另外几栏还分别对机器的性能、购买者所拥有的乐器、学习乐器的方法和时间、所喜爱的音乐、希望有哪些功能等方面做了详尽的调查。如此，为企业提高产品质量、改进经营方式、开拓新的市场提供了可靠依据。

二、营销调研策划的内容

营销调研策划的内容广泛而复杂，凡是直接或间接影响市场营销的信息都可以进行营销调研。

（一）市场需求情况调研

对市场需求的调研是市场营销调研的主要内容之一。市场需求调研包括市场需求容量调研、顾客调研和购买行为调研。市场容量调研，是调研现有和潜在的人口变化、收入水平、生活水平、本企业的市场占有率、人们的购买力等。顾客调研，主要是了解购买本企业产品或服务的团体或个人的情况，如民族、年龄、性别、文化、职业、地区等。购买行为调研，是调研各阶层顾客的购买欲望、购买动机、习惯爱好、购买习惯、购买时间、购买地点、购买数量、品牌偏好等情况，以及顾客对本企业产品和其他企业提供的同类产品的欢迎程度。

（二）市场环境调研

任何企业的营销活动都是在一定的市场营销环境中进行的，因此，企业必须对目标市场的市场营销环境的现状及未来的可能变化情况进行调查了解，包括对目标市场的政治、经济、社会、文化、法律、科技、教育等环境因素的现状进行研究和分析，并预测和估计市场营销环境发展的趋势，判断目标市场各方面环境变化的规律性及变动的特点。

（1）政治环境调研，包括对企业产品的主要用户所在国家或地区的政府现行政策、法令及政治形势的稳定程度等方面的调研。

（2）经济发展状况调研，主要是调查企业所面对的市场在宏观经济发展中将产生何种变化。调研的内容有各种综合经济指标所达水平和变动程度。

（3）社会文化因素调研，主要是对市场需求变动产生影响的社会文化因素，如文化程度、职业、民族构成、宗教信仰、民风、社会道德与审美意识等方面的调研。

（4）技术发展状况与趋势调研，主要是了解与本企业生产有关的技术水平状况及趋势，同时还应把握社会相同产品生产企业技术水平的提高情况。

（三）企业营销策略调研

企业营销策略调研包括对企业产品、价格、渠道和促销策略的调研，了解这些策略运用的现状，分析效果及造成的原因，为企业调整策略提供依据。主要包含以下几个方面。

（1）产品调研，包括有关产品性能、特征和顾客对产品的意见与要求的调研；产品寿命周期调研，以了解产品所处的寿命周期的阶段；产品的包装、名牌、外观等给顾客印象的调研，以了解这些形式是否与消费者或用户的习俗相适应。

（2）价格调研，包括商品价格的成本构成、供求关系变化、价格变化的趋势、价格变动对商品销售带来的影响、影响价格变动的各种因素、商品价格的需求弹性、相关产品或代用品的价格、竞争者的价格策略，以及企业的价格策略等内容的调研。

（3）销售渠道调研，包括企业现有产品分销渠道状况，中间商在分销渠道中的作用及各自实力，用户对中间商尤其是代理商、零售商的印象等内容的调研。

（4）促销方式调研，主要是对人员推销、广告宣传、公共关系等促销方式的实施效果进行分析、对比。

（四）市场竞争调研

市场竞争调研包括：产品实物性能、品种、规格、外观、材质和内外包装的调查；销售价格状况、变动趋势及影响因素的调查；销售渠道及中间商的调查；产品寿命周期、销售增长、市场普及率的调查；广告诉求、广告媒体、广告效果的调查；各种促销活动效果的调查；产品使用和新产品试投效果的调查。

三、营销调研策划的类型

按照营销调研策划的目的，可以将营销调研策划分为探索性调研、描述性调研、因果性调研和预测性调研。

（一）探索性调研

探索性调研是指企业对市场状况不甚了解或对问题不知从何处寻求突破时所采用的一种调研方式，主要功能是“探测”，帮助调研主体识别和了解企业的市场机会可能在哪里，企业的市场问题可能在哪里，并寻找那些与之相关的影响变量，以便确定下一步市场营销调研或开展市场营销活动的方向。

（二）描述性调研

描述性调研是指对已经找出的问题进行如实反映和具体回答，主要功能是对特定的市场情报和市场数据进行系统收集与汇总，以对市场情况做出准确、客观的反映和描述。特点是回答市场现状“是什么”，而不是“为什么”的问题。描述性调研要求有比较规范的市场营销调研方案，比较精确的抽样与问卷设计，以及对调研过程的有效控制。

（三）因果性调研

因果性调研也称解释性市场营销调研，是指为了解市场上出现有关现象之间的因果关系而进行的调研，目的在于对市场现象发生的因果关系进行解释和说明。因果性调研的功能是在描述性调研的基础上，通过对调研数据的加工、计算，再结合市场环境要素的影响，对市场信息进行解释和说明，回答“为什么”或“如何做会产生什么结果”之类的问题。

因果性调研的意义在于调研人员可以向决策部门提供较为完整的市场信息，并提出有科学依据的具体建议。

（四）预测性调研

预测性调研是指在描述性调研和因果性调研的基础之上，依据过去和现在的市场经验，以及科学的预测技术，对市场未来的趋势进行测算和判断，以便得出与客观事实相吻合的结论。预测性调研的目的在于对某些市场变量未来的前景和趋势进行科学的估计和推断，回答“将来的市场怎样”的问题。例如，对行业市场销售前景的预测、对企业未来市场份额的预测、对产品需求趋势的预测都是带有预测性的市场营销调研。

第二节 营销调研策划的流程

营销调研策划的程序或步骤，由若干相关联并互相制约的营销调研活动所构成，前一环节往往是后一环节的基础与前提，因此掌握营销调研策划的程序有利于整个策划调查工作的顺利进行。营销调研策划的一般流程由以下几个环节组成。

一、准备阶段

市场调研通常是由营销活动中一些特定问题而引起的，但是这些问题本身并不一定构成营销调研的主题，还要对这些问题进行分析和研究。

市场调研的准备阶段的主要任务就是界定研究主体、选择研究目标、形成研究假设，并确定需要获得的信息内容。

（一）界定研究主体

进行市场营销调研是为制定市场营销战略提供依据，或是为了解决在营销过程中存在的某些实际问题。市场营销调研的首要工作就是根据企业的战略方针和意图、企业在市场营销中所要解决的问题，明确地界定研究的主体和确定研究的目的。

（二）选择研究目标

市场营销调研通常是由某些具体问题引起的，但在有些情况下，调研的目的很模糊。例如，某企业近年来销售形势不好，销售量大幅度下降，此时的研究目的很可能是“发现引起企业销售下降的原因”。但如果企业知道销售量下降的原因是由于竞争对手产品的大幅度降价造成的，在此情况下，研究的目的就不是寻找原因，而是“寻求解决这一问题的策略”。

研究目的确定以后，调研人员还需要把研究目的分解为具体的研究目标。研究目标通常以研究问题的形式出现，表明了营销管理者所需要的信息内容。例如，研究目的是寻求策略，以解决竞争对手产品降价造成本企业产品销售滑坡的问题，可能的研究目标如下。

（1）获得顾客对本企业产品的态度和改进的意见。

（2）找出本企业产品与竞争对手各自的优点和缺点。

（3）测定顾客愿意接受的产品价格范围。

（三）形成研究假设

研究问题确定之后，调研人员将根据研究的目的选择一组研究目标，还要针对实际可能发生的情况形成适当的研究假设。形成假设的作用是使研究目的更加明确，假设的成立与否都会达到研究的目的。例如，假设“顾客的购买行为受价格的影响很大”等。

二、设计阶段

研究设计是保证调研工作顺利进行的指导纲领，主要内容有确定资料的来源、收集的方法，设计调查问卷，抽样设计等。

（一）内容设计

内容设计就是根据调研的目的确定调研的范围及信息资料的来源。

调研的范围是根据调研的目标，确定所需信息资料的内容和数量。例如，是调研企业营销的宏观经济环境，还是调研企业的市场营销手段；是一般性调研，还是深度调研等。

信息资料的来源是指获取信息资料的途径。市场营销调研所需的信息资料可以从企业内部和企业外部两方面得到。如果企业已经建立了市场营销信息系统，则可以通过数据库得到信息资料。除此之外，还要确定收集信息资料的地区范围。

（二）方法设计

市场调研的方法多种多样，各种调研方法适用面不同，究竟采用何种调研方法，要依据调研的目的以及研究经费的多少而定。目前，市场调研的主要方法有文案调研法、小组讨论法、观察法、访问法和实验法等。

（三）工具设计

在确定了调研方法之后，就要进行工具设计。所谓工具设计，是指采用不同的调研方法需要准备不同的调研工具。例如，采用访问法进行调研时，需要使用调研问卷，调研问卷设计中关键的问题是提什么问题、提问的方式等；又如，采用观察法中的行为记录法进行调研时，需要考虑使用何种观察工具，如照相机、监视器等。

（四）抽样设计

抽样设计就是根据调研的目的确定抽样单位、样本数量及抽样的方法。在其他条件相同的情况下，样本越多越有代表性，样本数量的多少影响结果的精度，但样本数量过大也会造成经济上的浪费。

（五）方案设计

调研方案或计划是保证市场营销调研工作顺利进行的指导性文件，它是调研活动各个阶段主要工作的概述。调研计划虽无固定格式，但基本内容应包括课题背景、研究目的、研究方法、经费预算和时间进度安排。

三、实施阶段

在这一阶段的主要任务是根据调研方案，组织调研人员深入实际收集资料，主要包括三个工作步骤。

（一）调研人员安排

在实地调研中，企业常常要聘请一些企业之外的调研人名，要做好调研人员的选择、培训及管理等工作。

▶ 1. 调研人员的选择

参与市场营销实地调研人员素质的高低，将会直接影响该次调研的结果。因此，调研人员的选择就显得十分重要，应选择责任心强，思想水平较高，口齿伶俐，具有敏锐的观察、分析和解决问题能力，具备良好的身体素质和一定调研经验的人。

▶ 2. 调研人员的培训

当调研人员的选择工作完成之后，就要对他们进行培训，包括思想道德方面、性格修养方面、调研业务方面和与市场调研有关的规章制度的教育。特别是一些临时性的调研人员，因为他们缺乏必要的知识和实际经验，所以要增加必要的知识，以及提高应变能力。

▶ 3. 调研人员的管理

对于调研人员的管理工作要贯穿于整个调研过程的始终，以保证获得信息资料的真实性。对调研人员收集的资料进行查看，验证是否符合要求，若发现问题，应及时纠正；对被调研对象进行复查，以防止有的调研人员不讲职业道德，自行乱填调研问卷，使调研结果失真。

(二) 确定人员与经费预算

每次市场调研活动都需要支出一定的费用，因此，在制订计划时，应编制调研费用预算，合理估计调研的各项开支。编制费用预算的基本原则是在调研费用有限的条件下力求取得最好的调研效果，或者在保证实现调研目标的前提下力求使调研费用支出最少。在进行经费预算时，一般需要考虑以下几个方面：

(1) 调研方案策划费与设计费；

(2) 抽样设计费；

(3) 问卷设计费(包括测试费)；

(4) 问卷印刷、装订费；

(5) 调研实施费用，包括调研费、培训费、交通费、调研员和督导员劳务费、资料收集和复印费、礼品费和其他费用；

(6) 数据编码、录入费；

(7) 计算机数据处理费、数据统计分析费；

(8) 调研报告撰写费；

(9) 组织管理费、办公费用；

(10) 其他费用。

(三) 收集资料

首先收集的是第二手资料，也称为次级资料，来源通常为国家机关、金融服务部门、行业机构、市场调研与信息咨询机构等发表的统计数据，也有些是发表于科研机构的研究报告或著作、论文上。其次是通过实地调研收集第一手资料，即原始资料，这时就应根据调研方案中已确定的调研方法和调研方式选择调研单位，再利用设计好的调研方法与方式来取得所需的资料。

四、总结阶段

市场调研的作用能否充分发挥，与做好调研总结的两项具体工作密切相关。

(一) 整理和分析

市场调研获得的大量资料往往是分散的、零星的，有些资料也可能是片面的、不真实的，因此，必须对收集的资料进行整理和分析，这样才能客观反映调研对象的内在联系，揭示问题的本质和各种市场现象的因果关系。调研资料的整理和分析主要包括对资料进行检查、核实和修订，对资料进行分类汇编、分析和综合。

(二) 编写调研报告

调研报告是指调研活动的结论性意见的书面报告。编写原则应该是客观、公正、全面地反映事实，以求最大限度地减少营销活动管理者在决策前的不确定性。调研报告包括的内容有调研对象的基本情况、对调研问题的事实所做的分析和说明、调研者的结论和建议。

第三节 营销调研策划的方法

常用的市场调研方法主要有文案调研法和实地调研法。文案调研法主要是进行第二手资料的调研；实地调研法是调查人员取得第一手资料的技术手段，常用的实地调研法有观察法、访问法和实验法。

一、文案调研法

(一) 文案调研的概念

文案调研又称二手资料调研或文献调研，是指查询和阅读可以获得与研究项目有关的资料(通常是已出版)的过程。文案调研与其他调研方法相比，所获得的信息资料较多，获取也较方便、容易，无论是从企业内部开展还是从企业外部开展，收集资料的过程所花时间短且调研费用低。但是，当需要更深入地了解某一方面的市场情况时，实地调研仍是必不可少的。一般来说，文案调研是实地调研的基础和前道工序，实地调研是文案调研的补充和深化。

(二) 文案调研的资料来源

第二手资料的来源非常广泛，它存在于各种相关的资料中，调研者要从现存的资料堆里去发掘对本策划有用的资料。文案调研的主要资料来源分为以下两个部分。

▶ 1. 内部资料的收集

企业内部资料是经过常规性收集整理后存于企业内部的资料，既包括企业生产经营方面的资料，也包括企业收集到的市场环境方面的资料。

(1) 有关企业生产经营方面的资料如下。

① 经营与营销方面：企业各种经营决策和营销的各种记录、文件、合同、广告、价格等资料。

② 生产方面：生产作业完成情况、工时定额、操作规程、产品检验、质量保证等资料。

③ 产品设计技术方面：产品的设计图纸及说明、技术文件、实验数据、专题文章、会议文件等资料。

④ 财务方面：各种会计账目、收入、成本、利润、资金方面的资料，以及与财务制度有关的规定和文件等。

⑤ 物资供应方面：库存保管、进出料记录、各种物资管理制度等资料，计划、统计资料，以及劳动工资、设备、后勤等方面的资料。

(2) 有关企业市场环境方面的资料如下。

① 顾客方面：产品的购买者、使用者、市场细分、购买心理与行为、购买规模等方面的资料。

② 市场容量方面：市场潜量大小、增长速度、发展趋势等资料。

③ 竞争者方面：同行业的直接竞争者和替代品制造企业的产品结构、服务状况、营销策略、企业的优劣势等资料。

④ 分销渠道方面：销售路线、运输方式、中间商情况等资料。

⑤宏观环境方面：经营形势、政策法令、社会文化环境、行业技术及相关技术的发展、物质水平、国际环境等资料。

▶ 2. 外部资料的收集

(1) 国际组织和政府的资料。国际组织都拥有出版物，它能提供大量的有关国际市场的信息和统计数字。中央和地方政府每年都会出版大量较系统、全面的资料信息，如普查资料和方针政策、法令、声明等政府的其他资料。

(2) 行业内部资料，主要是指大量用来为该行业内部服务的信息源。这类出版物包括一般的行业文献及个别企业的年度报告。

(3) 图书馆和各种研究机构资料。图书馆一般都存有大量的有关本地区和外地甚至全国和国外市场的资料。另外，各种研究机构和大学的专业研究报告和专著、学位论文等，对企业的市场调研也有重要的参考价值。

(4) 文献目录与工商企业名录等。其中，文献目录可为从事文案调研工作的人员提供资料来源指南。工商企业名录主要有两种：一种是在某一特定地区之内的所有工商企业的名录；另一种是集中于某个专业的名录，或是按某个产业、某类产品分类的名录。

(三) 文案调研的步骤

文案调研可以按以下步骤进行。

(1) 明确所需的信息。文案资料收集的第一步就是辨别能达到策划目的的信息类型，这些信息可以是初步的，也可以是具体的。

(2) 寻找信息源。辨别出所需信息后，具体的查询工作就可以开始了。

(3) 收集第二手资料。在弄清具体的信息源后，调研者就要开始收集所需的资料了。

(4) 编排、整理资料。收集到的第二手资料，要真正做到为我所用，必须先去伪存真，摒除一些虚伪的或不能反映事物本质的信息，然后再将零散的资料加以分类整理，制成图表，以便于分析和比较。

(5) 补充、完善所需资料。通过对已收集的资料做进一步加工整理，针对市场调查所需信息的要求，明确已收集资料的欠缺资料或不完整信息，并分析已收集资料的欠缺或不完整信息对预测决策的影响程度，必要时通过再次补充第二手资料或收集原始资料来充分满足所需。

(6) 分析信息，提出调研报告。收集到较完整的第二手资料之后，便采用科学的方法加以分析，得出恰如其分的意见或建议，并通过调查报告或其他形式将之反馈给策划人。

二、实地调研法

(一) 观察法

1. 观察法的含义及形式

观察法是由调查人员直接或通过仪器在现场观察被调查对象的行为并加以记录而获取信息的一种方法。观察法的特点在于调查人员不向被调查对象提出问题，也不需要被调查对象回答问题，只是侧面观察被调查对象的行为和表现，以此来推测被调查对象对某种产品或服务的欢迎态度和满意程度。观察法是市场调研中最简便的方法，一般用于探索性调研。观察法主要有以下三种形式。

(1) 直接观察法。调查人员直接到调查现场进行观察。例如，在柜台前观察消费者的购买行为，记录他们对商品的挑选情况；在橱窗前观察过往顾客对橱窗的反应，分析橱窗设计的吸引力；在大街上观察人们的穿着和携带的商品，分析市场动向，用于开发新产品。

(2) 痕迹观察法。调查人员不亲自观察购买者的行为，而是观察和分析被调查者活动后留下的痕迹。这种方法在各种调查中广泛应用，也应用于市场调查。例如，汽车经销商想了解在广播电台哪一频道做广告的效果最好，只要派人到汽车修理厂查看送来修理的汽车收音机的指针在哪个频道最多即可。

(3) 行为记录法。通过有关仪器，对调查对象的活动进行记录和分析。例如，美国尼尔逊广告公司通过电子计算机系统给美国各地 12 500 个家庭中的电视机装上电子监听器，每 90 秒扫描一次，每个家庭只要收看 3 秒钟电视节目就会被记录下来，据此选择广告的最佳时间。

2. 观察法的优缺点

观察法的主要优点：可以获得更加真实、客观的原始资料；可以在很大程度上避免由于人工环境所带来的被调查者不自然甚至有意改变应答以期尽量符合社会期望的状况；收集到的资料更加真实、具体、客观，可靠性更强。不足之处：观察的是表面现象，无法了解被调查者的内心活动及一些仅靠观察无法获得的资料，如消费心理、购买动机等；要求调查者必须具备较高的业务水平和敏锐的观察能力，能及时捕捉到所需资料，具备良好的记忆力；要求较高的调研费用和较长的观察时间。由观察法的优点和不足可知，观察法要与其他方法结合使用，才能获得更详细的资料。在营销的应用上，观察法主要应用在橱窗布置调查、交通流量调查、店内商品摆设调查、顾客购买动作调查、商店位置调查、销售现场巡回调查等方面。

【案例 2-2】

有一家服装店生意不是很好，老板为了改变这种现状，决定开展市场调研。他派了近 30 名市场调研人员，每天去竞争对手、批发店和临近商铺观察，了解市场上哪些款式的服装是比较好卖的，竞争对手是如何定价和营销的，还要求每个市场调研人员每天写汇报日志。经过半个月的观察调研，得出了近30个款式的服装是比较好卖的。于是，服装店老板便改变营销策略，专门卖这30多个款式的服装，果然，服装店取得了良好的销售业绩，生意也蒸蒸日上。

(二) 访问法

访问法又称询问法，是把调研人员事先拟订的调查项目或问题以某种方式向被调查对象提出，要求被调查对象给予回答，由此获取信息资料。访问法是最常见和最为广泛采用的一种实地调研方法。

访问法的主要优点：能广泛、深入地了解各种市场现象；调查资料的可靠性比较高；可以发挥调查双方的积极性和主动性；访问过程的可控性较好。访问法的主要缺点：访问过程很难完全排除主观因素的影响；一些比较敏感的问题不宜当面询问；花费比较大；对访问者要求较高。

访问法主要有面谈访问法、电话询问法、邮寄询问法、留置问卷法和会议访问法。

(1) 面谈访问法。面谈访问法是调查人员直接询问被调查对象，向被调查对象询问有关问题，以获取信息资料的方法。面谈访问的常用方式有个人面谈访问和小组面谈访问。面谈访问法的主要优点是直接与被调查对象见面，听取被调查对象的意见，观察被调查对象的反应，并可与被调查对象进行深入、详细的交谈，调查表的回收率较高且质量易于控制。面谈访问法的主要缺点是调查成本比较高，调查结果受调查人员业务水平和被调查对象回答问题真实与否的影响很大。

(2) 电话询问法。电话询问法是由调查人员根据抽样的要求，在样本范围内通过电话询问的形式向被调查对象询问预先拟订的内容而获取信息资料的方法。电话询问法的优点是可以在短时期内调查较多的对象，成本也比较低，并能以统一的格式进行询问，所得信息资料便于统计处理。电话询问法的缺点是调查范围只限于安装电话的人，同时不易得到被调查对象的合作，也难以询问较为复杂的问题。

(3) 邮寄询问法。邮寄询问法又称通信询问法，是将事先设计好的问卷或调查表，通过邮件的形式寄给被调查对象，让被调查对象填写好后按规定的时间邮寄回来。这种方法最大的优点是选择调查的范围不受限制，被调查对象有较充裕的时间来考虑如何答复问题，而且可以避免因调查人员在场而产生的偏见，使得到的信息资料较为客观、真实。邮寄询问法的缺点是时间周期较长，而且邮件的回收率很低，一般只有1%～5%，能达到10%就相当不错了，这就影响了调查的代表性。

(4) 留置问卷法。留置问卷法是由调查人员将事先设计好的问卷或调查表当面发给被调查对象，并说明回答问题的要求，留给被调查对象自行填写。然后，由调查人员在规定的时间收回。留置问卷法的优点是调查问卷回收率高。由于当面送交问卷，明确要求和方法，澄清疑问，因此可以减少误差，而且能控制收回时间，提高回收率。同时，被调查者填写问卷时间充裕，便于理性作答。留置问卷法的缺点是调研地域范围有限，调研费用较高，不利于对调研人员的管理和监督。

(5) 会议访问法。会议访问法就是利用各种会议如博览会、交易会、订货会等或直接召开座谈会进行市场调研的方法。会议访问法的最大优点是产销方直接见面，联系面广，便于收集分散的市场动态信息。会议访问法的主要缺点是很多展销会只是工商企业相互之间的业务活动，并没有与消费者直接见面，不能全面了解消费者方面的信息。

【案例 2-3】

用日记法调研电视的收视率

收视率指在某个时段收看某个电视节目的目标观众人数占总目标人群的比重，当前，收视率是电视节目制作、编排及调整的重要参考依据，也是电视台重要的量化指标。

为了进一步了解电视的收视率，第三方调查服务公司往往会采取日记法来测算某电视节目的收视率。日记法是指通过样本户中所有4岁及以上家庭成员填写日记卡来收集收视信息的方法。样本户中每一家庭成员都有各自的日记卡，要求他们把每天收看电视的情况(包括收看的频道和时间段)随时记录在自己的日记卡上。日记卡上所列的时间间隔为15分钟，每一张日记卡可记录一周的收视情况。

(三) 实验法

所谓实验法，是指从影响调查问题的众多因素中选出一个或两个因素，将它们置于一定条件下，进行小规模的实验，然后对实验结果做出分析判断，进行决策的一种调查方法。在访问法和观察法中，调研人员只收集数据，因此处于一种被动的地位。而在实验法中，研究人员主动通过设计和参与实验影响市场现象的结果，处于一种主动的地位。

▶ 1. 实验法的种类

(1) 实验室实验法，即把被调查对象召集在实验场所进行心理和行为方面的实验。例如，在测定一个新的广告效果时，可在不受外界干扰的室内发给被试者一本广告样本，让他们在规定的时间内从头到尾翻阅，然后让他们回答哪一种形式的广告给他们留下的印象最深和最能够引起他们的购买欲望。这种方法常用于研究消费者的心理。

(2) 市场实验法，即把市场作为实验场所进行试验性调查。例如，在测定某种商品的具体形式时，可以把所设计的不同规格、款式、价格、颜色的商品在选定的市场进行试销，观察购买者的反应，然后根据购买者的意见，决定采用何种规格、何种款式、何种价格和何种颜色。

▶ 2. 实验法实施的步骤

实验法的实施主要有以下5个步骤。

(1) 根据调查项目和课题要求，提出研究假设。在实验调查之前，需要通过对本课题相关资料的研究，提出具有因果关系的若干假设，确定实验的自变量。

(2) 进行实验设计，确定实验方法。实验设计是指调查者如何控制实验对象，从而验证研究假设，达到实验目的的详细规划。合理的实验设计是实验调研成功的关键。

(3) 选择实验对象。根据调查课题的特点，用随机抽样的方法或非随机抽样的方法选取实验对象，尽量使实验对象具有广泛的代表性。

(4) 进行正式实验。严格按照实验设计规定的进程进行实验，并对实验结果进行认真观测和记录，必要时还可以进行反复实验和研究，以获得较为真实、准确的实验数据资料。

(5) 整理、分析资料，得出实验结果。对关键实验记录及有关资料进行统计分析，以揭示市场现象的规律性及有关因素的影响，得出结论并写出调研报告。

实验法的优点：获得的调研资料比较真实；能在一定程度上验证市场现象之间的相关性。实验法的局限性：影响因素复杂多变，难以准确分析，这使得实验对象和实验环境的选择很难具有充分的代表性。

第四节 营销调研策划的工具

问卷调查是目前市场调查中广泛采用的调查方式，即由调查机构根据调查目的设计各类调查问卷，然后采取抽样的方式(随机抽样或整群抽样)确定调查样本，通过调查员对样本的访问，完成事先设计的调查项目，最后由统计分析得出调查结果的一种方式。

问卷调查最主要的就是调查问卷的设计。调查问卷又称调查表或询问表，是以问题的形式系统地记载调查内容的一种问卷。问卷可以是表格式、卡片式或簿记式。设计问卷是询问调查的关键。完美的问卷必须具备两个功能，即能将问题传达给被问的人和使被问者乐于回答。要完成这两个功能，设计问卷时应当遵循一定的原则和程序，运用一定的技巧。

一、问卷的一般结构

问卷在形式上是一份由提问和备选回答项目构成的调研表格，一份完整的问卷的主要结构如下。

(一) 标题

问卷的标题表明了这份问卷的调研对象和调研主旨，使被调研者对所要回答的问题有大致的了解。确定标题要简单明确，易于引起回答者的兴趣，一般不超过15个字。

问卷的标题概括地说明了调研的主题，能够使被调研者对该问卷的主要内容和基本用意一目了然。问卷标题要简明扼要，切中主题，如“××牌蓝莓口味酸奶销售状况调研”“汽车润滑油市场调研”。

(二) 说明信

在问卷的卷首一般有一个简要的说明，主要说明调研意义、内容和选择方式等，以消除被访者的紧张和顾虑。问卷的说明要力求言简意赅，文笔亲切又不太随便。说明信一般放在问卷开头，篇幅宜小不宜大，主要包括引言和注释。引言应包括调研目的、调研意义、调研的主要内容、调研的组织单位、调研结果的使用者、调研的保密措施等，其目的在于引起被调研者对问卷的重视和兴趣，消除被调研者的顾虑。

(三) 指导语

指导语既可以写在问卷说明中，也可单独列出，它主要是用来指导访问员的调研作业，或指导被调研者如何填写问卷。目的在于规范访问员的调研工作，通常要特别标识出来。优点是要求更加清楚，更能引起回答者的重视。

例如，填写说明：

(1) 问卷答案没有对错之分，只需根据自己的实际情况填写即可。

(2) 问卷的所有内容需要您个人独立填写，如有疑问，敬请垂询您身边的工作人员。

(3) 您的答案对于我们改进工作非常重要，希望您能真实填写。

（四）调研的主要问题

按照调研设计逐步逐项列出调研的问题，调研问题是调研问卷的主要部分。这部分内容的好坏直接影响整个调研价值的高低，主要包括与营销调研有关的调研项目，它是按确定的调研目标设计的。在问卷调研中，调研项目是由一系列的提问和备选回答项目组成的。在实践中，问卷开始的几个问题的设计必须谨慎，招呼语措辞要亲切、真诚，最先几个问题要比较容易回答，不要使对方难以启齿，给接下来的访问造成困难。

（五）调研对象的背景资料

当以个人为调研对象时，背景资料涉及性别、年龄、职业、文化程度、单位、收入、所在地区等。当以企业为调研对象时，背景资料涉及名称、地址、所有制、职工人数、商品销售情况等。在实际调研中要根据具体情况选定询问的内容，并非多多益善。如果在统计问卷信息时不需要统计被访者的特征，就不需要询问。这类问题一般适宜放在问卷的末尾。

（六）致谢

在访问调研完成后，要记得感谢被调研者的友好配合与帮助。为了提高被调研者的参与度，有时候会设置各种物质或精神的奖励，也可以在这部分向被调研者说明奖励的具体办法。在问卷调研实践中，也可以通过感谢来鼓励或提醒被调研者主动检验一下问卷回答情况。

（七）编码

编码是将问卷中的调研项目赋予代码的过程，即要给每个提问和备选回答项目赋予一个代码(数字或字母)，使用代码能够方便地录入数据。并不是所有问卷都需要编码，在规模较大又需要运用电子计算机统计分析的调研中，要求所有的资料数量化，与此相适应的问卷就要添加一项编码内容。

（八）记录调研过程

在问卷的最后，要求注明调研者的姓名、调研开始和结束的时间等事项，以利于对问卷的质量检查控制。如有必要，还可注明被调研者的姓名、单位或家庭住址、电话等，供复核或追踪调研之用。

二、问卷设计的原则

（一）目的明确性原则

任何问卷调查都是有目的的，即证实或证伪某个结论。目的明确是问卷设计的基础，只有目的明确具体，才能提出明确的假设，才能围绕假设来设计题项。

（二）题项的适当性原则

选择的题项要与研究假设相符，即所选择的问题是针对研究假设的，是研究假设合理的内涵和外延。所选题项在数量上要适当，确定适当数量的题项可根据一般经验和预试的结果来确定。

（三）语句理解的一致性原则

语句理解一致性，是指研究者与被试者，以及被试者之间对问卷题项语句的理解都要一致。如果不一致，就达不到研究者所要测量的目的。

（四）调查对象的合适性原则

调查对象的合适性原则，即选择的对象要符合对研究假设的推论，问卷的结构（开放式或封闭式）、题项的形式及用语都要考虑调查对象的合适性。

三、问卷设计的技巧

（一）事实性问题

事实性问题主要要求应答者回答一些有关事实的问题。例如，你通常什么时候看电视？

事实性问题的主要目的在于求取事实资料，因此问题中的字眼定义必须清楚，让应答者了解后能正确回答。

在市场调查中，许多问题均属于事实性问题，如应答者个人的资料包括职业、收入、家庭状况、居住环境、教育程度等。这些问题又称为分类性问题，因为可根据所获得的资料对应答者进行分类。在问卷之中，通常将事实性问题放在后边，以免应答者在回答有关个人的问题时有所顾忌，因而影响以后的答案。如果抽样方法是采用配额抽样，则分类性问题应置于问卷之首，否则不知道应答者是否符合样本所规定的条件。

（二）意见性问题

在问卷中，往往会询问应答者一些有关意见或态度的问题。例如，你是否喜欢××频道的电视节目？

意见性问题事实上即态度调查问题。应答者是否愿意表达他真正的态度固然要考虑，而态度强度亦有不同，如何从答案中衡量态度的强弱，显然也是一个需要克服的问题。通常而言，应答者会受到问题所用字眼和问题次序的影响，即询问者的态度不同，答案也有所不同。对于事实性问题，可将答案与已知资料加以比较。但在意见性问题方面则较难做比较工作，因应答者对同样问题所做的反应各不相同，意见性问题的设计远比事实性问题困难。这种问题通常有两种处理方法：一是对意见性问题的答案只用百分比表示，如有的应答者同意某一看法等；二是旨在衡量应答者的态度，故可将答案化成分数。

（三）困窘性问题

困窘性问题是指应答者不愿在调查员面前进行回答的某些问题，如关于私人的问题，或不为一般社会道德所接纳的行为、态度，或有碍声誉的问题。例如，平均来说，每个月你打几次麻将？如果你的汽车是分期购买的，一共分多少期？你是否向银行抵押借款购买股票？除了工作收入外，你还有其他收入吗？

如果一定想获得困窘性问题的答案，又避免不真实回答，可采用以下方法。

(1) 间接问题法。不直接询问应答者对某事项的观点，而改问应答者对其他事项的看法如何。用间接问题旨在套取应答者的回答，所以在应答者回答后，应立即再加上问题："你同他们的看法是否一样？"

(2) 卡片整理法。将困窘性问题的答案分为"是"与"否"两类，调查员可暂时走开，让应答者自己取卡片投入箱中，以减低困窘气氛。应答者在无调查员看见的情况下，选取正确答案的可能性会大大提高。

(3) 随机反应法。根据随机反应法，可估计出回答困窘性问题的人数。

(4) 断定性问题。有些问题是先假定应答者已有该种态度或行为。例如，你每天抽多少支香烟？事实上该应答者极可能根本不抽烟，这种问题则为断定性问题。正确处理这种问题的方法是在断定性问题之前加一条“过滤”问题。例如，你抽烟吗？如果应答者回答“是”，用断定性问题继续问下去才有意义，否则在过滤问题后就应停止。

(5) 假设性问题。有许多问题是先假定一种情况，然后询问应答者在该种情况下会采取什么行动。例如，如果××牌洗衣粉跌价1元，你是否愿意用它？你是否赞成公共汽车公司改善服务？

以上皆属假设性问题，应答者对这种问题多数回答“是”。这种探测应答者未来行为的问题，应答者的答案事实上没有多大意义，因为多数人都愿意尝试一种新东西，或获得一些新经验。

四、问卷调查的提问方式

调查问卷提问的方式可以分为封闭式提问和开放式提问两种形式。

(一) 封闭式提问

封闭式提问就是在每个问题后面给出若干个选择答案，被调查者只能在这些备选答案中选择自己的答案。封闭性问答题又称有结构的问答题，它规定了一组可供选择的答案和固定的回答格式。例如：

您选择购买住房时考虑的主要因素是什么？

A. 价格　B. 面积　C. 交通情况　D. 周边环境　E. 设计　F. 施工质量

G. 其他____________(请注明)

封闭性问题的优点有：①答案是标准化的，对答案进行编码和分析都比较容易；②回答者易于进行回答，有利于提高问卷的回收率；③问题的含义比较清楚。因为所提供的答案有助于理解题意，这样就可以避免回答者由于不理解题意而拒绝回答。

封闭性问题也存在一些缺点：①回答者对题目不正确理解的，难以觉察出来；②可能产生“顺序偏差”或“位置偏差”，即被调查者选择答案可能与该答案的排列位置有关。研究表明，对于陈述性答案，被调查者趋向于选第一个或最后一个答案，特别是第一个答案。而对一组数字(数量或价格)，被调查者则趋向于取中间位置的。为了减少顺序偏差，可以准备几种形式的问卷，每种形式的问卷答案排列的顺序都不同。

(二) 开放式提问

开放式提问又称为无结构的问答题，被调查者用他们自己的语言自由回答，不具体提供选择答案的问题，即允许被调查者用自己的话来回答问题。例如：

您为什么喜欢耐克的电视广告？

您对我国目前的国有企业体制改革有何看法？

开放性问题可以让被调查者充分地表达自己的看法和理由，并且比较深入，有时还可获得研究者始料未及的答案。它的缺点有：①收集到的资料中无用信息较多，难以统计分析；②面访时，调查员的记录直接影响调查结果，并且由于回答费事，可能遭到拒答。

因此，开放性问题对于探索性调研很有帮助，但在大规模的抽样调查中，它就弊大于利了。由于采取这种方式提问会得到各种不同的答案，不利于资料统计分析，因此在调查问卷中不宜过多采用。

五、问卷设计的注意事项

（一）有明确的主题

根据调查主题，从实际出发拟题，问题目的明确，重点突出，没有可有可无的问题。

（二）结构合理、逻辑性强

问题的排列应有一定的逻辑顺序，符合应答者的思维程序。一般是先易后难、先简后繁、先具体后抽象。

（三）通俗易懂

问卷应使应答者一目了然，并愿意如实回答。问卷中语气要亲切，符合应答者的理解能力和认识能力，避免使用专业术语。对敏感性问题采取一定的技巧调查，使问卷具有合理性和可答性，避免主观性和暗示性，以免答案失真。

（四）控制问卷的长度

回答问卷的时间控制在 20 分钟左右，问卷中既不浪费一个问句，也不遗漏一个问句。

案例：大学生求职与就业状况调查问卷

（五）便于资料的校验、整理和统计

为了有利于数据统计和处理，调查问卷最好能直接被计算机读入，以节省时间，提高统计的准确性。

第五节 市场调研报告

一、市场调研报告的含义和作用

市场调研报告是经济写作中常用的文种，它是对市场进行了深入的调研，并对调研中获得的资料和数据进行归纳研究之后写成的书面报告。

市场调研报告是市场调研工作的最终成果，也是市场调研过程中最重要的一环，许多管理者并不一定涉足市场调研过程，但他们将根据调研报告进行业务决策。一份好的调研报告，能对企业的市场策划活动提供有效的导向作用，同时，对各部门管理者了解情况、分析问题、制定决策、编制计划，以及控制、协调、监督等各方面都能起到积极的作用。

二、市场调研报告的写作原则

市场调研报告是对市场的全面情况或某一侧面、某一问题进行调查研究之后撰写出的报告，是针对市场情况进行的调研分析，因此在起草调研报告时一定要遵循以下几个原则。

（一）有翔实的信息材料作为支撑

调研报告的价值首先在于必须掌握符合现实情况的有价值的信息材料。丰富确凿的信息材料不仅来自第二手资料，而且更多地来自实践中的发现和探索。在互联网时代，获得二手资料相对比较容易，难得的是深入实地获取第一手资料。这就需要调研者克服困难，脚踏实地地到市场一线进行认真调查。了解市场，了解竞争者，了解顾客，掌握大量的符合实际的第一手信息资料，这是写好调研报告的前提。正所谓“磨刀不误砍柴工”，在没有获得翔实资料时切不可盲目下笔。

（二）实事求是

研究报告必须符合客观实际，坚决反对弄虚作假。但真正做到实事求是并不容易，因为在调研时，难以做到调研结果百分之百精确，人们的认识能力也存在一定的局限性，因而很难做出准确的判断。在写调研报告时，切不可弄虚作假，虚报瞒报，为了确保最终调研结果的真实性和客观性，必须按照实事求是的原则起草报告。

（三）以市场为导向

市场调研报告的最终目的是帮助企业解决市场上出现的一些问题，帮助企业进行科学的决策。因此在撰写市场调研报告时，一定要以市场为导向，多站在消费者的角度思考问题。从问卷设计到资料的收集和整理，都要把收集到的最真实、最准确、最有价值的信息放在最重要的位置。

（四）突出重点

调研报告必须在保证能够全面、系统地反映客观事物的前提下，突出重点，尤其是要突出调查研究的目的，提高报告的针对性、适用性，从而提高调研报告的价值。

整个研究报告要精心组织，妥善安排结构和内容，给人以完整的印象；报告的内容要简明扼要，逻辑性强；文字要简短易懂，尽量少用专业性强的术语；要注意形成生动有趣的写作风格；要注意正确运用好图表、数字表达；要符合一定的写作标准，诸如要注意符合完整性、正确性、明确性和简洁性的标准等。

三、市场调研报告的内容

调研报告是整个调研工作(包括计划、实施、收集、整理、分析等一系列过程)的总结，是调研人员劳动与智慧的结晶，也是客户需要的最重要的书面结论之一。

调研报告一般由标题、目录、概要、正文、结论和建议、附件等几部分组成。

（一）标题

标题必须准确揭示调研报告的主题。调研报告还可以采用正、副标题的形式，一般正标题表达调研的主题，副标题则具体表明调研的单位和问题。标题的形式有以下三种。

(1) 直叙式的标题。这是反映调研意向的标题，如“电视机市场调研报告”，这种标题简明客观，一般市场调研报告的标题多采用这种形式。

(2) 表达观点式的标题。这是直接阐明作者的观点、看法或对事物的判断、评价的标题，如“电视机销价竞争不可取”。

(3) 提出问题式的标题。这是以设问、反问等形式，突出问题的焦点，以吸引读者阅读，并促使读者思考的标题，如“××牌电视机为何如此畅销”。

（二）目录

如果调研报告的内容比较多，为了便于阅读，应当以目录和索引形式列出调研报告的重要章节和附录，并注明标题、有关章节号码及页码。一般来说，目录的篇幅不宜超过两页。

（三）概要

概要是为那些没有大量时间阅读整个报告的使用者（特别是高层管理人员），或者由于阅读者没有太多的专业知识，只想尽快得到调研报告的主要结论以及进行怎样的市场操作而准备的。所以通过阅读概要不但要了解本调研项目的全貌，还要对调研结论有一个概括性的了解。报告的概要主要包括以下四个方面的内容。

(1) 简要说明调研目的。

(2) 介绍调研对象和调研内容，包括调研时间、地点、对象、范围，调研要点及调研所要解答的问题。

(3) 简要介绍调研方法。

(4) 简要说明调研结论和建议。

概要部分应该保证做到清楚、简洁和高度概括，同时，还要通俗、精练，尽量避免使用生僻的字句或过于专业性、技术性的术语。

（四）正文

正文是市场调研报告最重要的部分，是根据对调研资料的统计分析结果进行的全面、准确的论证，包括问题的提出和引出的结论。

一份好的调研报告的正文部分要做好以下两项工作。

(1) 对于大量的原始资料进行整理概括及解释和说明，使调研报告的读者一目了然。

(2) 使用各种定性和定量方法的分析结果，包括使用统计分析方法的分析结果和详细的解释。在市场调研报告正文撰写的实践中，可以多运用图表的形式。图表主要包括饼图、柱状图、折线图等。图表的主要优点在于有强烈的直观效果，有助于读者理解市场调研的具体内容，同时，还能提高页面的美观性。因此，用图表进行比较分析、概括归纳、辅助说明等非常有效。图表的另一个优点是能调节阅读者的情绪，从而有利于对市场调研报告的深刻理解。

（五）结论和建议

结论和建议是调研报告的主要内容，也是撰写调研报告的主要目的。这部分主要对引言和正文部分所提出的主要内容进行总结，提出解决某一具体问题可供选择的方案与建议。它必须与正文部分的论述紧密对应，既不可以提出没有证据的结论，也不要没有结论性意见的论证。

如果是营销决策调研，结论的提出可采取列举几种可供选择的方案的形式，说明企业可以采取哪种步骤和行动，每种方案可能的开支和达到的结果。如果可能的话，调研人员应预测到企业采取了某种具体方案后，在某段时间内可能达到的经济效果。

（六）附件

附件是指调研报告正文中包含不了或没有提及但又与正文有关、必须附加说明的部分。它是对正文的补充或更详尽的说明，包括问卷调研表，数据汇总表原始资料，背景资料和必要的技术报告，第二手资料来源索引，第一手资料来源和联系对象的名称、地址、电话、电子邮件地址及网址一览表等。

本章小结

市场营销信息是企业了解市场，掌握市场发展变化趋势，做出正确营销决策的重要依据，因此企业需要市场信息进行营销调研策划。市场营销调研策划就是运用科学的方法，有计划、有目的，系统地收集、整理和分析研究有关市场营销方面的信息，提出解决问题的建议，以便营销人员了解营销环境，发现问题和市场机会，作为市场预测和营销决策的依据。市场营销调研的主要作用是有利于企业发现市场机会，开拓新的市场；有利于企业优化营销组合。营销调研策划的内容广泛而复杂，主要包括市场需求情况调研、市场环境调研、企业营销策略调研、市场竞争调研。按照营销调研策划的目的，可以将营销调研划分为探索性调研、描述性调研、因果性调研和预测性调研。

营销调研策划的一般流程由以下几个环节组成，主要有：准备阶段，主要任务就是界定研究主体、选择研究目标、形成研究假设，并确定需要获得的信息内容；设计阶段，主要内容包括确定资料的来源、收集的方法、设计调查问卷、抽样设计等；实施阶段，包括调研人员安排、确定人员与经费预算、收集资料三个工作步骤；总结阶段，它和做好调研总结的两项具体工作密切相关。

常用的市场调研方法主要有文案调研法和实地调研法。文案调研法主要是进行第二手资料的调研；实地调研法是调查人员取得第一手资料的技术手段。常用的调查方法有观察法、访问法和实验法。

营销调研主要采用问卷调查来进行资料的收集和整理、分析，为营销决策者提供建议。主要介绍问卷的一般结构、问卷设计的原则、问卷设计的技巧、问卷调查的提问方式、问卷设计的注意事项。

调研报告的写作原则要求有翔实的信息材料作为支撑、实事求是、以市场为导向、突出重点。调研报告一般由标题、目录、概要、正文、结论和建议、附件等几部分组成。

复习思考题

1. 简述营销调研策划的含义和类型。
2. 营销调研策划主要包括哪些内容？
3. 探索性调研、描述性调研、因果性调研和预测性调研各有什么特点？
4. 营销调研策划的流程有哪些？
5. 常用的市场调研方法主要有哪些？
6. 简要说明调查问卷设计有哪些格式要求？
7. 市场调研报告由哪些部分组成？

案例分析

空调消费调研报告

2001年4月5—29日，深圳市标准市场研究公司在武汉、广州、成都三地同时进行了空调消费公益性调查，本次调查的对象为未来2年内准备购买空调的消费者，样本量设计为600个，广州、成都和武汉三个城市的样本量相同。本次调查抽样根据电话号码数据库等距抽取样本，主要进行消费者认知和购买行为调查。

（一）空调消费者认知研究

1. 消费者最关注的内容是空调质量

根据调查显示，消费者表示最关注的是空调质量，其次是空调的服务、价格。

进行不同城市间空调消费者关注点差异性分析时发现，虽然三地消费者的选择差异性较小，但广州消费者更倾向于关注服务和价格，而对于质量则相对敏感度较差。

2. 消费者对空调新品的认知度总体比较高

(1) 消费者对于绿色环保空调认知度较高。调查显示，近七成的消费者对绿色环保空调给予了肯定的评价，不过也有一成多的消费者对绿色环保空调持否定态度，有近两成的消费者对绿色环保概念理解不够。

(2) 消费者对变频空调的认知度相对较低。调查显示，有60.3%的消费者对变频空调比较了解，这个比例比绿色环保空调低了近9个百分点，有近三成的消费者对变频空调不了解。

(3) 消费者对静音空调的认知度最高。调查显示，84.1%的消费者对静音空调比较了解，与绿色环保、变频空调相比，这个比例高出许多。另外，广州和武汉两地有两成多的消费者认为静音是空调的必须要求。

(4) 消费者受影响程度。消费者概念认同和实现消费还存在差异，调查显示，有六成多的消费者表示空调厂家的绿色健康、变频、静音等新品的宣传推广对购买决策存在不同程度的影响，但也有两成多的消费者表示这些因素不会对自己的购买决策产生影响。

（二）消费者对空调价格认知调查

1. 消费者对空调降价普遍持欢迎态度

调查显示，有77.6%的消费者对空调降价持非常欢迎或欢迎的态度，看来空调降价已经深入人心。

虽然三地消费者对空调降价态度的总体差异性较小，但对降价持“非常欢迎”态度的消费者占总体的比例在三地有差别。

2. 消费者对空调降价原因认知调查

调查显示，消费者认为空调降价的原因是多方面的，主要是增加产品竞争力、增加市场占有率、让利促销等，可以总结为直接或间接增加产品销量。从结果来看，还有一部分消费者认为是厂家清理库存、降低产品质量，但总体比例相对较少，说明消费者总体对降价有正面的判断。看来空调厂家所担心的降价负面影响虽然在一定程度上存在，但所占比例相对较小。

3. 消费者心理价位调查

消费者对自己所要购买的空调类型做出心理价位判断，调查显示，消费者对空调的心理价位集中在2 000～4 000元。

空调的功率是空调价格的决定因素之一，消费者大多选择功率为1匹到2匹的空调，占总体样本比重的61.8%，另外购买3匹等大功率空调的消费者也有近一成的比重。1匹及1匹以下的空调，消费者可接受的心理价位比例最多的在2 000～3 000元，1.5匹的心理价位集中在3 000～4 000元，2匹及2匹以上空调的心理价位集中在5 000～7 000元。

（三）消费者购买行为调查

1. 消费者对空调的购买类型

是购买单冷机还是购买冷暖机，与气候及生活消费习惯有关系。调查显示，有57.7%的消费者选择购买冷暖机，有40%的消费者选择购买单冷机。

对于窗机、壁挂机、柜机乃至中央空调，消费者最喜欢壁挂机，其次是柜机，这说明壁挂机仍然是市场的主流空调产品。窗机作为档次较低的空调类型，由于噪声及制冷量的限制，有逐渐被市场淘汰的趋势，而柜机作为制冷量高的高档空调已经开始逐步被市场接受。

相对而言，广州消费者比较喜欢窗机，而成都和武汉的消费者则较喜欢柜机。具体分析可以看出，由于受到消费习惯的影响及居住水平的限制，造成了柜机在广州的销量小，而窗机在成都和武汉不受欢迎的市场状况。

2. 促销——想说爱你不容易

空调促销在某种程度上可以增加销售量，但促销不是最主要的营销手段。调查显示，有五成多的消费者选择不一定或者不会在促销期间购买空调，说明了大部分消费者购买空调时不会刻意选择在促销期间。

比较而言，广州的消费者更接受在促销期间购买空调，成都和武汉的消费者对促销期间购买空调的抵触大一些。具体分析可以看出，由于广州的市场规模大和市场意识较强，消费者也相对习惯市场促销手段，所以较多的人会选择在促销期间购买空调。

3. 家电连锁商场和大型电器商场是主战场

调查显示，有46.9%的消费者会考虑在大型电器商场购买空调，有近四成的消费者选择在大型综合性商场和专卖店购买空调。值得注意的是，有27.2%的消费者考虑在家电连锁商场购买空调，说明家电连锁商场已经开始为消费者接受。

4. 报纸刊物、电视等仍然是信息传播的主渠道

调查显示，有58.6%的被访者表示空调信息的来源是报纸刊物，有47.1%的消费者由电视中得知，另外还有卖场和朋友同事介绍等渠道。这说明报刊和电视仍然是影响消费者的主导因素，口碑传播也起着一定的作用。

空调作为消费品，会在更大程度上借助报刊、电视等媒体实现非营利性组织、厂家和消费者之间的沟通。厂家通过这些媒体主要以广告和软性新闻的形式向消费者传达信息，但信息传递会出现失真或具有倾向性，所以在许多情况下，消费者更相信口碑传播。厂家

如何使自己的投资收益率更高、消费者认同感更强，这需要和专业的市场研究公司合作，进行广告的前期测试、后期评估及跟踪调研。

（四）结束语

空调厂家进行概念宣传和新品推广需要注意以下问题。

(1) 能否在第一时间内推出功能更新和科技含量更高的产品，不仅会对本企业整个产品线产生影响，而且会影响整个品牌的知名度和美誉度。

(2) 质量和服务才是本质需求诉诸点。空调厂家在加强研发实力、不断推出新品的同时，更要加强质量保证和提高服务水平。只有在质量和服务水平达到一定的层次，而且差异化不大的前提下，新品才起到决定性作用。

(3) 有必要进行广告效果评估。市场优势的保持需要长期的、有层次的宣传推广，要降低成本，减少浪费，就需要考虑成本和效果的最佳比例，借助于广告效果评估和专业的市场调研等支持决策。

(4) 空调概念要和消费者的利益相吻合。需求有主要需求和次要需求之分，额外的功能会带来额外的花费，消费者会在目标价位水平上寻求平衡点，只有最大限度地满足消费者的主要利益点，才能激发消费者的购买欲望，所以有针对性地迎合消费者的主要需求，才是概念炒作的核心内容。

思考：

1. 影响消费者对家电产品购买行为的因素有哪些？
2. 对于空调生产商来说，这份调研报告的价值体现在哪些方面？
3. 谈谈目前空调市场的现状，并结合某个空调企业做深度说明。

实训活动

一、实训目标

通过实训，使学生了解营销调研策划的全过程，并掌握撰写营销调研计划、调查问卷及调研报告的具体程序、方法和工具。

二、实训内容

选定一个大家感兴趣的行业或企业，设计一份市场调查问卷或者访谈大纲。通过归纳、分析，完成调研报告。

三、实训步骤

1. 以5～6人为一组，每组确定1名负责人，组建营销团队。
2. 对各营销团队进行适当角色分工，确保组织合理和每位成员的积极参与。
3. 各团队根据选定的调研主题，小组讨论并明确调研的最终目的，进而展开调研内容，最终完成调研报告方案设计、实施及撰写。
4. 每组选派一个代表上台展示方案，制作PPT并进行模拟展示。
5. 评分标准：小组自评占20%，其他组互评占40%，教师评分占40%。

第三章 营销战略策划

学习目标

1. 了解营销战略和企业战略的关系。
2. 理解营销战略策划的概念和程序。
3. 掌握市场细分策划的标准、方法与原则。
4. 掌握目标市场选择的依据和策略。
5. 了解市场定位的步骤。
6. 掌握企业基本竞争战略。
7. 掌握不同地位的竞争者战略。

导入案例

九阳困局：成长性如何持续

九阳公司是一家专注于豆浆机领域研发、生产和销售的企业，近年来平均增长率超过40%，成为著名的小家电企业。纵观九阳的发展历程，从2000年起，九阳苦心经营的豆浆机市场终于冲出阴霾，开始快速增长；2008年更是出现了“井喷式”增长，销售收入达到43亿元，同比增长122%，市场占有率达到86%。然而与此同时，潜藏的不利因素和危机正在侵袭九阳。

（一）受困市场竞争

在“骄人”的业绩背后，九阳所面临的是严峻的市场形势。由于豆浆机行业的技术和资本门槛较低，苏泊尔、飞利浦等大型家电集团陆续跟进，火爆的行情促使竞争不断升级。2008年，国内新增豆浆机企业达800余家，拥有自主品牌的有100多家。其中，美的集团投资了3亿元进军豆浆机市场。资料显示：2009年上半年，美的已占据了14%的市场份额，九阳的市场份额则下降到80%。另外，东菱电器开发出实用性更强的水果豆浆机，对九阳豆浆机造成巨大的冲击。

家电行业市场调查机构的数据表明，消费者对豆浆机品牌的选择已经呈现出多样化态势，美的、东菱等品牌的认可度逐步上升，销量逐步增长。据2008年年报显示，因为市场竞争激烈，九阳的营业成本同比增长了146%。

（二）受困利基市场

与行业竞争相比，九阳更担心的是豆浆机行业的萎缩和淡出。一旦出现这种状况，对九阳的打击将是致命的。在小家电行业，消费者受消费潮流影响较大，市场变化很快。九阳担心，一旦所在细分市场过细，豆浆机会成为明日黄花。例如，曾经风靡一时的电饭煲、VCD和DVD等产品，如今都已逐渐淡出了市场。谁又能保证豆浆机哪一天不会步其后尘呢？作为一种细分性很强的小家电，豆浆机的市场究竟能做多大？九阳无法预测这个问题的答案。

（三）受困多元化乏力

早在2002年，九阳就开始向其他小家电产品渗透，希望通过多元化规避利基市场的风险。2008年，九阳的第二大收入来源——电磁炉的营业额达到96亿元，同比增长了66%，榨汁机也进入市场前三。但电磁炉、榨汁机的竞争力明显不如其他品牌，同时因为竞争激烈导致成本剧增，使市场很不稳定。以电磁炉为例，2008年的营业成本增加了68.4%，而2009年上半年的销售收入却同比下滑46.4%。目前，九阳70%左右的销售收入和利润都来源于豆浆机，豆浆机市场仍然是九阳存亡和发展的关键。

虽然豆浆机市场的增长和九阳公司十余年的市场培育有很大关系，但很多时候，企业的快速成长往往是市场增长的结果，而不完全是企业实力的提升所带动的。应该如何实现未来的持续成长？这正是九阳目前所面临的最重要的问题。

资料来源：廖以臣．市场营销教学案例[M]．北京：高等教育出版社，2012.

第一节 营销战略策划概述

一、企业战略的内涵

战略是“战争谋略”的简称。对“战争”这个词语的概念不用多加讨论，关键是要理解“谋略”。谋略首先是一种计谋，但不是一般的计谋，是大计谋，是对整体性、长期性、基本性问题的计谋。因此，战略是对战争全局的筹划和谋略。《孙子兵法》是我国古代最早对战争进行全局筹划的战略研究著作。毛泽东也在著名的《中国革命战争的战略问题》文中写道：“研究带有全局性的战争指导规律，是战略学的任务。研究带有局部性的战争指导规律，是战役学的任务。”

“战略”这个词语开始在企业领域使用源自美国著名管理学家安索夫(Ansoof)1965年发表的《企业战略论》和1979年发表的《战略管理论》。所谓企业战略，是指着眼于企业的未来，根据企业外部环境的变化和内部的资源条件，为求得企业生存和长期发展而进行的总体性谋划。它是企业经营思想的体现，是一系列战略性决策的结果，又是制订中长期计划的依据。企业能否做出有企业特色并与企业实际环境相协调的战略决策，是企业能否具备竞争优势和竞争能力的关键，关系到企业的兴衰成败。企业没有战略就像在一个没有地图的陌生城市里开车，找不到方向和路径；也像行驶在一条没有航标的河流中，随时可能触礁沉没。国内不少企业都有这种“流浪倾向”，它们要么认为企业小顾不上战略策划，要么认为企业发展良好不需要战略策划，要么认为企业经营困难无法进行战略策划，要么忙于日常事务而没有花足够的时间思考战略问题，这些都是缺乏战略意识的表现。

（一）企业总体战略

企业总体战略包括发展战略、稳定战略和紧缩战略。企业总体战略主要决定企业应该选择哪类经营业务，进入哪些领域，决定和提示了企业的目的和目标，确定企业的重大方针与计划、企业经营业务类型和人文组织类型，以及企业应对职工、顾客和社会做出的贡献。

（二）企业基本战略

企业基本战略包括竞争战略、投资战略和不同行业中的经营战略，主要解决企业如何在选定的领域内与对手展开有效的竞争。因此，它所研究的主要是如何选择行业与区域市场，企业将为市场提供什么样的产品或服务，市场的竞争结构，以及企业将采用什么战略谋求竞争优势，获取较长期的盈利。

（三）企业职能战略

企业职能战略是为实现企业总体战略和基本战略，对组织内部各项关键的职能活动做出统筹安排，如营销战略、财务战略、生产战略、人力资源开发战略、研究与开发战略等。企业职能战略是企业战略的重要组成部分。

图 3-1 所显示的三种不同层次的企业战略都是企业战略的重要组成部分，而且大层次战略往往包含小层次战略，如营销战略就在总体战略和基本战略中都有显现。但它们各自的侧重点和影响范围是不同的，如高层次的战略变动往往会波及低层次的战略，而低层次战略影响的范围相对较小。

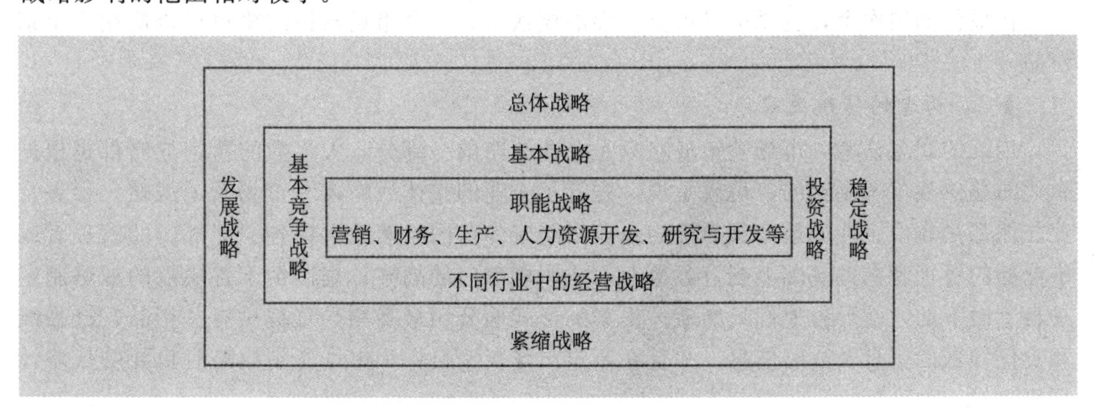

图 3-1 企业战略层次

二、营销战略和企业战略的关系

（一）营销战略与企业战略的传统关系

1. 企业战略层次的划分

企业战略是企业面对激烈变化、严峻挑战的环境，为求得长期生存和不断发展而进行的总体性的谋划。企业战略对企业利润实现有着重大影响，抓企业经营就必须抓好企业战略。企业战略服从和服务于企业经营目的，企业战略在本质上是保障企业获得最大利润的途径和手段。

把企业战略作为一种理论进行研究，虽然起步较晚但成果丰硕，新观点、新方法不断涌现。无论是从钱德勒(1962 年)提出“结构追随战略”，到著名的态势分析模型(SWOT 模型)，还是迈克尔·波特(1980 年)提出的产业竞争五力模型和一般竞争战略等，都认为竞争是企业成败的关键，企业战略的核心就是要获取竞争优势，并在产业结构中合理定位。普哈德(1990 年)提出了企业核心竞争力的观点，将战略研究重点由外部环境分析转移到企业内部环境分析上。詹姆斯莫尔(1996 年)提出企业生态系统的论点，并使战略联盟成为研究热点。面对纷繁复杂的战略管理观点和方法，企业应该如何选择？这是一个非常值得深思的问题。

在对企业战略层次的划分上，托马森(1998 年)提出：对集团企业有公司战略、经营战略、职能战略、运作战略四层；对子公司有经营战略、职能战略、运作战略三层。从内容上可分为发展战略、竞争战略、营销战略、财务战略、人力资源战略、组织战略、研发战略、生产战略、品牌战略等。

▶ 2. 营销战略在企业战略不同层次中的作用

市场营销战略贯穿在企业的各级层次上。

在最高层次上，市场营销战略关系到整个企业，即选择活动组合和品牌策略的双重方面，主要是从若干年的远景角度出发确定企业所希望的活动组合。在这个层次上，市场营销战略连同财务策略、产业策略及人力资源策略，对所谓的企业“综合策略”做出了根本的贡献。

在较低的等级层次上，一个市场营销战略可以关系到同一企业的一个系列产品，如宝洁公司销售的所有品牌的洗发水或者各个品牌的洗衣粉。

在最低的层次上，也是最具可操作性的层次上，一个市场营销战略也可以应用于个别产品。

▶ 3. 两者的传统关系

传统的观念认为，市场营销战略只是企业战略的一部分，大多数的营销战略都是根据企业的总体战略来制定的，也就是说，先有了企业的整体战略才有市场营销战略。很多企业往往都是先由企业的最高领导层为企业描绘宏伟蓝图，然后再让各职能部门的管理者或事业部的管理者在此基础上制订各事业部或职能部门的战略计划。由于各层级的战略制定是自上而下的，就导致他们只能通过提案的形式向公司最高领导层提供有关产品、产品线和责任领域的信息及战略信息，并且在制定市场营销目标和市场营销战略时也要受战略计划所引导。

但是我们看到，成功的企业在战略上各有各的绝活，而失败的企业却是相似的：它们都从根本上失去了自己的顾客基础或市场基础。秦池的案例似乎更为明显和特殊，它在最辉煌的时候为自己掘下了失败的陷阱，这是一个典型的自上而下战略失误的案例。秦池作为山东某县的一家小酒厂，发家靠的是有针对性的广告促销，中央电视台标版广告的中标是它最辉煌的时期。它的企业战略采取的是用广告取胜，然后从上自下，市场营销战略的全部也是围绕这一战略制定的。但是从企业的长期经营来看，广告并不能构成企业的核心竞争力，广告可以扩大市场容量和市场份额，但并不能达到企业根本上的不同，也就是说它不能创造稳定的顾客价值。因此，许多以广告和促销为企业战略导向而取得开拓性成功的企业(如巨人、亚细亚、孔府宴、中华鳖精等)后来都陷入困境，这一不争的教训让我们看到了传统的战略制定方法已经走到了末路。

(二) 营销战略与企业战略的现代关系

市场营销战略是企业市场营销部门根据战略规划，在综合考虑外部市场机会及内部资源状况等因素的基础上，确定目标市场，选择相应的市场营销策略组合，并予以有效实施和控制的过程。市场营销战略作为一种重要战略，主旨是提高企业营销资源的利用效率，使企业资源的利用效率最大化。营销在企业经营中的突出战略地位，使营销同产品战略组合在一起，被称为企业的基本经营战略，对于保证企业总体战略的实施起着关键作用，尤其是对处于竞争激烈的企业，制定营销战略更显得非常迫切和必要。市场营销战略包括三个主要内容：一是目标市场在哪里；二是如何与已有的和潜在的竞争者展开竞争；三是如何开展具体的营销行动，即如何制定市场营销组合策略。

从现代市场营销的角度出发，市场营销战略应具备以下几个特点。

(1) 市场营销的第一目的是创造、获取和维持顾客。

(2) 要从长远的观点来考虑如何有效地战胜竞争对手，以立于不败之地。

(3) 注重市场调研，收集并分析大量信息，只有这样才能在环境和市场的变化有很大不确定性的情况下做出正确的决策。

(4) 积极推行革新，革新的程度与效果成正比。

(5) 在变化中进行决策，要求决策者有很强的能力，有像企业家一样的洞察力、识别力和决断力。

【案例 3-1】

“滴滴打车”和“快的打车”之争

2014 年 1 月 10 日，滴滴打车软件在 32 个城市开通微信支付，使用微信支付，乘客车费立减 10 元，的哥立奖 10 元。10 天后，另一个打车软件“快的打车”和支付宝宣布，全国 40 个主要城市的 40 余万辆“快的”的哥支持支付宝收款，使用支付宝，乘客车费返现 10 元，的哥奖励 10 元。次日，快的和支付宝再次提升力度，的哥奖励增至 15 元。“滴滴打车”和“快的打车”上演了一场“免费打车”的烧钱游戏，这背后是腾讯和阿里巴巴两家互联网巨头的地盘之争。这场争斗的目的很明显，即培养都市年轻群体用移动手机支付的习惯，但更多的是为微信支付和支付宝钱包争夺移动支付入口，眼前大范围的资金投入是为了以后在移动手机支付平台坐稳江山。

随着市场营销战略在企业实现目标的过程中起到越来越大的作用，市场营销战略已经逐步挣脱了企业总体战略的制约和主导，越来越偏向以目标市场和顾客为导向，同时遵循总成本领先战略、差异化战略、专一化战略三大成功通用战略的原则，成为企业战略取胜的不二法宝。从战略制定方向上，已经从以前的自上而下变成了自下而上，形成了新型的逆向关系。

罗杰·史密斯在 1981 年执掌通用汽车公司(GM)时，他预言 GM 在三大国内汽车市场中所占份额最终将由 1980 年的 60%上升到 70%。GM 为实现这一目标，开始进行一项价值 500 亿美元的现代化项目。结果，GM 在三大国内汽车市场中所占比例却降到了 58%，并在继续下降。GM 北美汽车部每年的亏损额高达数亿美元。

这一战略失败的案例重申了两者之间的真正关系，也可以从市场营销的基本理论中找到答案。按照逆向市场营销的原理，即从特殊到一般，从短期到长期，从战术上升到战略。不难知道，战略应当自下而上发展起来，而不是自上而下落实下去，这样才能创造出更好的战略。同时市场竞争的实践证明，战略应当根植于对实际市场营销战术本身深刻理解的基础上，才能保证战术始终立于不败之地，也就是我们常说的“战术支配战略，战略推动战术”。

但是，很多企业都太执着于实现企业的愿景和战略，而忽略了市场和顾客的客观性，总是要在经历了坎坷后才恍然大悟，可是商机稍纵即逝。比如，柯达多年来一直把X光底片卖给医院实验室的技术人员，很晚才注意到购买决策权已逐渐转移到专业行政人员的手中。营销导向理论告诉我们，现代市场营销具备一种统括职能，起到一种导向作用。企业要根据市场营销的需要来确定职能部门和分配经营资源，并要求其他职能部门服从市场营销，服务于市场营销，从而在这个基础上决定企业总体发展方向和制定企业战略。

市场营销战略成为企业战略的核心战略。企业战略有不同的层次和不同的职能，过去市场营销战略只是企业总体战略的一个分支、一项内容而已，是企业战略的组成部分。诚然，不能用市场营销战略替代企业战略的谋划。但是，随着市场营销战略的不断完善和取得成效，为企业的总体战略成功奠定了不可替代的基础。世界500强企业里面，在企业战略上取胜的IBM、海尔、宝洁、沃尔玛等无一不是在市场营销战略上取得巨大成功的。当然这也就要求了企业的其他职能战略也必须以市场营销战略为导向，与之配备，这样才能形成以市场营销战略为核心的企业总体战略。

三、营销战略策划的概念与特征

（一）营销战略策划的概念

营销战略策划是指企业在现代市场营销观念下，为实现经营目标，对一定时期内市场营销发展的总体设想和规划。市场营销战略策划的一个基本问题就是要确定企业以什么产品进入什么市场。或粗或细地去理解产品和市场问题，就可以发现营销战略策划实际贯穿于整个市场营销策划，营销战略策划同时包含了企业的总体战略策划、经营单位战略策划和职能部门战略策划等多个战略层次。

现代企业营销战略一般包括战略思想、战略目标、战略行动、战略重点、战略阶段等。营销战略思想是指导企业制定与实施战略的观念和思维方式，是指导企业进行战略决策的行动准则。它应符合社会主义制度与市场经济对企业经营思想的要求，树立系统优化观念、资源的有限性观念、改革观念和着眼于未来观念。企业战略目标是企业营销战略和经营策略的基础，是关系企业发展方向的问题。战略行动则以战略目标为准则，选择适当的战略重点、战略阶段和战略模式。而战略重点是指事关战略目标能否实现的重大而又薄弱的项目和部门，是决定战略目标实现的关键因素。由于战略具有长期的相对稳定性，战略目标的实现需要经过若干个阶段，而每一个阶段又有特定的战略任务，通过完成各个阶段的战略任务才能最终实现总目标。

（二）营销战略策划的特征

从市场营销战略的内涵来看，它具有以下特点。

（1）全局性。市场营销战略策划的制定事关企业整体和全局。营销战略策划反映了企业高层领导对企业长远发展的战略思想，对企业的各项工作具有权威性的指导作用。

(2) 长远性。营销战略策划是基于企业适应未来环境的变化而制定的一个相当长时间内的指导原则和对策。

(3) 导向性。营销战略策划不仅规定和指导企业一定时期的市场营销活动，而且规定和指导企业的一切生产经营活动。

(4) 竞争性。营销战略策划的制定是基于对国内外市场竞争格局的认识，就如何使企业在竞争中保持优势，立于不败之地所进行的筹划。

(5) 原则性。一方面，营销战略策划规定了企业在一定时期内市场营销活动的方针，为企业各个方面的工作制定了可供遵循的基本原则；另一方面，由于战略更多考虑的是面对未来较长时期的营销决策，不可能对具体的营销活动进行细致的策划，因而只能是“粗线条”的决策和筹划，由此决定了营销战略所具有的原则性。

(6) 稳定性。营销战略作为一定时期企业经营活动必须遵循的方针和原则，具有稳定性的要求。它是企业高层领导者通过对企业外部环境和内部资源进行认真分析与研究后所做出的慎重决策，不能随意更改。

四、营销战略策划的程序

虽然在制订市场营销战略计划时的工作只包括选择目标市场和设计市场营销组合两部分，但是，战略的制定还要考虑其他许多因素，要做许多准备工作和配套工作，所以制定战略的程序必然会更复杂一些。制定市场营销战略一般要经过五个阶段。

(一) 确定战略的任务和目标

公司的任务和目标是指在一定时期内，公司营销工作的服务对象和预期所要达到的目的。它是公司营销战略的基础和出发点，要制定公司的市场营销战略，必须首先确定公司的任务和目标。只有在任务和目标明确的前提下，一切营销决策和策略才具有明确的方向与现实的意义。

(二) 公司内部资源分析

公司内部资源分析实际上是对公司经营状况和实力进行分析，这一步主要是分析公司内部情况。经营状况分析，包括产品销售额、产销率、成本和利润水平、市场占有率、产品特点、价格水平、销售前景等的分析。公司实力分析，包括公司的财务、原材料供应、工厂设施、技术力量、商誉和管理人员素质等的分析。公司实力分析的目的是发现和评定公司的优势与劣势，以及经营业绩不佳的问题所在，以便在寻找机会和制定新战略时能够扬长避短。

(三) 外部环境分析

外部环境分析是指公司外部的市场环境和形势分析，公司外部环境分析是制定公司市场战略的客观依据。对公司外部经营环境进行研究分析，主要从以下几个方面进行：一般社会环境(包括社会政治形势、经济形势和社会文化等)的研究；相关科学技术发展情况(主要包括与本公司产品有关或与材料、工艺、设备等有关的学科的科技发展水平、发展方向、发展趋势和速度等)的分析研究；资源供应方面情况(如有关的人力、财务和物力的供应来源及渠道等)的调查研究；市场需求方面(包括市场需求的总量、潜在市场容量、市场占有率、消费者购买行为特点、产品生命周期规律等)的研究；竞争因素的研究；企业经营媒介环境的分析。通过外部环境的分析，可以发现对企业有利的机会或不利的威胁。

(四) 选择目标市场

根据以上分析所发现的适合公司条件的新机会，可以进一步确定或选择目标市场，即服务的主要目标群体。

(五) 设计市场营销组合

目标市场确定之后，营销主管就可以根据目标市场的特点和需求来设计市场营销组合。

五、知识经济时代的市场营销战略

根据知识经济时代的基本特征，市场营销的基本战略可归结为以下几条。

(一) 创新战略

创新是知识经济时代的灵魂。知识经济时代为企业创新提供了极好的外部环境。创新作为企业营销的基本战略，主要包括以下几个方面。

(1)观念创新。知识经济对人类旧的传统观念是一种挑战，也是对现代营销观念的挑战。为了适应新的经济时代，使创新战略卓有成效，必须树立新观念，即以观念创新为先导，带动其他各项创新齐头并进。

首先，要正确认识和理解知识的价值。知识不仅是企业不可缺少的资源，也是企业发展的真正动力源。同时，在市场经济条件下，知识本身又是商品，也具有价值。其次，要有强烈的创新意识，自觉地提高创新能力。不创新，只能是山穷水尽，走绝路；创新是提高企业市场营销竞争力的最根本、最有效的手段。营销创新不是企业个别人的个别行为，而是涉及企业全体员工的、有组织的整体活动。

(2) 组织创新。组织创新包括企业的组织形式、管理体制、机构设置、规章制度等广泛的内容，它是营销创新战略的保证。这方面要做的工作还十分艰巨，如组织形式上，许多企业还没有完成现代公司制的改造，旧的组织形式在某种程度上成为企业创新的绊脚石。机构设置的不合理，分工过细，都不利于创新。

(3) 技术创新。随着科技进步的加快，新技术不断涌现，技术的寿命期趋于缩短，技术创新是企业营销创新的核心。一般来说，大中型企业都要有自己的研究开发机构，要不断开发新技术，满足顾客的新需求。即使对传统产品，也要增加产品的技术含量。

(4) 产品创新。技术创新最后要落实到产品创新上，所以产品创新是关键。由于技术创新频率加快，所以新产品的市场寿命期也越来越短。

(5) 市场创新。市场是复杂多变的。消费者未满足的需求是客观存在的。营销者要善于捕捉市场机会，发现消费者新的需求，寻求最佳的目标市场。我国现在有许多企业不注重市场细分，看不到消费者需求的差异性，把全国各地都看成自己的市场，因而在市场创新中缺乏针对性，导致营销效果和竞争力的降低。在市场创新中，要在科学地细分市场的基础上，从对消费者不同需求的差异中找出创新点，这是至关重要的。

总之，在知识经济时代，创新战略是企业生存发展的生命线。观念创新是先导，组织创新是保证，技术创新是核心，产品创新是关键，市场创新是归宿。

(二) 人才战略

创新是知识经济时代的灵魂和核心，但创新必须依靠高素质的人才才能进行。知识经济时代的竞争，实质是人与人，人的群体与个人高科技知识、智力、智能的竞争；是人的创新能力、应变能力、管理能力与技巧的综合素质的竞争。人才战略主要包括以下几个方面。

(1) 人本智源观念。营销者要牢固树立人才本位思想。知识经济时代，知识和能力是主要资源。知识和能力的生命载体是人。有人才，就能发财。北京大学方正集团就是极好的例子。10年来，方正资产增长7 000倍。方正集团的负责人王选说得好，他们靠的就是解决“才和财”的关系。他们是用才发财，发了财，增长知识再发财。他们把学者的学术抱负和利润追求结合起来，形成了才和财的良性循环，这是一种真正的知识产业、高技术产业。

(2) 终身学习观念。由于知识更新节奏的加快，一个大专毕业生工作五年后，将有50%～60%的知识被更新。对于个人来说，要树立终身学习观念；对企业来说，要树立全员培训观念。

(三) 文化战略

企业文化包括企业经营观念、企业精神、价值观念、行为准则、道德规范、企业形象，以及全体员工对企业的责任感、荣誉感等。它不仅是提高企业凝聚力的重要手段，同时又以企业精神为核心，把企业成员的思想和行为引导到企业的发展目标上来。此外，它又将通过企业文化所形成的价值观念、行为准则、道德规范等以文字或社会心理方式对企业成员的思想、行为施加影响、控制。价值观是企业文化的基石。许多企业的成功，是由于全体员工能够接受并执行组织的价值观。

知识经济时代企业文化战略的特殊重要性主要在于知识经济时代所依赖的知识和智慧不同于传统经济所依赖的土地、劳动力与资本等资源，而是深埋在人们头脑中的资源。知识和智慧的分享是无法捉摸的活动，上级无法监督，也无法强制，只有员工自愿并采取合作态度，他们才会贡献智慧和知识。

(四) 形象战略

在信息爆炸的知识经济时代，产品广告、销售信息等很难引起消费者的注意和识别，更谈不到留下什么深刻印象。在此情形下，企业间竞争必然集中到形象竞争上。有些企业现在已经在应用形象竞争，但很多企业对形象竞争并没有足够的重视。在知识经济时代，广告宣传也随之进入“印象时代”，企业用各种广告宣传和促销手段，不断提高企业声誉，创立名牌产品，使消费者根据企业的“名声”和“印象”选购产品。正如广告专家大卫奥格威所说，“广告是对品牌印象的长期投资”。

第二节 目标市场战略策划

目标市场营销是市场营销战略的重要内容，构成了目标市场营销的全过程，如图3-2所示。它是制定市场营销组合策略的前提和依据。目标市场营销战略由市场细分(segmentation)、目标市场选择(targeting)、市场定位(positioning)三个主要步骤组成，又称STP战略。

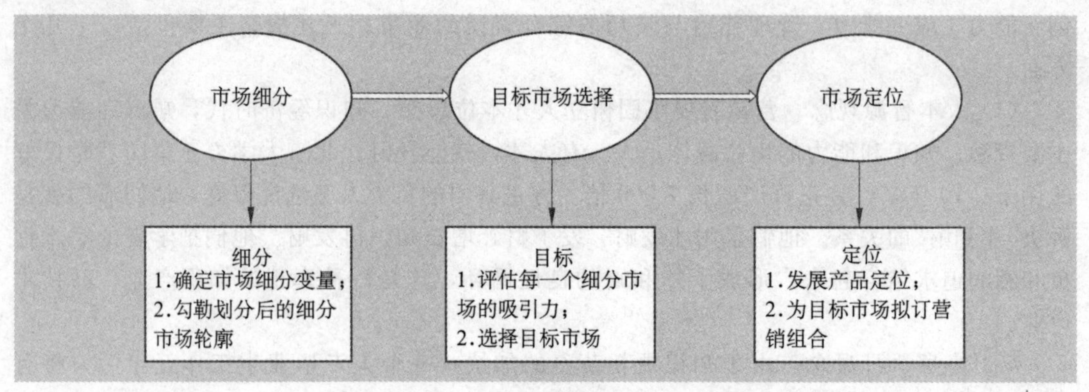

图 3-2 目标市场战略策划流程图

一、市场细分策划

（一）市场细分的概念

市场细分也称市场区别、市场划分或者市场区隔，是市场营销理论发展到 20 世纪 50 年代时提出的一个重要概念，是由美国著名营销专家温德尔·斯密总结一些企业的实践经验提出来的。这一概念的提出不仅立即为理论界接受，更受到企业的普遍重视，并迅速得到利用，使企业的市场营销由大量营销进入目标营销阶段，至今仍被广泛应用。

所谓市场细分，是指根据消费需求的差异性，把某一产品(或服务)的整体市场划分为在需求上大体相似的若干个市场部分，形成不同的细分市场(子市场)，从而有利于企业选择目标市场和制定营销策略的一切活动的总称。对市场细分的理解应该把握：市场细分是为了更加深入地研究消费需求，更好地适应消费需求，使企业所提供的产品和服务更好地满足目标顾客(或客户)的需要。

（二）市场细分的依据和原则

在现代社会中，一方面，市场消费需求是多样的，随着社会经济的飞速发展和人们收入的不断提高，消费者对商品和服务需求日趋多样化；另一方面，企业营销能力是有限的，不同企业的人力、物力和财力资源不同，为市场提供的产品不同。任何企业的营销资源具有局限性，无论规模大小，都不可能以自己的产品或服务满足市场上所有消费者的需求，只能满足某一类或某几类消费者群体的需求。为此，市场消费需求的“多样性”与企业营销资源的“有限性”之间的矛盾导致了目标市场概念的产生，从而使作为目标市场决策的前提市场细分成为必要。任何企业要确定自己的目标市场，基础工作就是要分析消费者的不同需求，进行市场细分。

市场细分的依据是整体市场存在的消费需求差异性。市场细分不是以物为分析依据，而是以消费者的需求差异性作为划分依据，即根据消费者需求的差异性，把整体市场划分为若干不同的细分市场，以便企业选择适合自己并能充分发挥自身资源优势的目标顾客群，实施相应的营销策略。消费需求差异性是客观的，由于消费者所处的地理环境、社会环境及自身的教育、心理因素都是不同的，他们对产品的价格、质量、款式、服务等的要求也不尽相同，造成必然存在消费需求的差异性。企业进行市场细分的目的是通过对顾客的需求差异予以定位，来取得较大的经济效益。

众所周知，产品的差异化必然导致生产成本和推销费用的相应增长，所以，企业必须在市场细分所得收益与市场细分所增成本之间进行权衡。由此，我们得出有效的细分市场必须具备以下原则。

(1) 可衡量性，指各个细分市场的购买力和规模能被衡量的程度。如果细分变数很难衡量，就无法界定市场。

(2) 可盈利性，指企业新选定的细分市场容量足以使企业获利。

(3) 可进入性，指所选定的细分市场必须与企业自身状况相匹配，企业有优势占领这一市场。可进入性具体表现在信息进入、产品进入和竞争进入。考虑市场的可进入性，实际上是研究企业营销活动的可行性。

(4) 差异性，指细分市场在观念上能被区别，并对不同的营销组合因素和方案有不同的反应。

(三) 市场细分的意义

市场细分被现代企业誉为具有创造性的新概念，被作为从事市场营销的重要手段。市场细分对企业的营销实践有着重要的意义。

(1) 有利于企业发现新的营销机会。通过市场细分，企业更易于发现未被满足的消费需求，寻找到市场的空白点。如果企业能够满足这些消费需求，就可以把它作为目标市场，这就是市场细分给予企业的营销机会。日本钟表企业在美国钟表市场通过市场细分发现营销机会，了解到高档手表市场已被瑞士的名牌手表所占领，且竞争激烈，而中低档市场顾客需求并未得到很好满足，于是决定开发中低档手表，满足这一层次顾客的需求。实践证明，这一决策是正确的。

(2) 有利于企业巩固现有的市场。通过市场细分，企业可以了解现有市场上各类顾客的不同消费需求和变化趋势，可以有针对性地开展营销活动，最大限度地满足市场需求，从而达到让现有顾客满意、巩固现有市场的效果。通过市场细分，美国宝洁公司开发了去头屑的海飞丝、使头发柔顺的飘柔、营养发质的潘婷、超乎寻常呵护的沙宣，以供不同顾客选择，使公司一直保持洗发水市场的领先地位。

(3) 有利于企业正确制定营销战略和策略。市场细分是企业制定营销战略和策略的前提条件。一个企业的营销战略和策略都是具体的，都是针对自己的目标市场而制定的。通过市场细分，企业可以正确地选择目标市场，采取相应的营销组合，制定正确的产品策略、价格策略、分销策略和促销策略，实现企业营销目标。

(4) 有利于企业有效地利用营销资源。通过市场细分，可以抓住大企业留下的市场空缺，集中企业营销资源，选择最适合自己经营的细分市场，发挥营销的优势和特色，在竞争激烈的市场中得以发展，这一点对于中小企业特别重要。浙江著名企业家鲁冠球正是因为选择生产“万向节”这个小产品，走小而精、小而专的道路，逐步成长为全球性公司。

(四) 市场细分的依据

▶ 1. 消费者市场细分的依据

通常，企业通过组合运用有关变量来细分市场，而不是采用某一单一变量。概括起来，细分消费者市场的变量主要有地理变量、人口变量、心理变量、行为变量四大类。

(1) 地理变量。按地理变量细分市场就是把市场分为不同的地理区域，如国家、地区、省市、东部、西部、南方、北方、城市、农村、山区、平原、高原、湖区、沙漠等。

以地理变数作为市场细分的依据，是因为地理因素影响消费者的需求和反应。各地区由于自然气候、交通通信条件、传统文化、经济发展水平等因素的影响，形成了不同的消费习惯和偏好，具有不同的需求特点。比如，我国不同区域的人们饮食口味有很大差异，俗话说“南甜北咸，东辣西酸”，也由此形成了粤菜、川菜、鲁菜等著名菜系；又如，我国不同地区的人洗浴习惯各不相同，由此形成对香皂的要求也不同。

（2）人口变量。人口变量细分是按年龄、性别、家庭人数、生命周期、收入、职业、教育、宗教、民族、国籍、社会阶层等人口统计因素，将市场细分为若干消费群体。例如，可以把服装市场按照“性别”这个细分变数分为两个市场：男装市场和女装市场。如果再按照“年龄”这个细分变数，又可以分出七个细分市场：童装市场，青年男、女装市场，中年男、女装市场，老年男、女装市场。

【案例 3-2】

娃哈哈儿童饮料的市场细分

杭州娃哈哈在建厂之初，一无资金，二无设备，三无技术力量。基于此，娃哈哈强调要找准自己的目标顾客。通过对全国营养液市场的调查分析发现，国内生产的营养液虽然林林总总已有38种，但都属于老少皆宜的全能型产品，没有一种是儿童专用营养液。而这个细分市场有3亿消费者，即使是1/10也有3 000万。中国儿童大多是独生子女，是每个家庭的“掌上明珠”，理所当然儿童营养液市场是一个大市场，这个市场的需求尚未得到开发利用，是一个大机遇。于是，他们做出决策：与其生产第39种全能型营养液，还不如生产第一种儿童专用营养液，即选择儿童专用营养液这个细分市场作为目标市场，并制定一套营销组合策略。正因如此，娃哈哈在经营上取得了很大成功。

（3）心理变量。在市场营销活动中常常出现这种情况，在人口因素相同的消费者中间，对同一商品的爱好和态度截然不同，这主要是因为受到心理因素的影响。市场细分的心理因素十分复杂而广泛，涉及消费者一系列的心理活动和心理特征，主要包括消费者的生活方式、社会阶层、个性、动机、价值取向、对商品或服务的感受或偏爱、对商品价格反应的灵敏程度，以及对企业促销活动的反应等。下面我们就其中的部分因素加以说明。

① 生活方式。生活方式是指个人或集团在消费、工作和娱乐上表现出的特定习惯。不同的生活方式往往产生不同的消费需求和购买行为，即使对同一种商品，也会在质量、外观、款式、规格方面产生不同的需求。如今，许多消费者购买商品不仅是为了满足物质方面的需要，更重要的是为了表现他们的生活方式，满足他们的心理需要，如显示身份、地位，追求时髦等。西方国家的企业十分重视生活方式对企业市场经营的影响，特别是生产经营化妆品、服装、家具、酒类产品的企业更是高度重视。还有一些企业，把追求某种生活方式的消费群当作自己的目标市场，专门为这些消费者生产产品。例如，美国有的服装公司把妇女分成“朴素型”“时髦型”“有男子气概型”三种类型，分别为她们设计和生产不同式样、颜色的服装。

② 社会阶层。社会阶层指在某一社会中具有相对同质性和持久性的群体。由于不同的社会阶层所处的社会环境不同、成长背景不同，因而兴趣偏好不同、消费特点不同、对产品或服务的需求也不尽相同。识别不同社会阶层消费者所具有的不同特点，对于很多产品的市场细分都将提供重要依据。

美国著名营销大师菲利普·科特勒将美国社会划分为七个阶层。

上上层：继承大财产，具有著名家庭背景的社会名流。

上下层：在职业或生意中具有超凡活力而获得较高收入或财富的人。

中上层：对“事业前途”极为关注，且获得专门职业者，如独立企业家和公司经理等职业的人。

中间层：中等收入的白领和蓝领工人。

劳动阶层：中等收入的蓝领工人和那些过着“劳动阶层生活”的人。

下上层：工资低，生活水平刚处于贫困线上，追求财富但无技能的人。

下下层：贫困潦倒，常常失业，长期靠公众或慈善机构救济的人。处于不同社会阶层的人，对汽车、服装、家具、娱乐、阅读方面的需求都有较大的差异。

③ 个性。个性是指个人独特的心理特征，这种心理特征使个人与他们所处的环境保持相对一致和持久的反应。每个人都有影响自身购买行为的独特个性。在区分出不同的个性，并且特定的个性同产品或品牌的选择之间存在很强相关性的前提下，个性就可以成为细分市场的心理变数。例如，有些钟表眼镜公司把市场细分为传统型消费者群、新潮型消费者群、节俭型消费者群、活泼型消费者群等。

消费者在选择品牌时，会在理性上考虑产品的实用功能，同时在感性上评估品牌表现出的个性。因而很多企业会赋予品牌个性，以迎合消费者的个性。

【案例 3-3】

汽车的个性市场细分

20 世纪 50 年代末，福特汽车和雪佛兰汽车在促销方面特别强调个性的差异。有不少人认为购买福特汽车的顾客有独立性、易冲动，有男子汉气概，敏于变革并有自信心；购买雪佛兰汽车的顾客往往保守、节俭，缺乏阳刚之气，恪守中庸之道。

④ 偏好。偏好是指消费者偏向于某一方面的喜好，比如有的爱抽烟，有的爱喝酒，有的爱吃辣，有的爱吃甜。又如，一位住在新泽西的 Suite 小姐，强烈地偏好一家位于曼哈顿的发廊。为了染发，她每六个星期就要往返曼哈顿一次，每一趟她至少要花费 2 个小时的时间在路上，以及 90 美元的美发费用和 22 美元的停车费。在她家附近的地方，就有更方便、更便宜的发廊。她就是对让头发获得“正确的”染色服务有强烈的偏好，并执着地认为那家曼哈顿的发廊比起其他能提供同样服务的从业者优良。在市场上，消费者对不同品牌的喜爱程度是不同的，有的消费者有特殊偏好，有的消费者有中等程度的偏好，有的消费者没有什么偏好。因此，企业为了维持和扩大经营，就要了解消费者的各种偏好，掌握消费者的需求特征，以便从产品、服务等方面满足消费者的需要。

(4) 行为变量。行为细分是根据消费者对品牌的了解、态度、使用情况及消费者的反应，将消费者分为不同的群体。很多人认为，行为变量能更直接地反映消费者的需求差异，因而行为变量成为市场细分的最佳起点。

① 时机。按消费者购买和使用产品的时机细分市场，这些时机包括结婚、离婚、购房、搬家、拆迁、入学、升学、退休、出差、旅游、节假日等。时机细分有助于提高品牌使用率和营销的针对性。例如，旅行社可以为“十一”黄金周提供专门的旅游服务，文具企业可以为新学期开始提供学习用品。有不少产品，如新郎西服、喜临门酒，就是时机细分的产物。

② 利益。利益细分是根据消费者从品牌产品中追求的不同利益进行细分的一种分类方法。美国曾有人运用利益细分法对钟表市场进行研究，发现手表购买者可分为三类：大约23%侧重价格低廉，46%侧重耐用性及一般质量，31%侧重品牌声望。当时美国各大钟表公司都把注意力集中于第三类细分市场，制造豪华昂贵的手表并通过珠宝店销售。唯有TIME公司慧眼独具，选定第一、第二类细分市场作为目标市场，全力推出一款物美价廉的“天美时”牌手表并通过一般钟表店或大型综合商店出售。该公司后来发展成为世界第一流的钟表公司。

③ 使用者状况。许多品牌可以按使用状况将消费者分为曾经使用者、未曾使用者、潜在使用者、初次使用者、偶尔使用者和经常使用者等类型。针对不同使用群体，应采用不同的营销策略和方法。市场占有率高的品牌特别重视将潜在使用者转变为实际使用者，如领导型品牌，一些小企业则只能以经常使用者为服务对象。

④ 品牌忠诚度。消费者的忠诚是企业最宝贵的财富。美国商业研究报告指出：多次光顾的顾客比初次登门者，可为企业多带来20%～85%的利润；固定客户数目每增长5%，企业的利润增加25%。根据消费者的品牌忠诚度，可以将消费者分为四种类型：专一忠诚者、潜在忠诚者、迟钝忠诚者和缺乏忠诚者。

a. 专一忠诚者。这四个类型中最高的一层，是构成顾客群体的最重要的部分。例如，瑞士万用刀的爱好者，他们会不断地告诉朋友和邻居这种刀的好处、用途，以及他们每天、每个星期、每个月的使用频率。这些专一忠诚者会成为品牌的免费宣传者，并不断地向别人推荐自己喜欢的品牌。对任何企业而言，专一忠诚者都是他们最欢迎的顾客类型。

b. 潜在忠诚者。顾客高度偏好与低度重复购买的结合，意味着潜在忠诚。例如，美国有一个标准的中国食物迷，而且她家附近就有一家她很喜欢的中国餐馆。但她的先生却对中国食物不感兴趣，所以她只是偶尔光顾这家中国餐馆。如果该餐馆了解潜在忠诚者的这些情况，就可以采取一些应对的策略。比如，该餐馆可考虑增加一些美式餐点，以吸引像她先生这样的顾客。

c. 迟钝忠诚者。顾客低度偏好与高度重复购买的结合，便形成了迟钝忠诚。这类顾客的购买原因不是因为偏好，而是“因为我们经常用它”或“因为它方便”。大多数经常购买产品的顾客都属于这种类型。比如，有人总在一条街上购买日常用品，在另一条街上的干洗店干洗衣物。如果能积极争取这类顾客，提高产品或服务质量，形成自己的特色，这类顾客就可能会由迟钝的忠诚度转变为高度的忠诚度。

d. 缺乏忠诚者。由于不同的原因，某些顾客就是不会对某些品牌产生忠诚。一般来说，企业应避免将目标针对缺乏忠诚的顾客，因为他们永远不会成为真诚的顾客，他们对企业的发展只有很少的贡献。

⑤ 使用率。可以根据品牌的轻度、中度和重度等使用者情况来细分市场。品牌重度使用者一般在市场上所占比例不大，但他们的消费量在全部消费量中所占的比例却相当高。营销广告界的巴莱多定律(又称二八定律)是说，20%的品牌重度使用者的消费量却占该品牌消费量的80%。以啤酒为例，有人曾做过调查，啤酒消费者中，大量消费者与小量消费者各占一半，其中大量消费者的消费量占总销量的88%，而小量消费者的消费量只占12%。又据调查，啤酒的大量消费者多为劳动阶层，年龄在25～50岁。而年龄在25岁以

下和 50 岁以上为小量消费者。这种细分有助于企业做出相应的对策。

⑥ 态度。消费者对品牌的态度大体可以分为五种，即热爱、肯定、冷淡、拒绝和敌意。态度是人们生活方式的一种体现，态度决定着成败，也决定着品牌定位。企业可以通过调查、分析，针对不同态度的顾客采取不同的营销对策。例如，对抱有拒绝和敌意态度者，不必浪费时间去改变他们的态度，对冷淡者则应设法争取。

▶ 2. 生产者市场细分的依据

很多用来细分消费者市场的标准同样也可用于细分生产者市场。例如，根据地理、追求的利益和使用率等变量对生产者市场加以细分。不过，由于生产者与消费者在购买动机与行为上存在差别，所以，除了运用前述消费者市场细分标准外，还可用一些新的标准来细分生产者市场。

(1) 用户规模。在生产者市场中，有的用户购买量很大，而另外一些用户的购买量则很小。企业应当根据用户规模大小来细分市场，并根据用户或客户的规模不同，制定不同的营销组合方案。例如，对于大客户，宜于直接联系、直接供应，在价格、信用等方面给予更多优惠；而对众多的小客户，则宜于让产品进入商业渠道，由批发商或零售商去组织供应。

(2) 产品的最终用途。产品的最终用途不同也是生产者市场细分的标准之一。例如，工业品用户购买产品一般都是供再加工使用，对所购产品通常都有特定的要求。

(3) 工业者购买状况。即根据工业者购买方式来细分市场。如前所述，工业者购买的主要方式包括直接重购、修正重购及新任务购买。购买方式不同，则采购程度、决策过程等也不相同，因而可将整体市场细分为不同的小市场群。

(五) 市场细分的方法和步骤

▶ 1. 市场细分的方法

(1) 单一变量法。所谓单一变量法，是指根据市场营销调研结果，把选择影响消费者或用户需求最主要的因素作为细分变量，从而达到市场细分的目的。这种细分法以公司的经营实践、行业经验和对组织客户的了解为基础，在宏观变量或微观变量间，找到一种能有效区分客户并使公司的营销组合产生有效对应的变量而进行的细分。

(2) 主导因素排列法。主导因素排列法即用一个因素对市场进行细分，如按性别细分化妆品市场，按年龄细分服装市场等。这种方法简便易行，但难以反映复杂多变的顾客需求。

(3) 综合因素细分法。综合因素细分法即用影响消费需求的两种或两种以上的因素进行综合细分。例如，用生活方式、收入水平、年龄三个因素可将妇女服装市场划分为不同的细分市场。

(4) 系列因素细分法。当细分市场所涉及的因素是多项的，并且各因素是按一定的顺序逐步进行，可由粗到细、由浅入深，逐步进行细分，这种方法称为系列因素细分法。例如，某服装生产企业通过系列因素法进行市场细分：服装→中学生服装→中学生上衣服装→中学生上衣休闲运动服装。

▶ 2. 市场细分的步骤

(1) 选定产品市场范围。公司应明确自己在某行业中的产品市场范围，并以此作为制定市场开拓战略的依据。

(2) 列举潜在顾客的需求。可从地理、人口、心理、行为等方面列出影响产品市场需求和顾客购买行为的各项变数。

(3) 分析潜在顾客的不同需求。公司应对不同的潜在顾客进行抽样调查，并对所列出的需求变数进行评价，了解顾客的共同需求。

(4) 制定相应的营销策略。调查、分析、评估各细分市场，最终确定可进入的细分市场，并制定相应的营销策略。

二、目标市场选择策划

企业在划分好细分市场之后，可以进入既定市场中的一个或多个细分市场。目标市场选择是指估计每个细分市场的吸引力程度，并选择进入一个或多个细分市场。

(一) 目标市场选择标准

(1) 有一定的规模和发展潜力。企业进入某一市场是期望能够有利可图，如果市场规模狭小或者趋于萎缩状态，企业进入后难以获得发展，此时应审慎考虑，不宜轻易进入。当然，企业也不宜以市场吸引力作为唯一取舍，特别是应力求避免"多数谬误"，即与竞争企业遵循同一思维逻辑，将规模最大、吸引力最大的市场作为目标市场。大家共同争夺同一个顾客群的结果是，造成过度竞争和社会资源的无端浪费，同时使消费者的一些本应得到满足的需求遭受冷落和忽视。现在国内很多企业动辄将城市尤其是大中城市作为首选市场，而对小城镇和农村市场不屑一顾，很可能就步入误区。如果转换一下思维角度，一些目前经营尚不理想的企业说不定会出现"柳暗花明"的局面。

(2) 细分市场结构的吸引力。细分市场可能具备理想的规模和发展特征，然而从盈利的观点来看，它未必有吸引力。波特认为有五种力量决定整个市场或其中任何一个细分市场的长期的内在吸引力，这五种力量来自同行业竞争者、潜在的新参加的竞争者、替代产品、购买者和供应商。

(3) 符合企业目标和能力。某些细分市场虽然有较大的吸引力，但不能推动企业实现发展目标，甚至还会分散企业的精力，使企业无法完成主要目标，这样的市场应考虑放弃。另外，还应考虑企业的资源条件是否适合在某一细分市场经营。只有选择那些企业有条件进入、能充分发挥资源优势的市场作为目标市场，企业才会立于不败之地。

(二) 目标市场的选择模式

目标市场的选择策略，即关于企业为哪个或哪几个细分市场服务的决定。通常有五种模式，如图 3-3 所示，其中 P 代表产品，M 代表市场。

(1) 密集单一市场。企业选择一个细分市场，集中力量为之服务。较小的企业一般这样专门填补市场的某一部分。集中营销使企业深刻了解该细分市场的需求特点，采用有针对性的产品、价格、渠道和促销策略，从而获得强有力的市场地位和良好的声誉，但同时隐含较大的经营风险。

(2) 产品专门化。企业集中生产一种产品，并向所有顾客销售这种产品。例如，服装厂商向青年、中年和老年消费者销售高档服装，企业为不同的顾客提供不同种类的高档服装产品和服务，而不生产消费者需要的其他档次的服装。这样一来，企业在高档服装产品方面树立了很高的声誉，但一旦出现其他品牌的替代品或消费者偏好转移，企业将面临巨大的威胁。

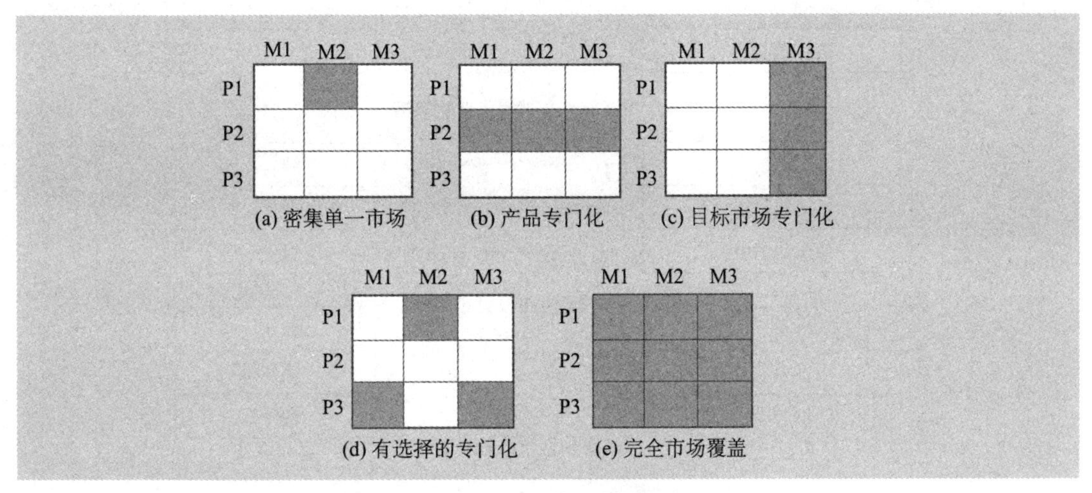

图 3-3 目标市场选择模式

（3）目标市场专门化。企业专门服务于某一特定顾客群，尽力满足他们的各种需求。例如，企业专门为老年消费者提供各种档次的服装。企业专门为这个顾客群服务，能建立良好的声誉，一旦这个顾客群的需求潜量和特点发生突然变化，企业就要承担较大风险。

（4）有选择的专门化。企业选择几个细分市场，每一个细分市场对企业的目标和资源利用都有一定的吸引力，但各细分市场彼此之间很少或根本没有任何联系。这种策略能分散企业经营风险，即使其中某个细分市场失去了吸引力，企业还能在其他细分市场盈利。

（5）完全市场覆盖。企业力图用各种产品满足各种顾客群体的需求，即以所有的细分市场作为目标市场，如上例中的服装厂商为不同年龄层次的顾客提供各种档次的服装。一般只有实力强大的大企业才能采用这种策略。例如，IBM 公司在计算机市场、可口可乐公司在饮料市场开发众多的产品，满足各种消费需求。

（三）目标市场的营销策略

企业确定细分市场作为经营和服务目标的决策，称为目标市场营销策略。目标市场营销策略是市场定位策略和营销组合策略的有机组合。企业确定目标市场的方式不同，选择的目标市场范围不同，采用的营销策略也就不一样。一般来说，目标市场营销策略有三种：无差异性市场营销策略、差异性市场营销策略和集中性市场营销策略，如图 3-4 所示。

▶ 1. 无差异性市场营销策略

无差异性市场营销策略就是企业把整个市场作为自己的目标市场，只考虑市场需求的共性，而不考虑市场需求的差异，最终运用一种产品、一种价格、一种推销方法，吸引尽可能多的消费者。美国可口可乐公司从 1886 年问世以来，一直采用无差异性市场营销策略，生产一种口味、一种配方、一种包装的产品满足世界 156 个国家和地区的需要，称作“世界性的清凉饮料”，资产达 74 亿美元。由于百事可乐等饮料的竞争，1985 年 4 月，可口可乐公司宣布要改变配方的决定，不料在美国市场掀起轩然大波，许多消费者打电话到公司，对公司改变可口可乐的配方表示不满和反对。这使可口可乐公司不

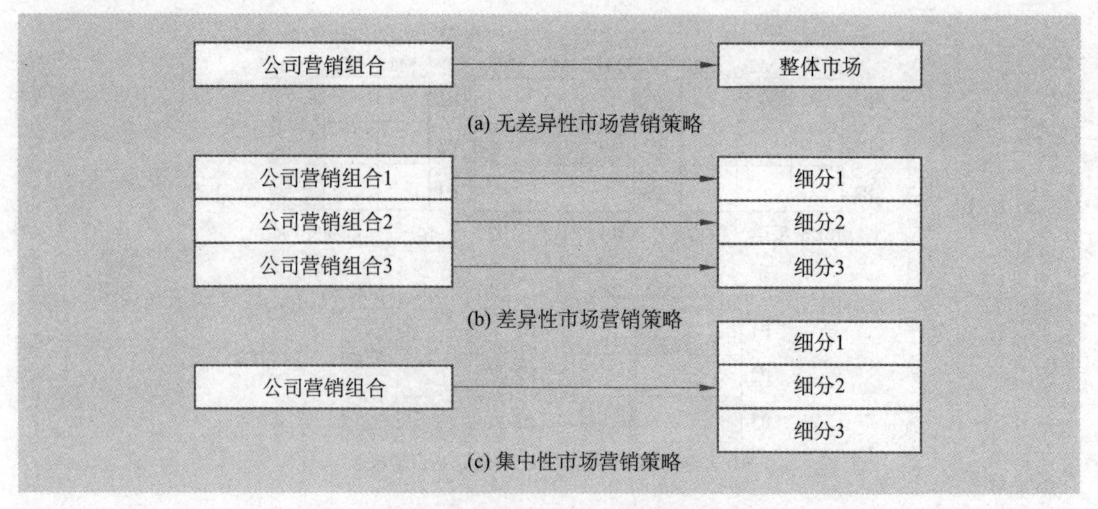

图 3-4　三种目标市场营销策略

得不继续大批量生产传统配方的可口可乐。可见，采用无差异性市场营销策略，产品必须在内在质量和外在形体上有独特风格，才能得到多数消费者的认可，从而保持相对的稳定性。

这种策略的优点是产品单一，容易保证质量，能大批量生产，降低生产和销售成本。但如果同类企业也采用这种策略，必然会形成激烈竞争。闻名世界的肯德基炸鸡，在全世界有 800 多个分公司，都是同样的烹饪方法、同样的制作程序、同样的质量指标、同样的服务水平，采取无差异性市场营销策略，生意红火。1992 年，肯德基在上海开业不久，上海荣华鸡快餐店开业，且把分店开到肯德基对面，形成“斗鸡”场面。荣华鸡快餐把原来洋人用面包作为主食改为以蛋炒饭作为主食，把西式沙拉土豆改成酸辣菜、西葫芦条，更取悦于中国消费者。所以，面对竞争强手时，无差异性策略也有一定的局限性。

2. 差异性市场营销策略

差异性市场营销策略就是把整个市场细分为若干子市场，针对不同的子市场，设计不同的产品，制定不同的营销策略，满足不同的消费需求。例如，美国有的服装企业，按生活方式把妇女分成三种类型：时髦型、男子气概型、朴素型。时髦型妇女喜欢把自己打扮得华贵艳丽，引人注目；男子气概型妇女喜欢打扮得超凡脱俗，卓尔不群；朴素型妇女购买服装讲求经济实惠，价格适中。公司根据不同类型妇女的不同偏好，有针对性地设计出不同风格的服装，使产品对各类消费者更具有吸引力。又如，某自行车企业根据地理位置、年龄、性别把市场细分为几个子市场：农村市场，因常运输货物，要求牢固耐用，载重量大；城市男青年，要求快速、样式好；城市女青年，要求轻便、漂亮、闸灵。针对每个子市场的特点，制定不同的市场营销组合策略。

这种策略的优点是能满足不同消费者的不同要求，有利于扩大销售、占领市场、提高企业声誉。缺点是由于产品差异化、促销方式差异化，增加了管理难度，提高了生产和销售费用。目前只有力量雄厚的大公司采用这种策略，如青岛双星集团公司生产多品种、多款式、多型号的鞋，满足国内外市场的多种需求。

3. 集中性市场营销策略

集中性市场营销策略就是在细分后的市场上，选择两个或少数几个细分市场作为目标市场，实行专业化生产和销售。在个别少数市场上发挥优势，提高市场占有率。采用这种策略的企业对目标市场有较深的了解，这是大部分中小型企业应当采用的策略。

【案例 3-4】

尿布大王的产生

日本尼西奇起初是一个生产雨衣、尿布、游泳帽、卫生带等多种橡胶制品的小厂，由于订货不足，面临破产。总经理多川博在一个偶然的机会，从一份人口普查表中发现，日本每年约出生 250 万个婴儿，如果每个婴儿用两条尿布，一年则需要 500 万条尿布。于是，他们决定放弃尿布以外的产品，实行尿布专业化生产。一炮打响后，他们又不断研制新材料、开发新品种，不仅垄断了日本尿布市场，还把尿布远销到世界 70 多个国家和地区，成为闻名于世的“尿布大王”。

采用集中性市场营销策略，能集中优势力量，有利于产品适销对路，降低成本，提高企业和产品的知名度。但有较大的经营风险，因为它的目标市场范围小，品种单一。如果目标市场的消费者需求和爱好发生变化，企业就可能因应变不及时而陷入困境。同时，当强有力的竞争者打入目标市场时，企业就会受到严重影响。因此，许多中小企业为了分散风险，仍应选择一定数量的细分市场作为自己的目标市场。

三种目标市场营销策略各有利弊。选择目标市场进行营销时，必须考虑企业面临的各种因素和条件，如企业规模和原料的供应、产品类似性、市场类似性、产品寿命周期、竞争的目标市场等。

选择适合本企业的目标市场营销策略是一个复杂多变的工作。企业内部条件和外部环境在不断发展变化，经营者要不断通过市场调查和预测，掌握和分析市场变化趋势与竞争对手的条件，扬长避短，发挥优势，把握时机，采取灵活的适应市场态势的策略，从而争取较大的利益。

(四) 影响目标市场策略的因素

上述三种策略各有利弊，企业在进行决策时要具体分析产品、市场状况和企业本身的特点。影响企业目标市场策略的因素主要有企业的资源特点、产品特点、市场特点和竞争者的策略。

▶ 1. 资源特点

资源雄厚的企业拥有大规模的生产能力、广泛的分销渠道、好的内在质量和品牌信誉等，可以考虑实行无差异性市场营销策略；如果企业拥有雄厚的设计能力和优秀的管理素质，则可以考虑实行差异性市场营销策略；而对实力较弱的中小企业来说，适合集中力量进行集中性营销策略。企业初次进入市场时，往往采用集中性市场营销策略，在积累了一定的成功经验后，再采用差异性市场营销策略或无差异性市场营销策略，以进一步扩大市场份额。

▶ 2. 产品特点

产品的同质性表明了产品在性能、特点等方面的差异性的大小，是企业选择目标市场时必须考虑的因素之一。一般对于同质性高的产品如食盐等，宜实行无差异性市场营销策略；对于同质性低或异质性产品，差异性市场营销策略或集中性市场营销策略是恰当的选择。

此外，产品因所处的生命周期的阶段不同而表现出的不同特点亦不容忽视。产品处于导入期和成长初期，消费者刚刚接触新产品，对它的了解还停留在较粗浅的层次，竞争尚不激烈，企业这时的营销重点是挖掘市场对产品的基本需求，往往采用无差异性市场营销策略。等产品进入成长后期和成熟期时，消费者已经熟悉产品的特性，需求向深层次发展，表现出多样性和不同的个性，竞争空前的激烈，企业应适时地转变策略为差异性市场营销策略或集中性市场营销策略。

▶ 3. 市场特点

供与求是市场中的两大基本力量，它们的变化趋势往往是决定市场发展方向的根本原因。供不应求时，企业重在扩大供给，无暇考虑需求差异，所以采用无差异性市场营销策略；供过于求时，企业为刺激需求、扩大市场份额殚精竭虑，多采用差异性市场营销策略或集中性市场营销策略。

从市场需求的角度来看，如果消费者对某产品的需求偏好、购买行为相似，则称为同质市场，可采用无差异性市场营销策略；反之，则称为异质市场，更适合采用差异性市场营销策略和集中性市场营销策略。

▶ 4. 竞争者的策略

企业选择目标市场营销策略时，一定要充分考虑竞争对手的营销策略，一般来说，应该采取同竞争者有所区别的营销策略，反其道而行之。如果对手是强有力的竞争者，实行的是无差异性营销策略，因而可能有较次要的市场被冷落，这时企业如果实行差异性营销策略，乘虚而入，往往能取得良好的效果；如果对手已经实行差异性营销策略，而企业仍实行无差异性营销策略，就不利于企业抢占市场，在此情况下应该采用更深一层的差异性或集中性营销策略与之抗衡。

企业的目标市场策略应慎重选择，一旦确定，应该有相对的稳定，不能朝令夕改。但灵活性也不容忽视，没有永远正确的策略，一定要密切注意市场需求的变化和竞争动态。

三、市场定位策划

(一) 市场定位的概念

市场定位又称产品定位，就是企业根据目标市场上同类产品的竞争状况，针对顾客对该类产品某些特征或属性的重视程度，为本企业产品塑造强有力的、与众不同的鲜明个性，并将这种个性形象生动地传递给顾客，求得顾客认同。市场定位的实质是使本企业与其他企业严格区分开来，使顾客明显感觉和认识到这种差别，从而在顾客心目中占有特殊的位置。

因此，市场定位是企业目标市场营销战略体系中的重要组成部分，它对于建立有利于企业及企业产品的市场特色、限定竞争对手、满足消费者(或用户)的某种需求或偏好，进而提高企业竞争力具有重要意义。

(二) 产品差异化分析

企业要使自己的产品获得稳定的销路，就必须使自己的产品与众不同、创出特色，从而获得一种竞争优势，这就是产品差异化。企业要使自己为市场提供的产品与竞争者相区别，就必须在产品、服务、人员和形象四个方面注重差异策略的分析研究。

▶ 1. 产品实体差异化

产品实体差异化是从产品质量、产品款式等方面实现差别。寻求产品特色是产品差别化战略经常使用的手段。

(1) 质量差异化。企业生产高品质的产品，如一些名牌产品，便是走这条路子，产品质量相当好。奔驰车、金利来产品、雅戈尔西服、意大利老人头皮鞋、海尔电器等，产品的品质比同类产品质量普遍要好。

(2) 价格差异化。与竞争对手保持不一样的价格，可能走高价、中价、低价的路子。名牌产品一般走高价路子，也有走中价或低价路子的。

(3) 款式差异化。采用独具特色的款式，如服装、家具、手机等产品，很注重款式的差别。

(4) 功能差异化。与竞争对手保持不同的产品功能，或者功能更为优化。一些技术含量高、发展快的产品，很注重功能差别化。

(5) 顾客群体差异化。如劳力士手表定位于事业有成的高薪人士，法国名牌香水定位于奢华贵妇、时髦女郎、影视明星、青春少女等。

(6) 使用场合差异化。某些产品特别强调在某种特殊场合下使用，如喜临门酒、双喜牌香烟，每到吉利的日子就特别好卖。

(7) 分销渠道差异化。建立本企业独特的分销渠道体系，如我国生产空调的企业，海尔、春兰、格力、奥克斯、志高等品牌，分销渠道有很大的不同。

(8) 广告等促销方式的差异化。同类产品，采用与众不同、独具特色的广告形式和其他促销方式。

产品差异化可以说是多种多样，对于企业来说，要将各种差异化进行有效的组合，如将产品质量、价格、渠道、促销、款式、功能、使用场合、目标顾客群体等各方面进行有效的整合。而产品质量和价格定位是企业运用最普遍的，也是消费者最熟悉的定位。

【案例 3-5】

华龙面的市场定位

20 世纪 90 年代，河北隆尧县 9 位农民合股投资 200 多万元建起一家方便面生产厂，产品冠名“华龙”。经过三四年的发展，这家默默无闻的小企业异军突起，创下了令人吃惊的发展速度：年生产能力由 1 600 吨猛增到 16 万吨；月平均销售收入由 58 万元增加到 3 400多万元；固定资产由 218 万元飙升到 2.5 亿元。在竞争激烈的方便面市场，“华龙”所占市场份额紧随“康师傅”“统一”之后，居全国第三名。

华龙人首先对国内方便面市场进行了一番深入细致的调查研究。他们发现，20 世纪 80 年代初期以来，尽管我国方便面生产迅猛，但市场仍有较大空间。在已建成投产的 1 000多家生产企业中，大致分为两种类型。

少数几家中外合资或外商独资企业虽然拥有较高的市场占有率，但目标市场多数定位于大中城市，产品定价等方面没有考虑农村的实际情况。

地方小厂“遍地开花”，产品价位也较低，但质量不稳定，主要依靠有限的当地市场维持生存。广大的农村和小城镇对方便面的需求是显而易见的，问题是能不能为他们提供质量可靠、价格适中的产品。华龙提出“同等质量比价格，同等价格比质量”的口号，依托当地优质的小麦和廉价的劳动力资源，将一袋方便面的零售价定在 0.6 元以下，比一般名牌低 0.8 元左右，而口感、营养成分、卫生状况等各方面并不逊色。为了确保产品质量，华龙从东南亚引进国际一流的设备，高薪聘请台湾食品专家加盟入股并主持研究开发中心的工作，对面粉的加工、面饼的烘焙、调料的配置及外在包装等环节实行全程质量监控。与此同时，根据“南甜北咸东辣西酸”的饮食习惯，华龙将销往不同地区的方便面搭配不同的调料包，满足不同地域消费者的需求。

在华龙，营销公司撑着企业的半壁江山，汇集了精兵强将。营销公司下设面向各省市自治区的营销处，处以下设组，分包一个省的几个区县市场。每个营销员都有明确的分工，定向联系几家地区代理商、经销户，由此形成了营销总部、处、组、户四级营销网络，覆盖长江以北，波及江南数省。为了密切和代理商的关系，华龙采取送货上门、特许入股等形式，与代理商结成紧密的利益共同体。

华龙的付出赢得了回报，在河南、河北、陕西、内蒙古自治区三省一区，华龙方便面的市场占有率稳居第一；在东北、华北、西北等地区，华龙方便面正呈现出强劲的扩张势头。

▶ 2. 服务差异化

服务差异化是本企业向目标市场提供与竞争对手不同的优质服务。现代企业的竞争，既是产品的竞争，又是服务的竞争，特别是技术复杂的产品，更要重视服务。以家庭用品来说，电冰箱、电视机、音响、空调、手机、微波炉等产品，消费者特别重视厂家及商家提供的相应服务。从另一个角度来讲，当今市场，各个企业生产的产品与同价格水平的产品，在质量方面并无多大区别，比的是产品的服务水平。如果一个企业提供的服务不理想，很可能影响消费者的再次购买，消费者就会将这种不满意传播给其他的消费者，也会影响其他消费者的购买。

企业打造服务差异化，可以从及时准确地传递产品各方面信息、订货的方便性、交货的及时与方便性，帮助顾客安装调试、为客户提供培训、客户咨询、维修等方面着手。

▶ 3. 人员差别化

企业可以通过聘用和培训比竞争者更为优秀的人员以获取竞争优势。大量实践证明，“市场竞争归根结底是人才的竞争”，如麦当劳快餐公司在人才培养方面的声誉是其他企业无法比拟的。

一位受过良好训练的人员应具备以下六种素质。

(1) 能力，即应具有所需的各种知识和技术。

(2) 谦恭有礼，友好、能尊重人，并善于体谅别人。

(3) 诚实，即应该是可以信赖的。

(4) 可靠，应始终如一、准确无误地完成本职工作。

(5) 有责任心，对顾客的要求和困难能迅速做出反应。

(6) 善于沟通，应尽力了解顾客，并将有关信息准确地传达给顾客。

▶ 4. 形象差异化

形象差异化即企业实施通常所说的品牌战略和CI战略而产生的差异。企业通过强烈的品牌意识、成功的CI战略，借助媒体的宣传，使企业在消费者心目中树立起优异的形象，从而使消费者对该企业的产品发生偏好，一旦需要就会毫不犹豫地选择购买这一企业的产品。例如，雀巢公司虽说是国际著名的大公司，却始终以平易近人的姿态宣传自己，一句“味道好极了”让人感到像小鸟入巢般的温馨；柯达和富士两大彩色胶卷巨头更是用一黄一绿为基调的包装，突出了产品的外在形象，给人以明快的感觉。如果说企业的产品是以内在的气质服务于顾客，那么企业的形象差异化战略就是用企业的外在形象取悦于消费者，形成不同凡响的自身特征，从侧面反映了企业的智慧。

(三) 市场定位的依据

企业可以从多种角度来进行市场定位，以形成自己的竞争优势。

(1) 根据产品的属性定位。构成产品特色的许多因素，如产品的品质、价格、成分、材料等，都可以作为定位的依据。例如，七喜汽水的定位是“非可乐”，强调它与可乐类饮料不同，不含咖啡因。

(2) 根据产品的用途定位。例如，海飞丝洗发水定位于去头皮屑。

(3) 根据提供给顾客的利益定位。例如，美国一家啤酒公司推出了一种低热量的啤酒，并将啤酒定位为喝了不会发胖的啤酒，以迎合那些喜欢饮用啤酒但又担心发胖者的需要。

(4) 根据使用者定位。即将产品指向某一类特定的使用者，根据这些顾客的看法塑造恰当的形象。例如，男士洗面奶就属于这类定位。

(5) 根据竞争状况定位。即以竞争产品定位为参照，突出强调人无我有、人有我优。例如，海尔电器在服务竞争中强调的是“真诚服务到永远”。

以上分别从不同方面介绍了市场定位的依据，但事实上，企业进行市场定位时往往是多个依据同时使用。例如，一家计算机制造商在推出一种新型喷墨打印机的广告宣传中，从产品属性方面，突出强调打印机采用了新型打印墨水，即使使用普通纸也能获得很好的打印效果；在质量方面，强调打印机由于使用了新的技术，提高了打印的分辨率；在价格方面，强调打印机的价格便宜；在使用者类型方面，强调打印机适用于中小型办公室或家庭使用等。

(四) 市场定位策略

▶ 1. 避强定位

避强定位策略是指企业力图避免与实力最强的或较强的其他企业直接发生竞争，而将自己的产品定位于另一市场区域内，使自己的产品在某些特征或属性方面与最强或较强的对手有比较显著的区别。

优点：避强定位策略能使企业较快地在市场上站稳脚跟，并能在消费者或用户中树立形象，风险小。缺点：避强往往意味着企业必须放弃某个最佳的市场位置，很可能使企业处于最差的市场位置。

▶ 2. 迎头定位

迎头定位策略是指企业根据自身的实力，为占据较佳的市场位置，不惜与市场上占支配地位的、实力最强或较强的竞争对手发生正面竞争，而使自己的产品进入与对手相同的市场位置。

优点：竞争过程中往往相当惹人注目，甚至产生所谓的轰动效应，企业及产品可以较快地为消费者或用户所了解，易于达到树立市场形象的目的。缺点：具有较大的风险性。

▶ 3. 重新定位

公司在选定了市场定位目标后，如定位不准确或虽然开始定位得当，但市场情况发生变化时，如遇到竞争者定位与本公司接近，侵占了本公司部分市场，或由于某种原因导致消费者或用户的偏好发生变化，转移到竞争者方面，就应考虑重新定位。重新定位是以退为进的策略，目的是实施更有效的定位。

【案例 3-6】

万宝路香烟重新定位

万宝路香烟刚进入市场时，以女性为目标消费者，推广的口号是："像5月的天气一样温和"。然而，尽管当时美国吸烟人数年年都在上升，万宝路的销路却始终平平。后来，广告大师李奥贝纳为万宝路做广告策划，将万宝路重新定位为男子汉香烟，并将它与最具男子汉气概的西部牛仔形象联系起来，树立了万宝路自由、野性与冒险的形象，使万宝路从众多的香烟品牌中脱颖而出。自20世纪80年代中期到现在，万宝路一直居世界各品牌香烟销量首位，成为全球香烟市场的领导品牌。

市场定位是设计公司产品和形象的行为，以使公司明确在目标市场中相对于竞争对手的位置。公司在进行市场定位时应慎之又慎，要通过反复比较和调查研究，找出最合理的突破口，避免出现定位混乱、定位过度、定位过宽或定位过窄的情况。而一旦确立了理想的定位，公司必须通过一致的表现与沟通来维持定位，并应经常加强监测以随时适应目标顾客和竞争者策略的改变。

（五）市场定位的步骤

市场定位的关键是企业要设法在自己的产品上找出比竞争者更具有竞争优势的特性。

竞争优势一般有两种基本类型：一是价格竞争优势，就是在同样的条件下比竞争者定出更低的价格，这就要求企业采取一切努力来降低单位成本；二是偏好竞争优势，即能提供确定的特色来满足顾客的特定偏好。这就要求企业采取一切努力在产品特色上下功夫。因此，企业市场定位的全过程可以通过以下三大步骤来完成。

▶ 1. 分析目标市场的现状，确认本企业潜在的竞争优势

这一步骤的中心任务是要回答以下三个问题：一是竞争对手产品定位如何？二是目标市场上顾客欲望满足程度如何，以及顾客确实还需要什么？三是针对竞争者的市场定位和潜在顾客真正需要的利益，要求企业应该及能够做什么？要回答这三个问题，企业市场营销人员必须通过一切调研手段，系统地设计、搜索、分析并报告有关上述问题的资料和研究结果。通过回答上述三个问题，企业就可以从中把握和确定自己的潜在竞争优势。

▶ 2. 准确选择竞争优势，对目标市场初步定位

竞争优势表明企业能够胜过竞争对手的能力。这种能力既可以是现有的，也可以是潜在的。选择竞争优势实际上就是一个企业与竞争者各方面实力相比较的过程。比较的指标应是一个完整的体系，只有这样，才能准确地选择相对竞争优势。通常的方法是分析、比较企业与竞争者在经营管理、技术开发、采购、生产、市场营销、财务和产品七个方面究竟哪些是强项、哪些是弱项。借此选出最适合本企业的优势项目，以初步确定企业在目标市场上所处的位置。

▶ 3. 显示独特的竞争优势和重新定位

企业要通过一系列的宣传促销活动，将自己独特的竞争优势准确传播给潜在顾客，并在顾客心目中留下深刻印象。首先，企业应使目标顾客了解、知道、熟悉、认同、喜欢和偏爱本企业的市场定位，在顾客心目中建立与该定位相一致的形象；其次，企业通过各种努力强化目标顾客形象，保持对目标顾客的了解，通过稳定目标顾客的态度和加深目标顾

客的感情来巩固与市场相一致的形象；最后，企业应注意目标顾客对企业市场定位理解出现的偏差或由于企业市场定位宣传上的失误而造成的目标顾客模糊、混乱和误会，及时纠正与市场定位不一致的形象。企业的产品在市场上定位即使很恰当，但在下列情况下，还应考虑重新定位：竞争者推出的新产品定位于本企业产品附近，侵占了本企业产品的部分市场，使本企业产品的市场占有率下降；消费者的需求或偏好发生变化，使本企业产品销售量骤减。

第三节 市场竞争战略策划

一、市场竞争战略策划概述

市场竞争战略策划是企业总体战略的一个重要组成部分，是指企业在市场营销中确定的如何战胜竞争对手，提升竞争优势，以及市场地位的长期性、总体性、全局性谋划。企业的竞争战略具有很强的针对性，是直接针对竞争对手的行为而制定的；有很强的目的性，目的就是谋求巩固并扩大自己的市场份额；有很强的可操作性，它对企业的市场营销活动提供指导，是制定营销策略的依据。因此，企业的市场竞争战略必须建立在认真分析竞争者、企业自身和顾客三者的状况及发展趋势的基础上制定，并根据市场竞争形势的变化而调整。战略一旦制定，就必须调动企业的一切资源，坚决执行战略，以实现战略规划的目标。

企业市场竞争战略与其他组织的发展战略一样，具有全局性、纲领性的特点，它是对企业发展和竞争行为，特别是企业营销活动的全局问题的总体策划，是企业对未来生存和发展的长期谋划，是指导企业如何开展竞争、如何赢得市场的行动纲领。同时，由于市场竞争战略主要是为市场竞争服务的，因此，市场竞争策略具有鲜明的抗争性，是应对各方面的冲击、威胁和困难的总体行动方案。

正确的市场竞争战略，是企业实现市场营销目标的关键。企业要想在激烈的市场竞争中立于不败之地，就必须树立竞争观念，制定正确的市场竞争战略，努力取得竞争的主动权。

二、波特的竞争战略理论

迈克尔·波特对于管理理论的主要贡献，是在产业经济学与管理学之间架起了一座桥梁。在经典著作《竞争战略》中，他提出了行业结构分析模型，即所谓的“五力模型”，认为决定企业获利能力的首要因素是“产业吸引力”，企业在制定竞争战略时，必须深入了解决定产业吸引力的竞争法则。竞争法则可以用五种竞争力来具体分析：行业现有的竞争状况、供应商的议价能力、客户的议价能力、替代产品或服务的威胁、新进入者的威胁。这五大竞争驱动力，决定了企业的盈利能力，并指出公司战略的核心应在于选择正确的行业，以及行业中最具有吸引力的竞争位置。

波特认为，这五种力量通过影响价格、成本和企业所需要的投资直接决定了产业的盈利能力，而决定竞争的因素包括产业增长、周期性生产过剩、产品差异、商标专有、信息的复杂性、公司风险、退出壁垒，以及竞争者的多样性。其中任何一种力量都由产业结构或产业基本的经济和技术特征决定。对于潜在进入者来说，存在规模经济、专卖产品差别、商标专有性、转换成本、资本需求、分销渠道及绝对成本优势等进入壁垒；而购买者要受到买方的集中程度相对企业的集中程度、买方信息、后向整合的能力等因素的限制；供应商则会受投入差异、替代品投入的现状、批量大小对供方的重要性、与产业总购买量相关的成本等因素的制约；威胁替代品的因素是替代品的相对价格表现、转换成本和客户对替代品的使用倾向。在市场供给与需求不断变化和相互调整的过程中，产业的结构决定了竞争者以何种速度增加新的供给，而入侵壁垒则决定新的入侵者是否行动。

三、基本的市场竞争战略

由于企业的资源条件、竞争实力、经营目标和市场环境不一样，因此，为了获取竞争优势，企业必须根据自身地位和竞争状况的差异，选择适合自身特点的战略定位。根据迈克尔·波特观点，要形成竞争优势，有三种一般性战略可供选择。

（一）成本领先战略

成本领先战略是指通过有效途径，使企业的全部成本低于竞争对手的成本，以获得同行业水平以上的利润。在 20 世纪 70 年代，随着经验曲线的普及，这种战略已经逐步成为企业共同采用的战略。我国微波炉市场的领导者格兰仕就是实施这种战略的典型。1992 年，格兰仕从羽绒服行业进入微波炉行业，利用一切手段如 OEM(贴牌生产)、快速扩大生产规模等，一方面努力实现规模经济，大幅度降低生产成本；另一方面专注于生产而把销售交给跨国公司，降低了销售成本，从而以极大的成本优势作为后盾，大幅度降低微波炉的价格，使产品的市场占有率迅速提升，达到了 70%的市场份额。总成本领先战略的核心要求是企业必须从管理、技术、营销等各个环节都加强成本控制，以成本优势来赢得竞争。

1. 成本领先战略的类型

根据企业获得成本优势的方法不同，把成本领先战略概括为以下几种主要类型。

（1）简化产品型成本领先战略。取得低成本的最直接方式就是使产品简单化，即将产品或服务中添加的花样全部取消。因此，仓库型的家具商场、法律咨询服务站、毫无装饰的百货店均能以远远低于同行企业的成本从事经营。企业的竞争对手由于原有的种种为顾客所熟知的无法取消的服务，不得不负担高额费用支出。因此，简化产品而取得的成本可以建立一项企业竞争优势。

（2）改进设计型成本领先战略。改进产品的设计或构成也能形成成本优势。

（3）材料节约型成本领先战略。企业如果能够控制原材料来源，实行经济批量采购与保管，并且在设计和生产过程中注意节约原材料，也能降低产品成本，建立不败的优势。

（4）人工费用降低型成本领先战略。在劳动密集型行业，企业如能获得廉价的劳动力，也能建立不败的成本优势。通过兼并、加强控制等途径，也可以降低各项间接费用，同样能取得成本优势。

（5）生产创新及自动化型成本领先战略。生产过程的创新和自动化可以作为降低成本的重要基础。例如，美国内陆钢铁公司的产品市场占有率不高，但通过工厂设备的自动化及营销系统的创新，仍能取得成本的优势。

▶ 2. 成本领先战略的优点

只要成本低，企业尽管面临着强大的竞争力量，仍可以在本行业中获得竞争优势。

(1) 在与竞争对手的斗争中，企业由于处于低成本地位，具有进行价格战的良好条件，即使在竞争中处于不能获得利润、只能保本的情况下，本企业仍可获益。

(2) 面对强有力的购买者要求降低产品价格的压力，处于低成本地位的企业仍可以有较好的收益。

(3) 在争取供应商的斗争中，由于企业的低成本，相对于竞争对手具有较大的对原材料、零部件价格上涨的承受能力，能够在较大的边际利润范围内承受各种不稳定经济因素所带来的影响；同时，由于低成本企业对原材料或零部件的需求量大，因而为获得廉价的原材料或零部件提供了可能，同时也便于和供应商建立稳定的协作关系。

(4) 在与潜在进入者的斗争中，那些形成低成本地位的因素常常使企业在规模经济或成本优势方面形成进入障碍，削弱了新进入者对低成本的进入威胁。

(5) 在与替代品的斗争中，低成本企业可用削弱价格的办法稳定现有顾客的需求，使产品不被替代产品所替代。当然，如果企业需要较长时间来巩固现有竞争地位，还必须在产品及市场上有所创新。

▶ 3. 成本领先战略的缺点

(1) 投资较大。企业必须具备先进的生产设备，才能高效率地进行生产，以保持较高的劳动生产率。同时，在进攻型定价以及为提高市场占有率而形成的投产亏损等方面也需要进行大量的预先投资。

(2) 技术变革会导致生产过程中工艺和技术的突破，使企业过去大量投资和由此产生的高效率一下子丧失优势，并给竞争对手造成以更低成本进入的机会。

(3) 将过多的注意力集中在生产成本上，可能导致企业忽视顾客需求特性和需求趋势的变化，忽视顾客对产品差异的兴趣。

(4) 由于企业集中大量资金投资于现有技术及现有设备，提高了退出障碍，因而使企业对新技术的采用及技术创新反应迟钝，甚至采取排斥态度。

▶ 4. 成本领先战略的适用条件

低成本战略是一种重要的竞争战略，但是，在以下条件时，采用成本领先战略会更有效力：

(1) 市场需求具有较大的价格弹性；

(2) 所处行业的企业大多生产标准化产品；

(3) 实现产品差异化的途径很少；

(4) 多数客户以相同的方式使用产品；

(5) 用户购物从一个销售商转向另一个销售商时，不会发生转换成本，因而特别倾向于购买价格最优惠的产品。

(二) 差异化战略

所谓差异化战略，是指为使企业产品与竞争对手产品有明显的区别、形成与众不同的特点而采取的战略。由于消费者需求的多样化，市场可以根据不同的标准进行细分。差异化战略的优势就是企业从产品、服务、人员、价值等方面为顾客提供别具一格的产品、服务或利益满足，通过与竞争者形成差别，使自己的产品富有特色，从而形成自己的竞争优势，不断地开拓市场。例如，养生堂公司从“天然”这个概念的角度推出“农夫山泉”，通过一系列促销宣传来突出自己的产品与其他纯净水的差异，在我国纯净水市场脱颖而出，进一步发展成在饮料行业中能够对娃哈哈公司发起挑战的市场挑战者。

▶ 1. 差异化战略的特点

只要条件允许，产品差异是一种可行的战略。企业奉行这种战略可以很好地防御五种竞争力量，获得竞争优势。

(1) 实行差异化战略利用了顾客对产品特色的偏爱和忠诚，由此可以降低客户对产品价格的敏感性，使企业避开价格竞争，在特定领域形成独家经营的市场，保持领先。

(2) 顾客对企业(或产品)的忠诚性形成了强有力的进入障碍，进入者要进入该行业需花很大气力去克服顾客的忠诚性。

(3) 产品差异可以产生较高的边际收益，增强企业对供应者讨价还价的能力。

(4) 由于购买者别无选择，对价格的敏感度又低，企业可以运用产品差异战略来削弱购买者讨价还价的能力。

(5) 由于企业具有特色，又赢得了顾客的信任，在特定领域形成独家经营的市场，便可在与替代品的较量中，比其他同类企业处于更有利的地位。

▶ 2. 差异化战略的缺点

(1) 保持产品的差异化往往以高成本为代价，因为企业需要进行广泛的研究开发、产品设计、高质量原料和争取顾客支持等工作。

(2) 并非所有的顾客都愿意或能够支付产品差异所形成的较高价格。同时，买主对差异化所支付的额外费用是有一定支付极限的，若超过这一极限，低成本低价格的企业与高价格差异化产品的企业相比就显示出竞争力。

(3) 企业要想取得产品差异，有时要放弃获得较高市场占有率的目标。因为产品差异的排他性与高市场占有率是矛盾的。

▶ 3. 差异化战略的适用条件

(1) 有多种使产品或服务差异化的途径，而且这些差异化是被某些用户视为有价值的。

(2) 消费者对产品的需求是不同的。

(3) 奉行差异化战略的竞争对手不多。

(4) 企业具有很强的研究开发能力，研究人员有创造性的眼光。

(5) 企业具有以产品质量或技术领先的声望。

(6) 企业具有很强的市场营销能力。

在同一个市场的演进中，常会出现这两种竞争战略循环变换的现象。一般来讲，为了竞争及生存的需要，企业往往以产品差异化战略打头，使整个市场的需求动向发生变化。随后其他企业纷纷效仿跟进，使差异化产品逐渐丧失差异化优势，最后变为标准产品。这种情况下，企业只有采用成本领先战略，努力降低成本，使产品产量达到规模经济，以提高市场占有率来获得利润。这时市场也发展成熟，企业之间的竞争趋于激烈。企业要想维持竞争优势，就必须通过新产品开发等途径寻求产品差异化，以开始新一轮战略循环。

（三）集中化战略

集中化战略是指企业把经营的重点目标放在某一特定购买者集团，或某种特殊用途的产品，或某一特定地区，来建立企业的竞争优势及市场地位。由于资源有限，一个企业很难在产品市场展开全面的竞争，因而需要抓住一定的重点，以期产生巨大有效的市场力量。此外，一个企业所具备的不败的竞争优势，也只能在产品市场的一定范围内发挥作用。例如，金利来公司集中生产领带，从而发展为“领带大王”；湖南的长丰汽车公司通过与日本三菱公司的合作，专门生产越野车，尤其是专门为部队、公安等特殊部门生产越野车，从而发展为专用越野车的最大生产企业。

集中化战略所依据的前提是，厂商能比正在更广泛地进行竞争的竞争对手更有效或效率更高地为狭隘的战略目标服务，结果，厂商或由于更好地满足特定目标的需要而取得产品差异，或在为该目标的服务中降低了成本，或两者兼而有之。尽管集中化战略往往采取成本领先和差异化这两种变化形式，但三者之间仍存在区别。后两者的目的都在于达到全行业范围内的目标，但整个集中化战略却是围绕着一个特定目标服务而建立起来的。

1. 集中化战略的类型

具体来说，集中化战略可以分为产品线集中化战略、顾客集中化战略、地区集中化战略和低占有率集中化战略。

(1) 产品线集中化战略。对于产品开发和工艺设备成本偏高的行业，如汽车工业和飞机制造业，通常以产品线的某一部分作为经营重点，这易于凝聚成强大的战斗力，获得竞争优势。

(2) 顾客集中化战略。将经营重心放在不同需求的顾客群上，是顾客集中化战略的主要特点。有的厂家以市场中的高收入顾客为重点，产品集中供应注重最佳质量而不计较价格的顾客。

(3) 地区集中化战略。划分细分市场可以以地区为标准，如果一种产品能够按照特定地区的需要实行重点集中，也能获得竞争优势。此外，在经营地区有限的情况下，建立地区重点集中化战略，也易于取得成本优势。

(4) 低占有率集中化战略。市场占有率低的部门通常被企业视为“瘦狗”或现“金牛”类业务单元。对于这些部门，企业往往采取放弃或彻底整顿的战略，以便提高该部门产品的市场占有率。市场占有率低的企业如果充分发挥自己的优势，将经营重点对准特定的细分市场，也能建立不败的竞争优势。

2. 集中化战略的优点

(1) 经营目标集中，可以集中企业所有资源于一个特定战略目标之上。

(2) 熟悉产品的市场、用户及同行竞争情况，可以全面把握市场，获取竞争优势。

(3) 由于生产高度专业化，在制造、科研方面可以实现规模效益。

(4) 这种战略尤其适用于中小企业，即小企业可以以小补大，以专补缺，以精取胜，在小市场做成大生意。

3. 集中化战略的缺点

(1) 以广泛市场为目标的竞争对手，很可能将该目标市场纳入竞争范围，甚至已经在该细分市场中竞争，它可能成为该目标细分市场潜在进入者，构成对企业的威胁。

(2) 该行业的其他企业也采用集中战略，或者以更小的细分市场为目标，构成了对企业的威胁，这时选用集中战略的企业要建立防止模仿的障碍，当然障碍的高低取决于特定的市场细分结构。

(3) 市场竞争是动态的、不断变化的，一旦目标市场突然不景气，如消费者的需求偏好突然发生变化，或者市场上出现了比自己强大的竞争对手，企业会因为过度集中，导致没有回旋余地，从而陷入困境。

上述三种战略，不同的企业可以根据自身的状况进行选择，但必须只能专注于自己的战略定位，专一执行某种战略。如果定位模糊或经常摇摆不定，就会使企业无法形成独特的竞争优势，也难以赢得竞争，甚至会被竞争对手淘汰。

四、不同市场地位企业的竞争战略

现代市场营销理论根据企业在市场上的竞争地位，一般可分为四种类型：市场领导者、市场挑战者、市场跟随者和市场补缺者。

(一) 市场领导者

市场领导者是指在相关产品的市场上占有率最高的企业，如美国汽车市场的通用公司、电脑软件市场的微软公司、软饮料市场的可口可乐公司及快餐市场的麦当劳公司等。一般来说，大多数行业都有一家企业被认为是市场领导者，它在价格变动、新产品开发、分销渠道的宽度和促销力量等方面处于主导地位，为同业者所公认。市场领导者为了维护自己的优势，保住自己的领先地位，通常可采取以下措施。

▶ 1. 扩大市场需求量

市场需求量扩大将对市场领导者有极大的益处。一般来说，市场领导者可以从三个方面扩大需求量：一是发掘新的使用者；二是开辟产品的新用途；三是增加使用者对产品的使用量。

(1) 发掘新的使用者。动画片是孩子们最喜欢看的节目，但电影《哈利·波特》不仅抓住了孩子们的心，而且还以精美的制作、优美的语言和深刻的哲理吸引了无数的老人与青少年观众，票房收入大幅度提高，制片商也得到了很多利益。

(2) 开辟产品的新用途。美国有一家专门生产牙刷的公司，最初生意很艰难，但后来有一段时间突然销量大增。经营者对此很奇怪，就进行调查，这才发现这家公司售出的牙刷并没有用于清洁人们的牙齿，而是由部队买去交由军人刷枪炮了。后来，经营者灵机一动，干脆专门生产刷枪炮的毛刷。从此例可以看出，任何一种商品的功能都不是单一的，只要用心去发掘，也许会找到一个潜在的大市场。例如，香水可以除去身上的异味，还可以驱蚊；随身听可以听音乐，也可以作为学习外语的工具等。

(3) 增加使用者对产品的使用量。日本铃木公司曾将盛有味精的小瓶打了许多小孔，使之不仅方便消费者，又使消费者在不知不觉中增加消费量。后来，美国有一个华人经销商又将瓶盖中的小孔略微扩大，结果销量显著增加。

▶ 2. 保持市场占有率

市场领导者想要保持市场占有率，主要有以下几种方式。

(1) 先发制人，全线出击。就是在竞争者尚未开始挑战之前，由市场领导者主动向相关市场发起全方位出击。例如，日本一家公司把多个款式的手表分销世界各地，以使挑战者无法发起攻击。

（2）围魏救赵。一旦竞争者首先发起攻击，那么市场领导者则应对发起进攻者的主要市场或主要产品发起报复性猛攻，迫使发起进攻者防御，最终屈服。例如，美国西北航空公司利润最高的航线是明尼波里斯到亚特兰大航线，却受到了另一家航空公司的大减价攻击。西北航空公司对此没有做出任何反应，却在明尼波里斯到芝加哥的航线上降价以作报复。由于该航线是那家进攻者的主要市场，结果迫使进攻者不得不把明尼波里斯到亚特兰大航线恢复原价，停止进攻。

（3）市场多角化。所谓市场多角化，即企业产品向其他市场扩展，实行多角化经营。例如，一个生产软饮料的厂商也可以生产盛饮料的塑料瓶，进而建立塑料厂。如果资金实力雄厚，还可以开发房地产等。多角化战略几乎是所有世界知名企业都采用的战略，也是目前国内流行的一种趋势，因为市场有竞争，就存在风险，而采用多角化战略可以在一定程度上降低风险。

（4）收缩产品线。一家企业往往生产许多种类的产品，因而存在许多业务单位，但往往并非每一个业务单位都能够盈利。企业应在审慎调查的基础上，坚决撤并盈利能力较差或始终亏损的业务单位，如美国西屋公司将电冰箱的品种由40个减少到30个，撤销了10个品种，结果竞争力反而增强了。

▶ 3. 提高市场占有率

据美国的一项研究资料表明，市场占有率达到50%时企业效益最佳。因此，企业应设法提高市场占有率，这是增加收益和提高投资收益的重要途径。但是提高市场占有率应注意几个问题：一是市场经济比较发达的国家都制定了反垄断法，当企业的市场占有率达到一定数值导致形成垄断时，就有可能遭到政府制裁；二是需要计算为提高市场占有率而付出的成本，如果成本高于提高市场占有率后获得的利润，就得不偿失了。

（二）市场挑战者

市场挑战者一般在行业中处于第二或第三的地位，又称为亚公司。这类公司也有一些大公司，如百事可乐、日产、蒙牛等公司，就处于挑战者地位。这类公司可采取下列竞争战略挑战市场领导者，争取市场的主动权。

▶ 1. 选择挑战者

（1）攻击市场领导者。每一个挑战者都希望自己的挑战能获得辉煌的成功，使自己取而代之而成为市场领导者。这就需要挑战者仔细分析市场领导者的优势和劣势，避实击虚，准确而有力地打击市场领导者。在竞争中，需要非常重视的是要有好的产品，甚至比市场领导者的产品还优胜的产品，只有这样，再配以适当的营销策略，才有可能夺取市场的主导地位。

（2）攻击与自己实力相当者。挑战者可以对市场经营状况不好、资金不足，与自己实力相差无几的企业发起攻击，趁机夺取它们的市场份额，壮大自己的实力，积累力量以便最终成为市场领导者。

（3）攻击中小企业。挑战者可以采取“农村包围城市”的方法，先占领市场领导者周围地区的小市场，逐步蚕食。一方面增强自己的实力，另一方面又对市场领导者形成一个包围圈。例如，江苏扬州“三笑”牙刷采取了这一策略，短短十多年的时间内，已成为亚洲最大的牙刷制造商。

2. 选择进攻

在确定战略目标和竞争对手之后，还必须运用正确的战术，才能取得最终的胜利。一般来说，有以下几种方法可以运用。

(1) 正面进攻。如果挑战者实力很强，而且在主要产品方面的主要优势已经超过了竞争者，则挑战者可以采取正面进攻，打击对手在市场上的主要力量。例如，竞争者的优势是成本低，具有价格优势，而这时挑战者已达到了规模生产，而且管理水平高于对手，所以单位产品的成本更为低廉，价格更具有优势，那么挑战者可以同对方打一场价格战。如果挑战者通过仿效和改进之后，产品款式更新颖，性能更卓越，则可以考虑在产品形象上同对方一争高低。如果挑战者在产品方面一切都和竞争对手一样，但在公关方面比对方强，新闻媒介关系比对方好，则可以考虑打一场公关战或广告战。

一般而言，正面进攻可以显示企业的实力和信心，也容易招致竞争对手和同行的反感，而且挑战者采取正面进攻后，往往会遭到其他竞争对手的群起攻击。所以，没有绝对把握，不要轻易采用正面进攻的方法。

(2) 侧翼进攻。侧翼进攻较正面进攻有更多的成功机会。所谓侧翼进攻，就是在市场上找出竞争者尚未得到满足的需求并加以满足，攻击的是敌人的弱点而不是强项。对于大多数企业，这种方法很实用。

(3) 包围进攻。如果挑战者在各项资源方面都占据优势，则可以向对手的所有产品同时发起攻击，一举打垮对手。

(4) 迂回进攻。这是一种间接进攻的方法，运用得当可以奏效。具体做法有三种：一是发展与对手无关的产品，实行产品多元化；二是将现有产品打入新市场，实行市场多元化；三是开发新技术和新产品，以替代现有产品。

(5) 游击进攻。这种策略是指在不同地区向竞争对手发起时断时续的、小规模的攻击，目的在于干扰对方，以使自己能长期立足。这种策略是通过以下两种方法进行的：一是通过有选择地降价，二是运用富有爆发力的促销行动，这种策略更适合小企业。但是，应该看到，要真正打败对方，光靠游击进攻是不行的，还要采取更强大的进攻方法来支撑。

由此可见，市场挑战者的策略多种多样，企业可以根据自己的条件选择使用，制定一个整体策略组合，构筑一个“挑战工程”，以改善自己的市场地位。应该指出的是，并非所有居于次要地位的企业都可以进攻领导者，如果没有充分的把握，最好不要贸然行动。

(三) 市场跟随者

市场跟随者与挑战者不同，它不是向市场领导者发动进攻并图谋取而代之，而是跟随在领导者之后自觉地维持共处局面。但是，这不等于说市场跟随者就没有战略。每个市场跟随者必须懂得如何保持现有客户，并争取一定数量的新客户；必须设法给自己的目标市场带来某些特有的利益，如地点、服务、融资等；还必须尽力降低成本并保持较高的产品质量和服务质量。跟随战略并非是领导者的简单翻版，选择使用跟随战略的企业必须谨慎地确定一条不会引起报复性竞争的成长路线。从这个目的出发，跟随者战略可以分为以下三类。

▶ 1. 紧密跟随

紧密跟随者在各个子市场和市场营销组合方面，尽可能仿效领导者。这种跟随者有时好像挑战者，但只要它不从根本上侵犯领导者的地位，就不会发生直接冲突，有些甚至被看成靠拾取领导者的残余谋生的寄生者。

▶ 2. 距离跟随

距离跟随者在主要方面，如目标市场、产品创新、价格水平和分销渠道等方面都追随领导者，但仍与领导者保持若干差异。这种跟随者可通过兼并小企业使自己发展壮大。

▶ 3. 选择跟随

选择跟随者在某些方面紧跟领导者，而在另一方面又自行其是。也就是说，它不是盲目跟随，而是择优跟随，在跟随的同时还发挥自己的独创性，但不进行直接的竞争。这类跟随者之中有些可能发展为挑战者。

(四) 市场补缺者

市场补缺者又称市场利基者，是指一些小型企业拥有较低的市场占有率，无力与大企业抗衡竞争，而专门寻找被大公司遗忘的市场"角落"。它们精心服务于市场的细小部分或空当，通过专业化经营来占据有利的市场位置，如我国的乡镇企业在发展初期就是通过对大企业的拾遗补缺、专业化道路而发展壮大的。一些资金短缺或实力不强的中型企业，也在寻找安全有利的市场位置，作为自己的坚守阵地。

▶ 1. 补缺战略的特征

市场补缺者在市场中选择一个适合自己发展且无竞争对手的小市场，作为填补空白，以谋求长远发展。一个最有利的细分小市场应具有下列特征：①有足够大的市场潜量和购买力；②利润有增长的潜力；③对主要竞争者不具有吸引力；④企业具有占领新市场所必要的资源和能力；⑤企业可依靠既有信誉来对抗竞争者。

▶ 2. 市场补缺者的主要战略

市场补缺者的主要战略是专业化营销，可供选择的专业化营销方案有：①最终用户专业化，企业专门为某类最终用户提供服务；②专门为某一大企业生产零配件；③特定顾客营销，企业只为一类或几类主要顾客服务；④产品专业化，仅营销一种产品或产品线，如营销建筑材料中的瓷砖；⑤特色产品专业化，如仅销售制作特大号男女皮鞋；⑥服务专业化，企业提供其他企业不愿或不能提供的特色服务，因为任何一个市场都不可能是铁板一块，总会留有空隙。

因此，作为小企业就有条件通过认真的研究和市场细分，找出自己能够生存的空间，获得进一步发展并取得成功。

本章小结

本章着重论述了市场竞争战略策划的内容，包含营销战略和企业战略的关系、市场竞争的基本战略，以及不同市场地位的企业采取的不同的竞争策略。企业战略包括企业总体战略、企业基本战略和企业职能战略，分析了营销战略和企业战略的关系。营销战略策划的程序包括确定战略的任务和目标、公司内部资源分析、外部环境分析、选择目标市场、设计市场营销组合。知识经济时代的市场营销战略有创新战略、人才战略、文化战略和形象战略。

目标市场营销战略又称 STP 战略，由市场细分、目标市场选择、市场定位三个主要步骤组成。市场细分可分为消费者市场细分和生产者市场细分。细分消费者市场的变量主要有地理变量、人口变量、心理变量、行为变量这四大类。市场细分的方法有单一变量法、主导因素排列法、综合因素细分法、系列因素细分法。市场细分的步骤：选定产品市场范围、列举潜在顾客的需求、分析潜在顾客的不同需求、制定相应的营销策略。目标市场的选择模式有密集单一市场、产品专门化、目标市场专门化、有选择的专门化、完全市场覆盖。目标市场营销策略有三种：无差异性市场营销策略、差异性市场营销策略和集中性市场营销策略。影响企业目标市场策略的因素主要有企业资源、产品特点、市场特点和竞争对手的策略。企业要使自身为市场提供的产品与竞争者相区别，就必须在产品、服务、人员和形象四个方面注重差异策略的分析研究。市场定位策略有避强定位、迎头定位、重新定位。市场定位的步骤包括：分析目标市场的现状，确认本企业潜在的竞争优势；准确选择竞争优势，对目标市场初步定位；显示独特的竞争优势和重新定位。

市场竞争战略策划是企业总体战略的一个重要组成部分，是指企业在市场营销中确定的如何战胜竞争对手，提升竞争优势和市场地位的长期性、总体性、全局性谋划。企业基本竞争战略有三种可选择，主要有成本领先战略、差别化战略和集中化战略。不同地位的竞争者战略有四种，处于不同市场地位的企业会采取不同的竞争战略。在市场中，强势企业一般扮演市场领导者和市场挑战者的角色，而弱势企业一般扮演市场跟随者和市场补缺者的角色。市场领导者要保持优势，必须从扩大总需求、保持现有市场份额、扩大市场份额入手。市场挑战者进攻的对象主要有市场领导者、与自己实力相当者、地方性小企业。市场跟随者的跟随战略主要有紧密跟随、距离跟随、选择跟随等。市场补缺者的竞争战略是专业化营销。

复习思考题

1. 营销战略的含义是什么？有哪些特征？
2. 营销战略策划的程序有哪些？
3. 市场细分的含义是什么？有哪些作用？
4. 影响消费者细分市场的变量有哪些？
5. 目标市场营销策略有哪几种？
6. 简述影响企业目标市场策略的因素。
7. 简述市场定位的含义，并简述市场定位的策略有哪些？

8. 企业基本竞争战略有哪几种？
9. 市场领导者为了保住自己的领先地位，通常会采取哪些战略？
10. 市场挑战者的进攻战略有哪些？主要的进攻对象是哪些？
11. 市场利基者如何开展专业化市场营销？

案例分析

招商银行：遍地葵花遍地金

招商银行2002年10月推出的“金葵花”理财，在中国金融市场新一轮高端客户的争夺战中获取主动，产品推出一年后，“金葵花”理财品牌和服务体系获得“中国首届杰出营销奖”银奖，这是唯一进入这次评选决赛的国内金融企业。

STP战略是现代营销学核心战略之一，“金葵花”的诞生正是STP战略在银行业中的最佳运用。

一、“金葵花”产生的背景

2001年12月，中国正式加入世界贸易组织。2002年3月，南京爱立信倒戈，中资银行爆发大地震。2002年10月，招商银行审时度势，细分市场，按照整体战略规划，采用“让开大路，占领两厢”的战术，开始重点关注零售业务的高端市场。招商银行在这片刚刚开垦的土地上悄然撒下金黄的种子，一片黄澄澄的“葵花”迅速开遍全国各地，开在高端客户的心里。“金葵花”，一个全新的理财品牌和服务体系，让世人为之耳目一新。

二、细分市场

“爱立信事件”之前，各家银行的业务已经从原有的信贷业务和储蓄业务两大类，转变为明确划分公司业务和个人业务这两个大目标市场，但在进一步的细分上却稍显不足。

在发达国家的银行业中，零售银行业务收入构成银行收入的重要来源。在过去几年里，美国的私人银行业务利润率一直高达36%～40%，恒生银行零售银行业务实现的利润在总利润中的占比平均为48%以上。个人理财业务普遍成为外资银行重要的核心竞争力，零售银行业务将是未来银行业竞争的焦点。因此，细分零售业务市场，抓住个人高端客户，成为银行业发展的必然。招商银行意识到了这一点，并用“金葵花”这把金黄的钥匙打开了贵宾室的大门，把那些高端客户，从长长的等待办理业务的队伍中请到了这个专属的空间。

三、选择目标市场

表面上看，“金葵花”产品品牌和服务体系是招行的一招“先发制人”。但实质上，“金葵花”理财的推出，体现了招商银行善用局势取胜的一贯作风。招行的每一次出招，都不是简单的“就事论事”，而是在纵观时局和趋势之后的准确出击。招商银行很鲜明地确立了自己的中长期目标：增加零售银行业务的利润贡献度，逐步改变单纯依靠存贷差盈利的经营模式。

在2003年第一届中国“杰出营销奖”决赛中，招商银行对“金葵花”诞生背景的陈述如下：从背景来看，第一，中国家庭财产状况的改变决定了市场和个人客户对银行服务的需求，不再是简单的汇率上的服务或简单的中转型服务，整个社会对个人理财有了一定的需求；第二，中国加入WTO后，逐渐进入中国市场的国外商业银行首先关注的正是高端个人用户，他们成熟的经验和成熟的品牌势必导致竞争格局的巨大变化；第三，招商银行经过17年的发展已形成一定的客户基础，具备了个人理财的基本条件；第四，招商银行一直倡导勇于创新的企业文化，这使招商银行率先开创"金葵花"成为必然。

四、产品定位

"金葵花"的产品定位是向在招商银行日均存款或资产(含股票、国债、基金等)市值合计超过60万元的客户提供高品质、个性化的各类综合理财服务。潜在的描述是这些客户拥有一定的财富，对于新鲜事物有一定的接受能力，没有太多的闲暇时间亲自打理财富。

从长期来看，招商银行目前的客户群是2 600万，假定居民家庭财富在30万元以上的比例为1%，总数就是260万，所以"金葵花"60万的客户目标是有可能达到的，但这是一个长期不断追求的过程，需要不断地设定阶段性目标。

"金葵花"理财品牌与一般金融产品的品牌和营销不同，"金葵花"理财第一次把服务体系引入产品中，此创新有三个方面的影响：满足客户需求、提升银行形象和增加收益。

思考：

1. 试分析"金葵花"的目标市场和市场定位。

2. 你认为"金葵花"为什么会取得成功?

3. "金葵花""因您而变"的经营理念对市场定位有何意义?

实训活动

一、实训目标

通过实训，使学生全面把握市场细分、目标市场选择和市场定位的相应内容，培养学生相应专业能力和团队合作、解决问题及自我学习等职业核心能力。

二、实训内容

在学校所在地选择三家大商场，了解商场里手机专柜中华为手机的品种、层次与定位，分析华为产品在定位上的差异。

三、实训步骤

1. 以5～6人为一组，每组确定1名负责人，组建营销团队。

2. 对各营销团队进行适当角色分工，确保组织合理和每位成员的积极参与。

3. 对学生进行商品培训，确定选择两个以上品牌的手机作为调研的范围。各团队进入商场的手机专柜开展调查，并将调查情况详细记录，最后撰写市场定位分析报告。

4. 每组选派一个代表上台展示方案，制作PPT并进行模拟展示。

5. 评分标准：小组自评占20%，其他组互评占40%，教师评分占40%。

第四章 产品策划

学习目标

1. 理解并掌握产品整体的概念。
2. 理解产品组合的含义及波士顿矩阵法。
3. 理解产品生命周期的概念。
4. 掌握产品生命周期不同阶段的营销策略。
5. 了解新产品开发的程序。
6. 了解品牌策划和包装策划的内容。

导入案例

斯沃琪全塑电子手表的成功

瑞士是世界闻名的钟表王国，在人们的心目中，瑞士手表一直是精确、高雅、华贵的代名词。然而，定位于高端品牌路线的瑞士手表，在第二次世界大战后却遭到了廉价的日本石英表和电子表的冲击。

20 世纪 80 年代初期诞生的斯沃琪(Swatch)全塑电子手表，以塑料表身加入多样化的设计为特征，相对低廉的价格使它自 1983 年发售以来在世界上广受欢迎，甚至在日本也博得了众多拥趸。它颠覆了“瑞士手表＝高端品牌”这一传统的印象，创造了瑞士手表的崭新形象。

公司总裁海耶克这样概括自己的产品：“手表并不是什么精密机械，我们把手表作为一种时尚潮流来创造和销售。”斯沃琪就像流行时装品牌一样，分为春夏和秋冬两季。公司一年两次举行新品发布会，并且将各种款式的手表以半年为期限销售。公司每年都要向社会公开征集钟表设计图案，根据选中的图案生产不同的手表系列，包括儿童表、少年表、少女表、男表、女表、春天表、夏天表、秋天表、冬天表。后来，公司又推出每周套表，从周一到周日，每天一块，表面图案各不相同。如今，斯沃琪手表已经成为世界上各国青少年的腕上“宠物”，它早已不再是简单地发挥计时作用，而是代表了一种观念、一种时尚、一种艺术和一种文化。

资料来源：凤凰网.

第一节 产品与产品组合策划

营销组合策划是市场营销策划的重要组成部分，包括产品策划、价格策划、渠道策划和促销策划。其中，产品策划是价格策划、促销策划和渠道策划的重要基础，因为消费者对企业的认可一定要通过企业产品来实现。

一、产品整体的概念及意义

（一）产品整体的概念

具有某种特定物质形状和用途、看得见、摸得着的物品是人们通常所认为的产品，这是一种狭义的定义。市场营销学认为，产品是指人们通过购买而获得的能够满足某种需求和欲望的物品的总和，它既包括具有物质形态的产品实体，又包括非物质形态的利益，这就是产品整体的概念。现代市场营销理论认为，产品整体包含核心产品、有形产品、期望产品、附加产品和潜在产品五个层次，如图 4-1 所示。

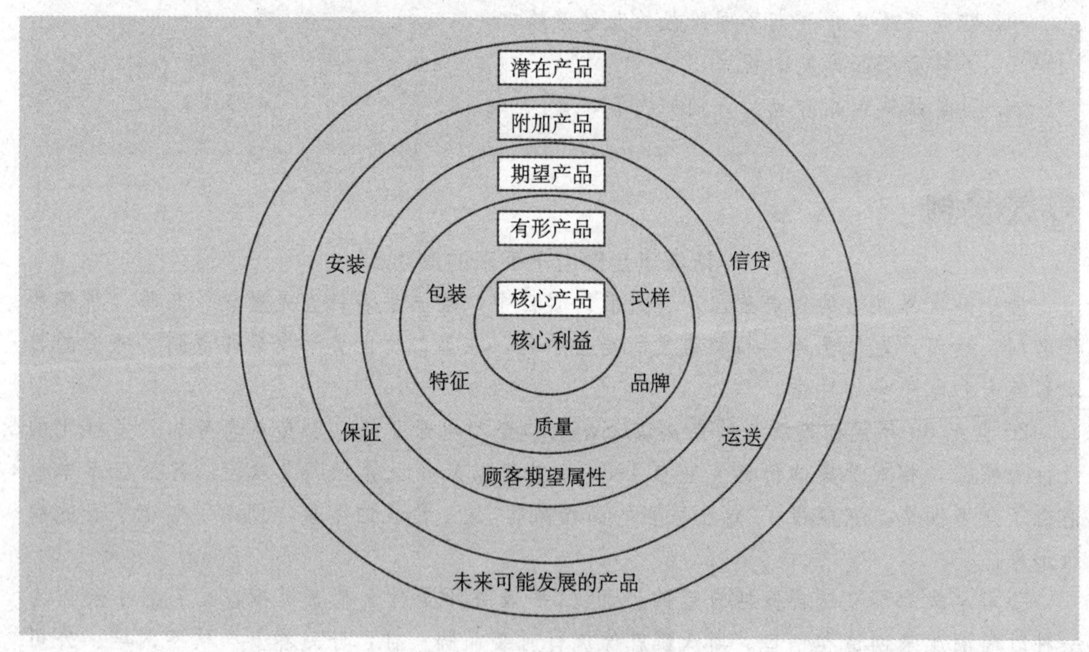

图 4-1 产品整体的概念

▶ 1. 核心产品

核心产品也称实质产品，在产品整体中是最基本、最主要的部分，是消费者购买某种产品时所追求的利益，是顾客真正要买的东西。消费者购买某种产品，并不是为了占有或获得产品本身，而是为了获得能满足某种需要的效用或利益。例如，买自行车是为了代步，买汉堡是为了充饥，买化妆品是希望美丽、体现气质、增加魅力等，因此，在产品策划中必须以产品的核心为出发点和归宿，设计出真正满足消费者需求的东西。

▶ 2. 有形产品

有形产品又称形式产品，它是核心产品借以实现的形式，即向市场提供的实体和服务的形象。要满足消费者追求的利益，必须通过有形产品体现出来。可以说，有形产品是核心产品的转化形式。产品的有形特征主要指产品质量水平、款式、特色、品牌以及包装。例如，冰箱的有形产品不仅仅指冰箱的制冷功能，还包括它的质量、造型、颜色、容量等。

▶ 3. 期望产品

期望产品是指购买者购买某种产品通常希望和默认的一组产品属性和条件。一般情况下，顾客在购买某种产品时，往往会根据以往的消费经验和企业的营销宣传，对准备购买的产品形成一种期望。如果产品没有满足顾客的期望，就会影响顾客对产品或服务的评价，给产品的声誉带来负面影响。

▶ 4. 附加产品

附加产品是顾客购买有形产品时所获得的全部附加服务和利益，包括提供信贷、免费送货、质量保证、安装、售后服务等。附加产品的概念来源于对市场需要的深入认识。因为购买者的目的是满足某种需要，所以他们希望得到与满足该项需要有关的一切。可以预见，在未来的市场竞争中，产品所能提供的附加价值会成为一个关键。

▶ 5. 潜在产品

潜在产品是指一个产品最终可能实现的全部附加部分和新增加的功能。许多企业通过对现有产品的附加与扩展，不断提供潜在产品，给予顾客的不仅仅是满意，还能使顾客在获得这些新功能时感到喜悦。所以，潜在产品指出了产品可能的演变，也使顾客对于产品的期望越来越高。潜在产品要求企业不断寻求满足顾客的新方法，不断将潜在产品变成现实的产品，这样才能使顾客得到更多的意外惊喜，从而更好地满足顾客的需要。

以宾馆为例，宾馆所提供的核心利益就是为顾客提供休息和睡眠的场所，有形产品就是房子、床、被子、毛巾等，期望产品就是顾客期望的干净的房屋、整洁的床被和安全的居住环境，附加产品就是宾馆提供的专车接送、机票预订等，潜在产品就是如何用创新的方法满足客人的需要。

（二）产品整体的概念对营销策划的意义

▶ 1. 有助于明确消费者对产品的整体要求

消费者追求的基本利益包括功能和非功能两大类。消费者对前者的要求是出于实际使用的需要，对后者的要求则往往是出于心理动机。两者又往往交织在一起，而且非功能需求所占的比重越来越大。产品整体的概念明确地向产品的生产经营者指出，要竭尽全力地通过核心产品、有形产品、期望产品、附加产品和潜在产品的有机结合，充分满足消费者的需求。可以断言，不懂得产品整体概念的企业不可能真正贯彻市场营销观念。

▶ 2. 有助于产品策划的整体把握

只有通过产品五层次的最佳组合才能确立产品的市场地位。营销人员要把对消费者提供的各种服务看作与产品实体的统一体。科学技术在今天的社会中能以更快的速度传播，企业要提供具有垄断性质的产品越来越困难。然而，消费者却越来越以产品的整体效果来确认哪个厂家、哪种品牌的产品是自己喜爱和满意的。产品如果能在产品整体的概念中突出差异，就能获得更好的产品形象，进而确立有利的市场地位。

▶ 3. 有助于在产品竞争中实现层次上的外延

产品差异是构成企业特色的主体，企业要在激烈的市场竞争中取胜，就必须致力于创造自身产品的特色。不同产品之间的差异可以是非常明显的。这种差异或表现在功能上，如鸣笛水壶与一般水壶的差别；或表现在设计风格、品牌、包装的独到之处，甚至表现在与之相联系的文化因素上，如消费者对产品的生产地文化因素的关注。总之，在产品整体概念的五个层次上，企业都可以形成自己的特色，而与竞争产品区别开来。

【案例 4-1】

台湾富豪王永庆卖米的做法

台湾富豪王永庆是靠卖米淘到的第一桶金。当时市面出售的大米里有不少糠谷、沙粒，甚至老鼠屎，稻谷加工非常粗糙。王永庆将夹杂在大米里的所有杂物统统清理干净，使米的质量比其他米店要高一个档次。当地大多数家庭收入微薄，卖米的利润很低，但他坚持免费送货上门。别人是送米，他是"送和倒"。倒米时他总是先把米缸内的旧米倒出来，把米缸擦干净后，再倒进新米，最后把旧米放在上层。每次送米，王永庆并不急于收钱，他把全体顾客按发薪日期分门别类，登记在册，等顾客领了薪水，再去一拨儿一拨儿地收米款。

二、产品组合策划

企业为了更好地满足目标市场的需要，同时分散经营的风险，往往生产经营多种产品。企业如何根据市场需要和自身能力，决定生产经营哪些产品，并明确各产品之间的配合关系，对企业的兴衰有重要的影响。所以，企业需要对产品组合进行研究和选择。

（一）产品组合及相关概念

产品组合是指某个企业生产或销售的全部产品的组成方式。产品组合包括所有的产品线和每一条产品线中的产品项目，它反映了一个企业的经营范围和生产的产品结构。产品组合包括四个要素：产品组合的宽度、产品组合的长度、产品组合的深度和产品组合的关联性。

▶ 1. 产品组合的宽度

产品组合的宽度指企业的产品线总数。产品线也称产品大类、产品系列，是指一组密切相关的产品项目。对于一个家电生产企业来说，可以有电视机生产线、电冰箱生产线。产品组合的宽度说明了企业的经营范围大小，以及跨行业经营甚至多角化经营的程度。增加产品组合的宽度，可以充分发挥企业的特长，使企业的资源得到充分利用，提高经营效益。此外，多角化经营还可以降低企业的经营风险。

▶ 2. 产品组合的长度

产品组合的长度指一个企业的产品项目总数。产品项目指列入企业产品线中，具有不同规格、型号、式样或价格的最基本的产品单位。通常，每一条产品线中包括多个产品项目，企业各产品线的产品项目总数就是企业产品组合的长度。

▶ 3. 产品组合的深度

产品组合的深度是指产品线中每个类别的产品有多少品种。产品组合的长度和深度反映了企业满足各个不同细分子市场的程度。增加产品项目，增加产品的规格、型号、式样、花色，可以迎合不同细分市场消费者的不同需要和爱好，招徕、吸引更多顾客。

▶ 4. 产品组合的关联性

产品组合的关联性指一个企业的各产品线在最终用途、生产条件、分销渠道等方面的相关联程度。较高的产品关联性能给企业带来规模效益和范围效益，提高企业在某一地区、行业的声誉。

企业在进行产品组合时，涉及以下三个层次的问题需要做出抉择：

(1) 是否增加、修改或剔除产品项目？

(2) 是否扩展、填充和删除产品线？

(3) 哪些产品线需要增设、加强、简化或淘汰，以此来确定最佳的产品组合？

以上三个层次问题的抉择应该遵循既有利于促进销售，又有利于增加企业总利润的基本原则。

【案例 4-2】

可口可乐公司的产品组合

可口可乐公司一改"给世界一罐可口可乐"的风格，正在向所有可饮用产品领域进军。进入中国市场以来，可口可乐从推出单一品牌"可口可乐"到拥有"雪碧""芬达"等国际品牌，以及"酷儿果汁""醒目""原叶茶饮料"等中国本土品牌，发展势头强劲。可口可乐公司的三种主要产品——可口可乐、雪碧、芬达的销售额约占公司总销售额的 50%。

(二) 产品组合的分析方法

在实践中，人们常常用波士顿矩阵法来分析企业的产品组合。

波士顿矩阵法(BCG 法)又称市场增长率—相对市场份额矩阵法、波士顿咨询集团法、四象限分析法、产品系列结构管理法等，是由美国著名的管理学家、波士顿咨询公司创始人布鲁斯·亨德森于 1970 年首创的一种用来分析和规划企业产品组合的方法。这种方法的核心在于，解决如何使企业的产品品种及结构适合市场需求的变化，以及如何将企业有限的资源有效地分配到合理的产品结构中去，以保证企业收益，使企业在激烈竞争中取胜。

波士顿矩阵法认为决定产品结构的基本因素有两个：市场引力与企业实力。市场引力包括企业销售额增长率、目标市场容量、竞争对手强弱及利润高低等。其中，销售增长率是最主要的反映市场引力的综合指标，这是决定企业产品结构是否合理的外在因素。企业实力包括市场占有率及技术、设备、资金利用能力等，其中市场占有率是决定企业产品结构的内在要素，它直接显示出企业竞争实力。销售增长率与市场占有率既相互影响，又互为条件。

通过以上两个因素相互作用，会出现四种不同性质的产品类型，形成不同的产品发展前景：①销售增长率和市场占有率双高的产品群(明星产品)；②销售增长率和市场占有率双低的产品群(瘦狗产品)；③销售增长率高、市场占有率低的产品群(问题产品)；④销售增长率低、市场占有率高的产品群(现金牛产品)，如图 4-2 所示。

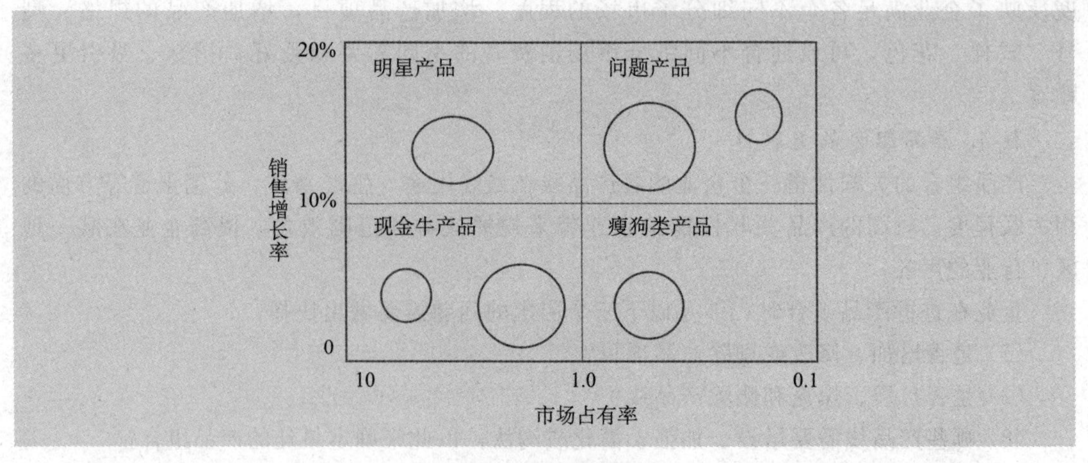

图 4-2 产品类型

▶ 1. 明星产品

明星产品是指处于高销售增长率、高市场占有率象限内的产品群，这类产品可能成为企业的现金牛产品，需要加大投资以支持这类产品迅速发展。

明星产品采用的发展战略是积极扩大经济规模和市场机会，以长远利益为目标，提高市场占有率，加强竞争地位。发展战略及明星产品的管理与组织最好采用事业部形式，由对生产技术和销售两方面都很内行的经营者负责。

▶ 2. 现金牛产品

现金牛产品又称厚利产品，是指处于低销售增长率、高市场占有率象限内的产品群，已进入成熟期。现金牛产品的财务特点是销售量大，产品利润率高、负债率低，可以为企业提供资金，而且由于增长率低，也无须增大投资，因而成为企业回收资金、支持其他产品(尤其是明星产品)投资的后盾。现金牛产品采用的发展战略：①尽量压缩设备投资和其他投资；②采用榨油式方法，争取在短时间内获取更多利润，为其他产品提供资金。

对于这一象限内的销售增长率仍有所增长的产品，应进一步进行市场细分，维持现存销售增长率或延缓现存销售增长率下降的速度。对于现金牛产品，适合用事业部制进行管理，这类产品的经营者最好是市场营销型人物。

现金牛业务指低销售增长率、高相对市场份额的业务，它是成熟市场中的领导者，是企业现金的来源。由于市场已经成熟，企业不必大量投资来扩展市场规模，同时作为市场中的领导者，该业务享有规模经济和高边际利润的优势，因而能给企业带来大量财源。企业往往用现金牛业务来支付账款并支持其他三种需大量现金的业务。如果公司只有一个现金牛业务，说明它的财务状况是很脆弱的。因为市场环境一旦变化，导致这项业务的市场份额下降，公司就不得不从其他业务单位中抽回现金来维持现金牛的领导地位，否则这个强壮的现金牛可能就会变弱，甚至成为瘦狗。

▶ 3. 问题产品

问题产品是处于高销售增长率、低市场占有率象限内的产品群。前者说明市场机会大，前景好；而后者则说明这类产品在市场营销上存在问题。问题产品的财务特点是利润率较低，所需资金不足，负债比率高。例如，在产品生命周期中处于引进期，因种种原因未能开拓市场局面的新产品即属此类问题产品。对问题产品应采取选择性投资战略，因此，对问题产品的改进与扶持方案一般均列入企业的长期计划中。对问题产品的管理组织，最好采取智囊团或项目组织等形式，选拔有规划能力、敢于冒风险、有才干的人负责。

▶ 4. 瘦狗产品

瘦狗产品也称衰退产品，是处在低销售增长率、低市场占有率象限内的产品群。瘦狗产品的财务特点是利润率低，处于保本或亏损状态，负债比率高，无法为企业带来收益。

对瘦狗产品应采用撤退战略：①减少批量，逐渐撤退，对那些销售增长率和市场占有率均极低的产品应立即淘汰；②将剩余资源向其他产品转移；③整顿产品系列，最好将瘦狗产品与其他事业部合并，统一管理。

在本方法的应用中，企业经营者的任务是通过四象限法的分析，掌握产品结构的现状及预测未来市场的变化，进而有效、合理地分配企业经营资源。在产品结构调整中，企业的经营者不是在产品到了瘦狗阶段才考虑如何撤退，而应在现金牛阶段时就考虑如何使产品造成的损失最小而收益最大。

（三）产品组合调整策略

企业在调整产品组合时，可以针对具体情况选用以下产品组合策略。

▶ 1. 扩大产品组合

扩大产品组合策略是指开拓产品组合的广度和加强产品组合的深度。开拓产品组合的广度是指增添一条或几条产品线，扩展产品经营范围；加强产品组合的深度是指在原有的产品线内增加新的产品项目。

扩大产品组合的具体方式如下。

(1) 在维持原产品品质和价格的前提下，增加同一产品的规格、型号和款式。

(2) 增加不同品质和不同价格的同一种产品。

(3) 增加与原产品相类似的产品。

(4) 增加与原产品毫不相关的产品。

扩大产品组合策略的优点如下。

(1) 满足不同偏好的消费者的多方面需求，提高产品的市场占有率。

(2) 充分利用企业信誉和商标知名度，完善产品系列，扩大经营规模。

(3) 充分利用企业资源和剩余生产能力，提高经济效益。

(4) 减小市场需求变动性的影响，分散市场风险，降低损失程度。

▶ 2. 缩减产品组合

缩减产品组合策略是指削减产品线或产品项目，特别是要取消那些获利小的产品线或产品项目，以便集中力量经营获利大的产品线和产品项。

缩减产品组合的方式如下。

(1) 减少产品线数量，实现专业化生产经营。

(2) 保留原产品线，削减产品项目，停止生产某类产品，外购同类产品继续销售。

缩减产品组合策略的优点如下。

(1) 集中资源和技术力量改进保留产品的品质，提高产品商标的知名度。

(2) 生产经营专业化，提高生产效率，降低生产成本。

(3) 有利于企业向市场的纵深发展，寻求合适的目标市场。

(4) 减少资金占用，加速资金周转。

▶ 3. 产品线延伸

产品线延伸是指部分或全部改变企业原有产品线的市场定位。产品线延伸策略一般可以分为以下三种。

(1) 向下延伸。向下延伸即生产经营高档产品的企业，在原有产品线中增加低档产品项目。这种策略通常有以下优点：①可以充分利用高档名牌产品的声誉，吸引购买力水平较低的顾客慕名购买这种产品线中的低档产品；②当高档产品的销售增长速度下降，市场范围有限时，企业可以充分利用原有的资源设备生产低档产品，吸引更多的顾客；③企业通过进入中、低档产品市场，可以有效地提高销售增长率和市场占有率；④可以填补企业的产品线空白，以防止新的竞争者进入。

实行这种策略也会给企业带来一定的风险，如果处理不慎，很可能影响企业原有产品的市场形象及名牌产品的声誉。

(2) 向上延伸。向上延伸即生产经营低档产品的企业，在原有产品线中增加高档产品项目。实行这种策略的主要原因有：①高档产品市场具有较高的销售增长率和利润率；②企业自身的技术设备和营销能力已具备进入高档市场的条件。

采用这种策略的企业也要承担一定的风险，因为要改变产品在消费者心目中的原有印象是很难的，如果决策不当，不仅难以收回开发新产品的成本，还会影响老产品的市场声誉。

(3) 双向延伸。双向延伸即原定位于中档产品市场的企业，在掌握了市场优势以后，将产品项目向高档和低档两个方向延伸。这种策略有助于企业扩大市场占有率，加强企业的市场地位，使企业得到快速发展。

【案例 4-3】

欧莱雅集团的化妆品产品线

世界闻名的化妆品帝国欧莱雅集团最突出的地方是有一条完整的化妆品产品线，从顶级品牌赫莲娜、兰蔻到大众品牌美宝莲、卡尼尔，欧莱雅带进中国的10个国际品牌占据了中国高端、中高端和中低端的每一个市场角落。欧莱雅的产品线策划是著名的金字塔架构。金字塔架构包括3个部分：高端、中端、低端。

塔尖部分的高端第一品牌是赫莲娜，无论产品品质和价位，它都是这12个品牌中最高的，面对的消费群体的年龄也相应偏高，并具有很强的消费能力；第二品牌是兰蔻，消费者年龄比赫莲娜年轻一些，也具有相当的消费能力；第三品牌是碧欧泉，它面对的是具有一定消费能力的年轻时尚消费者，价格也比赫莲娜和兰蔻低一些。塔中部分是活性健康化妆品，有薇姿和理肤泉两个品牌，它们通过药房经销。塔基部分，在大众市场，欧莱雅目前在中国一共有5个品牌。巴黎欧莱雅是属于最高端的，它有护肤、彩妆、染发等产品；第二品牌是羽西，羽西秉承“专为亚洲人的皮肤设计”的理念，是一个主流品牌；第三品牌是美宝莲，它在全球很多国家彩妆领域排名第一；第四品牌是卡尼尔，它相比欧莱雅更大众化一些，年轻时尚；第五品牌是小护士，它面对的是追求自然美的年轻消费者，市场认知度90%以上。

第二节 产品生命周期策划

一、产品生命周期理论

产品生命周期理论是美国哈佛大学教授雷蒙德·弗农于 1966 年在《产品周期中的国际投资与国际贸易》一文中首次提出的。产品生命周期（product life cycle，PLC）是指产品的市场寿命，也称产品寿命周期。一种产品进入市场后，它的销售量和利润都会随时间推移而改变，呈现由少到多，再由多到少的过程，就如同人的生命一样，由诞生、成长到成熟，最终走向衰亡，这就是产品的生命周期现象。所谓产品生命周期，是指产品从进入市场开始，直到最终退出市场为止所经历的市场生命循环过程。产品只有经过研究、开发、试销，然后进入市场，它的市场生命周期才算开始。产品退出市场，则标志着生命周期的结束。

典型的产品生命周期一般可分为四个阶段，即导入期、成长期、成熟期和衰退期，如图 4-3 所示。产品生命周期曲线的特点：在产品开发期间，该产品销售额为零，公司投资不断增加；在导入期，销售缓慢，初期通常利润偏低或为负数；在成长期，销售快速增长，利润也显著增加；在成熟期，利润在达到顶点后逐渐走下坡路；在衰退期，产品销售量显著衰退，利润也大幅度滑落。

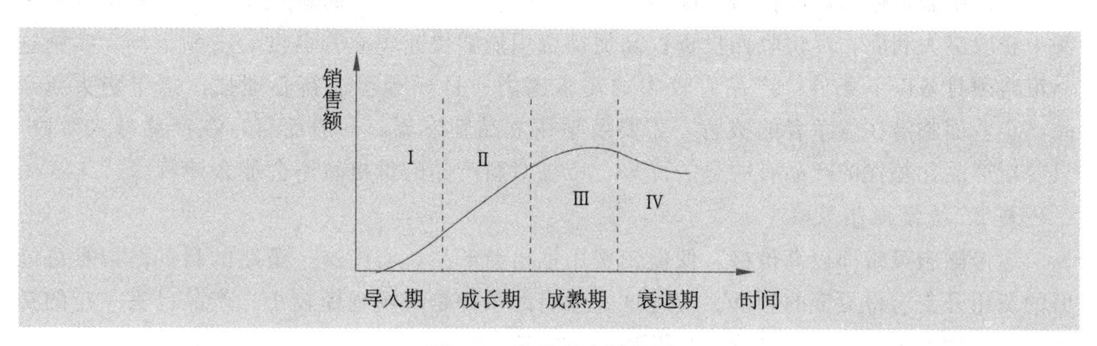

图 4-3 产品生命周期图

▶ 1. 第一阶段：导入期

新产品投入市场，进入导入期。此时，顾客对产品还不了解，只有少数追求新奇的顾客可能购买，销售量很低。为了扩展销路，需要花费大量的促销费用对产品进行宣传。在这一阶段，由于技术方面的原因，产品不能大批量生产，因而成本高，销售额增长缓慢，企业不但得不到利润，反而可能亏损。产品也有待进一步完善。

▶ 2. 第二阶段：成长期

这时顾客对产品已经熟悉，大量的新顾客开始购买，市场逐步扩大。产品大批量生产，生产成本相对降低，企业的销售额迅速上升，利润也迅速增长。竞争者看到有利可图，将纷纷进入市场参与竞争，使同类产品供给量增加，价格随之下降，企业利润增长速度逐步减慢，最后达到生命周期利润的最高点。

▶ 3. 第三阶段：成熟期

市场需求趋向饱和，潜在的顾客已经很少，销售额增长缓慢直至转而下降，标志着产品进入了成熟期。在这一阶段，竞争逐渐加剧，产品售价降低，促销费用增加，企业利润下降。

▶ 4. 第四阶段：衰退期

随着科学技术的发展，新产品或新的代替品出现，将使顾客的消费习惯发生改变，转向其他产品，从而使原来产品的销售额和利润额迅速下降，于是，产品又进入了衰退期。

企业要想使产品有一个较长的销售周期，以便赚取足够的利润来补偿在推出该产品时所付出的成本，就必须认真研究和运用产品的生命周期理论。

二、产品生命周期不同阶段的营销策略

(一) 导入期的营销策略

导入期的特征是产品销量少，促销费用高，制造成本高，销售利润很低甚至为负值。根据这一阶段的特点，企业应努力做到：投入市场的产品有针对性；进入市场的时机要合适；设法把销售力量直接投向最有可能的购买者，使市场尽快接受该产品，以缩短导入期，更快地进入成长期。

在产品的导入期，一般可以由产品、分销、价格、促销四个基本要素组合成各种不同的市场营销策略。仅将价格高低与促销费用高低结合起来考虑，有以下四种策略。

▶ 1. 快速撇脂策略

快速撇脂策略即以高价格、高促销费用推出新产品。实行高价策略，可在每单位销售额中获取最大利润，尽快收回投资；高促销费用能够快速建立知名度，占领市场。实施这一策略须具备以下条件：产品有较大的需求潜力；目标顾客求新心理强，急于购买新产品；企业面临潜在竞争者的威胁，需要及早树立品牌形象。一般而言，在产品导入阶段，只要新产品比替代的产品有明显的优势，市场对新产品的价格就不会那么计较。

▶ 2. 缓慢撇脂策略

缓慢撇脂策略即以高价格、低促销费用推出新产品。实施这一策略的目的是以尽可能低的费用开支求得更多的利润。实施这一策略的条件是市场规模较小、产品已有一定的知名度、目标顾客愿意支付高价，且潜在竞争的威胁不大。

▶ 3. 快速渗透策略

快速渗透策略即以低价格、高促销费用推出新产品。实施这一策略的目的在于先发制人，以最快的速度打入市场，取得尽可能大的市场占有率；然后再随着销量和产量的扩大，使单位成本降低，取得规模效益。实施这一策略的条件：该产品市场容量相当大；潜在消费者对产品不了解，且对价格十分敏感；潜在竞争较为激烈；产品的单位制造成本可随生产规模和销售量的扩大迅速降低。

▶ 4. 缓慢渗透策略

缓慢渗透策略即以低价格、低促销费用推出新产品。低价可扩大销售，低促销费用可降低营销成本，增加利润。这种策略的适用条件：市场容量很大；市场上该产品的知名度较高；市场对该产品十分敏感；存在某些潜在的竞争者，但威胁不大。

(二) 成长期的营销策略

新产品经过市场导入期以后，消费者对产品已经熟悉，消费习惯也已形成，销售量迅

速增长，这种新产品就进入了成长期。进入成长期以后，老顾客重复购买，并且带来了新顾客，销售量激增，企业利润迅速增长。随着销售量的增大，企业生产规模也逐步扩大，产品成本逐步降低，新的竞争者会投入竞争。企业为维持市场的继续成长，需要保持或稍微增加促销费用，但由于销量增加，平均促销费用有所下降。针对成长期的特点，企业为维持新产品的市场增长率，延长获取最大利润的时间，可以采取以下几种策略。

▶ 1. 产品策略

在切实保证产品质量的同时，实施产品组合策略，挖掘产品的广度和深度，提高产品的覆盖面，同时还要努力降低成本，增强产品竞争力。

▶ 2. 价格策略

实施价格调整策略，对于不同的产品，制定不同的价格，以满足不同层次消费者的需求。在适当的时机降低价格，以吸引对价格较为敏感的消费者。

▶ 3. 渠道策略

对原有的渠道进行改良和调整，实施深度分销，积极地寻找并打开新市场，开辟新的细分市场，使其产品得到更多的展示机会和更广泛的销售面。

▶ 4. 促销策略

调整广告策略的目标，使之由提高产品的知名度逐渐转向建立消费者对产品的信赖度和提高购买量。

(三) 成熟期的营销策略

通常成熟期比前两个阶段持续的时间更长，大多数商品均处在该阶段，因此管理层的大多数时间是在处理成熟产品的问题。在成熟期中，有的弱势产品应该放弃，以节省费用开发新产品；但是同时也要注意到原来的产品可能还有发展潜力，有的产品就是由于开发了新用途或者新的功能而重新进入新的生命周期的。一般而言，在成熟期可以采取以下策略。

(1) 从广度和深度上进一步开辟新市场或扩充原有市场。从广度上看，即把市场从城市拓展到农村，从国内拓展到国外；从深度上看，即将产品原来只适应顾客的一般要求，有针对性地转变为能够适应顾客的特殊要求，还可以发掘产品新的用途。

(2) 进行产品改革，使产品多样化、差异化。例如，改善产品的耐用性、可靠性、安全性和方便性，或者改变产品的性能、规格、款式、设计和材料等。目的在于使消费者感受到产品新出现的吸引力，以突破销售量增长减缓或停滞不前的困境。

(3) 调整市场营销组合手段，即调整某种营销组合的因素，如改进包装、降低价格、加强服务、改进广告宣传等，以刺激销售量的增加。

(4) 在促销过程中，要强调品牌差异和产品给消费者带来的利益与好处。

(四) 衰退期的营销策略

衰退期是产品销售量持续下降、即将退出市场的阶段。市场主要表现为：消费者对产品已经没有兴趣；市场上出现了改进型产品，市场需求减少；同行业为了减少存货损失，竞相降价销售，竞争激烈。

当商品进入衰退期时，企业不能简单地一弃了之，也不应该恋恋不舍，一味维持原有的生产和销售规模。企业必须研究商品在市场中的真实地位，然后决定是继续经营下去，还是放弃经营。

▶ 1. 维持策略

维持策略，即企业在目标市场、价格、销售渠道、促销等方面维持现状。由于这一阶段很多企业会先行退出市场，因此，对一些有条件的企业来说，并不一定会减少销售量和利润。使用这一策略的企业可配以商品延长寿命的策略，企业延长产品生命周期的途径是多方面的，最主要的有以下几种。

(1) 通过价值分析，降低产品成本，以利于进一步降低产品价格。

(2) 通过科学研究，增加产品功能，开辟新的用途。

(3) 加强市场调查研究，开拓新的市场，创造新的内容。

(4) 改进产品设计，以提高产品性能、质量、包装、外观等，从而使产品生命周期不断实现再循环。

▶ 2. 缩减策略

缩减策略，即企业仍然留在原来的目标上继续经营，但是根据市场变动的情况和行业退出障碍水平在规模上做出适当的收缩。如果把所有的营销力量集中到一个或者少数几个细分市场上，以加强这几个细分市场的营销力量，也可以大幅度地降低市场营销的费用，以增加当前的利润。

▶ 3. 撤退利润

撤退利润，即企业决定放弃经营某种商品以撤出目标市场。在撤出目标市场时，企业应该主动考虑以下几个问题。

(1) 进入哪一个新区域或经营哪一种新产品，可以利用以前的哪些资源？

(2) 品牌及生产设备等残余资源如何转让或者出卖？

(3) 保留多少零件存货和服务，以便在今后为过去的顾客服务？

(五) 产品生命周期各阶段的特征与营销策略

产品生命周期各阶段的特征与营销策略如表 4-1 所示。

表 4-1　产品生命周期各阶段的特征与营销策略

项　目		导入期	成长期	成熟期	衰退期
阶段特征	销售额	低	快速增长	缓慢增长	衰退
	利润	易变动	顶峰	下降	低或无
	现金流量	负数	适度	高	低
	顾客	创新使用者	大多数人	大多数人	落后者
	竞争者	稀少	渐多	最多	渐少
营销策略	策略重心	扩展市场	渗透市场	保持市场占有率	提高生产率
	营销支出	高	高(但百分比下降)	下降	低
	营销重点	产品知晓	偏好	忠诚度	选择性
	营销目的	提高产品知名度及产品试用	追求最大市场占有率	追求最大利润及保持市场占有率	减少支出及增加利润回收

续表

项目		导入期	成长期	成熟期	衰退期
营销策略	分销方式	选择性的分销	密集式	更加密集式	排除不合适、效率低的渠道
	价格	成本加成法策略	渗透性价格策略	竞争性价格策略	削价策略
	产品	基本型为主	改进品，增加产品种类及服务保证	差异化、多样化的产品及品牌	剔除弱势产品项目
	广告	争取早期使用者，建立产品知名度	大量营销	建立品牌差异及利益	维持品牌忠诚度
	销售追踪	大量促销及产品试用	利用消费者需求增加	鼓励采用公司其他品牌	将支出降至最低

第三节 新产品开发与上市策划

一、新产品概述

(一) 新产品的含义

新产品开发是指从研究选择适应市场需要的产品开始，到产品设计、工艺制造设计，再到投入正常生产的一系列决策过程。就广义而言，新产品开发既包括新产品的研制，也包括原有的老产品改进与换代。新产品开发是企业研究与开发的重点内容，也是企业生存和发展的战略核心之一。

市场营销学中使用的新产品概念不是从纯技术角度来理解的，产品只要在功能或形态上得到改进，与原产品产生差异，并为顾客带来新的利益，即视为新产品。企业新产品开发的实质是推出不同内涵与外延的新产品，对大多数公司来说，是改进现有产品而非创造全新产品。

(二) 新产品的分类

为了便于对新产品进行分析研究，一般可以将新产品分为全新产品、改进型新产品、模仿型新产品、形成系列型新产品、降成本型新产品和重新定位型新产品。

全新产品指应用新原理、新技术、新材料，具有新结构、新功能的产品。该新产品在全世界首先开发，能开创全新的市场。

改进型新产品指在原有老产品的基础上进行改进，使产品在结构、功能、品质、花色、款式及包装上具有新的特点和新的突破。改进后的新产品，结构更加合理，功能更加齐全，品质更加优质，能更多地满足消费者不断变化的需要。

模仿型新产品指企业对国内外市场上已有的产品进行模仿生产，称为本企业的新产品。

形成系列型新产品指在原有的产品大类中开发出新的品种、花色、规格等，从而与企业原有产品形成系列，扩大产品的目标市场。

降低成本型新产品指以较低的成本提供同样性能的新产品，主要是指企业利用新科技，改进生产工艺或提高生产效率，削减原产品的成本，但保持原有功能不变的新产品。

重新定位型新产品指企业的老产品进入新的市场而被称为该市场的新产品。

二、新产品开发策划

(一) 新产品开发的流程

开发新产品是一项十分复杂且风险又很大的工作，为了减少新产品的开发成本，取得良好的经济效益，必须按照科学的程序来进行新产品的开发。开发新产品的程序因企业的性质、产品的复杂程度、技术要求及企业的研究与开发能力的差别而有所不同，一般来说，要经历产生构思、筛选构思、概念形成和试验、初拟营销计划、商业分析、产品开发、市场试销和正式上市八个阶段。

▶ 1. 产生构思

新产品构思是指新产品的设想或新产品的创意。企业要开发新产品，就必须重视寻找创造性的构思。构思的来源很多，主要有以下六个方面。

(1) 顾客。生产产品是为了满足消费者的需求，因此顾客的需求是新产品构思的重要来源。了解消费者对现有产品的意见和建议，掌握消费者对新产品有何期望，便于产生构思的灵感。

(2) 企业员工。企业员工最了解产品的基本性能，也最容易发现产品的不足之处，他们的改进建议往往是企业新产品构思的有效来源。

(3) 竞争对手。分析竞争对手的产品特点，可以知道哪些方面是成功的，哪些方面是不成功的，从而对新产品构思进行改进。

(4) 科技人员。许多新产品都是科学技术发展的结果。科技人员的研究成果往往是新产品构思的一项重要来源。

(5) 中间商。中间商直接与顾客打交道，最了解顾客的需求，因此收集中间商的意见是构思形成的有效途径。

(6) 其他来源。可作为新产品构思来源的其他渠道比较多，如大学、科研单位、专利机构、市场研究公司、广告公司、咨询公司、新闻媒体等。

▶ 2. 筛选构思

这一阶段是将前一阶段收集的大量构思进行评估，研究构思的可行性，尽可能地发现和放弃错误的或不切实际的构思，以较早避免资金的浪费。一般分两步对构思进行筛选：第一步是初步筛选，首先根据企业目标和资源条件评价市场机会的大小，从而淘汰那些市场机会小或企业无力实现的构思；第二步是仔细筛选，即对剩下的构思利用加权平均评分法等方法进行评价，筛选后得到企业所能接受的产品构思。

▶ 3. 概念形成和试验

产品概念是指企业从消费者角度对产品构思所做的详尽描述。企业必须根据消费者对产品的要求，将形成的产品构思开发成产品概念。通常而言，一种产品构思可以转化为许多种产品概念。企业对每一个产品概念，都需要进行市场定位，分析它可能与现有的哪些产品产生竞争，以便从中挑选出更好的产品概念。

▶ 4. 初拟营销计划

产品概念确定后，企业就要拟订一个初步的市场营销计划，并在以后阶段不断发展完善。

▶ 5. 商业分析

商业分析是指对新产品的销售额、成本和利润进行分析，如果能满足企业目标，那么该产品就可以进入产品的开发阶段。

▶ 6. 产品开发

新产品构思经过一系列可行性论证后，就可以把产品概念交给企业的研发部门进行研制，开发成实际的产品实体。产品开发包括设计、试制和功能测试等过程。这一过程是把产品构思转化为在技术上和商业上可行的产品，需要投入大量的资金。

▶ 7. 市场试销

新产品开发出来后，一般要选择一定的市场进行试销，注意收集产品本身、消费者及中间商的有关信息，以便有针对性地改进产品，调整市场营销组合，并及早判断新产品的成效。值得注意的是，并不是所有新产品都必须经过试销，通常是选择性大的新产品需要进行试销，选择性小的新产品不一定试销。

▶ 8. 正式上市

如果新产品的试销成功，企业就可以将新产品大批量投产，推向市场。要注意研究选择适当的投放时机和地区、市场销售渠道及销售促进策略。

【案例 4-4】

芭比娃娃的诞生

20 世纪 50 年代末，露丝·汉德勒(Ruth Handler)看到女儿玩纸娃娃，并把纸娃娃想象成各种大人的角色。但是当时的纸娃娃都是婴儿娃娃，因为设计师们认为“娃娃就是婴儿”。

露丝灵感突发，设计出一种可以激发小女孩编织梦想的娃娃。露丝发明了以“芭比”(露丝女儿的名字)命名的少女时尚偶像娃娃。从此，一代巨星芭比诞生了。芭比作为全球最畅销的娃娃，已经成为成千上万女孩生活中的一部分。她那永恒的魅力激发了无数忠诚的芭比迷们不变的收藏欲。从歌手雪儿的造型到服装设计大师主题系列，迷人的芭比收藏系列接近千种。

(二) 新产品开发中的产品改良策略

所谓产品改良策略也称为“产品再推出”策略，即将产品的某一部分显著变革，以便吸引新顾客、维持老顾客的营销策略。产品改良最好的办法就是对产品整体概念的不同层次进行调整，可以认为产品改良是新产品开发的重要手段。产品改良的具体手段包括以下几种。

▶ 1. 品质改良

品质改良可以从两个方面进行：一是提高产品的耐久性、可靠性、安全性等；二是将产品从低档上升为高档，或从高档变为低档。

▶ 2. 特性改良

特性改良就是增加产品新的特性(诸如大小、重量、材料、附加物等)，以此扩大产品的多方面适用性，提高产品安全性，使产品更方便使用。

▶ 3. 式样改良

式样改良就是基于美学欣赏观念而进行款式、外观和形态的改良，形成新规格、新花色的产品，从而刺激消费者，引起新的需求。

▶ 4. 附加产品改良

附加产品改良就是向消费者提供良好服务、优惠条件、技术咨询、质量保证、消费指导等。

三、新产品上市策划

新产品进入市场后，马上面临着消费者的考验，即被消费者接受、怀疑或者拒绝。营销人员须采用一定的措施，进行新产品推广。所谓新产品上市，是指“上市(渠道研究)→推市(媒介促销研究)→稳市(满意度研究)→拓市(忠诚度研究)→提市(完全品牌研究)”这样一个完整的产品生命周期过程。确定了新品上市的决策研究后，针对每一个过程，企业都要有详细的方案。

(一) 新产品上市策划的流程

新产品上市策划的流程，不同的企业各有特色，从常规上包括以下程序。

▶ 1. 发现市场机会

策划新产品上市推广活动前，营销策划人员首先应展开市场调研，通过分析市场，了解市场整体趋势、目标市场上的竞争品可以利用的弱点、消费者尚未满足的需求、还处于空白阶段的细分市场区隔，最终通过理性的分析找到市场空当，植入该产品。

▶ 2. 提出产品概念

针对市场机会，将新产品概念具体化，初步确定产品的克重、规格、价格、包装、诉求点等要素，锁定新市场机会。

▶ 3. 进行可行性评估

根据企业自身情况，对新产品进行上市推广所要求的生产设备、财务支持、必备销售网络等方面是否存在先天性障碍进行评估，讨论新品上市的合理性、可行性。

▶ 4. 开发及准备产品

确认新品上市的可行性后，将停留在创意阶段的新产品概念(包括产品本身及产品的包装、广宣品等附属物)变成实物并开展实物测试，直至测试结果表明该产品在各方面符合原创意，符合市场机会且有市场优势为止。

▶ 5. 安排新产品上市的日程

新品开发及准备工作结束，接下来就面临着新产品上市、广宣品及产品的批量生产、广告片完成、各项促销活动设计与执行等一系列问题，谋定而后动，周密的计划和安排是新品上市成功的前提。

▶ 6. 执行新产品上市策划

通过以上五个步骤的充分准备，新产品终于走上市场。市场机会把握、新品概念提出及论证、新品开发准备、新品上市计划的拟订，都是为新品上市执行这临门一脚做准备。销售部能否把上市计划执行到位、铺货能否迅速达标、促销资源能否有效利用直接决定着新品上市效果，市场成败在此一举。

▶ 7. 追踪上市后表现

新品上市执行不应该是销售人员孤军作战，市场策划人员要为新品上市“保驾护航”，从新品上市第一天起严密监控新品上市的销量、促销、铺货、价格、回款等关键指标的表现，及时发现问题，及时提出解决方案，不断矫正新品上市计划中的不足之处，实现策划与执行的完美结合。

(二) 新产品上市推广的方法

新产品上市推广的方法有很多，这里主要介绍以下几种。

▶ 1. 产品推介会

产品推介会是指通过集中的产品展示和示范表演，配之以多种传播媒介的复合式传播形式，集中宣传产品和企业的活动。

▶ 2. 特殊手段推广法

特殊手段推广法是指利用大型体育活动、新闻等广泛传播的特殊手段推销新产品。

▶ 3. 意见领袖介绍法

意见领袖介绍法是指借助著名的政治家、文学家、演员、歌唱家、记者、节目主持人等名人的地位与声望来宣传企业及产品。

▶ 4. 直销法

直销法是指直接面对消费者，取消中间环节，把给予中间环节的利润给予消费者。较流行的直销法有电话、电视直销，直邮广告，上门推销，综合直销等。

(三) 新产品上市策划的操作要点

企业在进行新产品上市策划时需要注意以下操作要点。

▶ 1. 上市时机选择

策划新产品上市推广活动时，把握上市时间十分重要，以下三种做法很值得借鉴。

(1) 先于竞争者上市，是指新产品在研制出来以后，立即上市。特点是同类产品的竞争者很少或几乎没有，或潜在竞争对手的条件尚未成熟，因此先期上市可以“先入为主”。

例如，摩托车大战中，新大洲公司和建设集团不约而同地推出了一款高贵典雅的仿古车，深得都市爱车一族的女士青睐。但在营销中，当建设集团把大量资金投入产品广告宣传的时候，新大洲却紧锣密鼓地进行生产的前期准备，在短短的 3 个月里使产量达到了 5 000 辆，因而得以把产品抢在建设集团摩托新车上市前推向市场。由于两款车差异极小，建设集团花大量精力培育起来的市场需求一下子被产品准备充分的新大洲占领了。

(2) 同于竞争者上市，是指市场一有变化，企业就闻风而动，同时开发同一新产品。由于各方面条件水平相当，很可能同时完成一项产品的构思、试制、上市。特点是共同承担风险，共享利润成果。

(3) 迟于竞争者上市，是指虽然新产品已经成型，决策者却迟迟不将新产品公之于众，他们期待着更详尽的调查和更高的接受率，同时尽量避免上市失败给企业带来损失，这样就将风险转嫁给了竞争对手。如果产品销路好就立即推出，如果产品销路不好就立即退出，这种方法即所谓的后发制人。

▶ 2. 上市地点选择

上市地点即推出新产品的地域，是在当地或异地、一个地区或几个区域，还是国内或国外等。一般资金雄厚、人力充足的实力企业会撒开大网，向整个地区推出新产品，巩固成果，而中小型企业很少能拥有大范围的销售网络，面铺得太大会造成力量分散，最好从某个地区入手，边巩固成果边向其他地区扩展。

▶ 3. 上市目标确定

产品的最终使用者是顾客。因年龄、性格、性别的不同，顾客的购买需要也不相同。企业选准目标群，并根据目标顾客的特点制定方针对策，方能有的放矢。否则，过于大众化的产品反而会受冷落。

▶ 4. 产品描述和利益分析

企业要对产品利益进行分析，描述要吸引人。首先，要详细描述产品的包装、规格、箱容、价格、目标消费群等要素；其次，要提炼出各要素相对竞争品的优势，如本品与竞争品进行匿名测试的结果统计、本品在价格和渠道利润方面比竞争品优胜多少；最后，找到本品相对竞争品的诸多好处之中的特别优势(产品的核心利益)，给产品上市提供有力的支持。

▶ 5. 执行中的注意事项

企业在具体执行新产品上市策划时，需要注意：最好一次推出一个新品(同一品种的不同口味只算一个新品)，集中优势兵力，重点明确；推出两个以上新品时在产品的适销渠道和价位上一定要有所区别，而且将这种区别对经销商和销售人员反复宣讲；如果因企业战略关系必须推出两个以上定位相近的新品，最重要的是迅速发现潜力最大的品种。

第四节 产品品牌与包装策划

随着竞争的加剧和技术的发展，产品同质化程度越来越高。竞争的层次逐步由产品实物形态的竞争过渡到产品所附着的文化和精神层次的竞争，而品牌恰恰是产品精神和文化的很好载体，使品牌策划成为营销策划中的重要一环。

一、产品品牌策划

（一）品牌及相关概念

▶ 1. 品牌的概念

品牌是一种名称、术语、标记、符号或图案，或是它们的相互组合，用于识别企业提供给某个或某群消费者的产品或服务，并使之与竞争对手的产品或服务相区别。通过品牌，人们可以获得很多关于产品和公司的信息，但是品牌往往是一个更为复杂的符号标志，它能表达六层意思。

（1）属性。一个品牌首先给人带来特定的属性。例如，沃尔沃轿车代表安全、工艺精良和耐用。

（2）利益。属性需要转换成功能和情感利益。属性"安全"可以转化为功能利益——"这车可以使我免受伤害"。属性"耐用"意味着"我可以开很长时间而不必担心车子坏掉"。

（3）价值。品牌还体现了该制造商的某些价值观。例如，沃尔沃轿车体现了公司对生命的呵护。

（4）文化。品牌可以象征一定的文化。例如，沃尔沃轿车代表了北欧国家以人为本的生活理念。

（5）个性。品牌还代表了一定的个性。例如，沃尔沃轿车可以使人想起一位高效率，同时对生活充满热情的人。

（6）使用者。品牌还体现了购买或使用这类产品的是哪一种消费者。例如，沃尔沃轿车的使用者通常是严谨而热情的人。

▶ 2. 与品牌相关的概念

（1）品牌符号。品牌符号是区别产品或服务的基本手段，包括名称、标志、标准色、口号、象征物、代言人、包装等。这些识别元素形成一个有机结构，对消费者施加影响。品牌符号是形成品牌概念的基础，成功的品牌符号是公司的重要资产，在品牌与消费者的互动中发挥作用。

（2）品牌形象。品牌形象是指消费者基于能接触到的品牌信息，经过自己的选择与加工，在大脑中形成的有关品牌的印象总和。

（3）品牌文化。品牌文化是指品牌在经营中逐步形成的文化积淀，代表了企业和消费者的利益认知、情感归属，是品牌与传统文化及企业个性形象的总和。

（4）商标。商标是一种法律用语，是具有显著特征的标志。商标由文字、图形或者组合构成。在商标右上角加注®，是"注册商标"的标记，表示该商标已在国家商标局进行注册申请并已经商标局审查通过，成为注册商标。®中的 R 是英文单词 register（注册）的首字母。注册商标具有排他性、独占性、唯一性等特点，属于注册商标所有人所独占，受法律保护，任何企业或个人未经注册商标所有权人许可或授权，不可自行使用已经注册的商标，否则将承担侵权责任。

在商标右上角加注的 TM 也是商标符号，但不一定已经注册。TM 是英文单词 trademark 的缩写。与®不同，TM 表示的是该商标已经向国家商标局提出申请，并且国家商标局也已经下发了“受理通知书”，进入了异议期，这样就可以防止其他人提出重复申请，也表示现有商标持有人有优先使用权。

商标与品牌既有密切联系又有所区别。严格地说，商标是一个法律名词，而品牌是一种商业称谓，品牌要注册成商标必须具备法律规定的条件。

3. 品牌的分类

(1) 根据品牌的知名度和辐射区域划分，可将品牌分为地区品牌、国内品牌和国际品牌

(2) 根据产品生产经营的所属环节划分，可将品牌分为制造商品牌和经销商品牌。制造商品牌是指制造商为自己生产制造的产品设计的品牌。经销商品牌是经销商根据自身的需求、对市场的了解，结合企业发展需要创立的品牌。制造商品牌很多，如新飞电器、奔腾汽车、长虹彩电等。经销商品牌如王府井百货和国美电器等。

(3) 依据品牌的来源划分，可将品牌分为自有品牌、外来品牌和嫁接品牌。自有品牌是企业依据自身需要创立的，如东风、永久、摩托罗拉、全聚德等。外来品牌是指企业通过特许经营、兼并、收购或其他形式取得的品牌。例如，联合利华收购的“中华牙膏”等。嫁接品牌主要指通过合资、合作方式形成的带有双方品牌的新产品，如海尔电器的前身琴岛—利勃海尔。

(4) 根据品牌的所属行业划分，可将品牌划分为家电业品牌、食品饮料业品牌、商业品牌、服务业品牌、网络信息业品牌等几大类。

(5)根据品牌的原创性与延伸性划分，可将品牌划分为主品牌、副品牌、副副品牌，如“海尔”品牌现在有海尔冰箱、海尔彩电、海尔空调、海尔洗衣机等；海尔洗衣机中又分海尔小神童、海尔节能王等。另外，也可将品牌分成母品牌、子品牌等，如宝洁公司的海飞丝、飘柔、潘婷等。

(二) 品牌策略策划

品牌策略策划主要包括品牌化策划、品牌归属策划、品牌统分策划等。

1. 品牌化策划

品牌化策划是指企业对自身生产和经营的产品是否采用品牌的抉择，包括不采用品牌和采用品牌两种情况。

(1) 无品牌商品，即有些产品不使用品牌。一般来说，农、牧、矿业等初级产品，如粮食、牲畜、矿砂等，无须使用品牌；技术标准较低、品种繁多的日用小商品，也可不使用品牌名称。企业采用无品牌策略，可以节省包装、广告宣传等费用，降低产品成本和价格，达到扩大销售的目的。

(2) 品牌化商品，即企业为自身生产的产品确定采用品牌，并规定品牌名称、品牌标志，以及向政府有关部门注册登记的一切业务活动。商品的品牌化是一种大趋势。

2.品牌归属策划

如果企业决定使用品牌，还要确定品牌归谁所有、由谁负责，有以下策略可供选择。

(1) 制造商品牌，也称全国性品牌、生产者品牌，即制造商使用自己的品牌。制造商使用自己的品牌，可以获得品牌带来的全部利益，享有盛誉的制造商还可以将品牌租赁给他人使用，从而获得一定的特许经营费。

(2) 中间商品牌，也称私人品牌，即由生产者将产品卖给中间商，再由中间商贴上自己的品牌出售。采用这种策略主要是因为生产者自身实力不足，市场影响力较小，而中间商实力雄厚，市场声誉较高。

(3) 混合品牌，可以分为两种情况：一是生产者将部分产品使用自己的品牌，部分产品卖给中间商，用中间商的品牌；二是在产品上将属于自己的品牌和中间商的品牌联用。

【案例 4-5】

家乐福的自有品牌

法国家乐福集团在中国各地的所有家乐福店推出了400种自有品牌产品，如家乐福的洗发露、香皂、饼干、薯片、白砂糖、速溶方糖等。经仔细查看，顾客会发现家乐福的洗发露、沐浴露等的生产厂商是“上海美臣化妆品有限公司”；香皂的制造商在南京；饼干的制造商在广州；薯片的制造商在江苏苏州；白砂糖的产地有广东和广西两地；速溶方糖的产地标明在广东佛山……与同类商品相比，显得特殊的是凡家乐福自己的品牌，商品都有一个醒目的导购标志。

▶ 3. 品牌统分策划

(1) 统一品牌，即企业决定对所有的产品都使用同一个品牌。例如，美国通用电器公司的所有产品都使用GE这个品牌；国际商用机器公司都统一使用IBM品牌；我国长虹集团的产品统一采用长虹品牌等。该策略的主要优点是可以节省发展新品牌的时间、费用，同时能形成“品牌伞”效应。缺点是任何一种产品的失误都可能会影响其他产品乃至整个企业的声誉。

(2) 个别品牌，即对企业的不同产品分别使用不同的品牌，如宝洁的舒肤佳香皂、潘婷洗发水、玉兰油润肤霜和汰渍洗衣粉等。这种策略的优点是整个企业的声誉不受某种商品的信誉的影响，还有利于区分不同种类、不同档次的产品。缺点是要为每一种产品命名和促销，广告宣传费用大，成本高。

(3) 类别品牌，即按产品类别分别使用不同的品牌，包括不同种类、不同用途，抑或不同的质量等级。我国的海尔集团在销售家用电器(如冰箱、彩电、洗衣机等产品)时使用的是“海尔”品牌，而当产品线延伸至保健品行业时，用的却是“采力”品牌。这种策略能将不同类别的产品明显地区分开来，主要适用于经营产品类别多、性能和质量有较大差异的企业。

(4) 统一品牌加个别品牌，即对每一产品使用不同品牌的同时，在每个品牌上均冠以企业名称或统一的品牌。这种策略的好处是在各种不同新产品的品牌名称前冠以企业名称，可以使新产品享受企业的信誉，而各种不同产品分别使用不同的品牌名称，又可以使不同的产品保持自己的特色。例如，海尔集团的冰箱依据目标市场定位不同而分别命名为“海尔双王子”“海尔小王子”“海尔帅王子”等。

(5) 多品牌，即一种产品采用一个品牌的品牌决策。一个品牌只用于一种产品，适用于一种市场定位，因而能最大限度地形成品牌的差异化和个性化。美国宝洁公司是实施多品牌策略的突出代表和成功范例。该公司拥有300多个品牌，每个品牌都有独特的属性，且知名度很高。

多品牌策略有以下明显的优点：①有利于企业全面占领一个大市场，扩大市场覆盖面；②有利于细分市场的需要，推进品牌的个性化和差异化，满足不同消费者群体的不同需要；③获取品牌转换的利益；④有利于提高企业抗风险的能力。

多品牌决策也有局限性：①耗费的资金多，时间长；②增加品牌管理难度。

（三）产品品牌策划思路

▶ 1. 确定品牌商标

确定品牌商标必须掌握两个基本要素：名称定位与产品设计定位。第一个要素是品牌名称定位。名称定位有很多技巧，企业品牌名称是否产生“一眼望穿”的效果，最大限度提高公众的“直接联想力”，让众人在短时间内知道品牌的含义，这是产品品牌策划中成功品牌定位的基本特征。产品品牌名称定位需要对该产品消费历史、文化、风俗、习惯、民族心理及现代意识有全面的把握。第二个要素是产品设计定位。除了品牌名称定位外，还应重视韵律感、视觉美、寓意美、个性化。对企业的新产品来说，首要问题是设计好商标，明确商标所覆盖的市场特点，掌握各国人们的消费心理。

▶ 2. 建立品牌识别系统

品牌识别系统要在全面科学的品牌调研与诊断的基础上，提炼高度差异化，清晰明确，易感知，有包容性和能触动、感染消费者内心世界的品牌核心价值，规划以核心价值为中心的品牌识别系统。基本识别与扩展识别是核心价值的具体化、生动化，使品牌识别与企业营销传播活动的对接具有可操作性。

▶ 3. 进行品牌延伸扩张

品牌策划的最终目的是持续获取较好的销售与利润。由于无形资产的重复利用是不需要成本的，只要有科学的态度与高超的智慧来规划品牌延伸战略，就能通过理性的品牌延伸与扩张充分利用品牌资源这一无形资产，实现企业的跨越式发展。因此，品牌延伸要求对下述各个环节进行科学和前瞻性规划，具体包括：提炼具有包容性的品牌核心价值；预埋品牌延伸的管线；抓住时机进行品牌延伸扩张；有效回避品牌延伸的风险；强化品牌的核心价值与主要联想，并提升品牌资产；在品牌延伸中成功推广新产品。

衡量企业产品品牌策划是否成功，可以从以下五个方面结合的效果来考量。

(1) 产品类别结合：当企业向消费者提到一个品牌时，消费者首先会联想到是什么样的产品。

(2) 产品属性结合：一个品牌的产品属性，往往是激发消费者购买和使用意愿的一个重要条件，而这些产品属性通常也能为消费者带来实质性的帮助，同时让消费者对这一产品产生感情，要让消费者觉得买的不只是产品，而是产品的独特利益点。

(3) 产品价值结合：当某一产品的某一项属性显得特别突出时，这项属性也就是形成品质的基本因素。

(4) 产品用途结合：消费者在需要某类产品的时候，会直接联想到心目中熟悉的品牌。

(5) 产品使用者结合：建立强势品牌认同的另一个途径，是将品牌和产品使用者结合。

二、产品包装策划

大多数物质产品在从生产领域流转到消费领域的过程中，都需要有适当的包装。包装工作是整个商品生产的一个重要组成部分。所谓包装，是指企业的某些人员对某种产品的容器或包装物的设计和制造活动。产品包装策划主要是从包装促进销售的角度进行的策划，现代营销策划过程中的包装策划已经远远超出包装作为容器保护产品的作用，而成为促进和扩大产品销售的重要因素之一。

（一）产品包装的类型

市场营销学认为，产品包装一般包括以下三个部分：首要包装，即产品的直接包装，如牙膏皮、啤酒瓶都是这种包装；次要包装，即保护首要包装的包装物，如包装一定数量的牙膏的纸盒或纸板箱；装运包装，即便于储运、识别某些产品的外包装。

此外，在产品包装上还有标签，这是为了说明产品而贴在产品上的招贴或印在产品包装上的文字、图案等。标签上一般都印有包装内容和产品所包含的主要成分、品牌标志、产品质量等级、生产厂家、生产日期和有效期、使用方法等，有些标签上还印有彩色图案或实物照片，以促进销售。

▶ 1. 产品外包装的类型

外包装是最直接与消费者接触的媒体，一个醒目、视觉冲击力极强的产品包装有助于促进终端的购买，如果能在陈列时达到生动化，它就是一个非常优秀的广告。好包装自己会说话，要达到在狭窄的空间里做到最大化传递有效信息，产品包装必须能在众多的产品中“跳”出来。

一般情况下，产品外包装形状比较单一，主要是考虑运输过程中的堆放与终端展示中的堆头，尽管这样，消费品企业也没有忘记产品包装，而是在宝贵的外包装上抓住创新机会。

(1) 方块式包装。大部分产品在进行包装时考虑堆放，都选择了方块式外包装。因此，终端市场上传统的方块式包装是市场的主流。

(2) 圆筒式包装。圆筒式包装有很强烈的整体感，消费者携带也比较方便，而且中国消费者十分注重在包装中讨口彩，所以，圆筒式包装恰好满足了中国消费者圆圆满满的想法。因此，圆筒式包装也是对消费者颇具吸引力的一种外观形状。

(3) 菱形外观包装。菱形外观包装其实是一种规则多边形外观包装的笼统说法。为了创造产品差异化，很多企业在新产品开发上选择了菱形外观包装，凸显产品个性与差异。

(4) 异形外观包装。异形外观包装是企业为了显示产品品牌定位而采取一种局部不对称的包装设计。这种包装外观对于产品与品牌价值吻合起到了很好的作用，例如，高炉家酒就采用了徽派民居作为产品上端包装形状，比较好地传递了高炉家酒定位于“家”概念的品牌理念。

▶ 2. 产品内包装的类型

在产品内部包装中，不同的形状也会给产品许多惊喜，特别是传统消费品领域。

(1) 塔台式内包装。这是目前白酒企业最广泛的一种包装形式，以五粮液为主的白酒企业主要采用这种塔台式内包装。五粮液将塔台式包装做成楼体，已成为五粮液企业文化的重要组成部分。

(2) 圆筒式内包装。这种内包装比较简单，容易被消费者接受与携带。

(3) 方块式包装。这种包装棱角分明，锐气十足。

(4) 窈窕状内包装。以口子窖为例，口子窖选择了一个窈窕女人作为代言人，因此该包装凸显了品牌定位与核心价值。

(5) 异形包装。以深圳金帝集团公司的“金帝”巧克力的异形包装为例，可爱的小熊造型包装、独创的透明靴子装、经济实惠的透明方形罐和独特的六角形加透明窗口设计，总是显得特别而夺人眼球。

(二) 产品包装策划的策略

目前，产品包装策划实践中的具体策略主要有以下几类。

▶ 1. 与产品要素相适应的包装策略

(1) 类似包装策略，即对企业生产的各种产品，在包装上采用相似的图案、颜色，以体现共同的特征。优点在于能节约设计和印刷成本，便于消费者辨认，树立企业形象，有利于新产品的推销。但此策略仅适用于同样质量水平的产品，若产品质量相差悬殊，会因个别产品质量下降而影响其他产品的销路。

(2) 等级包装策略，即对同一种产品采用不同等级的包装，以适应不同的购买力水平或者按产品的不同质量等级，采用不同的包装，如优质产品采用高档包装，一般产品采用普通包装。

(3) 配套包装策略，即将多种相互关联的产品配套放在一个包装物内销售。例如，化妆盒里的配套化妆品，包括口红、粉饼、小镜子、眉笔等。

(4) 绿色包装策略，又叫生态包装策略，指使用可再生、再循环包装材料，包装废物容易处理及对生态环境有益的包装。采用这种包装策略易于被消费者认同，有利于环境保护和与国际接轨，从而产生促销效果。

(5) 差异包装策略，即企业的各种产品均有自己独特的包装，在设计上采用不同的风格、色调和材料。这种策略能避免因个别产品销售失败而对其他产品的销售产生不利影响，但会相应地增加包装设计和新产品促销的费用。

(6) 复用包装策略，即包装内产品使用完后，包装物本身可以回收再用或用作其他用途，如啤酒瓶子可回收重复使用，装糖果的盒子可用作饭盒等。此策略的目的在于通过给顾客额外的利益，扩大销售。

(7) 适度包装策略，指包装成本体现在从包装实施到废弃物处理的各个阶段，包装的适度即考虑包装的整个过程，对包装进行科学设计，实施标准化。此策略的目的是谋求包装所应有的恰如其分的作用，并使包装的作用、效益和诸项成本处于协调、平稳的状态。

(8) 改进包装策略，指企业改进产品质量的同时，改变包装的形式，以新的产品形象出现在市场。

▶ 2. 与促销要素相适应的包装策略

(1) 方便包装策略，指包装易携带(如提袋式、拎包式、皮箱式、背包式等)，易开启

（如拉环式、按钮式、卷开式、撕开式等）。此策略的目的是使产品便于携带和存放，便于开启和重新密封。

（2）附赠品包装策略，指在包装内附赠奖券或实物，以吸引顾客购买，如在儿童食品中附赠小玩具。此策略能激发消费者的购物欲望。

（3）改变包装策略，指当某种产品销路不畅或长期使用一种包装时，企业可以改变包装设计、包装材料，通过使用新的包装，使顾客产生新鲜感，达到扩大销路的目的。

▶ 3. 与地点要素相适应的包装策略

根据销售地点的不同，因地制宜地设计悬挂式包装、堆叠式包装、展开式包装、透明式包装等不同形式的包装，灵活机动地展示和宣传产品，从而促进产品的销售。

▶ 4. 与价格要素相适应的包装策略

在分析市场营销组合时，先开发产品，再寻找销售地点，进而促销，最后根据市场预期反应和生产成本高低来确定价格。所以，与产品要素、促销要素和地点要素相适应的各种包装策略，都要与价格要素相适应。同类商品，价格不同，包装也应不同，使包装和价格保持一致，这样有利于消费者认可和接受该产品及价格。

（三）产品包装策划的内容

产品包装策划的具体内容主要包括以下几方面。

▶ 1. 包装的外观策划

在确定包装的结构、形状和尺寸时，策划者不仅要考虑产品的特点，还要考虑消费者在选购、携带、储存、使用中的需求。

▶ 2. 包装的图案策划

对产品的主要对象及衬托主要对象的配物、配料、配色等，应进行如实的描绘。一般来说，包装策划中的图案设计主要有以下几种形式。

（1）摄影图案。既可以对产品实物进行逼真的拍摄，以突出和表现产品；又可以拍摄产品产地的风景及风土人情，以间接表现、宣传产品；还可以将产品实物摄影与抽象设计相结合，从而强化包装的宣传效果。

（2）绘画图案。根据消费者的爱好和生产者对产品宣传的需要，进行艺术加工和适当组合，使画面更集中、更鲜明，从而更好地宣传产品。

（3）抽象图案。以抽象图案为包装的策划设计注重形式感，讲究图案简洁、鲜明而富有个性，除了给消费者以美的感觉外，还能正确表达包装的主题，引发人们对产品的联想。

▶ 3. 包装的文字策划

文字是产品包装画面的重要组成部分之一。它不仅在画面中起装饰作用，更重要的是达到宣传产品、介绍产品的目的。现在有不少包装策划设计是以文字的组合与变化来组成画面的。这种包装的表现手法没有图案形象或实物照片，仅运用一些文字的构成与组合，根据产品的特点和销售意图，采用艺术手法，力求画面美观、文字醒目，从而达到宣传效果。

表现商标和品牌的文字对宣传产品有重要作用。文字必须简练、鲜明，位置突出，使消费者易于识别，便于记忆。

▶ 4. 包装的色彩策划

色彩运用得当，能起到宣传产品、美化产品的作用，从而增强包装作为“无声推销员”的魅力。在运用色彩时，既要考虑习惯色，又要有所创新，以奇取胜。

▶ 5. 包装的标签策划

包装标签是指附着在包装上的文字、图形、雕刻及印刷说明，用于标明制造者或销售者的名称和地址、产品成分、品质特点、包装内数量、使用说明、生产日期、有效期限、产品编号等内容。成功的标签设计策划，可以提高产品自身的竞争力，增进消费者对产品的好感和信任，促进销售。

【案例 4-6】

屈臣氏推出 28 款坚持瓶

关于“要不要坚持”这回事，屈臣氏蒸馏水在这个季度推出了28款坚持瓶，作为品牌的载体与消费者进行对话讨论。瓶身写上了不同的标语，比如：“今天坚持吃素了吗？是的，整个人都绿了。”“今天坚持搬砖了吗？没有，去追诗与远方了。”

这个“说人话”的坚持瓶，给“买水”这件事带来了一点新意。消费者不仅能拍瓶子晒到朋友圈自嘲，还能送给朋友，火力全开黑他们。同时，每个主题都有“是的”和“没有”两个选择，但并不是每家店都同时具备两个款式，怪不得有强迫症的网友在吐槽——“看不全不开心!”屈臣氏推出的坚持瓶对话式的文案令瓶身拟人化，消费者拿起瓶子就像是在与品牌直接对话，给包装带来了新思路。对瓶身改造的小尝试，打破了屈臣氏蒸馏水在消费者心目中的高冷形象，使品牌变得更有亲和力。

本章小结

营销组合策划是市场营销策划的重要组成部分，它包括产品策划、价格策划、渠道策划和促销策划。其中，产品策划是价格策划、促销策划和渠道策划的重要基础。产品策划是从对产品整体概念的理解开始的。产品整体包含核心产品、有形产品、期望产品、附加产品和潜在产品五个层次。产品策划具体包括产品组合策划、产品生命周期策划、新产品开发与上市策划、产品品牌与包装策划。

产品组合是指某个企业生产或销售的全部产品的组合方式。产品组合包括所有的产品线和每一条产品线中的产品项目，它反映了一个企业的经营范围和生产的产品结构。产品组合包括四个要素：产品组合的宽度、产品组合的长度、产品组合的深度和产品组合的关联性。在实践中，人们常常用波士顿矩阵法来分析企业的产品组合。企业在调整产品组合时，可以针对具体情况选用扩大产品组合、缩减产品组合和产品线延伸等产品组合策略。

产品生命周期是指产品的市场寿命，指产品从进入市场开始，直到最终退出市场为止所经历的市场生命循环过程。一般可分为四个阶段，即导入期、成长期、成熟期和衰退期。因此，应当根据产品所处生命周期，采取不同的营销策略。产品导入期的基本思路是突出“快”，成长期营销策略强调“好”，成熟期营销策略强调“改”，衰退期采取的策略是“退”。

一般可以将新产品分为全新产品、改进型新产品、模仿型新产品、形成系列型新产品、降成本型新产品和重新定位型新产品。开发新产品的程序，一般来说，要经历产生构思、筛选构思、概念形成和试验、初拟营销计划、商业分析、产品开发、市场试销和正式上市八个阶段。新产品上市策划的流程，从常规上包括以下程序：发现市场机会、提出产品概念、进行可行性评估、开发及准备产品、安排新产品上市的日程、执行新产品上市策划、追踪上市后表现。企业在进行新产品上市策划时需要注意以下操作要点：上市时机选择、上市地点选择、上市目标确定、产品描述和利益分析、执行中的注意事项。

随着市场化程度的加深，企业竞争加剧，突出表现之一就是产品同质化程度较高。为了增强竞争能力，企业进行品牌策划势在必行。品牌策略策划主要包括品牌化策划、品牌归属策划、品牌统分策划等。

包装策划主要是从包装促进销售的角度进行的策划，现代营销策划过程中的包装策划已经远远超出包装作为容器保护产品的作用，而成为促进和扩大产品销售的重要手段之一。

复习思考题

1. 简述产品整体的概念。
2. 产品组合的含义是什么？它的四个要素分别是什么？
3. 产品生命周期的概念是什么？产品生命周期不同阶段的营销策略有哪些？
4. 新产品开发的程序是什么？
5. 品牌策略策划包括哪些内容？
6. 什么是包装策划？产品包装策划的具体内容有哪些？

案例分析

上海“冠生园”的品牌之争

早在新中国成立前，上海有一家著名的糖果厂——ABC糖果厂。该厂的老板冯伯镇是一位通晓经营之道的生意人，他看到当时关于“米老鼠”的卡通动画片在上海滩，特别是在儿童中风靡一时、备受喜爱，就灵机一动设计了一种米老鼠包装，并命名为“ABC米老鼠”奶糖。从此，“ABC米老鼠”奶糖在上海滩走俏，并成为国内最畅销的奶糖。此时，“米老鼠”的“亲生父亲”沃特·迪斯尼还未开始利用他所创造的这一卡通形象做生意。

新中国成立以后，ABC糖果厂进行了公私合营和改造，更名为“爱民糖果厂”，之后又并入上海冠生园，主要产品仍是“米老鼠奶糖”。20世纪50年代批判崇洋媚外思想，“米老鼠”毕竟来源于国外，难免有所嫌疑。再加之当时的爱国卫生运动中兴起了“除四害”，而老鼠作为四害之首遭到人人喊打，冠生园担心“米老鼠”的形象受损，不得不选择其他卡通形象作为产品的品牌，这时他们想到了兔子，形象活泼、幽默风趣、天真善良的兔子无疑是一种"正面形象"，于是冠生园请上海美术设计公司设计了一种以大白兔为核心的包装。1956年，"大白兔奶糖"作为上海冠生园的一个新品牌问世了，立刻受到消费者的青睐。1959年，"大白兔奶糖"作为自力更生的成果向国庆10周年献礼，接着开始组织产品出口，受到国外消费者的一致好评。当时在国外有一种说法——"把2块大白兔奶糖放到水中就可以泡成1杯牛奶"，可见"大白兔"质量之高、信誉之佳。在此后几十年里，"大白兔奶糖"不断改进质量和包装，形成了独特的配方和稳定保质的工艺流程，产品一直盛销不衰，成为中国的一大特色产品。1979年，"大白兔奶糖"荣获国家银质奖；1992年，"大白兔"又被评为中国十四大驰名商标中唯一的一个食品类品牌。

一、痛失"米老鼠"

由于没有产品整体观念，没有品牌意识，冠生园一直没有把"大白兔"和"米老鼠"进行商标注册。有段时间，国内外有不少厂家假冒"大白兔"和"米老鼠"，争夺冠生园的市场，这也未能引起该厂的觉醒。1983年，一家来自广州的只会生产硬糖的糖果厂到上海冠生园取经，善良的老师傅们手把手地把生产奶糖的技术教给他们，而徒弟回去后就开始生产奶糖，并带走了当时的品牌形象——一只牵着3只气球的米老鼠。两年后，当冠生园想到要去注册"米老鼠奶糖"时，却意外地收到一张驳回通知书，原来南方的"徒弟"已经抢先一步，在几个月前把师傅的商标注册了。没过多久，又传来一个消息，美国的沃特·迪斯尼公司为了夺得"米老鼠"形象在中国的垄断权，以4万美元从广州那家小厂买下了"米老鼠"商标，冠生园这时才痛惜万分。区区4万美元，按当时的汇率只值十几万元人民币，而从ABC糖果厂到冠生园，整个企业半个世纪为这个品牌付出的心血却一下子付之东流。沃特·迪斯尼本是"米老鼠"名正言顺的"生父"，并且又通过法律手段正大光明地夺回了在中国的控制权，这时的冠生园只得忍痛割爱，舍弃了"米老鼠"这个著名的中国糖果品牌。

二、拯救"大白兔"

美国的沃特·迪斯尼公司在买到"米老鼠"商标控制权后，又找到上海冠生园，表示允许冠生园继续使用该商标，但要求每年分享利润的8%作为商标特许使用费。实实在在的、冷冰冰的数字似一记重槌，使冠生园震惊、痛心，痛定思痛，他们终于从梦中觉醒。值得庆幸的是，当年的"除四害"使冠生园诞生了一只"大白兔"，这让冠生园不至于倾家荡产。更幸运的是，当时的国家工商行政管理局出于深远考虑，为获得质量奖的国优产品保留了注册商标的权利，才使"大白兔"商标幸运地得以注册。

大梦初醒的冠生园在"米老鼠"的风波中学到了不少东西，他们开始考虑如何保卫自己仅存的"大白兔"品牌。当时，对"大白兔奶糖"的假冒侵权行为十分严重，假冒产品遍及全国17个省市，并且跨国假冒，在泰国和菲律宾也出现了假冒的"大白兔奶糖"。另外，还出现"影射侵权"，即把"大白兔"注册商标相同或相似文字、图形作为自己产品的名称和包装装潢，以混淆视听，愚弄消费者。

针对以上情况，冠生园开始苦苦钻研商标战术，决定把"大白兔奶糖"的整个包装分别作为八种商标注册，使一张糖纸和包装袋的任何部位都在法律保护之下。同时围绕主商标，他们又设计出十几种近似商标，包括大白兔、大灰兔、大黑兔、大花兔、小白兔、金兔和银兔等，都进行了商标注册，组成“立体防卫体系”，使“大白兔”商标成为一个“家族商标群”。鉴于包装装潢并不受商标保护，但可以申请外观设计专利，于是冠生园又决定建立一个商标注册与申请专利相结合的互补系统，这样就形成了一个开阔的防御体系，防止任何假冒品牌向主商标靠拢。

冠生园又进一步认识到，“大白兔”是一个公认的含金量极高的商标，如果仅仅把它局限在糖果行业而且还是特定的“奶糖”这一品种上，未免显得眼光过于狭窄。从长远利益出发，冠生园开始把“大白兔”商标在与企业发展有关的所有领域进行超前注册。现在，不仅在食品、服装、家具、自行车等行业，就连在餐饮、通信、银行和保险等服务性行业，“大白兔”商标都拥有了一席之地。

冠生园的全面出击并不是到此为止，当年的沃特·迪斯尼公司对“米老鼠”的垄断，也教会了“大白兔”到境外去“抢滩”占领国际市场。从痛失“米老鼠”的 1985 年起，冠生园就拿出大量外汇在境外注册了“大白兔”商标，先是在华人聚集区，后来企业的决策者又提出，“凡是地图上有的国家，‘大白兔’都要蹦到那里去”。也就是说，要向一切现实的和潜在的出口国家和地区超前注册“大白兔”商标，谋求对“大白兔”的法律保护。今天，冠生园已在工业知识产权“马德里协定”的 20 多个成员国和另外 70 多个国家与地区拿到了“大白兔”的注册证。

三、重塑“大白兔”品牌形象：让“大白兔”“活”起来

随着时代的发展和人们各种观念、消费习惯等的变化，一个品牌必然要在某些方面进行适当的调整。企业应持续地观察并适时地调整品牌策略与品牌形象，以此适应整个市场环境的变化，其中尤为重要的是要注意消费者的变化。

“大白兔”诞生 40 多年了，40 多年间，中国的整个政治、经济、文化环境都发生了翻天覆地的变化。“大白兔”面对新的消费群，必须弄明白新一代消费者喜欢什么，在想什么、做什么，喜欢吃什么样的奶糖，喜欢什么样的“大白兔”形象等。

从品牌的知名度来看，“大白兔”在 30 岁以上消费群体中知名度相当高，但在 30 岁以下尤其是 20 岁以下的消费群体中，知名度并不高。孩子们都知道“娃哈哈”“乐百氏”，但很多孩子却不知道“大白兔”。品牌知名度的降低意味着品牌资产的贬值，这当然是“大白兔”不愿看到的。

从品牌的忠诚度来看，毫无疑问，“大白兔”在 40 多年的发展过程中，培养了一大批忠诚消费者，这是十分珍贵的品牌资产。值得注意的是，这部分忠诚消费者主要是 30 岁以上的成年人，而随着年龄的增长，他们对糖果的消费也越来越少，取而代之的是他们的子女，即新一代的青少年。因此，“大白兔”需要在新一代的消费群体中培养忠诚的消费者。在新的品牌形象传播方面，一定不要把眼光仅仅放在新一代消费群上，而忽视了老一代消费群的感受。最好的办法是充分借助“大白兔”原来忠诚消费群的影响，完成品牌忠诚从父母到儿女的转移。让爸爸妈妈把自己的“大白兔”安全“交接”给下一代，因为“大白兔”代表的是爸爸妈妈们对儿女健康、活力、朝气的期望。

从消费者对“大白兔”品质的认可方面来看，“大白兔”以奶味浓郁、甜度适中、柔软润滑、富有弹性而著称，并且得到了消费者的充分肯定。而今，上海冠生园自主设计制造的全自动流水线，使“大白兔”的质量更加完美。现在，人们往往将“糖”字与肥胖、不健康等负面信息联系在一起。现代人似乎越来越不喜欢糖，在新的品牌塑造中，必须经由对品质的认可上升至对产品营养、健康的认可。因此，“大白兔”在新的品牌传播中，除了“美味蹦出来”，还突出了“大白兔”健康食品的品牌形象，就是要将消费者对品质的认可上升至对产品营养、健康的认可。

“大白兔”要变新模样，口感更要变。于是一批又一批的消费者，特别是孩子们被请来做口味测试。市场调查加上专家认证，冠生园推出了新一代配方更科学的大白兔奶糖，鲜奶含量再增10%以上，奶香更浓郁，绝无香精、色素，仅有的甜度还基本来自对人体有益的低聚麦芽糖，弹性更足，也不会粘牙。在包装上，“大白兔”改变为站立式包装，并采用不易绞折的高档材料，凸显精品感觉。此外，改装后的大白兔奶糖拥有三个品种：鲜乳牛奶糖、鲜乳太妃糖、鲜奶话梅糖。变得最多的是大白兔的“模样”，静卧的乖乖兔一跃而起，呲着两颗小兔牙成了孩子们喜爱的卡通形象。

全新登场的“大白兔”在经销商中一露面，订货量立即比预计的增加了一倍。冠生园的销售人员带了几十箱“大白兔”到香港国际食品博览会试销，原来以为够卖五天的，结果一天就被抢光了。如今，这些新品“大白兔”已陆续“蹦”上超市和食品店的货架。

思考：

1. 如何理解市场营销学中产品整体的概念？

2. 生产企业尤其是名牌产品的生产企业应该如何保护自己的品牌？

3. 案例中提到“大白兔”建立起自己未来的发展空间，如果冠生园真的将业务扩展到“大白兔”注册的众多领域，你认为有何利弊？

4. 在竞争激烈的糖果市场中，怡口莲、徐福记等品牌已经后来居上。如果你是冠生园的决策人，怎样使“大白兔”这个往日的名牌真正走进青少年朋友的生活，进一步形成“大白兔”文化？

实训活动

一、实训目标

通过实训，使学生掌握产品策划的理论知识与技能，掌握如何进行科学的产品策划，提高学生的实际操作运用能力。

二、实训内容

选择一个感兴趣的训练主题（如化妆品、食品、饮料、运动鞋、服装、电器、电子等），由各团队实施策划创意，拟订策划方案，交流研讨与评价。各团队提交某产品上市推广策划方案或某品牌策划方案。

三、实训步骤

1. 以5～6人为一组，每组确定1名负责人，组建营销团队。

2. 对各营销团队进行适当角色分工，确保组织合理和每位成员的积极参与。

3. 根据具体项目或产品，要求学生在进行市场调研的基础上，进行全面的市场分析，让学生创意、策划产品或品牌上市推广的具体策略、步骤，并撰写品牌推广策划方案。

4. 每组选派一个代表上台展示方案，制作PPT并进行模拟展示。

5. 评分标准：小组自评占20%，其他组互评占40%，教师评分占40%。

第五章 价格策划

学习目标

1. 理解价格目标策划。
2. 了解价格制定的程序。
3. 掌握三种常见的定价方法及应用。
4. 理解新产品定价的主要策略。
5. 掌握心理定价策划方法。
6. 了解如何进行价格调整策划。

导入案例

亚马逊公司的差别定价实验

1994年，当时在华尔街管理着一家对冲基金的杰夫·贝佐斯在西雅图创建了亚马逊公司，该公司从1995年7月正式开始营业，1997年5月股票公开发行上市。从1996年夏天开始，亚马逊成功地实施了连属网络营销战略，在数十万家连属网站的支持下，迅速崛起成为网上销售的第一品牌。截至1999年10月，亚马逊的市值达到了280亿美元。

为提高在主营产品上的盈利，亚马逊在2000年9月中旬开始了著名的歧视性定价实验。亚马逊选择了68种DVD碟片进行动态定价试验，根据潜在客户的人口统计资料、购物历史、上网行为及上网使用的软件系统确定对这68种碟片的报价水平。例如，名为《泰特斯》的碟片对新顾客的报价为22.74美元，对老顾客的报价则为26.24美元。

通过这一差别定价策略，部分顾客付出了比其他顾客更高的价格，亚马逊因此提高了销售的毛利率。实施不到一个月，就有细心的消费者发现了这一秘密，通过在名为DVD-TalK的音乐爱好者社区的交流，成百上千的消费者知道了此事。那些付出高价的顾客怨声载道，纷纷在网上对亚马逊的做法进行口诛笔伐。消费者和媒体开始怀疑亚马逊是否利用收集的消费者资料作为价格调整的依据，这样的猜测让亚马逊的价格事件与敏感的网络隐私问题联系在了一起。

为挽回日益凸显的不利影响，亚马逊的首席执行官贝佐斯只好亲自出马进行危机公关，并为这次事件给消费者造成的困扰向消费者公开表示道歉。不仅如此，亚马逊还试图用实际行动挽回人心，答应给所有在价格测试期间购买这68部DVD碟片的消费者最大的折扣。至此，亚马逊价格试验以完全失败而告终。亚马逊不仅在经济上蒙受了损失，而且声誉也受到了严重损害。

资料来源：刘向晖．网络营销差别定价策略的一个案例分析．价格理论与实践，2003(7)：59-60.

在营销组合各因素中，定价策略是最关键性的策略，也是企业决策的一个难点因素。毕竟在多数情况下，价格是买者做出选择的主要决定因素。科学的定价策略、有效的价格管理，不仅有利于企业获取预期利润，在市场上获取竞争优势，扩大生产规模，也有利于整个行业的健康发展。

企业进行定价策划时，不但要求企业对成本进行核算、分析、控制和预测，而且要求企业根据市场结构、市场供求、消费者心理及竞争状况等因素做出判断与选择。价格策略选择得是否恰当，关系到企业的营销目标是否能够实现。在营销实践中，有些企业甚至因为定价不当，导致企业陷入困境。企业在制定价格时，需要决策者既要在决策前做好大量细致的调研工作，也要在决策时拥有勇气和智慧。

第一节 价格策划概述

一、价格策划的概念

价格策划就是根据购买者各自不同的支付能力和效用情况，结合产品进行定价，从而实现企业经营目标的定价办法。在营销组合中，价格是最为活跃的因素，也是唯一能产生收入的因素，其他因素(产品、渠道和促销)表现为成本因素。

定价策略与企业的市场占有率、市场接受新产品的快慢、企业及企业的产品在市场上的形象，都有着密切的关系。定价策略的正确与否，对企业营销计划的成败至关重要。

在营销实践中，定价是非常复杂的，需要考虑的因素非常多，而且这些因素变化特别快，我们经常发现有些产品的价格如过山车。因此，企业在制定价格策略时，一定要进行准确的市场分析和预测，同时也要善于根据市场的发展变化情况，适时地进行价格调整。

二、价格目标策划

企业在具体实施定价时均应在明确目标的前提下进行。价格目标是指企业通过制定一定水平的价格所要达到的预期目的。价格目标是整个价格策划的灵魂。一方面，它要服务于产品营销目标和企业经营战略；另一方面，它还是定价方法和定价策略的依据。一般情况下，企业的价格目标主要有利润最大化目标、市场占有率目标、树立企业形象目标、其他定价目标等几种不同的形式。

（一）利润最大化目标

为了追求高利润，策划可采取高促销或高价的策略，但一定要动态地分析企业的内部条件和外部环境，不能单纯定位于短期的利润最大化，忽视市场相关因素和公司经营战略，否则会欲速则不达。

（二）市场占有率目标

以市场占有率为定价目标策划是一种志存高远的选择方式。市场占有率是指一定时期内某企业产品的销售量占当地细分市场销售总量的份额。市场占有率高，意味着公司产品的竞争能力较强。

（三）树立企业形象目标

以稳定的价格树立企业形象，有利于在行业中建立长期优势，如季节性产品、房地产等，采用稳定的价格可以给人以产品信誉高、公司经营稳健的印象。

（四）其他定价目标

在某些特殊时期，企业也需要策划临时性定价目标。例如，当市场行情急转直下时，企业就要以保本销售或尽快脱手变现为定价目标；为了应对竞争者的挑战，企业也可能以牺牲局部利益遏止对手为定价目标。

在选择不同的定价目标策划时，应该考虑到企业的实力、企业所处的阶段和发展战略。

【案例 5-1】

格兰仕价格策划的成功

1979 年，广东顺德桂洲羽绒厂(10 多个人)正式成立。当时谁都不会想到，这个再普通不过的乡镇小厂会成为震惊世界的“微波炉大王”。

格兰仕成功的原因即绝对低价的策划。在微波炉市场上，格兰仕素有“价格杀手”“价格屠夫”的称号。通过多次降价，格兰仕的最高降幅达到 45%。格兰仕的绝对低价不仅使消费者趋之若鹜，同时又对竞争对手产生强大的威慑力，最终成就了它在国际微波炉市场上的霸主地位。

三、价格策划的程序

整个产品定价策划流程主要包括以下重要步骤。

（一）价格信息的收集、整理与利用

价格信息的收集、整理与利用是定价策划的前提，也决定着策划方案的正确与否。那么，如何策划好这项工作呢？

(1) 价格信息的收集。价格信息的收集可从以下四个方面着手：建立专人收集价格制度；建立专业性强、评估业务量大的重点行业定点采价制度；建立长期、系统、有针对性的报刊广告的收集、甄选制度；采价人员与评估人员要建立定期交流制度。

(2) 价格信息的整理。价格信息的整理主要做到以下两点：一是要开发、利用计算机信息库，使价格信息的储存实现档案化、科学化、规范化管理；二是在整理归档的同时，做好初步筛选。

(3) 价格信息的利用。价格信息的利用：第一，在利用现有资料时要认真核对产地、型号、规格、品质，使参照物与标的物尽可能统一；第二，在估价时，如果市场仍有其他商品供应，也要查询一下市价，以便有个参考，使定价更为准确；第三，找准资料后，要保证利用准确，对不能完全吻合的资料要进行区域、时间、品种等方面的调整。

(二) 确定价格策划方案的内容

价格策划方案的内容主要包括以下几点。

(1) 选择定价目标。因为定价目标不同，商品价位高低和采用的定价方法会有所不同。

(2) 选择定价策略。分析竞争对手的产品、成本和定价策略。竞争对手的定价策略可以为企业树立一个参考的标准，尤其是在为新产品制定价格时。

(3) 选择定价方法。成本导向、需求导向和竞争导向是制定商品基本价格的方法，它们各有合理性和便利性，也各有最适合的条件。

(4) 运用定价技巧。产品的定价技巧有新产品定价技巧、产品组合定价技巧、折扣定价技巧、地理定价技巧、心理定价技巧、价格调整技巧等。策划者可以根据企业的情况设计不同的定价技巧，确定最终价格。

(5) 适时调整产品价格。随着外部环境因素和企业内部条件、战略和目标的变化，以及产品生命周期的演变，要适时调整产品价格。

(三) 价格策划方案的筛选

▶ 1. 价格策划方案择优的原则

(1) 经济性原则。成功的价格策划，应当是在策划和方案实施成本既定的情况下取得最大的经济收益，或是在策划和方案实施成本花费最小的情况下取得目标经济收益。

(2) 可操作性原则。策划者根据价格的目标和环境条件，就企业的定价策略、定价方法、定价技巧进行选择与制定。价格方案一旦付诸实施，企业的每一个部门、每一个员工都能明确自己的目标、任务、责任及完成任务的途径和方法，并懂得如何与其他部门或员工相互协作。

▶ 2. 价格策划方案择优的方法

(1) 经验推断法。策划人员依据已有的知识和经验，以及已知的价格现象和价格指标的发展变化趋势，在多个方案中选择最优的方案。

(2) 专家意见法。向有关专家提供多个方案，并在专家分析判断的基础上综合专家的意见，选择最优的方案。

(3) 盈亏平衡分析法。根据保本销售公式，推导出保本价格，然后将保本价格与方案设计的价格进行比较，从中选择最优的方案。

量，再计算产品价格的做法完全颠倒了价格与销量的因果关系，把销量看成价格的决定因素，在实际上很难行得通。尤其是对于那些需求价格弹性较大的产品，用这种方法制定出来的价格无法保证销量的必然实现。那么，预期的投资回收期、目标收益等也就只能成为一句空话。不过，对需求比较稳定的大型制造业，供不应求且价格弹性小、市场占有率高、具有垄断性的商品，以及大型的公用事业、劳务工程和服务项目等，在科学预测价格、销量、成本和利润四要素的基础上，目标收益法仍不失为一种有效的定价方法。

(三) 盈亏平衡定价法

在销量既定的条件下，企业产品的价格必须达到一定的水平才能做到盈亏平衡、收支相抵，既定的销量就称为盈亏平衡点，这种制定价格的方法就称为盈亏平衡定价法。科学地预测销量和已知固定成本、变动成本是盈亏平衡定价的前提。

盈亏平衡点价格＝固定总成本/销量＋单位变动成本

以盈亏平衡点确定价格只能使企业的生产耗费得以补偿，而不能得到收益。因此，在实际运用中均将盈亏平衡点价格作为价格的最低限度，通常再加上单位产品目标利润后才作为最终市场价格。只有为了开展价格竞争或应付供过于求的市场格局时，企业才会采用这种定价方式以取得市场竞争的主动权。

从本质上说，成本导向定价法是一种卖方定价导向。它忽视了市场需求、竞争和价格水平的变化，在有些时候与定价目标相脱节，不能与定价目标很好地配合。此外，运用这一方法制定的价格均是建立在对销量主观预测的基础上的，这就降低了价格制定的科学性。因此，在采用成本导向定价法时，还需要充分考虑需求和竞争状况，以确定最终的市场价格水平。

二、需求导向定价法

现代市场营销观念要求企业的一切生产经营必须以消费者需求为中心，并在产品、价格、分销和促销等方面予以充分体现。只考虑产品成本而不考虑竞争状况及顾客需求的定价，不符合现代营销观念。根据市场需求状况和消费者对产品的感觉差异来确定价格的方法，叫作需求导向定价法，又称顾客导向定价法。需求导向定价法的特点是灵活有效地运用价格差异，对平均成本相同的同一产品，价格随市场需求的变化而变化，不与成本因素发生直接关系。需求导向定价法主要包括感知价值定价法、需求差异定价法和逆向定价法。

(一) 感知价值定价法

所谓感知价值，是指消费者对某种商品价值的主观评判。感知价值定价法是指企业以消费者对商品价值的理解度为定价依据，运用各种营销策略和手段，从而影响消费者对商品价值的认知，形成对企业有利的价值观念，再根据商品在消费者心目中的价值来制定价格。

感知价值定价法的关键点和难点是获得消费者对有关商品价值理解的准确资料，否则就会发生定价过高或过低的失误。因此，企业必须通过广泛的市场调研，了解消费者的需求偏好，根据产品的性能、用途、质量、品牌、服务等要素，判定消费者对商品的理解价值，制定商品的初始价格。然后，在初始价格条件下，预测可能的销量，分析目标成本和销售收入。在比较成本与收入、销量与价格的基础上，确定该定价方案的可行性，并制定最终价格。

(二) 需求差异定价法

需求差异定价法是指产品价格的确定以消费者需求的不同特性为依据，对同一商品在同一市场制定两个或两个以上价格的方法。这种产品价格之间的差异反映了产品需求弹性的差异，并不反映成本的差异。需求差异定价法的好处是可以使企业定价最大限度地符合市场需求，促进商品销售，有利于企业获取最大的经济效益。

根据需求特性不同，需求差别定价法通常有以下六种形式。

(1) 以顾客为基础的差别定价，指对同一产品针对不同的用户或顾客制定不同的价格。例如，天然气对商业用户的收费高于对居民用户的收费，酒店对长期客户的收费低于对短期客户的收费等。

(2) 以地点为基础的差别定价，指随着地点的不同而收取不同的价格。例如，音乐厅因为位置不同收费差别很大，前排收费较后排高；酒店客房因楼层、朝向、方位不同而收取不同的费用。这样做的目的是调节客户对不同地点的需求和偏好，平衡市场供求。

(3) 以时间为基础的差别定价，指当商品的需求随时间的变化而变化时，在不同的时间可以制定不同的价格。

(4) 以产品为基础的差别定价，指不同外观、花色、型号、规格、用途的产品，也许成本有所不同，但它们在价格上的差异并不完全反映成本的差异，而主要区别在于需求不同。例如，棉纺织品卖给纺织厂和卖给医院的价格不一样；工业用水、灌溉用水和居民用水的收费往往有别；对于同一型号而仅仅是颜色不同的产品，由于消费者偏好不同，也可以制定不同的价格。

(5) 以流转环节为基础的差别定价，指企业产品出售给批发商、零售商和用户的价格往往不同。通过经销商、代销商和经纪人销售产品，因责任、义务和风险不同，佣金、折扣及价格等都不一样。

(6) 以交易条件为基础的差别定价，交易条件主要指交易量大小、交易方式、购买频率、支付手段等。交易条件不同，企业可能对产品制定不同的价格。例如，交易量大的价格低，零星购买价格高；现金交易的价格可适当降低，点票交易、分期付款、以物易物的价格适当提高；预付定金、连续购买的价格一般低于偶尔购买的价格。

实行需求差别定价必须具备一定的条件：第一，从购买者角度来说，市场能够被细分，购买者对产品的需求有明显差异，需求弹性不同，不会因价格差别而导致顾客反感；第二，从产品角度来说，各个市场之间是分割好的，低价市场的产品无法向高价市场转移；第三，从企业角度来说，不会因为价格不同而引发顾客不满，不会对企业形象造成负面影响。

(三) 逆向定价法

逆向定价法是主要依据需求状况来确定价格的方法。该方法依据消费者能够接受的最终销售价格，逆向推算出中间商的批发价和生产企业的出厂价格。采用逆向定价法，价格能反映市场需求情况，有利于企业维护与中间商的良好关系，保证中间商的正常利润，使产品迅速向市场渗透和拓展，并可根据市场供求情况及时调整，运作方式较为灵活。

三、竞争导向定价法

在买方市场条件下，同行业企业之间的竞争越来越激烈。竞争导向定价法是企业通过研究竞争对手的生产条件、服务状况、价格水平等因素，依据自身的相关情况来确定产品价格。这种定价法与商品成本和需求不发生直接关系，如果商品成本或市场需求发生变化，只要竞争者的价格未变，企业就应维持原价；如果成本或需求没有变动，但竞争者的价格发生变动，企业就应调整商品价格。竞争导向定价主要包括随行就市定价法、产品差别定价法和投标定价法三种。

（一）随行就市定价法

在垄断竞争和完全竞争市场结构下，任何一家企业都无法凭借自己的实力在市场上取得绝对的优势。为了避免竞争，特别是避免价格竞争带来的损失，大多数企业都采用随行就市定价法，即企业的产品价格基于竞争对手的价格来制定，使产品价格保持在市场平均价格水平上。利用这样的价格，可以获得平均报酬。采用随行就市定价法，企业的价格可能与主要竞争对手的价格相同，也可能高于或低于竞争对手的价格。在完全竞争条件下，各个企业都无权决定价格，通过对市场的无数次试探，相互之间取得一种默契而将价格保持在一定的水平上。在垄断竞争条件下，各企业采用相同的价格，较小的企业追随定价或参考定价。

（二）产品差别定价法

产品差别定价法是指企业通过各种途径，使同种同质的产品在消费者心目中树立起不同的产品形象，进而选取低于或高于竞争者的价格作为本企业产品价格的方法。产品差别定价法的运用要求企业必须具备一定的实力，在某一行业或某一区域市场占有较大的市场份额，消费者能够将企业产品与企业本身联系起来。在质量大体相同的条件下，实行差别定价是有限的，尤其对于定位为“质优价高”形象的企业来说，必须支付较多的广告、包装和售后服务方面的费用。但是，也有一些成功的企业可以以较低的价格出售高质量的产品，如沃尔玛、宜家家居等。其中，一种重要的形式就是天天低价，这种情形集中在零售领域。

（三）投标定价法

投标定价法是指由招标方出示标的物，投标方在相互独立的条件下投标竞争产生标的物的最终成交价格的方法。随着互联网的发展，投标定价法的应用越来越广泛，既有密封投标，也有在线拍卖，还有降价出价、升价出价等。投标定价法一方面可以使企业低价采购到满意的产品和服务，另一方面可以帮助企业处理积压的商品或二手货物。

（1）密封投标，即招标方只有一个，而投标方有多个，投标方之间是竞争关系。标的物的价格由参与投标的各个企业在相互独立的条件下确定。在买方招标的所有投标者中，报价最低的投标者通常中标，它的报价就是承包价格。

(2) 在线拍卖，这是通过互联网技术而实现的网上竞价购买行为。卖家发布商品信息，对交易的商品及交易规则进行详细描述，并设定条件(交易的方式、底价或者加价幅度等)，买家通过在线公开竞价购买，在限定的时间内，以自愿可接受的价格买下拍卖商品。一般情况下，出价最高者成交。在线拍卖能帮助买卖双方快速、经济、安全地达成商品交易，将库存产品快速变现。

(3) 降价出价，主要有两种方式：一种是卖方可能向多个买方提出价格；另一种是一个买方向多个卖主索价。最终的成交价格都是在多次竞争中以最低的价格达成销售。

(4) 升价出价，即卖方展示的商品由竞标人抬高出价，直到达到最高的价格。这种方法常用于房产、古董、艺术品的拍卖。

第三节 价格修订策划

一、定价策略

企业通常不会制定单一的价格，而是通过完善的价格体系来反映各种领域客观存在的差异。因此，企业价格制定既受市场上各种环境因素的影响，也受企业内部生产经营情况的影响，对价格进行修订也是一项常规工作。例如，在企业推出新产品时，因为市场定位或企业政策调整等原因，需要采用全新的价格体系。修订价格的方法较多，常见的有新产品定价策略、心理定价策略、地区性定价策略、组合定价策略、促销定价策略等。

(一) 新产品定价策略

当企业推出新产品上市时，必须制定合适的价格。新产品定价的难点在于无法确定消费者对新产品的理解价值。假如定价高于消费者的心理预期，就难以被消费者接受，必然影响新产品顺利进入市场；假如定价低于消费者的预期，消费者乐于接受，则有利于提高企业的经济效益。常见的新产品定价策略有撇脂定价策略、渗透定价策略和满意定价策略等。

1. 撇脂定价策略

撇脂定价策略是在新产品上市之初，将新产品的价格定得较高，在短期内获取较高利润，以期尽快收回投资的策略。这一定价策略就像从牛奶中撇取牛奶所含的奶油一样，取其精华，所以称为撇脂定价策略。一般而言，撇脂定价策略适用于全新产品、受专利保护的产品、需求价格弹性小的产品、流行产品，以及未来市场形势难以测定的产品等。一些生命周期短、更新换代快的商品，如时装、手机、时尚用品、数码产品等，也可以采用撇脂定价策略。由于一种创新产品对于消费者或用户来说是陌生的，他们很难判断产品的价值，因此一开始借助低价来刺激需求常常并不能奏效。例如，当英特尔公司开发出一种计算机芯片时，如果该芯片明显优于其他竞争芯片，那么英特尔就会将价格设定为能够设定的最高价格；当销售量下降时，或者当受到竞争对手开发出类似芯片的威胁时，英特尔就会降低芯片的价格，以便吸引对价格敏感的新顾客。

【案例 5-2】

苹果公司 iPod 产品的撇脂定价策略

苹果公司的 iPod 产品就是采用了撇脂定价策略的典型产品，该产品一推出就获得了成功。第一款 iPod 产品零售价高达 399 美元，即使对于美国人来说，这也属于高价位产品。但是有很多“苹果迷”，不论有钱没钱，他们都愿意购买这款 iPod，从而使这款产品的撇脂定价策略取得了巨大的成功。但是，苹果公司却认为还可以“撇到更多的脂”，于是不到半年又推出了一款容量更大的 iPod，当然价格也更高，定价为 499 美元，但仍然卖得很好。苹果 iPod 的撇脂定价策略大获成功。

▶ 2. 渗透定价策略

渗透定价策略是与撇脂定价策略相反的一种定价策略，即企业在新产品上市之初将产品的价格定得较低，吸引大量的购买者，借以打开产品销路，扩大市场占有率，谋求较长时期的市场领先地位。当新产品没有显著特色、竞争激烈、需求弹性较大时，宜采用渗透定价策略。渗透定价策略的优点包括：低价可以使产品迅速为市场所接受，并借助大批量销售来降低成本，获得长期稳定的市场地位；微利可以阻止竞争对手进入，减缓竞争，获得一定市场优势。渗透定价策略的缺点是投资回收期较长，见效慢，风险大。利用渗透定价策略的前提条件：新产品的需求价格弹性较大；新产品存在规模经济效益。对于企业来说，采取撇脂定价策略还是渗透定价策略，需要综合考虑市场需求、竞争、供给、市场潜力、价格弹性、产品特性、企业发展战略等因素。

▶ 3. 满意定价策略

满意定价策略又称为适中定价策略，是一种介于撇脂定价策略与渗透定价策略之间的定价策略，以获取社会平均利润为目标。它既不是利用价格来获取高额利润，也不是让价格制约占领市场，而是尽量降低价格在营销手段中的地位，重视其他在产品市场中更有效的营销于段，是一种较为公平、正常的定价策略。当不存在适合采用撇脂定价策略或渗透定价策略的环境时，企业一般采取满意定价策略。满意定价策略的优点是产品能较快地为市场接受，且不会引起竞争对手的对抗；可以适当延长产品的生命周期；有利于企业树立信誉，稳步调价并使顾客满意。满意定价策略的缺点是虽然与撇脂定价策略或渗透定价策略相比，满意定价策略缺乏主动进攻性，但并不是说正确执行它就非常容易。满意定价策略没有必要将价格定得与竞争者一样或者接近平均水平。与撇脂价格和渗透价格类似，满意价格也是参考产品的经济价值决定的。当大多数潜在的购买者认为产品的价值与价格相当时，即使价格很高也属适中价格。

（二）产品组合定价策略

当产品只是某产品组合的一部分时，企业必须对定价方法进行调整，以使整个产品组合的利润实现最大化。因为各种产品之间存在需求和成本的相互联系，而且会带来不同程度的竞争，所以定价十分困难。产品组合定价是指企业为了实现整个产品组合(或整体)利润最大化，在充分考虑不同产品之间的关系，以及个别产品定价高低对企业总利润的影响等因素的基础上，系统地调整产品组合中相关产品的价格。主要的策略有产品线定价、任选品定价、连带品定价、分级定价、副产品定价、产品捆绑定价。

1. 产品线定价

产品线定价又称产品大类定价，是指企业为追求整体收益的最大化，为同一产品线中不同的产品确立不同的角色，制定高低不等的价格，如某品牌西服有300元、800元、1 500元三种价格。若产品线中的两个前后连接的产品之间价格差额小，顾客就会购买先进的产品。此时若两个产品的成本差额小于价格差额，企业的利润就会增加，若价格差额大，顾客就会更多地购买便宜的产品。产品线定价策略的关键在于合理确定价格差距。

2. 任选品定价

任选品是指那些与主要产品密切相关的可任意选择的产品。例如，饭菜是主要产品，酒水为任选品。不同的饭店定价策略不同，有的可能把酒水的价格定得高，把饭菜的价格定得低；有的可能把饭菜的价格定得高，把酒水的价格定得低。

3. 连带品定价

连带品又称互补品，是指必须与主要产品一同使用的产品，如刮胡刀与刮胡刀片、隐形眼镜与消毒液、饮水机与桶装水等。许多企业往往将主要产品(价值量高的产品)定价较低，连带品定价较高，这样有利于整体销量的增加，提升企业利润。

4. 分级定价

分级定价又称分部定价或两段定价法。服务性企业经常收取一笔固定的费用，再加上可变的使用费。例如，在某些高档餐厅用餐，除了要支付餐费外，还需要支付一定比例的服务费。

5. 副产品定价

在生产加工肉类、石油产品和其他化工产品的过程中，经常有副产品。如果副产品处理费用昂贵，就会影响主产品的定价。制造商确定的价格必须能够弥补副产品的处理费用。如果副产品对某一顾客群有价值，就应该按副产品的价值定价。副产品如果能带来收入，将有助于公司在迫于竞争压力时制定较低的价格。

6. 产品捆绑定价

产品捆绑定价又称组合产品定价，即将一些产品组合在一起定价销售。完全捆绑是指公司仅仅把它的产品捆绑在一起。在一个组合捆绑中，卖方经常比单件出售要少收很多钱，以此来推动顾客购买。例如，对于成套设备、服务性产品等，为鼓励顾客成套购买，以扩大企业销售，加快资金周转，可以使成套购买的价格低于单独购买其中每一产品的费用总和。最常见的就是在化妆品销售过程中，成套化妆品的价格比每个单项产品的总价格要低得多。

二、定价技巧

(一) 折扣价格策略

折扣价格策略是企业为调动各方面积极性或鼓励顾客做出有利于企业的购买行为的常用策略。该策略常用于生产厂家与批发企业之间、批发企业与批发企业之间，以及批发企业与零售企业或批零企业与消费者之间。常见的折扣价格策略有以下四种：数量折扣、现金折扣、功能折扣与季节折扣。

▶ 1. 数量折扣

数量折扣指按购买数量的多少，分别给予不同的折扣，购买数量越多，折扣越大。数量折扣的目的是企业给那些大量购买某种产品的顾客一种减价，鼓励顾客大量购买或集中向本企业购买产品。数量折扣包括累计数量折扣和一次性数量折扣两种形式。数量折扣的优点：促销作用非常明显，企业因单位产品利润减少而产生的损失完全可以从销量的增加中得到补偿；销售速度的加快，使企业资金周转次数增加，流通费用下降，产品成本降低，从而使企业总盈利水平上升。

▶ 2. 现金折扣

现金折扣是给予在规定的时间内提前付款或采用现金付款的消费者的一种价格折扣，现金折扣的目的是鼓励顾客尽早付款，加速企业资金周转，降低企业销售费用，减少企业财务风险。采用现金折扣一般要考虑三个要素：折扣比例、给予折扣的时间限制与付清全部货款的期限。例如“2/10，n/30”，表示付款期是 30 天，但如果在成交后 10 天内付款，给予 2%的现金折扣。许多行业习惯采用这种方法以加速资金周转，减少收账费用和坏账。

▶ 3. 功能折扣

功能折扣也叫贸易折扣或交易折扣，是指中间商在产品分销过程中所处的环节不同，所承担的功能、责任和风险也不同，企业据此给予中间商不同的折扣。功能折扣是制造商给某些批发商或零售商的一种额外折扣，促使批发商或零售商执行某种市场营销功能，如推销、储存、服务等。目的是鼓励中间商大批量订货，扩大销售，争取顾客，并与生产企业建立长期、稳定、良好的合作关系；对中间商经营的有关产品的成本和费用进行补偿，并让中间商有一定的盈利。功能折扣的比例主要考虑中间商在分销渠道中的地位、对生产企业产品销售的重要性、购买批量、完成的促销功能、承担的风险、服务水平、履行的商业责任，以及产品在分销中所经历的层次和在市场上的最终售价等。

▶ 4. 季节折扣

季节折扣是企业鼓励顾客淡季购买的一种减让，以使企业的生产和销售一年四季均能保持相对稳定。有些商品的生产是连续的，而消费却具有明显的季节性。为了调节供需矛盾，生产企业对在淡季购买商品的顾客给予一定的优惠。例如，空调生产厂家对在冬季进货的商业单位给予大幅度让利，保暖内衣生产企业为夏季购买产品的顾客提供折扣，旅馆和航空公司在经营淡季期间也为顾客提供优惠。季节折扣比例的确定应考虑成本、储存费用、基价和资金利息等因素。季节折扣有利于减轻企业库存，加速商品流通，迅速收回资金，促进企业均衡生产，充分发挥生产和销售潜力，避免因季节需求变化所带来的市场风险。

【案例5-3】

沃尔玛的折价销售策略

沃尔玛之所以能够迅速发展，除了正确的战略定位以外，也得益于沃尔玛首创的折价销售策略。每家沃尔玛商店都贴有天天廉价的大标语，同一种商品在沃尔玛比其他商店要便宜。沃尔玛提倡的是低成本、低费用结构、低价格的经营思想，主张把更多的利益让给消费者，并且把为顾客节省每一美元作为经营的目标。沃尔玛的利润通常在30%左右，而其他零售商的利润率基本都在45%左右。公司每星期六早上举行经理人员会议，如果有分店报告某商品在其他商店比沃尔玛低，可立即决定降价。低廉的价格、可靠的质量，是沃尔玛的一大竞争优势，为沃尔玛吸引了一批又一批的顾客。

(二) 心理定价策略

心理定价是根据消费者不同的消费心理而制定相应的产品价格，以引导和刺激消费者购买的价格策略。常用的心理定价策略有数字定价策略、声望定价策略、招徕定价策略、习惯定价策略等。

1. 数字定价策略

数字定价策略可分为尾数定价策略、整数定价策略、愿望数字定价策略等。

(1) 尾数定价策略，又称零数定价策略、奇数定价策略、非整数定价策略，指企业利用消费者求廉的心理，制定非整数价格，而且常常以零数作为尾数的策略。例如，某种产品价格定价为19.99元而不是20元。使用尾数定价策略，可以使价格在消费者心中产生三种特殊的效应：便宜、精确、中意。该策略一般适应于日常消费品等价格低廉的产品。

(2) 整数定价策略，与尾数定价策略相反，整数定价策略针对消费者的求名、自豪心理，将产品价格有意定为整数。对于那些无法明确显示内在质量的商品，消费者往往通过商品价格的高低来判断商品质量的好坏。但是，在整数定价策略下，价格的高并不是绝对的高，而只是凭借整数价格来给消费者造成高价的印象。整数定价常常以偶数，特别是“0”作为尾数。整数定价策略适用于需求价格弹性小、价格高低不会对需求产生较大影响的中高档产品，如流行品、时尚品、奢侈品、礼品、星级宾馆、高档文化娱乐城等。整数定价的好处：可以满足购买者显示地位、崇尚名牌、炫耀富有、购买精品的虚荣心；利用高价效应，有利于在购买者心目中树立高档、高价、优质的产品形象。

(3) 愿望数字定价策略，由于民族习惯、社会风俗、文化传统和价值观念的影响，某些数字常常会被赋予一些独特的含义，企业在定价时如能加以巧用，则产品将因此得到消费者的偏爱。当然，某些为消费者所忌讳的数字，如西方国家认为“13”、日本人认为“4”数字为忌讳的数字，企业在定价时则应有意识地避开，以免引起消费者的厌恶和反感。

▶ 2. 声望定价策略

声望定价策略是指根据产品在顾客心中的声望、信任度和社会地位来确定价格的一种定价策略。对于一些名牌产品，企业往往可以利用消费者仰慕名牌的心理而制定大大高于其他同类产品的价格，如国际著名的欧米茄手表，在我国市场上的销售价格从一万元到几十万元不等。消费者在购买这些名牌产品时特别关注品牌、标价所体现出的炫耀价值，目的是通过消费获得极大的心理满足。声望定价的好处：可以满足某些顾客的特殊欲望，如对地位、身份、财富、名望、自我形象的彰显；可以通过高价显示名贵优质。声望定价策略适用于知名度高、具有较大的市场影响、深受市场欢迎的驰名商标的产品。

▶ 3. 招徕定价策略

招徕定价策略又称特价商品定价策略，是指企业将某几种产品的价格定得非常高，或者非常低，在引起顾客的好奇心理和观望行为后，带动其他产品的销售，加速资金周转的策略。这一定价策略常被综合性百货商店、超级市场甚至高档商品的专卖店所采用。值得企业注意的是，用于招徕的降价品应该与低劣、过时商品明显地区别开来，必须是品种新、质量优的适销产品，而不能是处理品。否则，不仅达不到招徕顾客的目的，反而可能使企业的声誉受到影响。

▶ 4. 习惯定价策略

习惯定价策略是指根据消费市场长期形成的习惯性价格定价的策略。对于经常性、重复性购买的商品，尤其是家庭生活日常用品，在消费者心理上已经“定格”，这些产品的价格已成为习惯性价格，并且消费者只愿付出这么大的代价购买产品。有些商品，消费者在长期的消费中已在头脑中形成了一个参考价格水准，个别企业难以改变，降价易引起消费者对品质的怀疑，涨价则可能受到消费者的抵制，这时企业定价时就要迎合消费者的习惯心理。

第四节 价格调整策划

企业在产品价格确定后，由于客观环境和市场情况的不断变化，往往会对价格进行修改和调整。企业进行价格调整是市场上非常普遍的现象，科学合理的调价有利于企业掌握市场的主动权，赢得市场，提高企业的市场竞争力。

一、降价策划

企业降价的原因很多，可能因为企业外部需求及竞争等因素的变化，也可能因为企业内部的战略转变、成本变化等，还可能因为国家政策、法令的制约和干预等。这些原因具体表现在以下几个方面。

（1）企业急需回笼大量现金。对现金产生迫切需求的原因既可能是其他产品销售不畅，也可能是为了筹集资金进行某些新活动而资金借贷来源中断。此时，企业可以通过对某些需求价格弹性大的产品予以大幅度降价，从而增加销售额，获取现金。

（2）企业决定通过降价开拓新市场。一种产品的潜在顾客往往由于自身消费水平的限制而阻碍了他们转向现实顾客的可行性，在降价不会对原顾客产生影响的前提下，企业可以通过降价的方式来扩大市场份额。不过，为了保证这一策略的成功，有时需要与产品改进策略相配合。

（3）企业决策者决定排斥现有市场的边际生产者。对于某些产品来说，各个企业的生产条件、生产成本不同，最低价格也会有所差异。那些以目前价格销售产品仅能保本的企业，在其他企业主动降价后，会因为价格的被迫降低而得不到利润，只好停止生产。这无疑有利于主动降价的企业。

（4）企业生产能力过剩，产品供过于求，但是企业又无法通过产品改进和加强促销等方法来扩大销售，在这种情况下，企业必须考虑降价。

（5）企业决策者预期降价会扩大销售，由此可望获得更大的生产规模。特别是进入成熟期的产品，降价可以大幅度扩大销售，从而在价格和生产规模之间形成良性循环，为企业获取更多的市场份额奠定基础。

（6）由于生产成本降低、费用减少，使企业降价成为可能。随着科学技术的进步和企业经营管理水平的提高，许多产品的单位产品成本和费用在不断下降，因此，企业拥有适当降价的条件。

（7）政治、法律环境及经济形势的变化，迫使企业降价。

降价最直截了当的方式是将企业产品的目录价格或标价绝对下降，但企业更多的是采用各种折扣形式来降低价格，如数量折扣、现金折扣、回扣和津贴等形式。此外，变相的降价形式有：赠送样品、优惠券，实行有奖销售；给中间商提供推销奖金；允许顾客分期付款、赊销；提供免费或优惠送货上门、技术培训、维修咨询服务；提高产品质量，改进产品性能，增加产品用途。由于这些方式具有较强的灵活性，在市场环境变化时，即使取消也不会引起消费者太大的反感，同时也是一种促销策略，因此在现代经营活动中应用广泛。

二、提价策划

提价确实能增加企业的利润率，但是会引起企业竞争力下降、消费者不满、经销商抱怨，甚至还会受到政府的干预和同行的指责，从而对企业产生不利影响。虽然如此，营销实践中仍然存在较多的提价现象，主要原因如下所述。

（1）通货膨胀。物价普遍上涨，企业生产成本必然增加，为保证利润，不得不提价。

（2）产品供不应求。一方面买方之间展开激烈竞争，争夺货源，为制造企业创造有利条件；另一方面也可以抑制需求过快增长，保持供求平衡。

（3）利用顾客心理，创造优质效应。企业为了打造名牌形象，促使消费者产生质优价高的心理定式，一般会采用这一策略，从而增强企业的知名度和声望。

为了保证提价策略的顺利实现，提价时机可选择在这样几种情况下进行：产品在市场上处于优势地位；产品进入成长期；季节性商品处于销售旺季；竞争对手的产品提价。

此外，在方式选择上，企业应尽可能多地采用间接提价，把提价的不利因素降到最低程度，使提价不影响销量和利润，并且能被潜在消费者接受。同时，企业有必要采取各种渠道向顾客说明提价原因，配之以产品策略和促销策略，并帮助顾客寻找节约途径，以减轻顾客不满情绪，维护企业形象，提高消费者信心，从而刺激消费者的需求和购买行为。

在营销实践中，企业除了直接涨价外，还可以采用以下方式提价。

(1) 采取推迟报价定价法：企业直到产品制成或交货时才制定最终价格。推迟报价定价法在生产周期长的行业很常见。

(2) 利用自动调整条款：合同中的自动调整条款规定价格可以按一定的价格指数来调整，因此企业可以要求顾客按当前的价格付款，并支付因通货膨胀引起的部分或全部费用。

(3) 除去某些服务和产品：企业决定产品价格保持不变，但对原先提供的某些劳务(如送货上门或安装服务等)单独定价。例如，许多饭店从按餐定价转为按菜单定价。

(4) 减少折扣：企业不再提供正常的现金折扣和数量折扣。

三、价格变化的反应

产品价格变化无疑会影响购买者、竞争者、分销商和供应厂商的利益，也会引起政府的注意，因此企业在调整产品价格时必须考虑相关因素的反应。

(一) 购买者的反应

一般而言，产品在一定范围内的价格变动是可以被消费者接受的。提价幅度超过可接受价格的上限，则会引起消费者不满，使消费者产生抵触情绪，而不愿购买企业产品；降价幅度低于可接受价格的下限，会导致消费者的种种疑虑，也对消费者的实际购买行为产生抑制作用。

在产品知名度提高、收入增加、通货膨胀等条件下，消费者可接受价格上限会提高；在消费者对产品质量有明确认识、收入减少、价格连续下跌等条件下，消费者可接受价格下限会降低。

购买者对价值不同的产品价格的反应也有所不同，对于价值高、经常购买的产品的价格变动较为敏感；而对于价值低、不经常购买的产品，即使单位价格高，购买者也不太在意。此外，购买者通常更关心取得、使用和维修产品的总费用，因此卖方可以把产品的价格定得比竞争者高，取得较多利润。

消费者对某种产品降价的可能反应包括：产品因式样陈旧、质量低劣而将被淘汰；企业遇到财务困难，很快将会停产或转产；价格还要进一步下降；产品成本降低。

消费者对某种产品的提价则可能这样理解：很多人购买这种产品，自己也应赶快购买，以免价格继续上涨；提价意味着产品质量的改进，企业将高价作为一种策略，以树立名牌形象；企业想尽量取得更多利润；各种商品价格都在上涨，提价很正常。

（二）竞争者的反应

竞争者的反应也是企业调价所要考虑的重要因素。企业在调价之前，必须了解竞争者当前的财务状况、近年来的生产和销售情况、经营目标及顾客的忠诚度等，以便预测竞争者可能对本企业调价做出的反应。一般来说，企业涨价时，竞争者的反应不会过于激烈，需要重点研究的是竞争者可能对本企业的降价行为做出的反应。

竞争者可能对本企业的降价行为做出不同的理解：①该企业想与自己争夺市场；②该企业想促使全行业降价以刺激需求；③该企业经营不善，想改变销售不畅的状况；④该企业可能将推出新产品。

竞争者对本企业降价的不同认识将导致竞争者采取不同的行动。在营销实践中，富有竞争意识的竞争者往往会采取“你降我也降”的策略，平和的竞争者往往不会做出激烈的反应。

（三）企业应付竞争者调价的策略

在同质产品市场中，如果竞争者降价，企业必随之降价，否则企业会失去顾客；某一企业提价，其他企业会随之提价（如果提价对整个行业有利），但如果有一个企业不提价，最先提价的企业和其他企业将不得不取消提价。

在异质产品市场中，购买者不仅会考虑产品价格高低，而且会考虑质量、服务、可靠性等因素，因此购买者对较小价格差额无反应或不敏感，则企业对竞争者价格调整的反应有较多自由。

企业在对竞争者调价做出反应时，首先必须分析竞争者调价的目的是什么，调价是暂时的还是长期的，调价能否持久，是否应做出反应，以及如何反应。另外，还必须分析价格的需求弹性、产品成本和销售量之间的关系等复杂问题。企业要做出迅速反应，最好事先制定反应程序，一旦遇到竞争者调价的情况就按程序处理，提高反应的灵活性和有效性。

一般来说，企业对竞争者价格的变化有以下三种可选择的对策。

（1）相向式反应。“你提价，他涨价；你降价，他也降价”，这样一致的行为对企业影响不太大，不会导致严重后果。企业只要坚持合理营销策略，就不会失掉市场和减少市场份额。

（2）逆向式反应。“你提价，他降价或维持原价不变；你降价，他提价或维持原价不变”，这种相互冲突的行为影响很严重，竞争者的目的也十分清楚，就是乘机争夺市场。对此，企业要进行调查分析，首先摸清竞争者的具体目的，其次要估计竞争者的实力，最后要了解市场的竞争格局。

（3）交叉式反应。众多竞争者对企业调价的反应不一，有相向的，有逆向的，有不变的，情况错综复杂。

企业在不得不进行价格调整时应注意提高产品质量，加强广告宣传，保持分销渠道畅通等。

案例：休布雷公司巧定酒价

本章小结

在营销组合各因素中，定价策略是最关键性的策略，也是企业决策的一个难点因素。价格策划就是根据购买者各自不同的支付能力和效用情况，结合产品进行定价，从而实现企业经营目标的定价办法。企业在具体实施定价时均应在明确目标的前提下进行。一般情况下，企业的定价目标主要有利润最大化目标、市场占有率目标、树立企业形象目标、其他定价目标等几种不同的形式。企业确定产品定价策划，需要按照一定的流程进行，包括价格信息的收集、整理与利用，确定价格策划方案的内容，价格策划方案的筛选。

价格方法策划是企业在特定的定价目标指导下，依据对成本、需求及竞争等状况进行的研究，运用价格决策理论，对产品价格进行计算的具体方法。常见的价格方法策划有三种：成本导向定价法、需求导向定价法和竞争导向定价法。

定价策略与技巧策划主要包括新产品定价策划和产品组合策划两大类。常见的新产品定价策划有三种方式，即撇脂定价、渗透定价和满意定价。产品组合定价主要的策划方法有产品线定价、任选品定价、连带品定价、分级定价、副产品定价、产品捆绑定价。定价技巧策划有折扣价格策划和心理定价策划两大类。常见的折扣价格策划有数量折扣、现金折扣、功能折扣与季节折扣四种方法，常用的心理定价策划有数字定价、声望定价、招徕定价、习惯定价等。

企业为某种产品制定价格后，并不意味着大功告成。随着市场营销环境的变化，企业必须对现行价格予以适当的调整。调整价格可采用降价及提价策略。产品价格变化无疑会影响购买者、竞争者、分销商和供应厂商的利益，也会引起政府的注意，因此企业在调整产品价格时必须考虑相关因素的反应。

复习思考题

1. 简述产品价格策划的含义。
2. 价格目标策划包括哪些内容?
3. 企业常见的价格方法策划有哪些?
4. 常用的心理定价策划方法有哪些?
5. 企业应付竞争者提价的策略主要有哪些?

案例分析

家乐福的定价策略

走进家乐福大卖场，顾客感觉到的是令人心跳的低价，真是“挡不住的诱惑”。家乐福之所以采取低价销售策略还能获得相当利润，拥有较强的市场竞争力，主要原因有以下八个方面。

一、控制进价

作为超级大卖场，家乐福在货品采购方面有强大的优势：其一，巨大的采购规模使家乐福能从供应商处获得优惠价格；其二，直接向生产厂家订货，越过批发环节；其三，对于供应商来说，将货品打进家乐福这样的跨国零售巨头，是他们梦寐以求的事，因为能被家乐福接受的产品很容易打入其他销售终端，所以家乐福在采购议价方面占据明显优势。

二、高商品流转率

这是家乐福能制定低价的重要原因之一。通过商品的高流通性，积压的资本可以大大降低，故家乐福选择商品的第一要求就是要有高流转性。例如，如果一个商品上了货架销售得不好，家乐福就会把它的货架展示缩小，甚至将它取下让位。这方面的管理工作全部由电脑来完成，由POS终端实时对收集上来的数据进行统一汇总和分析，对每一个产品的实际销售情况和毛利率进行严密的监控。如此一来，家乐福的商品结构得到充分的优化，完全面向顾客的需求，减少了很多资金的占用。长期的经验使家乐福总结了一套"全国性商品组织表"和"共同分类表"，严格规定各类商品的进货规则。

三、控制装修成本

家乐福可以投巨资建近万平方米的免费停车场，却不会花一分钱去装修不被顾客注意的天花板。家乐福在卖场内的设施，从存包密码箱、价格扫描器、超市吊秤到简单大方的货架、冰床，无不为顾客提供便利考虑，而在办公区的会客厅，却只留几条木制的长椅，显得十分吝啬。

以重庆棉花街分店为例，包括货架、扶梯、灯光和收银系统等，总体投入没有超过1 000万元人民币。卖场地面只是用涂料进行了防漏耐磨处理，没有一块昂贵的花岗石；墙面除不足1米高的护墙板外，连顶在内只是涂了白色普通涂料；顶部是成排悬挂在钢架上的日光灯；天花板纵横的管道和银色的空调排送气管完全暴露无遗，仅这8 000平方米的吊顶就节约了一大笔装潢开支。

四、灵活的定价技巧

事实上，并非家乐福所有的商品都是低价。一份针对家乐福某分店的调查显示，1/3的商品价格比国内零售企业低，1/3的价格持平，1/3的价格高出国内其他零售企业。但在消费者看来，家乐福的商品就意味着便宜，可见家乐福的定价技巧是很高明的。

在开业的最初几天，家乐福把商品价格定得很低，充分利用店堂招贴、售点广告进行特价提示，还把特低价格的商品集中陈列展示，营造商品价格特别低廉的卖场氛围。这些技巧为家乐福营造了低价形象，并产生较长时间的持续效应。

开业之后，家乐福坚持走低价路线，从商店布局、特价商品目录的发送、商品陈列到店堂内售点广告宣传，到价格标签及特价商品的周期性轮换等，家乐福一直在大肆渲染低价，将低价形象深深地植根于广大消费者的心中。特价商品一般摆放在商店最显眼的地方，如人流集中的中央通道边、货架两端、收款台旁等，并用大而独特的字体进行醒目标示，造成强烈的视觉效果。家乐福会轮流选择一些低值易耗、需求量大、周转快、购买频率高的商品（牙膏、肥皂、饮料、食用油等），作为吸引顾客的"磁石"商品，对它们制定特低价格以招徕顾客。每到节假日、双休日，这种商品更多一些，做到特价销售长年不断，周期性循环。通过持之以恒的强化，顾客只记住了特价商品的特低价格，而忽略了其他商品正常的甚至稍高的价格。

五、自助服务

在一个面积约1万平方米、人均购买次数为1.5万人次的大型卖场里，家乐福配备的员工只有500～600人。当顾客需要帮助时，工作人员才会出现。家乐福全部卖场实行电子眼监控系统，无售货员随时监督。员工的减少，降低了家乐福的经营成本。

六、在货品陈列上下功夫

家乐福在货品的陈列上有效利用陈列空间，信奉“库存尽量放在卖场”的原则。堆头、墙头、货架顶层均安放货品；有时还用吊钩、吊篮来陈列商品；主通道和主副通道沿线都存放大量的商品。

七、尽可能做到零库存

每个店都根据电脑反映的销量来订货，尽可能做到零库存，同时通过加强内部管理，最大限度地减少缺货现象的发生。各门店都制定了相应措施，及时反馈缺货信息，此外还安排专人负责卖场巡视，掌握存货动态。为确保安全库存，家乐福尽可能选择当地最优秀的供应商，从而保证供应商在规定的配送时间内及时补货。

八、采购本土化

家乐福尽可能在本地寻找供应商，以降低成本，准时供货。中国境内的家乐福在本地的采购比例高达90%以上。

思考：

1. 家乐福定价策略成功的原因是什么？
2. 家乐福采用灵活的定价技巧体现在什么方面？
3. 对于商品流通企业来说，怎样才能做到零库存？

实训活动

一、实训目标

了解和掌握产品定价的程序与要求；掌握产品定价所需的营销调研能力、分析判断能力、预测决策能力等；锻炼撰写策划书的能力与技巧。

二、实训内容

选择一个感兴趣的产品（如化妆品、食品、饮料、运动鞋、服装、电器、电子产品等），对该产品的定价情况进行调研，包括成本构成及各类价格等，并分析该产品的定价方法和策略。完成该产品的定价策略方案的设计。

三、实训步骤

1. 以5～6人为一组，每组确定1名负责人，组建营销团队。
2. 对各营销团队进行适当角色分工，确保组织合理和每位成员的积极参与。
3. 根据具体项目或产品，为某一产品制定合理的价格，完成某产品品牌定价策划书。
4. 每组选派一个代表上台展示方案，制作PPT并进行模拟展示。
5. 评分标准：小组自评占20%，其他组互评占40%，教师评分占40%。

第六章 分销渠道策划

学习目标

1. 理解分销渠道的长度和宽度策划。
2. 掌握密集分销、选择性分销和独家分销的内容。
3. 掌握影响分销渠道选择与设计的因素。
4. 了解渠道成员激励的方法。
5. 了解渠道冲突化解的方法。
6. 理解渠道系统整合的途径。

导入案例

联想打印的渠道策略

自古交战，兵马未动，粮草先行。对于产品来说，则是渠道为王，得渠道者得市场。作为国内首屈一指的打印品牌，联想打印早就意识到了渠道的重要性，在2012年便规划了PC与NONPC双渠道策略，并针对各渠道特征推出了适应产品，引领了双面打印的普及，巩固了联想打印在双面打印市场的NO.1地位。而“猎鹰计划”等一系列渠道拓展计划的推出，更是让联想打印的渠道策略如虎添翼。

一、独树一帜力推双渠道

打印市场竞争很残酷，渠道战是重中之重，联想打印作为打印品牌中的佼佼者，不仅在产品品质上费尽了心思，而且在渠道的布局中别出心裁，推出了PC与NONPC的双渠道策略。据了解，PC与NONPC双渠道策略完全从用户的需求角度出发，在不同的渠道，联想打印推出了相对应的产品。在PC渠道，联想推出了LJ2400、M7400等主流销量激光打印产品，这些产品以更高速的输出速度、更低廉的使用成本、更高效的办公效率赢得了用户的青睐，成为用户最得力的打印帮手。这一渠道策略及对应产品的推出不仅使联想的目标用户更为细分，同时也为联想在PC渠道的成功提供了助推力。

在PC渠道取得成功的基础上，联想开始在NONPC渠道上大展身手，主推双面打印策略，推出了M7650DF、LJ2600D、LJ3700D、LJ3800DW等系列标配自动双面功能的产品，以满足不同用户对于绿色节省打印的要求，并且在全国范围内免费上门服务。联想的优势在NONPC渠道展现得淋漓尽致，双面打印机、双面多功能一体机获得良好的市场反响，短短两年拿下双面打印市场的NO.1地位。双面打印产品像一把尖刀，在中高端产品领域提升了联想的领导力。2013年，联想打印还将继续深耕NONPC渠道市场，并将目标客户定位于中小企业市场和成熟市场，为这类用户提供更有竞争力的产品和服务。

二、高瞻远瞩深耕渠道

2013年，联想打印持续推出"猎鹰计划"以支持产品渠道的拓展，帮助经销商完成店面分级细化管理，以提升渠道的竞争力。

2013年，联想打印计划发展300～500家专业打印渠道和200家专业耗材渠道。伴随渠道数量的增加、渠道队伍的壮大，联想打印的渠道正在不断地向全国各地渗透，为用户提供更多、更好的购买体验。此外，联想打印还注重给渠道带来更好的产品和服务感受，增加客户黏性，带来更多的行业销售机会。而针对经销商和店面分级管理的"猎鹰计划"，也将为联想渠道商提供更专业、更给力的支持。

资料来源：汉中在线.

在现代市场体系中，生产者与消费者之间在时间、地点、数量、品种、信息、产品所有权等方面存在诸多差异和矛盾。大部分生产者不直接向最终消费者出售产品，而是通过一定的分销渠道，借助中间商实现对最终消费者的销售。也就是说，只有通过市场分销渠道，企业才能在适当的时间、地点，以适当的价格把产品供应给消费者或用户，从而克服生产者与消费者之间的差异和矛盾，满足市场需求，实现企业的市场营销目标。由此，分销渠道就成为生产者实现产品或服务销售的关键。

第一节 分销渠道策划概述

一、分销渠道的相关概念

（一）分销渠道策划的概念

分销渠道策划是企业创建全新市场分销渠道，或改进现有分销渠道过程中所做的决策。分销渠道策划是指如何选择、设计、管理分销渠道，也就是如何合理选择、设计、管理产品从生产者转移到消费者或用户所经过的路线和通道。企业进行分销渠道策划时不仅要考虑分销渠道的特点、功能、流程、类型，还要考虑企业、产品、市场、竞争、消费者等因素。高效的分销渠道策划是企业创建竞争优势的重要来源之一。

市场营销渠道经常用两个词表述，即"营销渠道"和"分销渠道"，两者的含义不尽相同。

营销渠道是指产品或服务从生产者转移到消费者（用户）的过程中所经过的、由各中间环节所联结而成的路径。这个路径由生产者、批发商、零售商及其他辅助机构组成，它们为了将产品送达企业和消费者手中，通力合作，各自发挥自己的职能。营销渠道成员包括某种产品产、供、销过程中所有有关的企业和个人，包括供应商、生产者、经销商、代理商、批发商、零售商、辅助商及最终消费者或用户等。

分销渠道是指产品或服务在从生产者向消费者转移的过程中，取得这种产品和服务的所有权或帮助所有权转移的所有企业和个人。分销渠道成员既包括经销商(含批发商、零售商等，取得所有权)和代理商、后勤管理组织(帮助转移所有权)等，也包括处于渠道起点和终点的生产者和最终消费者或用户，但不包括供应商、辅助商。以下将从分销渠道特点、职能、流程来认识分销渠道。

(二) 分销渠道的特点

▶ 1. 分销渠道是企业关键的外部资源，能为企业带来长久的竞争优势

市场营销由产品、定价、分销和促销四个基本要素组成，对大多数生产者来说，分销渠道是企业营销必不可少的中间环节。如今越来越多的企业开始重视分销渠道，原因就在于市场瞬息万变，随着技术的快速更新和普及，依靠产品技术优势、技术差异化会越来越困难；互联网加速了经济全球化，依靠产品价格保持竞争优势也不会持久；过多的广告、促销信息让消费者很难心动，依靠促销维持的竞争优势也越来越短暂；而依靠系统的战略、结构、关系和人员建立的分销渠道优势，是竞争对手在短期内无法模仿和获得的。

▶ 2. 分销渠道是生产者和消费者之间必不可少的中间环节

分销渠道反映了某一产品或服务从生产者起点到消费者终点价值实现的全过程，通过分销渠道可以消除生产者和消费者之间的障碍，使产品接近消费者，满足消费者的需求。

▶ 3. 分销渠道引发了产品所有权的转移，规避了生产者的风险

产品从生产者通过分销到达消费者(或用户)手中时，产品所有权也从生产者转移到了消费者(或用户)手中，渠道中间商为生产者分担了市场、仓储、运输、资金的风险。

(三) 分销渠道的功能

为什么要用中间商？由于生产者和消费者之间在时间、地点、数量、品种、信息、产品价值、所有权等方面存在诸多矛盾和差异，分销渠道可以疏通生产者和消费者(或用户)时间、空间、信息上的阻碍，实现产品所有权的转移和让渡，提高交易效率、降低交易成本、减少交易费用、规避市场风险。分销渠道像河流一样输送产品、服务、所有权、资金、信息，并把它们联结在一起。

例如，假设有3家制造商直接向3个顾客销售，需要9次交易；如果通过1个中间商向3个顾客销售，只需要交易6次，如图6-1所示。由此可见，通过中间商集中地交易提高了交易效率，降低了交易成本，减少了交易费用。这是由于中间商能够利用规模、资源、专业知识和经验比生产厂家更广泛、更有效地将产品送到用户手中。因此，越来越多的生产厂家愿意把部分销售工作委托给中间商。

分销渠道弥补了产品、服务和使用者间的时间、地点和所有权缺口。渠道成员执行的功能是把产品从生产者转移到消费者(或用户)手中，在不同的分销渠道中，这些功能是由不同的渠道成员承担的。当分销渠道发生变化时，这些功能的组合形式可能有所不同，但是所需承担的功能总量是不变的，只不过有些功能是由不同的渠道成员承担而已。分销渠道承担的主要功能如下。

(1) 调研。收集、分析、整理与用户、竞争者及营销环境有关的信息，并及时传递给分销渠道各个成员。

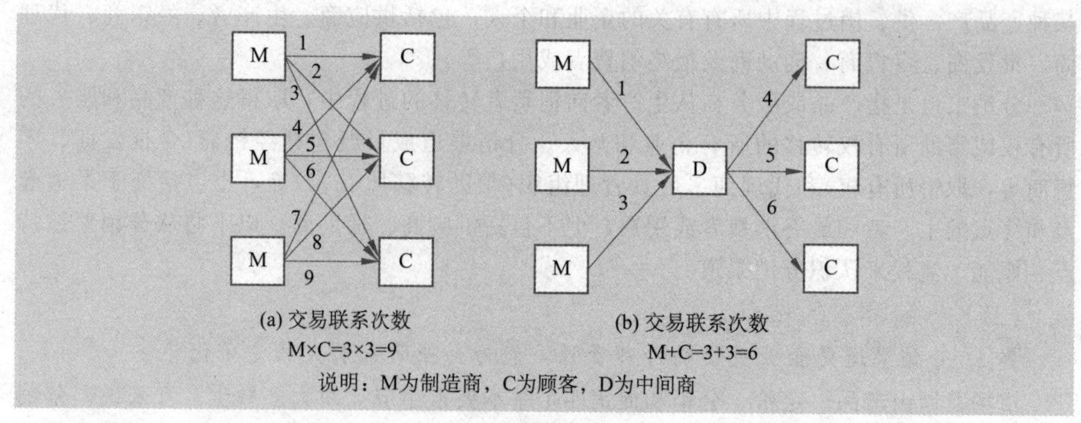

图 6-1 制造商分销商交易次数示例

(2) 促销。向用户发送和传播产品和服务信息，并以各种富有说服力、具有吸引力的手段吸引用户。

(3) 寻找顾客。为生产者寻找不同细分市场和业务形式的潜在目标用户，解决生产者不知如何接触用户、用户不知在哪里能找到所需要产品的问题。

(4) 编配商品。按用户要求分类整理、供应商品，以提高产品让渡价值。如按产品特性分类组合，按用户要求分类包装。

(5) 谈判。在渠道成员间就产品价格及其他交易条款，按互惠互利的原则彼此协商、沟通达成交易协议，以实现所有权或者持有权的转移。

(6) 物流。为产品从生产者到用户手中提供运输、仓储、库存服务。

(7) 融资。获得和分配资金以负担渠道各层次存货所需的费用。在产品销售过程中，渠道成员需通过银行或金融机构提供生产者、渠道成员或用户间货款支付的服务。

(8) 分担风险。分销渠道成员在承担渠道功能时，承担产品销售、库存、呆账、市场波动所带来的许多不确定因素的风险。

(四) 分销渠道的业务流程

分销渠道业务流程是指分销渠道成员一次执行的一系列功能，是描述各成员活动或业务的概念。正向流程是从生产者流向中间商和用户，如实体、所有权、促销流程；反向流程是从用户流向中间商和生产者，如订货和付款流程；双向流程是发生在分销渠道每两个交易成员之间的，如信息、谈判、融资和分担风险流程。如果把这些流程汇入一张图中，即使是简单的分销渠道也会出现很复杂的情况。一个销售实体产品的生产者，至少需要三个渠道为他服务，即销售渠道、交货渠道和服务渠道，这三个渠道是不可能由一个企业来完成的。例如，诺基亚公司手机销售的省级直控分销商渠道管理模式，就是省级直控分销商负责物流、资金流，诺基亚公司负责销售和市场推广，诺基亚公司的各地分支机构物色重点客户与省级直控分销商签约拿货。

(1) 实体流程。实体流程是指产品从生产者转移到用户的运动过程。实体流程主要指产品的运输和存储。例如，销售联想品牌计算机实体流程，是生产的计算机首先存放到厂内仓库，之后按代理商或专卖店订单运送给代理商或专卖店，由代理商或专卖店销售到用户。

(2) 所有权流程。所有权流程是指产品所有权或持有权从一个渠道成员向另一个渠道成员转移的过程。

(3) 付款流程。付款流程也称资金流程，是指资金在渠道成员间流动的过程。如产品销售时，中间商通过银行向生产企业支付货款，生产企业向中间商支付佣金。

(4) 信息流程。信息流程是指分销渠道中，各渠道成员间相互传递信息的过程。如零售商将消费者信息传递给批发商或生产者，生产者将产品信息传递给批发商、零售商或消费者。

(5) 促销流程。促销流程是指针对分销渠道成员促销活动的流程，具体指通过广告、人员推销、销售促进等活动，对分销渠道成员施加影响的过程。促销流从生产者流向中间商称为渠道促销，促销流从生产者或中间商流向用户称为用户促销。渠道成员都承担着对用户的促销责任。促销时既可采用广告、营业推广、公共关系等促销方式，也可采用有针对性的人员推广、目标激励等促销方式。例如，百货店节日商品促销就是中间商针对消费者的促销。

渠道业务流程像人体不停流动的血液一样，让实体流、资金流、促销流、信息流在渠道中顺利流动，循环往复。畅通的渠道业务流程是实现企业营销目标的保证，否则业务流程阻塞，将影响企业实现营销目标。

二、分销渠道策划的原则

(一) 客户导向原则

企业欲求发展，必须将市场客户要求放在第一位，建立客户导向的经营思想。这需要通过周密而细致的市场调查研究，不仅要提供符合消费者需求的产品，同时还必须满足消费者在购买时间、地点及售后服务上的需求。

(二) 最大效率原则

企业选择合适的渠道模式，目的在于提高流通的效率，不断降低流通过程中的费用，使分销网络的各个阶段、各个环节、各个流程的费用合理化，降低产品成本，取得市场竞争优势，并获得最大化的效益。

(三) 发挥企业优势原则

现代市场经济的竞争，早已是整个规划的综合性网络的整体竞争。企业应依据自己的特长选择合适的渠道网络模式，以达到最佳的经济效益和良好的客户反应。同时，企业也要通过发挥自身优势，保证渠道成员的合作，贯彻企业自身的战略方针与政策。

(四) 合理分配利益原则

合理分配利益是渠道合作的关键，利益的分配不公常常是渠道成员矛盾冲突的根源。因此，企业应该设置一整套合理的利益分配制度，根据渠道成员负担的职能、投入的资源和取得的成绩，合理分配渠道合作带来的利益。

(五) 协调及合作原则

渠道成员之间不可避免地存在竞争，企业在建立、选择营销渠道模式时，要充分考虑竞争的强度。一方面，鼓励渠道成员之间的有益竞争；另一方面，又要积极引导渠道成员的合作，协调渠道成员的冲突，加强渠道成员的沟通，努力使各条渠道有序运行，实现既定目标。

(六) 覆盖适度原则

企业在选择分销渠道模式时，仅仅考虑加快速度、降低费用是不够的，还要考虑能否及时、准确地将商品送达并销售出去，是否有足够的市场覆盖率以支持针对目标市场的销售任务。因此，不能一味地只强调降低分销成本，这样将导致销售量下降、市场覆盖率不足等后果。成本的降低应是规模效应和速度效应的结果，在营销渠道模式的选择中，也应避免扩张过度、分布范围过宽过广，以免造成沟通和服务的困难，导致无法控制和管理目标市场。

(七) 平衡可控原则

企业的分销渠道模式一经确定，便需花费相当大的人力、物力和财力去建立与巩固，整个过程往往是复杂而且缓慢的。所以，企业要平衡各部分的利益，轻易不要更换渠道模式及成员。只有保持渠道的相对稳定，才能进一步提高渠道的效益。畅通有序、覆盖适度，是分销渠道稳固的基础。

三、分销渠道策划的流程

分销渠道策划分为分析渠道现状，明确渠道任务与目标，确定渠道的治理形式和渠道策略，确定渠道的宽度、密度和数量，确定渠道的长度，确定中间商的类型，渠道方案的评估与选择 7 个步骤，如图 6-2 所示。

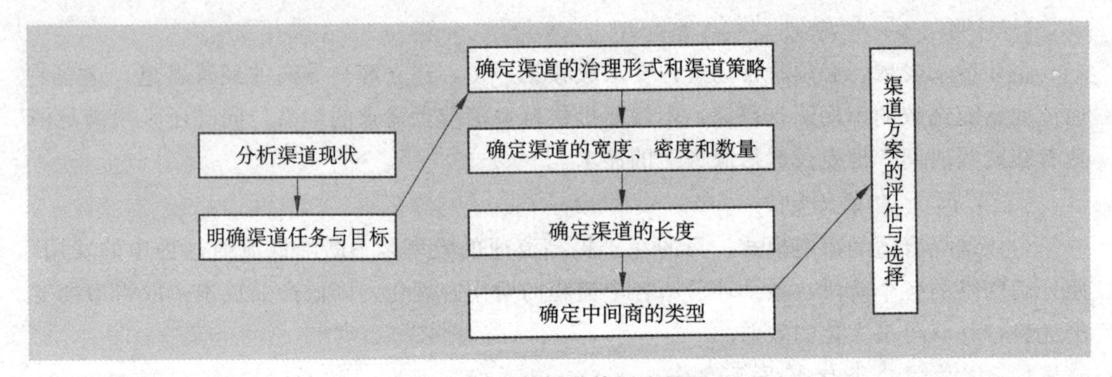

图 6-2　分销渠道策划流程图

(一) 分析渠道现状

分析渠道现状的目的，在于了解企业渠道管理中存在的问题。主要内容包括：确定目标市场对渠道服务的要求；寻找企业渠道管理的不足之处；探讨企业改善渠道管理的可能途径。顾客对渠道服务的要求主要有 5 项内容：购买批量、等候时间、空间便利、选择范围和服务支持。渠道存在的根本原因就在于它可以降低顾客在收集信息、等候时间和储存等方面的成本或费用。

(1) 购买批量：顾客希望每次购买较小的批量，因为企业需要通过渠道为顾客的小批量购买提供服务。

(2) 等候时间：顾客希望订货后迅速拿到商品，因此企业需要通过渠道缩短顾客等待的时间。

(3) 空间便利：空间便利意味着顾客购买产品的难易程度。在其他条件不变的情况下，空间便利与顾客到达商店的距离成正比。另外，交通状况也是决定空间便利性的一个因素。因此，企业需要通过渠道为顾客提供购物的空间便利。

(4) 选择范围：顾客希望在购买时有较大的选择余地和范围，这既可以降低顾客购买的时间、精力和体力成本，也可以为顾客购买产品带来更多的快乐。因此，企业需要通过渠道给顾客提供更多的产品和花色品种。

(5) 服务支持：企业还可以通过渠道为顾客提供各种附加服务，包括信贷、送货、安装、维修、稳定供货、信息提供等。

分析渠道现状，就是根据目标市场的特点，确定目标市场对以上各种服务的具体要求，找出不足之处，思考企业改善渠道管理的可能途径。

(二) 明确渠道任务与目标

企业的渠道任务与目标是企业为了实现营销目标与营销战略，希望通过渠道管理活动在一定时间内达到的结果。渠道任务是企业通过渠道活动在一定时间内必须完成的任务，表现为对营销目标的分解，如销售量、销售额、利润额等。渠道目标是渠道管理者对理想渠道的一种追求，不具有太大的强制性，表现为渠道建设目标、渠道服务目标和渠道治理目标。

因为渠道任务和目标是相关责任人制定活动进度表的依据，也是管理者进行监督评价的准则，所以渠道任务与目标必须具体、明确、可衡量，要包括最后期限和量化的评估方法。对于不易量化的渠道任务和目标，企业也要尽量想出较为客观的评价方法。

(三) 确定渠道的治理形式和渠道策略

根据企业渠道任务和渠道目标，策划人员设计企业渠道的备选方案。因为渠道的治理形式与企业的公司战略和资源要素有关，渠道策略与企业的营销目标、营销战略、渠道任务与目标有关，所以企业渠道备选方案的设计可以从确定渠道的治理形式和渠道策略开始。

公司战略着眼于整个企业的长期发展问题，影响着整个企业的资源配置，内容包括公司的使命、公司的长期发展目标、公司的业务组合和公司的组织结构。一个成熟的企业有偏好的渠道治理形式，如被称为“工商股份合作制”的格力渠道模式。

营销目标是企业进行各项营销活动希望得到的结果，营销战略则是营销部门根据企业发展战略和营销目标而确定的营销计划。企业的渠道策略要能够完成营销目标和营销战略规定的渠道任务和目标，而那些不能完成渠道任务和目标的渠道策略和与之相应的渠道结构因素的选项，就可以不再考虑。

总之，渠道的治理形式和渠道策略一旦确定下来，其他因素的选择范围也就划定了，可行的备选方案会大大减少。

(四) 确定渠道的宽度、密度和数量

渠道的宽度、密度和数量与企业的营销战略、营销目标和渠道任务有关，如前所述，渠道宽度和渠道密度虽然密切相关，但是含义不同。渠道宽度指渠道的覆盖范围，意味着渠道可以使企业产品抵达区域的多少或大小；渠道密度指企业在某一区域内销售网点的数量，意味着企业在某一区域的销售力度。两者结合，就有宽而密的渠道、宽而疏的渠道、窄而密的渠道和窄而疏的渠道。

当然，还有另一种选择，即采用多种不同的渠道，不仅覆盖全国，而且在一些重点地区加大密度。例如，利用电子网络渠道覆盖全国，向全国各地的顾客或用户销售；利用经销商的实体店覆盖重点区域，人口越多的城市，销售网点越多。这可以称为“多渠道区域密集分销”。

上面 3 种方案与已经确定的独家分销和选择分销两种策略交叉考虑，可以有 6 种不同的组合。不过，独家分销与多渠道有矛盾，所以可能的组合只有 5 种：①宽而密的独家分销；②宽而疏的独家分销；③宽而密的单一渠道选择分销；④宽而疏的单一渠道选择分销；⑤多渠道区域密集分销＋选择分销。

（五）确定渠道的长度

渠道的长度就是处于制造商和最终消费者或用户之间中间商的层级数。中间商的层级数越多，渠道越长。直销渠道中没有中间商，所以它是最短的一种渠道，也被称为零层级渠道。

如果不考虑覆盖面和密度，制造商总是希望渠道越短越好。渠道越短，制造商距离顾客越近，就越容易了解顾客的需求，也越容易控制渠道。然而，当企业追求渠道覆盖面和销售密度时，就不得不采用长渠道。因此，从逻辑上说，在设计渠道方案时，对渠道长度的选择应该在确定渠道的宽度、密度和数量设计量之后。实际上，渠道的长度和中间商的层级类型密切相关，企业常常通过选择中间商的层级类型来选择渠道的长度。

（六）确定中间商的类型

确定同一层级中间商的类型，例如，如果选定零售商作为自己的合作伙伴，那么这一步就是要确定使用百货店、超市、专卖店、便利店还是仓储会员店；如果选定批发商作为自己的合作伙伴，那么这一步就是要确定选择综合批发商、大类商品批发商、专业批商还是选择发挥批发作用的经销商、代理商。

因为不同类型的中间商针对不同的目标市场，使用不同的经营方式，经营不同种类的商品，所以对于一家企业而言，并不是所有类型的中间商都同样适用。例如，生产食品的制造商在零售层级上可以选择沃尔玛、华润万家，而不适合选择国美、苏宁；生产家用电器的制造商首选国美、苏宁，也可以选择沃尔玛和华润万家，但不能选择老百姓大药房。因此，制造商需要根据自己产品与不同类型中间商经营特点的匹配情况进行选择。

（七）渠道方案的评估与选择

经过上面的选择，渠道管理者可以设计若干个备选的渠道方案。例如，定性判断法，虽然很简单，但也最实用。使用这种方法时，渠道管理者往往根据他们认为比较重要的决策因素对不同渠道方案的适用性进行定性的评估、比较。对于什么是重要的因素，目前并没有一个统一标准。通常，渠道任务与目标、渠道成本、目标市场与市场定位、产品与价格、宣传与信息沟通、中间商及环境机会与限制等，都是在评价渠道方案适用性时需要考虑的。

第二节 分销渠道设计策划

一、分销渠道的类型结构

(一) 分销渠道的长度结构策划

分销渠道的长度是指在产品所有权向最终消费者转移过程中所经过的中间环节数目。按照商品在流通过程中是否有中间环节，可以将分销渠道划分为直接渠道和间接渠道；按照中间环节数目的多少，可以将分销渠道分为零级、一级、二级、三级等，即可以分为不同长度的分销渠道。不同类型的商品采用的分销渠道长短往往具有差异。

▶ 1. 零级渠道

零级渠道又称直接渠道，意指没有中间商参与，产品由生产者直接销售给消费者的渠道类型。直接渠道是产品分销渠道的主要类型。对于一般大型设备及技术复杂、需要提供专门服务的产品，企业都采用直接渠道分销，如飞机的出售是不可能有中间商介绍的。在消费品市场，直接渠道也有扩大的趋势。例如，鲜活商品有着长期传统的直销习惯；新技术在流通领域中的广泛应用，也使邮购、电话及电视销售和互联网销售方式逐步展开，促进了消费品直销方式的发展。

▶ 2. 一级渠道

一级渠道又称短渠道，是指生产者自己仅使用一个中间环节来销售产品的分销渠道。一般销售批量大、市场比较集中或者技术性强的商品，需要较多相关服务的产品，以及保鲜要求高的产品需要使用较短的分销渠道，大型设备、专用工具及技术复杂的需要提供专门服务的产品通常采取短渠道模式。消费品中也有部分商品采用短渠道模式，如鲜活商品。

一级渠道模式具有以下优点：流通环节比较少，可以使商品迅速到达消费者手中，节约流通费用，减少商品使用价值的损失；信息反馈迅速且准确，有利于生产者与中间商及消费者之间形成比较密切的联系；有利于开展销售服务工作，提高企业信誉。不足之处：产品销售范围受到一定的限制，难以向市场大范围扩张，市场覆盖面积小；渠道分担风险的能力下降，加大了生产者的风险。

▶ 3. 二级渠道及三级渠道模式

生产者转移到消费者手中经过至少两个层级的中间商的分销渠道叫作二级渠道，生产者转移到消费者手中经过至少三个层级的中间商的分销渠道则叫作三级渠道。通常，二级渠道模式、三级渠道模式统称为长渠道模式。显然，产品经过环节、层次越多，销售渠道就越长，一般销售量较大、销售范围广的产品宜采用长渠道，如大多数消费品。具体来说，一级渠道包括一个中间商：在消费者市场，这个中介机构通常是零售商；在工业市场，它常常是一个销售代理商或经销商。二级渠道包括两个中间商：在消费者市场，它们一般是一个批发商和一个零售商；在工业市场，它们可能是一个工业分销商和一些经销商。三级渠道包括三个中间商，通常由一个批发商、一个中转商(专业批发商)和一个零售商组成。

长渠道具有以下优点：分销渠道长，分布比较广，能有效覆盖市场；可以充分利用各类中间商的职能，发挥它们各自的优势，扩大销售。不足之处：销售环节多，流通费用的增加会使商品价格提高，价格策略选择余地变小；信息反馈变慢且失真率增加，不利于企业进行正确的决策。分销渠道模式如图 6-3 所示。

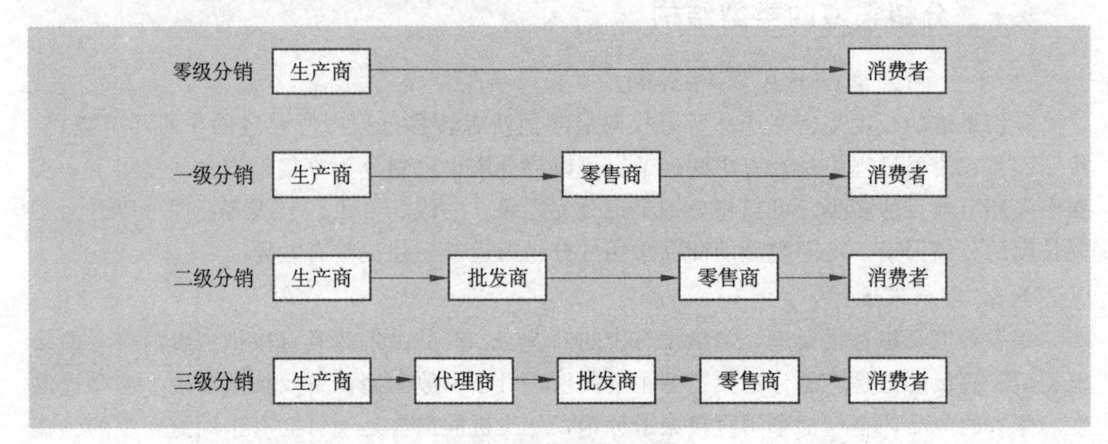

图 6-3　分销渠道模式图

(二) 分销渠道的宽度结构策划

分销渠道的宽度是指商品流通过程中的每个层次使用的同种类型中间商数目的多少。按分销渠道的宽度，分销渠道可分为宽渠道和窄渠道。生产者使用的同类中间商多，即为宽渠道，分销渠道宽的产品在市场上的覆盖面广，如毛巾、牙刷、水杯等日用消费品，常有多家批发商经销，又转卖给更多的零售商，容易与消费者接触，从而实现大批量的销售。反之则为窄渠道，一般适用于专业性强或贵重耐用的商品，多由一个中间商统包，再分成几家经销。分销渠道的宽窄是相对而言的，受产品性质、市场特征和企业分销战略等因素的影响。分销渠道的宽度结构大致有下列三种类型。

▶ 1. 密集分销

密集分销是指运用尽可能多的中间商分销，使渠道尽量加宽。消费品中的便利品(卷烟、火柴、肥皂等)和工业用品中的标准件、通用小工具等，适合采取这种分销形式，以提供购买上的最大便利。

▶ 2. 选择性分销

选择性分销是指在同一目标市场上，选择一个及一个以上的中间商销售本企业产品，而不是选择所有愿意经销本企业产品的中间商，这有利于提高企业的经营效益。一般来说，消费品中的选购品和特殊品、工业品中的军配件宜采用这种分销形式。

【案例 6-1】

耐克在六种不同类型的商店中销售耐克生产的运动鞋和运动衣

1. 体育用品专卖店，如高尔夫职业选手用品商店。
2. 大众体育用品商店，供应许多不同样式的耐克产品。
3. 百货商店，集中销售最新样式的耐克产品。
4. 大型综合商场，仅销售折扣款式。
5. 耐克产品零售商店，例如设在大城市中的耐克城，供应耐克的全部产品，重点是销售最新的款式。

6. 工厂的门市零售店，销售的大部分是二手货和存货。

3. 独家分销

独家分销是指在一定地区内只选定一家中间商经销或代理本企业产品，实行独家经营。独家分销是最极端的分销形式，是最窄的分销渠道，通常只对某些技术性强的耐用消费品或名牌商品适用。独家分销对生产者的好处：既有利于控制中间商，提高生产者的经营水平，也有利于加强产品形象，增加生产者的利润。但这种形式有一定风险，如果这一家中间商经营不善或发生意外情况，生产者就要蒙受损失。

采用独家分销形式时，通常产销双方议定：销方不得同时经营其他竞争性商品，产方也不得在同一地区另找其他中间商。这种独家经营妨碍竞争，因此在某些国家被法律所禁止。

密集分销、选择性分销和独家分销的比较如表 6-1 所示。

表 6-1 密集分销、选择性分销和独家分销的比较

分销类型	含　义	优　点	不　足
密集分销	凡符合厂家要求的经销商均可参与分销	市场覆盖率高；适用于快速消费品的分销	经销商之间的竞争容易使市场陷入混乱(如窜货)，甚至破坏企业的营销目标；渠道管理成本相对较高
选择性分销	从入围者中选择一部分分销商	优缺点通常介于独家分销和密集分销之间	
独家分销	在既定市场区域内，每一渠道层次只有一家经销商运作	市场竞争程度低；厂家与经销商的关系较密切；适用于专业产品的分销	因缺乏竞争，顾客满意度可能会受到影响；经销商对厂家的反控制力较强

(三) 分销渠道的系统策划

传统渠道中，生产企业和各个中间商彼此独立决策，购销交易建立在相互激烈竞争的基础上，联系松散，对象也不固定，这样虽保持了企业的独立性，但各个中间商缺乏共同目标，影响整体效益。因此，现代渠道成员之间大都采取不同程度的一体化经营或联合经营。一方面，大企业为了控制和占领市场，实现集中经营或垄断经营，往往采取一体化经营或联合经营的方式；另一方面，广大中小批发商和零售商为了在激烈竞争中求得生存与发展，也往往走联合经营的道路，因而形成了不同的渠道系统。

1. 垂直式渠道系统

垂直式渠道系统是由制造商、批发商和零售商形成的统一体，它们协商行动，对渠道的影响取决于能量和实力。最强的一方或者拥有其他各方，或者给其他各方以特许权，或者领导这种营销系统的合作。垂直式渠道系统主要有三种类型。

(1) 公司式垂直系统，指一家公司拥有和统一管理若干工厂、批发机构和零售机构，控制分销渠道的若干层次，甚至控制整个营销渠道，综合经营生产、批发、零售业务。该模式分为工商一体化经营和商工一体化经营。工商一体化指大工业公司拥有并统一管理若干生产单位和商业机构；商工一体化指由大零售公司拥有和管理若干单位。

(2) 管理式垂直系统，指制造商和零售商共同协商销售管理业务，涉及销售促进、库存管理、定价、商品陈列、购销活动等。管理式垂直系统一般是由某一家规模大、实力强的企业出面组织的，宝洁公司就是一个典型的例子。

(3) 契约式垂直系统，指不同层次的独立的制造商和中间商，以合同为基础建立的联营形式，以求获得比这些制造商和中间商独立行动时所得更大的经济效益。该模式包括批发商自愿连锁店、零售商合作组织、特许经营组织等。

▶ 2. 水平式渠道系统

水平式渠道系统是指由两个或两个以上的独立公司统一它们的资源和计划来开发一个新的市场机会。水平式渠道系统可以使合作公司实现优势互补，收获巨大的成功。合作公司间的联合行动可以是暂时性的，也可以是永久性的，还可以创立一个专门的公司。

▶ 3. 多渠道系统

多渠道系统是指对同一市场或不同市场采用多条渠道的分销体系。一种类型是制造商通过两条以上的竞争性分销渠道销售同一商标的产品；另一种类型是制造商通过多条分销渠道销售不同商标的差异性产品。企业通过多渠道分销系统，可以增加市场覆盖率，增加能降低销售成本的新渠道，降低渠道成本，同时，还可以实现顾客定制化销售。但是，多渠道分销系统同样存在渠道冲突和难以控制等问题。

二、影响分销渠道设计的因素

企业只有通过一定的分销渠道将产品送达目标市场才能实现商品的价值，因此分销渠道选择与设计的起点应是企业所要到达的目标市场，而中心环节则是确定企业到达目标市场的最佳途径。

企业在选择和设计分销渠道时，首先应对影响渠道选择与设计的因素进行综合分析，然后再做出决策。影响分销渠道选择与设计的因素主要有以下几个方面。

(一) 商品因素

(1) 价值大小。一般而言，商品单个价值越小，营销渠道越多，路线越长；反之，单价越高，路线越短，渠道越少。

(2) 体积与重量。体积过大或过重的商品应选择直接或中间商较少的间接渠道。

(3) 时尚性。样式、款式变化快的商品，应多利用直接营销渠道，以避免不必要的损失。

(4) 技术性和售后服务。具有高度技术性或需要经常服务与保养的商品，营销渠道要短。

(5) 产品数量。产品数量大往往要通过中间商销售，以扩大销售面。

(6) 产品市场寿命周期。产品在市场寿命周期的不同阶段对营销渠道的选择是不同的，如在衰退期的产品就要压缩营销渠道。

(7) 新产品。为了较快地把新产品投入市场、占领市场，生产企业应组织推销力量，直接向消费者推销或利用原有营销路线展销。

(二) 市场因素

(1) 潜在顾客的状况。如果潜在顾客分布面广，市场范围大，就要利用长渠道，广为推销。

(2) 市场的地区性。国际市场聚集的地区，营销渠道的结构可以短些；一般地区则采用传统性营销路线，即经批发商与零售商销售。

(3) 消费者购买习惯。顾客对各类消费品的购买习惯，如最易接受的价格、购买场所的偏好、对服务的要求等均直接影响分销路线。

(4) 商品的季节性。具有季节性的商品应采取较长的分销路线，要充分发挥批发商的作用，则渠道便长。

(5) 竞争性商品。同类商品一般应采取同样的分销路线，较易占领市场。

(6) 销售量的大小。如果一次销售量大，可以直接供货，营销渠道就短；如果一次销售量少，就要多次批售，渠道则会长些。在研究市场因素时，还要注意商品的用途、商品的定位，这对选择营销渠道结构来说是很重要的。

(三) 竞争者

一般来说，制造商要尽量避免和竞争者使用一样的分销渠道，如果竞争者使用和控制着传统的渠道，制造商就应当使用其他不同的渠道或途径推销产品。另外，由于受消费者购买模式的影响，有些产品的制造商不得不使用竞争者所使用的渠道。例如，消费者购买食品往往要比较厂牌、价格等，因此，食品制造商就必须将产品摆在那些经营食品制造商的竞争者的产品的零售商店里出售，这就是说，不得不使用竞争者所使用的渠道。

【案例 6-2】

连裤袜另辟渠道

连裤袜原为陪衬“超短裙”而设计，在美国很受妇女欢迎，过去所有生产连裤袜的制造商都通过百货商店、妇女服装商店推销它生产的连裤袜。L'eggs 为避开竞争者，在超级市场推销它生产的连裤袜，结果很成功。

(四) 制造商

▶ 1. 制造商的产品组合情况

所谓公司的产品组合情况，是指公司的产品组合宽度和深度情况。如果制造商的“产品组合”的宽度和深度大(产品的种类、型号规格多)，制造商可能直接销售给各零售商，这种分销渠道是“较短而宽”的；反之，如果制造商的“产品组合”的宽度和深度小(产品的种类、型号规格少)，制造商就只能通过批发商、许多零售商转卖给最后消费者，这种分销渠道是“较长而宽”的。

▶ 2. 制造商能否控制分销渠道

制造商为了实现自身的战略目标，在策略上需要控制市场零售价格，需要控制分销渠道，就要加强销售力量，从事直接销售，使用较短的分销渠道；反之，如果制造商(公司)财力薄弱，或者缺乏经营管理销售业务的经验和能力，则一般只能通过若干中间商推销产品，这种分销渠道是“较长而宽”的。

(五) 环境因素

影响渠道结构和行为的环境因素既多又复杂，但可概括为社会文化环境因素、经济环境因素、竞争环境因素等。

三、分销渠道设计的程序

一般而言，分销渠道设计的基本标准在于它能否以最快的速度、最好的服务质量、最少的流通费用把商品送到消费者手中，实现经营者的利益。因此，企业非常有必要按照一定的程序进行渠道设计，在理想的渠道和现实可能实现的渠道之间做出选择。

（一）分析顾客需要的服务产出水平

分销渠道的服务产出水平主要表现在以下几个方面。

(1) 批量大小：分销渠道在一次购买过程中提供给顾客的单位数量。

(2) 等候时间：顾客等候收到货物的平均时间。顾客一般喜欢快速交货渠道、快速服务要求高的服务产出水平。

(3) 空间便利：分销渠道对顾客购买产品所提供的方便程度。

(4) 产品品种：分销渠道提供的商品样式品种的宽度。一般而言，顾客喜欢较宽的样式品种。

(5) 服务支持：分销渠道提供的附加服务，如信贷、交货、安装、修理等。服务支持越强，分销渠道提供的服务工作越多。

（二）确定渠道的目标与限制

渠道目标是指企业预期达到的顾客服务产出水平及中间商应执行的职能等。渠道设计的中心问题是确定到达目标市场的最佳途径，每一个生产者都必须在顾客、产品、中间商、竞争者、企业效果和环境等因素的限制下确定渠道目标。

（三）明确可供选择的渠道方案

▶ 1. 中间商的类型与数目

考察中间商要从以下三个方面着手。

(1) 经营能力：表示中间商实力的大小，包括资金能力、人员能力、营业面积、仓储设备。

(2) 经营水平：是中间商市场活动能力的表现，反映中间商的经营成效。

① 适应力：经营是否灵活多变、适应力强。

② 创新力：是否不断提高服务质量，在各方面给予用户和消费者更大的满足。

③ 吸引力：是否满足顾客心理，符合市场需求。

因此，适应力、创新力和吸引力程度的高低是评价中间商经营水平的标准。

(3) 周转能力：指中间商的资金周转能力，包括现金周转能力、偿债能力、筹集资金的能力、资金合理利用的能力，反映中间商与银行、其他企业及运输部门的合作关系。

▶ 2. 渠道成员的特定责任

渠道成员的特定责任主要有以下几项。

(1) 价格政策：指企业制定的价格目录和折扣标准。

(2) 销售条件：指付款条件和生产者保证。例如，对提前付款的经销商给予现金折扣、对产品质量的保证，甚至给予对产品市场价格下降时的承诺保证等。对价格不下降的保证，可用来诱导经销商大量购买产品。

(3) 经销商的区域权利：企业对于中间商的区域权利要相应明确，尤其是在采用特许经营和独家代理等渠道形式时，更应当明确双方的义务和责任。企业在邻近地区或同一地区特许经营人的多少，以及企业对特许经营人的特许权的允诺，均会影响中间商的销路，也会影响中间商的积极性。

(4) 各方应执行的服务项目：企业通常与中间商制定相互服务与责任条款，特别是在选择特许经营和独家代理渠道时更应如此。

（四）评估渠道方案

分销渠道评估的实质是从那些看起来似乎合理但又相互排斥的方案中选择最能满足企业长期目标的方案。因此，企业必须对各种可能的渠道选择方案进行评估，评估标准有三个：经济性、控制性和适应性。

▶ 1. 经济性标准

经济性标准是最重要的标准，是企业营销的基本出发点。在分销渠道评估中，首先应该将分销渠道决策所可能引起的销售收入增加同实施这一渠道方案所需要花费的成本进行比较，以评价分销渠道决策的合理性。

▶ 2. 控制性标准

企业对分销渠道的设计和选择不仅应考虑经济效益，还应考虑企业能否对分销渠道实行有效的控制，因为分销渠道是否稳定对于企业能否维持市场份额，实现长远目标是至关重要的。对分销渠道的控制应讲究适度，应将控制的必要性与控制成本加以比较，以求达到最佳的控制效果。

▶ 3. 适应性标准

在评估各渠道方案时，还有一项需要考虑的标准，那就是分销渠道是否具有地区、时间、中间商等适应性。适应性好的营销渠道，在市场上盈利的能力也要明显更强一些。

第三节 分销渠道管理策划

在建立好渠道之后，企业分销渠道策划的重点就转移到了渠道管理上。不断优化和组合渠道系统，让渠道系统发挥应有的作用是渠道管理的首要任务。一般来说，分销渠道管理策划的内容主要包括分销渠道成员激励、分销渠道冲突化解、分销渠道系统整合。

一、分销渠道成员激励

美国哈佛大学的心理学家威廉·詹姆士在《行为管理学》一书中指出，合同关系仅仅能使人的潜力发挥20%～30%，而如果受到充分激励，人的潜力可发挥至80%～90%，这是因为激励活动可以调动人的积极性。所以，激励渠道成员是渠道管理中不可缺少的一环。激励渠道成员是指制造商激发渠道成员的动机，使渠道成员产生内在动力，朝着所期望的目标前进的活动过程，目的是调动渠道成员的积极性。

对于制造商而言，目标无非就是希望中间商多提货、早回款，希望现有的渠道增加抵御风险的能力等。因此，了解中间商需求只是激励的第一步，然后应该做的是采取有效的激励措施。

激励中间商的形式多种多样，但大体上可以分为两种：直接激励和间接激励。

（一）直接激励

直接激励是指通过给予中间商物质、金钱的奖励来激发中间商的积极性，从而实现公司销售目标。例如，为了应战格兰仕掀起的新一轮微波炉价格大战，美的一改往常的做法，将眼睛盯在了中间商身上。美的一掷千金，投资3 000万元，购买了奔驰、宝马、奥迪A6等83辆奖励车，并承诺送120名优秀中间商出国学习。美的投入3 000万元奖励中间商，这样的力度连中间商自己也颇感意外。一位奥迪A6的得主说："谁也没想到会有这份奖励，当初的合同中并没有这个说法。不用说，美的的销售量还会攀升。"

直接激励主要有以下几种形式。

1. 返利政策

在制定返利政策时一定要考虑到以下因素。

(1) 返利的标准。一定要分清品种、数量、等级、返利额度。制定返利政策时，一要参考竞争对手的情况，二要考虑现实性，三要防止抛售、窜货等。

(2) 返利的形式。返利的形式是现价返，还是以货物返，抑或是两者结合，一定要注明；货物返能否作为下月任务数，也要注明。

(3) 返利的时间。返利的时间是月返、季返还是年返，应根据产品特性、货物流转周期而定。要在返利兑现的时间内完成返利的结算，否则时间一长，搞成一团糊涂账，对双方都不利。

(4) 返利的附属条件。为了能使返利这种形式促进销售，而不是相反(如窜货)，一定要加上一些附属条件，如严禁跨区域销售、严禁擅自降价、严禁拖欠货款等，一经发现，取消返利。

现实中会遇到这种情况，返利标准制定得比较宽松，失去返利刺激销售的效果，或者返利太大造成价格下滑或窜货等。因而在执行中，一是在政策的制定上考虑周全；二是执行要严格，不可拖泥带水。

2. 价格折扣

价格折扣包括数量折扣、等级折扣、现金折扣、季节折扣等形式。

3. 开展促销活动

一般而言，生产者促销措施很受中间商的欢迎。促销费用一般可由制造商负担，也可要求中间商合理分担。生产者还应经常派人前往主要的中间商那里，协助安排商品陈列，举办产品展览和操作表演，训练推销人员，或根据中间商的推销业绩给予相应的激励。

与别的企业往往把促销措施直接针对终端消费者不同，娃哈哈的促销重点是中间商，公司会根据一定阶段内的市场变动、竞争对手的变动及自身产品的配备，推出各种各样的促销政策，长年循环，月月如是。针对中间商的促销政策，既可以激发中间商的积极性，又保证了各层销售商的利润，因而可以做到促进销售而不扰乱整个市场的价格体系。相反，依赖直接让利于消费者的促销，则造成中间商无利可图而缺乏动力，最终竞相降价，可能把零售价格打乱。

娃哈哈认为，生产商推出任何一项促销活动或政策，首先应该考虑的便是设计一套层次分明、分配合理的价差体系。价差指的是产品从厂家到消费者手中经过的所有批零渠道。就饮料、家电等产品而言，一般有三到四个环节之间的利益分配。高价的产品如果没有诱人的价差分配，就无法调动中间商的积极性，而低价产品如果价差控制得当，仍然可以因量大而为中间商带来利润。有序地分配各级经销层次的利益空间，不但是生产商的责任，更是生产商控制市场的关键所在。当今很多企业在营销中，喜欢动辄以低价轰炸市场，以为只要价格比别家的低，肯定卖得比别家的火，其实未必。因为没有考虑价差的低价，无疑让中间商无利可图，如果中间商不给企业用力吆喝，不把企业的产品摆在柜台上，企业目标仍然无法达到。

（二）间接激励

间接激励是指通过帮助中间商获得更好的管理、销售的方法，从而提高销售绩效。在市场机制日益成熟的今天，直接激励的作用在不断削弱。一方面，企业每天都向市场推出成熟或不成熟的新产品，各种形式的招商广告铺天盖地，各种各样的承诺一个比一个诱人；另一方面，大量中间商在经历了账面资金不断缩水的教训后，面对五花八门充满诱惑的招商广告依然捂紧口袋无动于衷，迫使企业大量的招商广告只赚眼球无法镀金。经历了代理、经销、买断等厂商合作方式，演绎过降价、打折、买一送一等促销手段后，中间商们面对厂家抛出的橄榄枝，比任何一个时期都来得冷静，来得理智。面对这种冷静与理智，一大批缺乏营销创意的企业，在市场竞争中渐渐落败，继而被淘汰出局。显而易见，在当前竞争白热化、残酷性日益凸显的市场上，营销方法正在超越产品力、超越品牌走向营销首席。因为理智的中间商们今天对真正独特且行之有效的营销方法的渴望，已经远远高于他们对所营销产品的利润空间和厂家广告费的追逐。他们深知，没有一套行之有效的营销方法将产品卖出去，再大的利润空间、再多的广告投入都不行。所以，制造商们越来越意识到间接激励的重要性。

间接激励通常的做法有以下几种形式。

▶ 1. 提供帮助

企业帮助中间商建立进销存报表，做安全库存数和先进先出库存管理。进销存报表的建立，可以帮助中间商了解某一周期的实际销售数量和利润；安全库存数的建立，可以帮助中间商合理安排进货；先进先出的库存管理，可以减少即期品（即将过期的商品）的出现。

▶ 2. 管理终端

企业帮助零售商进行零售终端管理。终端管理的内容包括铺货和商品陈列等。通过定期拜访，帮助零售商整理货架，设计商品陈列形式。

▶ 3. 管理客户

企业帮助中间商管理客户网来加强中间商的销售管理工作。企业帮助中间商建立客户档案，包括客户的店名、地址、电话，并根据客户的销售量将他们分成等级，据此告诉中间商对待不同等级的客户应采用不同的支持方式，从而更好地服务于不同性质的客户，提高客户的忠诚度。

▶ 4. 建立伙伴关系

从长远来看，企业应该实施伙伴关系管理，也就是制造商和中间商结成合作伙伴，风险共担，利益共享。近年来，分销渠道的作用逐渐增强，渠道合作、中间商合作、商业合伙、战略联盟日益普遍。合作关系或战略联盟表述了一种在制造商和其渠道成员间的持续的相互支持关系，包括努力提供一个高效团队、网络或渠道伙伴联盟。通用电气前董事会主席兼首席执行官杰克·韦尔奇就公司致力于发展上述关系陈述如下：“我们在1990年的目标是使公司无界限，我们将拆除隔离彼此的围墙，且让我们的主要赞助商走进来……和我们携手并进，为了一个共同的目标——顾客满意。”

二、分销渠道冲突化解

渠道冲突的管理是分销渠道管理的一项非常重要的内容，也是让营销管理人员非常头痛的一个问题。渠道成员之间的合作程度、协调程度如何，将直接影响整个渠道的分销效率和效益。

(一) 渠道冲突的表现形式

渠道冲突是指当分销渠道中的一方成员将另一方成员视为对手，且对对手成员进行伤害或在损害对手成员的基础上获得稀缺资源的情形。我们必须对渠道冲突加以重视，防止渠道关系恶化，甚至整个渠道体系的崩溃。渠道冲突的类型可以分为三种：水平渠道冲突、垂直渠道冲突和多渠道冲突。

▶ 1. 水平渠道冲突

水平渠道冲突是指某渠道内同一层次中的成员之间的冲突。如同级批发商或同级零售商之间的冲突，表现形式为跨区域销售、压价销售、不按规定提供售后服务或提供促销等。

▶ 2. 垂直渠道冲突

垂直渠道冲突是指同一条渠道中不同层次之间的冲突。如制造商与分销商之间、总代理与批发商之间、批发商与零售商之间的冲突，表现形式为信贷条件的不同、进货价格的差异、提供服务(如广告支持)的差异等。

一直以来，制造商相对于零售商拥有较强的市场力量。这是因为制造商推出大量广告以建立消费者的品牌偏好，结果使零售商被迫经营制造商的品牌。但是，现在零售商对制造商的力量已经发生了某些转移。零售商力量的日益增长，使零售商向制造商收取新产品进店时的货位费，弥补货架成本的陈列费，用于晚交货或交货不齐的罚金、制造商要求停止销售商品时的退场费等。

▶ 3. 多渠道冲突

多渠道冲突也称交叉冲突，是指两条或两条以上渠道之间的成员发生的冲突。当制造商在同一市场或区域建立两条或两条以上的渠道时，就会产生此类冲突。如直接渠道与间接渠道形式中成员之间的冲突，代理分销与经销分销形式中渠道成员之间的冲突。表现形式为销售网络紊乱、区域划分不清、价格不同等。原来可口可乐的销售渠道不是零售，后来开始采用售货机，终端销售机实际上就是一个细分渠道。一开始零售商非常不乐意，因为这个终端销售机好像也是最终面向消费者，但可口可乐解决了类似的冲突问题，因为终端销售机看似是定位在相同的用户，但还是有办法再进行细分。

(二) 渠道冲突的起因

渠道成员之间冲突的起因很多，大致可以归纳为以下几点。

▶ 1. 角色失称

当一个渠道成员的行为超出另一个渠道成员对其行为角色的期望范围时，就会发生角色失称。有些情况下，角色失称也发生在当一个渠道成员不能确定哪些行为可以接受的时候。为了避免角色失称，渠道成员需要了解其他成员的具体期望是什么、需承担什么责任，以及渠道成员的行为绩效如何被其他成员评价。

▶ 2. 感知偏差

感知偏差是指渠道成员如何对自身所处的形势进行解释，或如何对不同的刺激做出反应。例如，一个零售商如果认为50%的毛利率是合理的水平，那么他就可能认为制造商规定的40%的加成率太低。渠道成员应通过加强相互间的理解来减轻甚至消除这种感知偏差。

▶ 3. 决策主导权分歧

决策主导权分歧是指一个渠道成员认为其他渠道成员的行为侵害了自己的决策权。例如，零售商或制造商是否有权制定最终零售主价格，制造商是否有权对分销商的存货水平做出要求。

▶ 4. 目标不相容

目标不相容是指成员间的目标是不相容的。例如，光明牛奶公司希望为它的新品酸奶获得额外的展示货架空间以提高市场份额，而分销商则关心这种新产品是否能创造更多利润，通常情况下这两者是相互矛盾的。目标不相容还可以在分销商和制造商“如何使利润最大化”的分歧上体现出来。分销商为使利润最大化通常希望提高毛利率，加快存货周转速度，降低成本并获得较高的制造商津贴，而制造商为了提高销量通常倾向于降低零售毛利率，增加分销商库存，提高促销费用并减少津贴。

▶ 5. 沟通困难

沟通困难是指信息在渠道成员间的传递缓慢或不准确。为了克服沟通困难，许多大的零售商都要求他们的供应商就订单、发票及装运通知单等方面，与他们进行充分的交流。实际上，沟通困难也是造成感知偏差的原因之一。

▶ 6. 资源缺乏

争夺稀缺的资源是渠道冲突产生的一个重要原因。例如，对客户资源的争夺使许多实施多重分销策略的公司与分销商产生摩擦。

(三) 化解渠道冲突的对策

渠道冲突的存在是一个客观事实，不能消灭，不能根除，只能辩证分析，区别对待。并非所有的冲突都会降低渠道效率，低水平的渠道冲突可能对分销效率无任何影响，中等水平的渠道冲突有可能会提高渠道的分销效率，而只有高水平的渠道冲突才会降低渠道的分销效率。适当冲突的存在会增强渠道成员的忧患意识，刺激渠道成员的创新。

▶ 1. 销售促进激励

要减少渠道成员的冲突，有时成员组织的领导者不得不对政策、计划进行折中，对之前的游戏规则进行修改。这些折中和修改是为了激励成员，即以物质利益刺激他们求大同，存小异，大事化小，小事化了。例如，价格折扣、数量折扣、付款信贷、按业绩的奖励制度、分销商成员的培训、成员的会议旅游等。

▶ 2. 进行协商谈判

协商谈判是为实现解决冲突的目标进行的讨论沟通。成功的、富有艺术的协商谈判能够将原本可能中断的渠道关系引向新的成功之路。协商谈判是分销渠道管理中常有的事。有效的谈判技巧是非常有用的，首先它是渠道成员自我保护和提高自己地位的手段。如果掌握了这一艺术，在面临冲突解决问题时保持良好关系的可能性就会大大增加，甚至对手也会因一次成功的谈判而成为长久的合作伙伴。

▶ 3. 清理渠道成员

对于不遵守游戏规则、屡犯不改的渠道成员，有可能是当初对渠道成员考察不慎，该成员的人格、资信、规模与经营手法都未达到成员的资格和标准。此时就应该重新审查，将不合格的成员清除出联盟。例如，对那些肆意跨地区销售、打压价格进行恶性竞争的分销商，或长时间未实现规定销售目标的分销商，都可以采取清理的方法。

▶ 4. 使用法律手段

法律手段是指渠道系统中存在冲突时，一方成员按照合同或协议的规定要求另一方成员行使既定行为的法律仲裁手段。例如，在特许经营体系中，特许经营商认为特许总部不断新添的加盟商侵蚀了他们的利益，违反了加盟合同中的地理区域限定，这时就很可能要使用法律手段来解决这一问题。

法律手段应当是解决冲突的最后选择。因为一旦使用了法律手段，另一方可能会完全遵守诉讼方的意愿而改变自己的行为，但是会对诉讼方产生不满，这样的结果是双方冲突可能会增加而非减少。从长远来看，双方可能会不断卷入法律纠纷而使渠道关系继续恶化。

三、分销渠道系统整合

渠道整合就是一个互动联盟，它能通过优势互补，营造集成增势的效果，从而在纵深两方面强化渠道竞争能力。渠道整合中要特别注意以知识为核心的活性要素的作用，以此带动其他要素功能的改善，有利于形成现代的诚信理念、科学的营销理念、发展市场的理念、朴素的双赢理念、良好的沟通理念、相互学习的理念。

(一) 渠道网络的隐患

目前，我国的渠道网络远不尽如人意，存在诸多隐患。

▶ 1. 分销商素质低，经营意识落后

随着市场环境的变化，不少分销商不能及时转换功能，没有公司化的经营管理意识，没有品牌意识，只看到眼前利益，不做网络建设，不搞终端维护，缺乏科学的库存管理、数据管理、客户资料管理，更谈不上区域经营的战略计划。

▶ 2. 窜货问题

各级分销商由于受到厂家销售唯量论的影响，为获取年终返利、争夺客户、带动杂牌产品销售等，只求薄利多销，只图眼前小利，不顾后果，竞相窜货；更有甚者，在自己区域内卖正常价，赚取薄利后贴钱低价争夺非责任区域内的客户，置厂家政策、区域内正常价差体系、竞争品牌状况于不顾。

▶ 3. 分销商忠诚度下降

从实际情况来看，各企业的渠道网络成员均有流失，这样不仅会泄露商业机密，还会给企业造成巨大的经济损失。

▶ 4. 厂商之间的信用度在恶化

许多分销商不能按照厂家的规范操作，甚至货款也很难收回；某些品牌厂家不能以平等互利的原则对待分销商，双方签订的协议说改就改，失信于人；有些大型超市和旺铺"店大欺人"，产品的进店费、堆头费高得离谱。

▶ 5. 分销商不具备对品牌的运作能力和市场的控盘能力

分销商因受规模、实力、素质、管理水平、经营意识等因素的影响，没有能力做到整合营销、优势最大化、成本最低化等。即使是全国名牌产品也无法做到使当地消费者认可，更无法成为占有率较高的产品。虽然是在当地有一定销量的产品，但还是会出现断货和乱价的情况，因为分销商没有能力控制局面。

▶ 6. 分销渠道的经营模式复杂、混乱

目前各企业的分销渠道非常复杂，有直销的，有依靠渠道网络经营的，有网络加平台的，还有既有网络经销商又需要厂家派大批业务员跑单，经销商只要送货就可以的。为了加强对终端的控制，厂家不惜代价又无所适从。分销渠道经营模式复杂、混乱，使渠道网络的作用明显下降。

总之，目前的渠道网络是脆弱的，整个物流配送体系处于落后、凌乱，缺乏整合的状态。要与国际市场营销方式接轨，进行渠道整合势在必行。

（二）渠道整合途径

著名管理大师彼得·德鲁克说过："现代企业无非两大职能——营销和创新，而市场分销渠道便是两大职能的后勤。"随着信息时代的来临，几乎所有的厂商和分销商都意识到渠道建设的重要性。分销渠道通常要占一个行业产品和服务价格的15%～40%，这个数字反映了企业通过改善经营渠道提高企业竞争力和利润率的潜力。科学设计、别出心裁的"渠道整合宝典"往往可以为企业带来更高的回报。分销渠道如今已成为企业间竞争的一个重要砝码。畅通的销售渠道意味着成本的降低、效率的提高和利润的增加。

▶ 1. 渠道扁平化

传统销售渠道的经典模式是"厂家→总经销商→二级批发商→三级批发商→零售店→消费者"，然而，这样的销售网络却存在先天不足，在许多产品可实现高利润、价格体系不透明、市场缺少规则的情况下，销售网络中普遍存在的"灰色地带"使许多经销商实现了所谓的超常发展。众多的厂家却有"养虎遗患"之感，不仅多层次的销售网络进一步瓜分了渠道利润，而且经销商不规范的操作手段如竞相杀价、跨区销售等常常造成严重的网络冲突。更重要的是，经销商掌握的巨大市场资源，几乎成了厂家的心头之患——销售网络漂移，可控性差，改革势在必行。

渠道扁平化就是以企业的利润最大化为目标，依据企业自身的条件，利用现代化的管理方法与高科技，最大限度地使生产者直接把商品出售(传递)给最终消费者以减少销售层级的分销渠道。渠道扁平化的实质就是组织结构的模式尽量扁平，尽量减少流通环节，由此来实现成本优势，还可以减少中间环节过多导致的信息失真。渠道扁平化有利于更好地满足消费者的需求，了解市场真实信息。只有渠道扁平化，厂家在终端与消费者做直接、互动的沟通，做好售前、售中、售后服务，才能更好地了解并满足消费者的需求，有利于企业更好地开发产品。渠道扁平化、强化终端有利于管理和服务经销商，也有利于控制和驾驭经销商。渠道的扁平化不是摒弃经销商，核心是重视终端，操作的手法是通过对终端的精耕细作，更好地实现对经销商的服务和管理，同时也从根本上控制和驾驭经销商。渠道扁平化利于加大对消费者的宣传力度，利于开展终端促销活动，消化库存，利于建立品牌。

▶ 2. 渠道品牌化

品牌已经渗透到我们生活的各个领域，产品需要品牌，服务需要品牌，分销渠道同样需要品牌。专卖店作为渠道品牌化的一种重要方式，正在迅速地扩张到各个行业。

专卖店一般具备以下几个优点：其一，它可以作为一个展示中心，充分展示自己的产品，提升品牌形象，进而促进产品的销售。这种展示可以是长年的，不用特别地投入就能做得很好。其二，它可以作为一个推广中心，用户往往会被专卖店人员专业、热情的服务所打动，这样可以使用户对厂商的产品有更多的了解，留下较好的印象。其三，它可以作为一个培训中心。许多用户的产品知识并不是很专业，这就要求厂商能够提供及时的培训。外面课堂上的培训，不仅许多人无法去上，而且大多是针对所有产品的，用户无法切实了解特定公司的产品，而特许专卖店恰恰提供了这样一个专门讲解特定公司产品使用方法的场所。其四，它还是一个销售中心，人们可以根据自己的喜好，根据自己对产品的现场印象，来做出自己的逻辑推断，从中购买到自己满意的产品。

专卖店的精髓就是渠道建设的品牌化、一体化、专业化，这样，企业就不再把销售仅仅视为一种商品的买卖，而是把销售行为上升为一种渠道品牌的经营。通过设立专卖店，企业可以建设统一的，具有个性、符合时尚的品牌文化，实现渠道增值。而统一规范的连锁经营一改过去厂商到用户之间的各级分销商、零售商的成本层层累加方式，很大程度上让利于消费者。

▶ 3. 渠道集成

目前，传统渠道和新兴渠道之间的矛盾越来越突出。传统渠道主要包括大商场、中小商场及专卖店。新兴渠道可细分为综合性连锁、品牌专卖店、集团采购、网上订购等。传统渠道和新兴渠道目前都具有自己的竞争优势，并存于市场中，但是新兴渠道使传统渠道面临越来越大的挑战。

随着互联网的发展和网民队伍的扩大，渠道的一个重要发展趋势是在线销售。美国戴尔公司凭借这一法宝，迅速占据了同行业第二的宝座，锋芒直指当时计算机销售市场的“老大哥”康柏(Compaq)；同样，亚马逊公司凭借网络在线销售图书，短短几年时间，市价总额就超过了全球最大的两家图书销售商的市价总和。此外，很多其他在线销售商都取得了巨大的成功，与传统营销模式相比，在线产品销售显示出巨大的优势。

解决渠道冲突的最好办法就是渠道集成，即把传统渠道和新兴渠道完整地结合起来，充分利用各自的优势，共同创造一种全新的经营模式。当然，这种方法要求供应商能够对传统渠道施以足够的控制，操作难度较大。

▶ 4. 渠道关系伙伴化

通过渠道整合，建立伙伴型的渠道关系，各个代理商不仅是利益共同体，而且是命运共同体，渠道本身就是一个战略的联盟。其中，服务意识、服务内容、服务手段在联盟运转中起着关键的作用。这个服务的链条会使渠道联盟更加稳固，使企业、渠道商和用户之间的亲和度大大增强。

厂家与经销商合作的形式有以下几种。

(1) 联合促销，即厂家与经销商共同进行促销，例如，合作广告经销商，即发布广告，厂家给予一定金额的补贴(从货款中扣除或凭单据报销)；陪同销售，即厂家派销售人员协助经销商向下级客户销售；销售工具，即厂家为经销商提供样品，销售点广。

(2) 专门产品，即厂家为经销商提供专门产品既可以增强销售网络凝聚力，也可以减少消费者购买时对价格的比较。例如，厂家对大的零售商专门生产某一产品，以及经销商购买某一品牌经营等。

(3) 信息共享，即厂家与经销商共享市场调查、竞争形势、消费者动向等方面的信息。

(4) 培训，即厂家为经销商提供销售、产品、管理和营销等方面的培训活动，以提高经销商的销售和管理水平，等等。

本章小结

分销渠道策划是指如何选择、设计、管理分销渠道，也就是说如何合理选择、设计、管理产品从生产者转移到消费者或用户所经过的路线和通道。企业进行分销渠道策划时不仅要考虑分销渠道特点、功能、流程、类型，还要考虑企业、产品、市场、竞争、消费者等因素，高效的分销渠道策划是企业创建竞争优势的重要来源之一。

分销渠道策划需遵循客户导向原则、最大效率原则、发挥企业优势原则、合理分配利益原则、协调及合作原则、覆盖适度原则、平衡可控原则等。分销渠道策划分为分析渠道现状，明确渠道任务与目标，确定渠道的治理形式和渠道策略，确定渠道的宽度、密度和数量，确定渠道的长度，确定中间商的类型，渠道方案的评估与选择 7 个步骤。

分销渠道的长度结构是零级渠道、一级渠道、二级渠道及三级渠道；分销渠道的宽度结构为密集分销、选择性分销、独家分销；分销渠道的系统策划是垂直式渠道系统、水平式渠道系统、多渠道系统。企业在选择和设计分销渠道时，首先应对影响渠道选择与设计的因素进行综合分析，然后再做出决策。影响分销渠道选择与设计的因素主要有商品因素、市场因素、竞争者、制造商、环境因素。企业非常有必要按照一定的程序进行渠道设计，在理想的渠道和现实可能实现的渠道之间做出选择。

在建立好渠道之后，企业分销渠道策划的重点就转移到了渠道管理上。不断优化和组合渠道系统，让渠道系统发挥应有的作用，是渠道管理的首要任务。一般来说，分销渠道管理策划的内容主要包括分销渠道成员激励、分销渠道冲突化解、分销渠道系统整合。

复习思考题

1. 简述分销渠道策划的含义。
2. 分销渠道策划需遵循哪些原则?
3. 密集分销和选择性分销各有哪些优缺点?
4. 影响分销渠道选择与设计的因素主要有哪些?
5. 如何激励分销渠道成员?
6. 简述渠道冲突的成因和解决方法。

案例分析

武汉工贸家电渠道竞争分析

商道如棋,得渠道者得天下!随着国美、苏宁等全国性连锁巨头的极速扩张,家电领域正硝烟弥漫,渠道竞争也愈演愈烈,而自古就是商家必争之地的武汉,2007年必然处于家电争夺战的"震中"部位。在区域优势已不复存在的情况下,作为武汉本土的家电零售企业——武汉工贸有限公司,又是如何操纵棋盘、布局渠道、力挡群雄的呢?

一、历史沿革

武汉工贸家电成立于1985年,隶属武汉工贸有限公司,资产超过12.5亿元,拥有七大分公司、八大采购平台、32家大型专业卖场,经营品类包括彩电、冰箱、洗衣机、空调、音响、手机、数码、电脑、厨卫、小家电、家居饰品等,是目前湖北省内最大的集销售、仓储配送、安装、维修为一体的专业化家电零售企业。

1990年,工贸家电率先引入连锁业态,正式进军零售市场,迅速崛起。经过七年多的市场洗礼,武汉、襄樊、宜昌、黄石、荆州、十堰、黄冈、荆门等地相继成为工贸家电的销售据点,总营业面积达13万平方米。2006年度,工贸家电再创佳绩,销售总额超过34亿元,市场占有率超过50%,并连续六年蝉联武汉市家电零售行业冠军!

工贸家电在2003—2004年,年均增长速度超过1%;2004—2006年,保持25%的年平均增长水平;被中国商业联合会评为"中国品牌企业""全国家电经销商十强";被湖北省家电协会评为"诚信企业";被武汉市信用中心评为"武汉市信用企业";在中国服务业500强中榜上有名,并成功进入"2006年中国消费电子最具影响力零售商20强"。

回顾创建以来历经的风雨征程,早期的工贸家电以批发业务为主。然而,随着海尔、TCL、康佳等一批家电生产商纷纷建立销售网络,强力争夺批发渠道,工贸家电陷入了存亡危机。面对这种情况,工贸家电是如何走出困境,建立渠道优势的呢?

二、重要转型——从批发到零售专业化

20世纪90年代末,工贸家电现任董事长兼总经理李丰,敏锐地捕捉到市场环境变化的前兆,果断决策,进入终端,完成了由批发商向零售商的顺利转型。在这一时期,熟谙武汉市场的工贸家电提出了“专业卖家电、全心做服务”的经营理念，并从实践中悟出了一条经典理论——“白菜理论”。

工贸家电的“白菜理论”强调：家电不是奢侈品，而是必需品，顾客重视的是性价比，对卖场环境的要求则是其次。那么，关于“白菜理论”，李丰总经理又是如何解析的呢？“过去五六年前十几万块钱的价格，只有很少的企事业单位消费者能够接受，一般的家庭难以承受。但是今天来看，等离子彩电、液晶彩电，由于它们的价格大幅度下滑，大多数消费者已能够接受。所以这就是我们当时提出‘白菜理论’的第一个方面——环境方面的变化。”

消费环境的变化，让家电进入了普通家庭，那么，在这样的市场趋势下，“白菜理论”又是如何指导经营的呢？

“作为流通渠道，我们要做的事情就是降低成本，要把家电当时20%～30%的毛利降下来。当时那种毛利是什么原因？很大程度上是运行成本很高，所以我们提出要把运行成本降下来。我们的店堂、装修、设置，没有必要像百货商店那样，做得那么高档次，显得那么富丽堂皇。这样一来，我们的物流成本、经营成本下降以后，也使单件商品的毛利下降，从而配合家电产品进入家庭的趋势。降低运行成本，这就是当时提出‘白菜理论’的第二个方面。”

“第三个就是价格要随行就市。在我们国家由计划经济向市场经济转型期间，实际上很多价格都是一口价，定死的一个价格，甚至是国家定价。但是随着国家改革开放，很多商品的价格实际上已经放开，由企业自行定价，家电产品就首当其冲。因此我们的价格就更应该随行就市。”

紧随消费需求、降低运行成本、随行就市，“白菜理论”在当时的背景下堪称一绝，但在敌进我退的家电零售界，没有永久的“撒手锏”。

三、迅速进行战略调整，进一步巩固渠道优势

2002年前后，国美、苏宁等全国性家电连锁巨头强势来汉扩张，这些巨头成熟的管理模式和规模优势，使得工贸家电曾经的独门绝学已然失灵。面临严峻的渠道竞争，工贸家电确定了“立足本省、做大做强、巩固武汉基地、深耕省内市场、争做区域连锁强势企业”的发展战略。这一战略，李丰总经理认为主要体现在三个方面。

第一，市场占有率要最高，目标是要超过竞争对手一倍以上。

第二，做到单店效率最好。全国连锁(商家)由于发展面比较广，整个经济社会条件参差不齐，如果从全国这个角度来说，单店效益并不高，都是亿元以下。作为区域性连锁，在湖北这种经济发展比较均衡的地区，发展还是相对均匀的。所以在这一块，工贸家电要做到单店效益最好。

第三，在湖北省这个市场上要有深度。所谓深度，就是把武汉这个省会城市定位为一级市场，地级市定为二级市场，还有众多的县级城市则定位为三级市场。工贸家电的三十几个店，就涉及中心城市一级市场、地区城市二级市场，以及县级城市三级市场。与全国连锁(商家)比较而言，工贸家电覆盖面的深度更深。

市场占有最高，单店效益最好，区域做深做透，工贸家电高瞻远瞩、志存高远。为适应战略调整的需要，工贸家电还实施了流程再造，对延续多年的组织架构进行调整：按产品线设置事业部，采购体系和营销体系分离重组，以此强化对采销环节的调控力度。这种调整一改过去“先采购，再分配销售”的方式，而让卖场“根据市场变化，提出采购计划”。

2005年年初，为适应省内快速发展的战略目标，工贸家电投资新建了目前省内最大的家电物流配送基地——汉西物流配送基地，占地2万多平方米。高效的管理系统、成熟的配送模式、现代化一流的硬件设施、1万平方米的停车场，这一切，使得消费者和供货商能更好地享受服务，而工贸家电却大大降低了成本费用。

在战略调整的同时，工贸家电还认识到，就渠道中间商而言，维持良好的渠道关系链，对链上的每一位成员都至关重要。因此，工贸家电提出，以诚信和服务建立良好的渠道伙伴关系。

工贸家电将市场意识融入企业经营，与供应商结成战略联盟，在全省推广工贸品牌。工贸家电众多的供货资源、良好的供货渠道，均得益于“诚信”二字。通过诚信经营，工贸家电与上游制造商、供应商及分销商都建立了长期战略伙伴关系。

同时，工贸家电还不断创新服务模式，在武汉家电市场创造出多个第一：率先推出“无搬动服务”；率先通过ISO9001：2000国际质量体系认证；率先推行买空调“赠送价值500元服务金卡”等。在武汉市的家电流通领域，工贸家电是唯一自办售后服务的企业，并被评为“五星级维修企业”。工贸家电的售后服务人员都经过专业培训，持证上岗，日服务量高达2 000户，这纪录叱咤江城！

为了让消费者享受到更多的增值服务，李丰总经理还全力打造“满意100服务工程”，核心内容包括：质量保障、价格保障、退换保障和特别保障。围绕这四大保障，工贸家电的服务项目得到了细化，服务质量也进一步提升。

为保持渠道关系链的良好运转，在管理方面，工贸家电还强调：制度出管理，管理出销量。

为了保障产品质量，工贸家电主要做到了三点：第一，制定了一系列规章制度，如《供货商检验制度》《商品质量管理制度》等，确保了库存管理及进货过程的安全性；第二，设置商品质量管理机构，从组织上保证商品品质；第三，强化对商品来源地的监督，从源头上堵住商品采购漏洞。

同时，在各大家电连锁巨头大肆渲染卖场氛围，以此来吸引人气、提升销量的攻势下，工贸家电双管齐下：卖场硬软件两手抓，两手都要硬。

从硬件设施方面来看，在建筑物牢固度、安全通道的畅通、消防设施的齐备、安全警示标志，以及经营场所环境卫生、防毒措施与通风状况等方面，工贸家电都有专门的安检制度。从软件服务方面来看，工贸家电以《员工服务行为规范》为蓝本，规范员工服务行为；以《不满意可退换货服务》，保证客户最大利益；以《部分商品修理更换退货责任规定》，落实国家三包政策；以“赠送价值500元服务金卡”，延伸特殊增值服务；卖场指示牌、POP、吊幅、横幅、条幅等广告宣传的统一标志给顾客以“绿色通道”之感。这一切最终使工贸家电成为顾客乐于往来的“便利店”与“安全岛”。

思考：

1. 如何理解武汉工贸家电的“白菜理论”？

2. 为保障产品质量，工贸家电主要做了哪些工作？

3. 面对国美、苏宁等全国性连锁巨头的极速扩张，工贸家电是如何走出困境、建立渠道优势的？

第二节 价格方法策划

价格方法策划是企业在特定的定价目标指导下，依据对成本、需求及竞争等状况进行的研究，运用价格决策理论，对产品价格进行计算的具体方法。常见的价格方法策划有三种：成本导向定价法、需求导向定价法和竞争导向定价法。

一、成本导向定价法

成本导向定价是企业定价首先需要考虑的方法。成本是企业生产经营过程中所发生的实际耗费，客观上要求通过商品的销售而得到补偿，并且要获得大于成本支出的收入，超出的部分表现为企业的利润。以产品单位成本为基本依据，再加上预期利润来确定价格的成本导向定价法，是中外企业最常用、最基本的定价方法。成本导向定价法又衍生出了总成本加成定价法、目标收益定价法、盈亏平衡定价法等几种具体的定价方法。

（一）成本加成定价法

成本加成定价法是按照单位成本加上一定百分比的加成来制定产品的销售价格，即把所有为生产某种产品而发生的耗费均计入成本的范围，计算单位产品的变动成本，合理分摊相应的固定成本，再按一定的目标利润率来决定价格。成本加成定价法按照下面的公式计算出产品售价。

成本加成率＝利润率/成本率×100％

价格＝完全成本×(1＋成本加成率)/1－税率

成本加成率的确定通常有两种方法：第一，固定加成，即不论市场状况、需求弹性、消费者偏好和收入等因素如何变化，都采用固定的加成率；第二，变动加成，即根据企业产品实际销售状况，结合市场形势，在不同的市场状态下或不同的时期采用不同的变动加成。

用成本加成方法计算价格的优点如下。首先，这种方法简化了定价工作，便于企业开展经济核算；其次，若某个行业的所有企业都使用这种定价方法，它们的价格就会趋于相似，因而价格竞争就会减到最少；最后，在成本加成的基础上制定出来的价格对买方和卖方来说都比较公平。卖方能得到正常的利润，买方也不会觉得受到了额外的剥削。成本加成定价法一般在租赁业、建筑业、服务业、科研项目投资及批发零售企业中得到广泛的应用。即使不用这种方法定价，许多企业也多把用此法制定的价格作为参考价格。

（二）目标收益定价法

目标收益定价法又称投资收益率定价法，是根据企业的投资总额、预期销量和投资回收期等因素来确定价格。

单位产品价格＝固定成本/销售量＋单位变动成本＋单位产品的目标收益

以目标收益作为定价基础，企业需要对销售量做出估计。然而，先确定产品销

实训活动

一、实训目标

了解工商企业的分销渠道建设模式，并为指定企业产品设计合理的分销渠道，培养初步利用所学知识进行分销渠道策划的能力。

二、实训内容

组织学生参观访问不同行业的工商企业(特许连锁店、百货商店、电子网络商店等)，了解不同企业分销渠道的选择、运行及模式。完成分析某行业或企业分销渠道模式报告，并为指定企业产品设计一份分销渠道策划方案。

三、实训步骤

1. 以 5～6 人为一组，每组确定 1 名负责人，组建营销团队。

2. 对各营销团队进行适当角色分工，确保组织合理和每位成员的积极参与。

3. 实地调研不同工商企业的分销渠道，了解不同工商企业现有分销渠道运行的状况及优缺点，以及它们是如何化解分销渠道的矛盾和冲突的。为指定企业产品选择合适的分销渠道及策划设计一种分销渠道。

4. 每组选派一个代表上台展示方案，制作 PPT 并进行模拟展示。

5. 评分标准：小组自评占 20%，其他组互评占 40%，教师评分占 40%。

第七章 促销策划

学习目标

1. 了解促销策划的含义和内容。
2. 理解广告策划的含义和程序。
3. 掌握广告总体策划的内容。
4. 掌握广告定位策划的方法。
5. 理解广告媒体的特征。
6. 了解人员推销策划的含义和流程。
7. 了解营业推广策划的程序。
8. 了解公关关系策划的内容及公关关系具体活动的策划。

导入案例

美特斯邦威的促销策划

美特斯邦威一直“不走寻常路”，最大的因素是它将自身特有的魅力通过出色的促销策划传达给消费者。

美特斯邦威服饰的消费对象多为年龄在18～28岁的年轻人，他们活力四射、个性张扬。他们希望美特斯邦威能给他们传递一种不同寻常的生活主张和生活态度，展现他们的独特个性。美特斯邦威紧紧围绕品牌的定位，通过广告投放、签约代言、营业推广等多层次的整合促销活动，不断提升自身的品牌和产品形象。从郭富城到周杰伦，从张韶涵到米勒，每个代言人都是引领年轻活力的典范。

作为服装产品，除了款式与价格因素外，情感因素也是促成消费者购买的一大动因。所以，当情人节、七夕、国庆节等重要节日来临时，美特斯邦威所有店面工作人员更是与顾客打得“火热”，无论是对学生一族还是对工薪阶层，他们都“一视同仁”，在任何时候都把微笑带给消费者。通过有效的促销组合策略，美特斯邦威把自己塑造成一个“不走寻常路”的典型品牌。

资料来源：品牌网.

第一节 促销策划概述

一、促销策划的概念

促销是促进销售的简称，是指企业通过人员和非人员的方式把企业的产品及提供的服务信息传递给顾客，激发顾客的购买欲望，影响和促成顾客购买行为的全部活动的总称。

促销策划是指对企业整个促销工作的谋划和设计，即广告、营业推广、公共关系、人员推销如何实现极佳配合。策划的目的是使企业形成整体促销合力，在有限的促销预算下达到理想的促销效果。促销具有以下几层含义。

（一）促销工作的实质是沟通信息

促销是一种沟通性的活动，主要目的是通过企业的营销活动，以推力和拉力活动的整合沟通作用，促使产品或服务沿着分销渠道往前推进。促销策划工作的核心是选择哪种促销方式或促销方式组合，以更好地沟通信息。

（二）促销的目的是引发、刺激消费者产生购买行为

企业通过各种有效的促销活动，不仅能够诱导和激发需求，而且能在一定条件下创造需求，使消费者充分认识本企业产品的特色，从而进行正确的购买决策，采取相应的购买行动。

（三）促销的方式有人员促销和非人员促销两类

人员促销是企业运用推销人员向消费者推销商品或服务的一种促销活动，主要适用于在消费者数量少、比较集中的情况下进行促销。非人员促销是企业运用一定的媒体或活动传递产品或服务等有关信息，以促使消费者产生购买欲望、发生购买行为的促销方式，如营业推广、广告和公关等，它适用于消费者数量多、比较分散的情况。一般企业会综合运用人员促销和非人员促销。

二、促销策划的内容

企业进行促销策划时需要根据产品的特点、促销对象的不同和营销目标，综合各种影响因素，对各种促销方式进行选择、编配和运用。促销策划的内容大致可分为两类：推动策略(push strategy)与拉引策略(pull strategy)。

（一）推动策略

推动策略以中间商为主要促销对象，侧重运用人员推销的方式，把产品从制造商推向批发商，由批发商推向零售商，再由零售商推向最终消费者。该策略一般适用于单位价值较高的产品，性能复杂、需要做示范的产品，根据用户需求特点设计的产品，流通环节较少、流通渠道较短的产品，市场比较集中的产品等。

（二）拉引策略

拉引策略是以最终消费者为主要促销对象，侧重运用非人员推销方式如广告、公共关

系及营业推广，直接诱发消费者的购买欲望，由消费者向零售商、零售商向批发商、批发商向制造商求购，层层拉动以实现产品销售。对单位价值较低、市场比较分散的日常用品，流通环节较多、流通渠道较长的产品，市场范围较广、市场需求较大的产品，常常采用拉引策略。

三、促销策划的流程

一个合适的工作流程，能避免工作的随意性和盲目性，提高工作的效率和效果。一般来说，促销策划主要包括以下 7 个步骤。

（一）确定目标市场

所谓确定目标市场，其实就是确定产品或服务针对的消费者。在潜在市场中，哪些人需要你的产品，哪些人在使用你的产品的过程中受益，那么这部分人就是你的目标市场所在。只有认准了潜在客户，才能采取最有效的促销手段，与潜在客户进行营销沟通，并在沟通过程中传达最适合潜在客户的营销信息。

（二）确定促销目标

在不同时期和不同的市场环境下，企业开展的促销活动都有特定的促销目标。没有目标，促销活动就不能做到有的放矢，之后的所有促销活动将会失去方向，成为“失去航标的帆船”。这里的促销目标就是期待目标市场对促销活动所做出的反应，比如促使目标消费者获取购物优惠券并进行购物。企业要根据促销目标来制定促销方式及促销手段。

（三）确定促销信息

所谓促销信息，实质上就是企业在与目标市场沟通时用于吸引目标市场所采用的文字和形象设计。当与目标市场进行促销沟通时，企业必须在促销信息中以充足的理由向潜在的客户表明：为什么他们应该对你所传达的促销信息做出反应。企业所提供的产品能够给用户带来的最大的益处是什么，这是促销信息中最关键的内容。

（四）选择促销手段

作为信息的发送者，必须选择最有效的促销手段，以便准确传达促销信息。常用的促销手段主要有以下四种。

(1) 广告。对在电视、杂志和报纸上登载广告，企业要考虑三方面的因素：广告成本、各媒体的独特性及媒体形象。

(2) 营业推广。营业推广的方式多种多样，包括有奖竞赛活动、优惠券、赠品和样品赠送等。确定最有效的营业推广方式的唯一途径就是事前进行试验性操作，从而对营业推广方式的效果做出实际检验。

(3) 公共关系。策划和实施公共活动就是为了通过媒体免费的正面宣传报道，达到提高社会知名度及强化公司形象的目的。

(4) 人员推销。人员推销的目的是与客户进行更具人情味、更富个性化的促销沟通。

（五）确定促销预算

促销预算是一个促销方案能否顺利策划和执行的关键。要做到促销的成功，就应正确预计总额，对预算总额实行合理分解，将预算分解到每一项活动和安排中，并根据企业的实际情况对方案进行调整，做出适合本企业实际的促销预算。

（六）确定促销总体方案

当促销总体方案确定下来以后，必须自始至终协调和整合总体方案中所采用的各种不同的促销手段，这一点对实现预期促销目标来说非常重要。制订详细的推行计划，是保证促销方案顺利实施的前提。

（七）评估促销绩效

企业对促销总体方案做出评估和调整，目的不仅是调整那些效果不佳的促销手段，同时也是使以后的促销总体方案能够更有效地为实现促销目标服务。

第二节 广告策划

一、广告策划概述

（一）广告策划的概念

广告策划是根据广告主的营销策略，按照一定的程序对广告运作或广告活动的总体战略进行前瞻性规划的活动。它以科学、客观的市场调查为基础，以富于创造性和效益性的定位策略、诉求策略、表现策略、媒介策略为核心内容，以具有可操作性的广告策划文本为直接结果，以广告运作的效果调查为终结，追求广告运作过程的合理化和广告效果的最大化，是现代广告运作科学化、规范化的重要标志之一。

（二）广告策划的程序

广告策划，实际上是对广告活动过程进行的总体策划，是流程的控制和实施。广告策划的程序如图 7-1 所示。

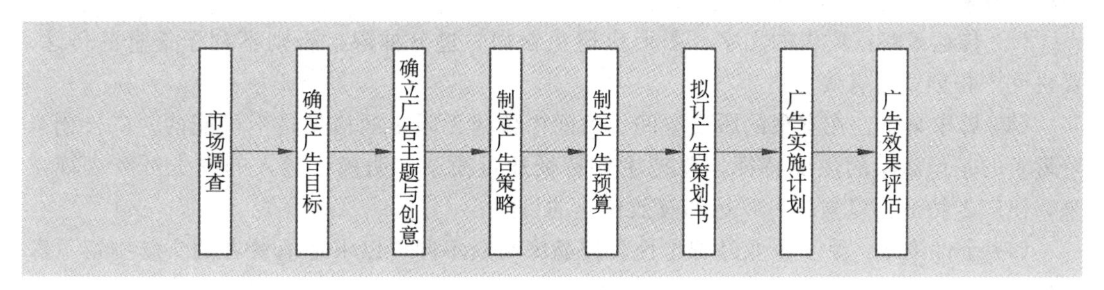

图 7-1 广告策划的程序

▶ 1. 市场调查

在这一阶段，主要了解企业、产品、竞争对手和消费者的基本情况，并在此基础上开展广告研究和分析，剖析企业的优势、产品的特性和行销记录，分析企业和竞争对手的市场地位。对消费者的需求状况、消费特征和消费态度等进行解剖，找出消费者的需求热点和潜在需求。同时，还必须对产品的市场环境进行详细的了解，研究市场的环境因素对产品市场的影响。这一阶段的工作为后续的策划工作提供依据。

▶ 2. 确定广告目标

产品生命周期中的不同阶段对应不同的购买对象，随着产品的生命周期中购买对象不同，广告策划具体的广告目标也不同。

(1) 导入期：属于产品的发售阶段，需要重视产品的知名度调查、购买者的评判调查、经销店的意见调查等。广告策划的任务主要是告知产品品牌及产品的特征。促销手段包括大众媒体广告发布，开展向经销者提供促销物品、分发广告传单，实施店头广告及实地展销等活动。

(2) 成长期：成长期的重点在于扩大需求，提升企业知名度，以提高利润，增加生产量等。在这一阶段，要以扩大需求，提高消费者喜爱的程度为促销目标；通过抽样调查测量知名状况及购买状况，开展视听率调查及活动效果调查；促销主题着重实用性、效果性、机能性等，制造大众流行使用氛围。

(3) 成熟期：此阶段要尽量扩大需求已不太可能，因此重点应放在回收研究开发费用及市场开拓费用上。这一阶段的促销目的是延长成熟期，强调产品差别性，扩大市场占有率；促销主题突出差别性、实利性，开展适应竞争的各种促销活动，如赠品、奖品；对经销店的再指导也不容忽视，着重在经销店确认本产品与竞争产品的调查。

(4) 衰退期：在此期间已不可能拓展销售量，即使降低价格也无法扩大需求，产品在市场上呈现衰退的倾向，企业利益也在下跌。此阶段的促销主题应放在强调产品的实用性上，以求维持产品的销售量。

▶ 3. 确立广告主题与创意

广告主题是广告所要表达的中心思想，广告创意是在广告策划全过程中确立和表达广告主题的创意性思维活动。广告创意贵在创新，只有新的创意、新的格调、新的表现手法才能吸引公众的注意，才能有不同凡响的心理说服力，加深广告影响的深度和力度，给企业带来无限的经济价值。广告创意策略有以下几种。

(1) 目标策略：一个广告只有针对一个品牌、一定范围内的消费者群，才能做到目标明确、针对性强。目标过多、过奢的广告往往会失败。

(2) 传达策略：广告的文字、图形应避免含糊、过分抽象，否则不利于信息的传达。要讲究广告创意的有效传达。

(3) 诉求策略：在有限的版面空间、时间中传播无限多的信息是不可能的。广告创意要诉求的是该商品的主要特征，要把主要特征通过简洁、明确、感人的视觉形象表现出来，使广告特征得以强化，以达到有效传达的目的。

(4) 个性策略：赋予企业品牌个性。使品牌与众不同，以求在消费者的头脑中留下深刻的印象。

(5) 品牌策略：把商品品牌的认知列入重要的位置，并强化商品的名称、品牌，对于瞬间即逝的视听媒体广告，通过多样的方式强化，适时出现、适当重复，以强化公众对商品品牌的深刻印象。

▶ 4. 制定广告策略

为了将广告主题和广告创意付诸实施，并且取得理想的广告效果，必须对各种媒体、表现方式、地区、时机等进行多方面的研究，从而选择最合适的广告媒体、广告方式、广告的范围及合适的广告时机，选择最佳组合方案以更好地实现广告目标。

▶ 5. 制定广告预算

广告是一种付费活动，如果不对广告活动进行科学合理的预算，广告费将不能得到有效控制。广告预算就是企业对广告活动所需费用的计划和匡算，它规定在一定的广告时期内，从事广告活动所需的经费总额、使用范围和使用方法。广告预算的制定会受到各方面因素的制约，如产品生命周期、竞争对手、广告媒体、发布频率和产品的可替代性等。

▶ 6. 拟订广告策划书

完整的广告策划书一般包括八个方面的内容：前言、市场分析、广告战略、广告对象、广告地区、广告战术、广告预算及分配、广告效果预测。

(1) 前言。在广告策划书的前言中，应详细说明广告计划的任务和目标，必要时还应说明广告主的营销战略。

(2) 市场分析。市场分析主要包括四个方面的内容：企业经营情况分析、产品分析、市场分析和消费者研究。应该根据产品研究的结论，说明广告主的产品所具备的条件；再根据市场研究的结论与市场中同类商品的情况列表进行一一比较，并指出消费者的爱好和偏向。如有可能，提出产品改进和产品开发建议。

(3) 广告战略。根据产品定位和市场定位研究的结果和广告层次研究的结论，列明广告策略的重点。说明用什么方法使商品在消费者的心目中建立深刻而难以遗忘的印象；用什么方法刺激消费者产生购买兴趣；用什么方法改变消费者的使用习惯，使消费者改变品牌偏好，改为使用广告主的商品；用什么方法扩大广告产品的销售对象范围；用什么方法使消费者形成购买习惯。

(4) 广告对象。根据定位研究可计算出广告对象有多少人、多少户。根据人口研究结果列出有关人口的分析数字，如人口总数，人口地区分布，人口的年龄、性别、职业、文化程度、阶层、收入等的分布和构成，求出广告诉求对象的数字，说明他们的需求特征、心理特征、生活方式和消费方式等。

(5) 广告地区。根据市场定位和产品定位研究结果，决定市场目标，并确定目标市场的选择，说明选择理由和地区分布。

(6) 广告战术。根据广告战略中所列的重点，详细说明广告实施的具体细节。

① 在报纸媒介方面，说明选择哪一家或哪几家、选择理由、刊登的日期、次数和版面，并说明每次刊登的面积大小。

② 杂志媒介，同样说明选用的媒介单位、选用理由、刊登次数、每次的面积和刊发日期。

③ 选择哪一家电视台、哪一个频道或哪几个频道，分别选择什么时间播放，说明选择的理由、计划播映次数、每次播映的时间长短、广告片的形式和播映日期。

④ 广播电台。说明选用的媒介单位、插播还是专题、播出时间和日期、选用的理由，以及计划播出的次数和每次播出时间的长短。

⑤ 说明促销活动的举办日期、地点、方式、内容及赠品、奖品等，说明举办的理由和主持人。

⑥ 选择其他媒介，如海报、招贴、售点广告、邮寄广告、传单和说明书等，均应说明印制的数量和分发方式、分发日期等内容。在选用多种媒介时，对各类媒介的刊播如何

进行交叉配合，亦需加以说明。

(7) 广告预算及分配。根据广告策略的内容，详细列出媒介选用情况、所需费用(按媒介单位的顺序分别列出)、每次刊播的价格，最好能编成表格。广告预算的确定是广告目标确定之后更为重要的实际工作，要求广告部门与企业营销部门、财务部门一起确定广告预算总投资，进而对广告费进行具体的预算分配。

(8) 广告效果预测。广告效果预测主要说明在广告主同意按照广告计划实施广告活动的前提下预计可达到的目标。这一目标应以广告策划书前言部分规定的任务为准则。

▶ 7. 广告实施计划

广告实施计划是在上述各主要内容的基础上，为广告活动的顺利实施而制定的具体措施和手段。广告实施计划的主要内容包括：广告应在什么时间、什么地点发布出去，发布的频率如何；广告推出应采取什么样的方式；广告活动如何与企业整体促销策略相配合等内容。

▶ 8. 广告效果评估

广告发布出去之后，要衡量是否达到了广告的目的，这就要对广告效果进行全面的评估。通过广告效果的评估，可以了解到消费者对整个广告活动的反应，对广告主题是否突出、诉求是否准确有效，以及媒体组合是否合理等结果做出科学判断，然后通过反馈和修正使广告效果达到最佳水平。

二、广告总体策划

广告总体策划的内容包括明确广告目标、确定广告预算、选择广告信息、评价广告效果。

案例：江南布衣的广告策划

(一) 明确广告目标

广告目标是指在一个特定时期内，对于某个特定的目标受众所要完成的特定的传播任务和所要达到的沟通程度。广告目标是企业广告策划的指导方向，主要可以分为三种类型：信息性目标、说服性目标和提醒性目标。

▶ 1. 信息性目标

这种广告主要用于大类产品的市场开拓阶段。此时，公司的目标是激发顾客对该类产品的原始需求或基本需求，而不在于建立该类产品某一特定品牌的需求，即告知消费者现在新出现了某类新产品，以便促进整类商品的销售。例如，我国的乳酸产业在发展之初，就只着重向消费者介绍乳酸饮品的营养价值及多种用途，而不是专门介绍伊利或蒙牛等个别品牌的特色和优点。

▶ 2. 说服性目标

这种广告主要用于进入竞争阶段的产品。此时，公司的目标是为特定的品牌培植选择性需求，建立起顾客对本企业产品的品牌偏好，有助于顾客建立对产品的信心，最终实现购买行为。市场上大多数广告都属于这种类型，企业利用这种品牌导向的广告说服消费者购买企业的产品。

▶ 3. 提醒性目标

这种广告主要用于进入成熟期的产品。此时，公司的目标不是通知或说服消费者购买某一人所共知的产品，而是提醒消费者不要忘记购买这一特定品牌的产品。它能促使顾客注意具有明显的使用周期或已经建立起较高的品牌知名度的产品，也提醒顾客要注意本企业的品牌和产品。

(二) 确定广告预算

广告预算就是预定用于某一时期开展广告活动所需的货币总额。一般来说，广告预算主要包括市场调研费用、广告设计费用、广告制作费用、广告媒体费用等。

1. 广告预算的考虑因素

(1) 产品生命周期阶段。产品生命周期的不同阶段对广告的要求是不同的，因此，制定广告预算要考虑产品所处的生命周期阶段。一般而言，对处于导入期的新产品，需要花费大量广告预算来建立知名度，对处于成熟期的产品，因成熟期的已有知名度，所以可以减少广告花费。

(2) 品牌的市场份额。市场份额高的品牌，广告的目的在于维持市场份额，因此广告预算在销售中所占的比例通常较低。而陌生品牌需要获得消费者认同，只能通过大量广告来从竞争对手手中抢夺市场份额。

(3) 市场竞争状况。如果市场竞争激烈，企业应加大在广告方面的投入力度，以便能够通过广告的支持，配合其他手段，在市场竞争中获得有利的地位。

(4) 产品替代性。替代性强的产品，通常需要大量的广告宣传，以树立有差别的形象，比如快速消费品需要通过大量广告来塑造品牌之间的差异。而替代性不强的产品，由于产品本身已经具有独特的性质，企业为树立品牌形象进行广告宣传的需要并不迫切，因此广告费用相对较低。

2. 制定广告预算的方法

(1) 销售额百分比法。销售额百分比法是以一定期限内的销售额的一定比例计算出广告费总额。这种方法的优点是简便易行，能够在产品定价时就考虑固定的比例作为广告在单位产品上的均摊。最大的缺点是将销售的结果作为制定广告预算的依据，而实际上，广告投入的高低是决定销售额大小的一个重要因素。有时企业的销售额不能达到预期的水平，可能恰恰是由于广告投入的不足所致，销售额低时，企业往往应该加大广告的投入，以提高人们对产品的认知水平，从而最终提高产品的销售额。在这种情况下，销售额百分比法就暴露出了它的不足。

(2) 目标任务法。目标任务法是依据广告计划的目标和任务来决定广告的预算，是一种最有效的广告预算方式。目标任务法的前提是先建立目标，然后再依据目标的要求分别确定完成目标的各项广告途径和花费，再将各项费用汇总，形成广告的总预算。这种方法将资金投入和目标的实现结合在一起，目标明确，方向清楚，避免了因果颠倒和盲目性等弊端。这种方法如果能够找到原因和结果之间的联系，准确度量广告预算投入和效果之间的关系，就会更加科学有效。

(3) 竞争对抗法。在激烈的市场竞争中，企业制定促销活动规划时要时刻关注竞争对手的情况，竞争对抗法就是依据竞争对手的广告预算水平来确定本企业的广告预算。这种方法对保持企业在广告方面的竞争实力有明显的效果，但是，单纯依据竞争对手的广告预算作为本企业广告预算的制定依据，有时不能与企业的整体战略协调起来，不能反映企业的真实情况，而且容易引起盲目攀比，加剧广告竞争。

(4) 支出可能法。支付广告费用要考虑企业的能力，用企业财务可能提供的广告支出来决定广告的预算，称为支出可能法。这种方法简便易行，但也有反果为因的问题，因为企业财务支出困难往往是由于产品销售不畅引起的。产品销售不畅时，企业更要通过加大广告的支出预算来扭转局面。

(三) 选择广告信息

广告信息决策，就是通过广告应向目标受众传达什么信息，以及以怎样的形式表达这些信息。这项决策可以具体化为三个步骤：广告信息的内容、广告信息的选择、广告信息的表达。

▶ 1. 广告信息的内容

广告信息的内容直接影响广告的效果，让人印象深刻且受人欢迎的广告就是成功的广告。营销人员必须首先发现各种可供传达的信息，才可能最后找出最应该传递的信息，即广告主题或广告诉求。一个好的广告除了需要广告策划人员的创意外，还需要与顾客、经销商、专家及竞争对手进行充分沟通。营销人员可以通过营销调研方法寻找、归纳、分析、推理，以获得有价值的广告信息。

▶ 2. 广告信息的选择

广告信息的选择就是从各种备选的广告信息中，找到最能引发大多数顾客需求的信息作为广告主题。广告信息一旦被选作广告的主题，则要进行较长时间的重复发布，改变信息的内容和表达方式需要相当高的成本。因此，必须对广告所要表达的信息进行审慎的选择。通常，广告信息产生的源泉是产品功能、品牌提供的主要利益。因此，如何从产品的多项功能中选择最吸引受众的功能进行广告宣传，是选择广告信息最重要的环节。

▶ 3. 广告信息的表达

广告的效果除了所涉及的内容外，更重要的是应该怎样表达。因此针对不同的广告内容，选择合适的表达方式显得尤为重要。广告信息的表达是一个具有高度专业性的技术性问题，它常常涉及美术、文学、心理学、摄影等专业领域。而且，对不同媒体的广告而言，表达形式的侧重点也有很大差别。

(四) 评价广告效果

广告效果是广告主通过广告媒体传播信息，给消费者带来的影响程度。广告效果的测定主要包括沟通效果的测定和销售效果的测定。

▶ 1. 广告沟通效果的测定

广告沟通效果的测定主要是测定消费者对广告信息的注意、兴趣、记忆等心理反应的程度。一般有以下几项内容。

(1) 对广告注意度的测定。它借助有关指标了解视听者的认知程度，测定视听者的注意力。常用的指标有：粗知百分比，即记得视听过此广告的视听者百分比；熟知百分比，即记得该广告一半以上内容的视听者百分比；联想百分比，即能准确辨认该产品及广告主的视听者百分比。常用的方法一般是通过表格调查，也可采用仪器装置进行测定。

(2) 对广告记忆率的测定。既可通过间接调查方式，也可采用直接询问方式，了解消费者对企业名称、商品名称、商标、商品特性和购买地点等广告内容的记忆程度。

▶ 2. 广告销售效果的测定

广告销售效果是以广告传播后商品销售量的增减为衡量标准的，因此销售效果是把广告费用与销售额的增加做比较。计算公式如下：

广告效果比率＝(销售额增加率/广告费增加率)×100%

销售额的增加受多种因素的影响，广告只是因素之一，因此用此法衡量广告效果不一定准确，只是作为研究广告效果的参考。在确定销售额增加率时，必须考虑扣除的因素有商品的质量、价格和数量，服务质量，社会购买力的变化，经济形势的变化等。

三、广告定位策划

广告定位观念是继20世纪50年代的“独特销售主题”、20世纪60年代的品牌形象策略之后，对广告创意策略最具划时代意义的理论。广告定位策划是指广告主通过广告活动，使企业或品牌在消费者心目中确定独特形象的一种方法。

(一) 广告定位策划的意义

1. 正确的广告定位策划是广告宣传的基准

企业的产品宣传要借助于广告这种形式，但“广告什么”和“向什么人广告”，则是广告决策的首位问题。科学的广告定位无疑会给企业广告战略的实施与实现带来积极的、有效的作用，而失误的广告定位必然给企业带来利益上的损失。

2. 有利于进一步巩固产品和企业形象定位

现代社会中的企业组织在产品设计开发生产过程中，根据客观现实的需要，企业必然根据所针对的目标市场进行产品定位，以确定企业生产经营的方向。企业形象定位又是企业根据自身实际开展的企业经营意识、企业行为表现和企业外观特征的综合，在客观上能够促进企业产品的销售。无论是产品定位还是企业形象定位，无疑都要借助于正确的广告定位来加以巩固和促进。

3. 准确的广告定位策划是说服消费者的关键

消费者是否购买商品，首先要看广告定位是否准确，否则，即使是消费者需要的商品，由于广告定位不准，也会失去促销的作用，使许多真正的目标消费者错过购买商品的机会。

4. 准确的广告定位策划有利于商品识别

在现代营销市场中，生产和销售某类产品的企业很多，造成同类产品的品牌众多，因而广告主在广告定位中所突出的是自己品牌的与众不同，使消费者认牌选购。消费者购买行为产生之前，需要了解此类产品的信息，更需要了解同类其他品牌产品的信息。广告定位所提供给消费者的信息，其中很多为本品牌特有性质、功能的信息，有利于实现商品识别。

(二) 广告定位策划的方法

广告定位策划是发展或强化品牌的某一特定形象在消费者心目中地位的战略，实质上是使产品与目标顾客的心理需求在特定状态下达到一种吻合。广告定位的方法是将作为实体的产品与代表心理状态的观念联系起来。广告定位主要有两种方法：实体定位与观念定位。

1. 实体定位

所谓实体定位，就是从产品的功效、品质、市场、价格等方面，突出该产品在广告宣传中的新价值，强调本品牌与同类产品的不同之处及能够给消费者带来的更大利益。这是一种差异化的策略，以此确定本产品独特的市场位置。实体定位可以分为市场定位、品质定位、价格定位和功效定位。

(1) 市场定位。市场定位就是指把市场细分的策略运用于广告活动中，将产品定位在最有利的市场位置上，并把它作为广告宣传的主题和创意。广告在进行定位时，要根据市场细分的结果，进行广告产品的市场定位，而且不断地调整自己的定位对象区域。只有向市场细分后的产品所针对的特定目标对象进行广告宣传，才可能取得良好的广告效果。

例如，“万宝路”这个品牌的成功也归功于准确的市场定位。“万宝路”最初的广告定位是女性，宣传主题是“像五月天空一样温和”，销量不佳。原因是定位过于狭窄，把广大男性烟民排除在外，不利于品牌的发展壮大。后来定位做出重大变化，定位于男性烟民，选择西部牛仔作为广告主角，强调“万宝路”的男子气概，以吸引所有追求男子气概的顾客，因此“万宝路”一跃成为全美第10大香烟品牌。可见，广告定位的正确与否直接影响到产品的市场效应和未来发展，成功的广告定位策略对整个品牌有着起死回生的作用。

(2) 品质定位。所谓品质定位，是将卖点定位在广告产品的品质上，以广告产品本身具有的良好品质作为诉求重点进行诉求的一种定位策略。这是一般产品广告中最惯用的一种定位方式。因为创造并展示一个产品的优秀品质，是企业谋求市场的最基本要求，也是所有产品创造者最津津乐道的，而通过对产品的品质定位的确可以赢得消费者的信任。很多广告把产品定位在品质上，取得了良好的广告效果。例如，乐百氏纯净水广告强调产品经过“二十七层净化过滤”，雀巢咖啡的“味道好极了”，麦斯威尔咖啡的“滴滴香浓，意犹未尽”，都是从产品品质出发的定位。

(3) 价格定位。价格定位是指当产品的品质、性能、造型等方面与同类产品相近，没有十分明显的特殊之处以吸引消费者时，广告策划便可以将产品价格优势作为诉求重点，突出宣传广告产品的价格低于同类、同质的其他产品，以此来刺激消费者的购买行为的一种策略。一般而言，消费者最为敏感的产品因素就是价格，所以运用价格定位往往能迅速引起消费者的反应。例如，沃尔玛广告由开始的“天天低价”到后来的“省钱，让生活更美好”，都是强调价格优势，用价格诉求争取消费者的认可。

(4) 功效定位。功效定位是指从产品的功能这一角度出发，在广告中突出广告产品的特异功效，使该品牌产品与同类产品有明显的区别，以增强该品牌产品的竞争力。广告功效定位是以同类产品的定位为基准，选择有别于同类产品的优异性能为宣传重点。例如，宝洁公司的海飞丝二合一洗发香波广告，它强调的是“洗发、护发双效合一，非凡的去屑功能”。

又如，我们知道，世界上有三大手表生产地区。其中，中国香港手表从原来落后于瑞士、日本一跃而上，成为三强之首，这其中的奥妙何在呢？中国香港是一个以金融为中心的地区，它所生产的手表无论是从质量上还是从技术、工艺方面都无法与瑞士的“劳力士”“雷达”，日本的“西铁城”“双狮”手表相比。该地区的手表商经过仔细研究发现，瑞士、日本的手表虽好，功能却比较单一，若想与瑞士、日本的手表品牌对抗，非得独辟蹊径不可。针对瑞士、日本手表的单一功能定位，中国香港地区的手表商推出了多功能定位的手表。他们设计制作了具有独特造型的时装表、运动表、笔表、链坠表、情侣表、儿童表，以及增加了附加功能的计算表、打火表、时差表、报警表、里程表等，使中国香港的手表畅销全世界，获得了空前成功。

▶ 2. 观念定位

观念定位是在广告中突出宣传产品新的意义和新的价值取向，诱导消费者的心理定式发生改变，树立新的价值观念的一种广告定位策略。这种广告定位的方法注重突出消费者的心理差异。观念定位可以分为逆向定位、是非定位、心理定位和对抗竞争定位。

(1) 逆向定位。逆向定位是指借助有名气的竞争对手的声誉来引起消费者对自己的关注、同情、支持，从而在市场竞争中占有一席之地的广告定位策略。当大多数企业广告的定位都是以突出产品的优异之处进行正向定位时，如果采取逆向定位反其道而行之，利用社会上人们普遍存在的同情弱者和信任诚实者的心理，反而能够使广告获得意外的收获。

例如，艾维斯轿车租赁公司的“我们第二，所以我们更努力”这项广告活动就是一个著名的逆向定位战略。艾维斯轿车租赁公司要与行业第一的赫兹公司竞争，但无论是实力还是地位均处于劣势，若采用正面进攻很难成功。为此，艾维斯轿车租赁公司必须从领导者品牌和消费者对领导品牌的认可中找到薄弱点。在一般观念中，处于第一位的领导者往往是行业中的典范，它的各种表现都具有领导示范作用。因此，艾维斯提出正因为我们是第二，所以我们会更加努力：热情的微笑、周到的服务、清洁的车子、更多的服务顾客的措施等。自从实行逆向定位策略后，艾维斯一改创建十几年来的连续亏本记录，开始了一个盈利的时代。

(2) 是非定位。是非定位是指当本产品在自己应属的某一类别中难以打开市场时，利用广告宣传使产品概念“跳出”这一类别，借以在竞争中占有新的位置的定位策略。

在某些日渐成熟的市场上，后来者要想跻身其中，获取一份市场利润，非得出奇招不可。七喜的“非可乐型”定位策略就是针对这种市场状况而制作的心理策略。它的操作手法是提供给消费者一个全新的、与竞争对手全然不同的商品概念，引起受众的注意，引导受众展开新的心理加工过程，产生新的消费欲望和购买行为。“非可乐型”的定位策略源于美国的七喜饮料的广告定位。当时，美国的饮料市场早已被可口可乐、百事可乐等饮料所垄断，七喜饮料厂家进行了缜密的市场调查和分析后，创造性地提出了一个新的经营观念，即把饮料市场分为“可乐型”和“非可乐型”。七喜汽水则以“非可乐型”饮料的代表出现，广告词是“七喜，非可乐”。这句话的高明之处是重新区划了市场，确定了自己产品的市场地位。七喜汽水通过准确的广告定位，成为人们选择可乐型饮料以外的第一选择，这使七喜汽水的销量直线上升，也打破了可乐型饮料在市场上一统天下的局面，成功地站稳脚跟。

(3) 心理定位。心理定位强调产品应能带给消费者某种心理满足和精神享受，往往采用象征和暗示的手法，赋予产品某种气质，借以强化消费者的主观感受。例如，广告中说“一切尽在掌握”“一路上遥遥领先”“享受驾驶的快乐”等，突出产品的高级豪华，让消费者觉得体面气派，烘托消费者高贵的地位与身份，使消费者获得一种炫耀的心理满足。

(4) 对抗竞争定位。对抗竞争定位，即企业不服输，与强者对着干，以此显示自己的实力、地位和决心，并力争取得与强者一样的甚至超过强者的市场占有率和知名度。例如，美国的百事可乐就采用对抗竞争方法，直接同位居首位的可口可乐展开竞争，并成为美国第二大可乐型饮料。

四、广告媒体策划

（一）广告媒体的特征

▶ 1. 大众广告媒体

大众广告媒体的形式及优缺点如表 7-1 所示。

表 7-1 大众广告媒体

媒体形式	优 点	缺 点
报纸广告	灵活、及时，本地市场覆盖面广，信息能广泛地被消费者接收，可信性强	保存性差，复制质量低，相互传阅者少
杂志广告	读者对象明确，针对性强；印刷精美，表现力强；保存期长，传阅者多	广告购买前置时间长，传阅速度慢，存在发行量浪费、版面无法保证的情况
广播广告	大众化宣传，地理和人口方面的选择性强，成本低	只有声音，不如电视引人入胜，信息保存性差
电视广告	综合视觉、听觉和动作，富有感染力；传播面广，影响深远	成本高，干扰多，转瞬即逝，观众选择性少

▶ 2. 小众广告媒体

小众广告媒体的形式及优缺点如表 7-2 所示。

表 7-2 小众广告媒体

媒体形式	优 点	缺 点
销售点广告（POP 广告）	直接面向消费者，针对性强；营销造势效果明显	接触面局限于现场，对设计人员要求高；竞争者容易效仿，干扰因素多
户外广告	灵活，展示时间长，费用低，竞争少，区域性强，提醒性能强	可传递的信息有限，针对性差
直邮广告	诉求直接，针对性强，人情味较重	传播范围较小，可能造成滥发“垃圾邮件”的印象
宣传单	相对电视、报纸广告，传单的针对性要强些；告知作用明显，派发简单易行，成本低廉	传单泛滥，顾客容易产生厌烦情绪，宣传效率低
交通广告	填补了其他媒体的空白，传播效果好	传播的范围有一定的局限，传播的信息有限

▶ 3. 新兴广告媒体

（1）楼宇广告，是针对高层建筑人口密度高、群体特征明显及干扰因素少等特点而发展起来的一种媒体形式。高层建筑主要有两种：商业楼宇和社区公寓。楼宇广告一般集中在三个位置：电视广告媒体、楼梯间和地下停车场，表现形式有海报、框架、液晶显示屏等。银行理财产品、体育赛事、旅游产品、通信产品等是此类广告媒体的投放热点。

(2) 手机广告，是借助手机及其他通信设备传递产品和服务信息的一种媒体形式。一般有两种做法：一种是根据用户数据库做 WAP PUSH 广告，这是一种用户被动式的广告，对用户有强迫性，是推的方法；另一种是基于免费 WAP 形式，通过手机上网，把互联网广告模式复制到手机广告中，特点是强调为客户建立移动营销专区，再通过各种广告链接导入，是拉的方法。

(3) 网络广告，是在网络上做的广告，是通过 Chinapex 等网络广告投放平台，利用网站上的广告横幅、文本链接、多媒体等方法，在互联网上刊登或发布广告，通过网络传递给互联网用户的一种高科技广告运作方式。网络广告与传统的四大传播媒体(报纸、杂志、电视、广播)广告及近来备受青睐的户外广告相比，具有得天独厚的优势，是实施现代营销媒体战略的重要部分。

网络广告是网络营销的主要方法之一，在网络营销方法体系中具有举足轻重的地位。网络广告的本质是向互联网用户传递营销信息的一种手段，是对用户注意力资源的合理利用。网络广告并不仅限于放置在网页上的各种规格的 Banner 广告，电子邮件广告、搜索引擎关键词广告、搜索竞价排名广告等都是网络广告的表现形式。

此外，其他新兴的广告媒体形式还有超市购物袋广告、车载广告、电影前置广告、ATM 取款机广告和会议广告等。

(二) 选择广告媒体的影响因素

▶ 1. 广告目标

每一种广告中，企业希望达到的目标是不同的，目标不同，选择的媒体类型也不相同。例如，如果强调时间，希望在很短的时间内将广告信息传送出去，那么电视和报纸是最佳的媒体；而如果广告的目标以说服性为主，就可以采用报纸和杂志广告，这类媒体的文字容量大，利用刊登用户来信的方式，能够提高说服的效果。

▶ 2. 产品性质

不同的产品对广告传播效果的要求是不一样的。科技含量高的产品需要进行专业化的说明，可以采用邮寄信函或在专业期刊上刊登广告的方式。需要体现产品的外观和生动形象的广告，可以采用电视广告的方式。

▶ 3. 消费习惯

消费者的消费习惯也影响企业的媒体选择。例如，少年儿童选用商品，往往受影视节目时段放映的广告的影响，因而将广告加入少年儿童影视节目的时段，采用影视媒体，效果会十分明显。又如，退休的老年人喜欢练习太极拳，在太极拳杂志上刊登老年人用品的广告，会更符合老年人的要求。

▶ 4. 媒体特性

企业选择媒体应该与企业的整体营销战略一致，媒体的范围应当与企业的市场范围一致，如果媒体的范围大于企业的市场范围，会由于企业的能力无法达到而浪费广告资源；如果企业的市场范围大于媒体的传播范围，会因为一些地区无法接收到广告信息而影响产品的销售，降低市场的发展速度。因此，广告媒体的选择要在传播范围、传播速度、影响力方面做出科学的抉择。

(1) 传播范围。要与企业的市场范围一致，媒体的传播范围可以分为地方性的和全国性的，地方性的媒体传播范围有限，全国性的媒体覆盖面广。

(2) 传播速度。传播速度快的媒体可以及时将企业要发布的信息传送到市场上。电视和报纸广告及新兴的网络广告，就具有传播速度快的特点。

(3) 影响力。媒体的影响力与许多因素有关。首先，与广告的展露次数有关，展露次数越多，影响力越大；其次，与媒体本身的特点有关，例如，集视听于一体、动静结合的电视广告就具有较强的影响力。印刷精美的期刊广告比报纸广告更具有影响力。

▶ 5. 媒体成本

广告是一种付费的促销方式，需要在选择不同的媒体时，认真核算广告的成本，获得尽可能大的效益。成本核算最主要的是核算每千人的成本支出情况。当然，仅仅依据每千人的广告成本还不够，还要综合考虑广告媒体的类型、媒体的声望和质量等因素。

(三) 广告媒体的策划

广告媒体的策划实际上体现了广告策划人员对广告时间和地理空间的总体设计，有必要对广告媒体投放时间及空间进行合理安排。

▶ 1. 广告投放时间选择

企业对广告投放时间的总体安排就是在整个广告期间，确定什么时间段是密集投放期，什么时间段是稀疏投放期。在进行总体安排时通常要结合产品销量的季节变化，对销售旺季和销售淡季分别给予不同的媒体投放支持，可以顺着季节的变化调整广告支出，也可以逆着季节的变化安排广告支出。大多数企业会选择顺着季节的变化进行安排，但是在淡季投放广告可以拉动反季节销售，既可以实现更加平衡的销售，又能充分利用广告的延续力，培养消费者消费习惯，率先启动市场攻略。

(1) 广告投放频率。

① 集中型。集中型频率是指广告集中一段时间发布，进行“爆发式轰炸”，以在短时间内迅速形成强大的广告攻势。优点在于能在短时期内给予消费者强烈而有效的刺激，以达到广告的效果，并能促成销售；缺点为广告费用集中于一段时间大量地投入，发布时机的选择非常重要，若广告未达到预期的效果，则很难进行补救，广告投放的风险较大。企业可以根据人的记忆规律，先集中轰炸，反复刺激，后拉大间隔，即先集中投放，然后间断投放。

② 连续型。连续型频率是指在一定时期内，均匀安排广告的发布时间，使广告经常性地反复在目标市场出现，以逐步加深消费者的印象。优点在于不断刺激消费者，并节省广告费用；缺点在于销售量往往带有季节性变化特征，广告成本高，企业难以维系。

③ 间断型。与连续型频率不同，间断型频率即做一段时间广告，停一段时间，再做一段时间广告，反复进行。优点在于可以根据项目的进程来进行广告分配，做到有的放矢；缺点在于需要注意广告发布的时机，注意销售对于广告的滞后性，还要考虑消费者的遗忘速度，合理确定时间间隔的长短。

④ 脉动型。脉动型频率集中了连续型和间断型的特征，吸收了连续型和间断型广告的长处，既在一段时间内保持广告发布，又在某些时机加大发布力度，形成广告攻势，能够不断刺激消费者的购买欲望，还能节省广告成本。

(2) 广告投放时间点。

在哪一个更精确的时间投放广告效果好呢？这个问题尤其重要。处理得好，既可以节省广告费用，又可以取得好的广告效果。通常做广告都喜欢选择黄金时间，觉得黄金时间效果好，但是黄金时间价格非常高。其实对于不同的产品而言，广告的黄金时间是不一样的，如果广告目标人群是家庭主妇，晚上 8 点钟是黄金时间；但如果广告目标人群是商务人士，可能晚上 11 点是黄金时间。商务通就是一个成功的案例，它把广告投放在晚上 11 点前后，这个时段恰好是商务人士完成繁忙工作、结束各种应酬，回家后安逸地躺在舒适的沙发上看电视的时间。这个时间段广告价格非常便宜，既节省了广告支出，又提高了信息到达率，因此使商务通广告取得了巨大的成功。

海王针对各产品的不同特点来确定广告投放时段，对于海王银得菲产品的广告投放时段，考虑到感冒这一症状主要发生在春秋两季，银得菲的广告就主要集中在春秋两季；而海王金樽的消费者是那些应酬多、经常喝酒的人，他们由于商旅奔波，看电视往往只有夜里少许时间，深夜这个通常意义上的垃圾时间段，对于海王金樽来说就成了黄金时段。

2. 广告投放空间安排

广告投放空间安排是指企业在进行广告投放时，对于启动市场的区域重点安排和先后次序安排。在进行广告投放时，应结合企业现阶段的重点市场区域和下一阶段的重点市场区域，及时跟进。

五、广告策划书的编写

根据广告策划书的内容要点，参考营销策划书的一般模式和许多广告策划者在实践中总结出来的经验，广告策划书的内容与结构的一般模式如下。

(一) 前言

广告策划书的前言部分是对整个广告活动的概括性说明，要在广告前言中概括地说明广告活动的目标、方式和时限，要说明广告战略的主题构架。广告的前言要简明扼要，点明广告的要点。

(二) 市场分析

市场分析是为制定广告战略所做的必要准备。市场分析的内容包括宏观环境分析、机会和威胁分析、产品特点分析、消费者研究等几个方面。

宏观环境分析是要分析企业市场营销活动所面临的各种环境因素的状况和发展变化的趋势，如经济发展的水平和增长趋势、科技发展的水平、自然环境状况、政治法律因素、竞争的激烈程度等内容。

机会和威胁分析是在了解一般的环境发展和变化的基础上，着重认识环境对企业营销活动造成的正面或负面影响，从而形成企业的环境机会或威胁。

产品特点分析是从不同的角度分别研究产品的特色，如产品的技术含量、与消费者需求发展的吻合程度、产品的最新归类、产品的最新用途、产品更新换代的方向和发展前景等内容。

消费者研究包括消费者的年龄、性别、收入、教育程度等不同指标，用于决定广告的侧重点。

（三）广告战略

广告战略是根据市场分析的结果确定广告的重点，要具体确定用什么方法使广告的产品在消费者心目中建立深刻的印象；用什么方法让消费者产生购买的兴趣；用什么方法改变消费者的使用习惯，促使消费者选用广告中的产品；用什么方法扩大产品的市场范围；用什么方法使消费者形成新的购买习惯等。

（四）广告对象

广告对象是根据广告目标和市场分析的结果，测算出广告对象和构成状况。

（五）广告地区

广告地区是根据广告对象的情况，确定广告覆盖的地理区域。广告地区应该与企业的广告对象一致，即广告的地区分布要与企业的目标市场一致。

（六）广告策略

广告策略是在广告战略的规定下，详细说明广告的具体细节，广告策略中应该包括为达到广告的目标所采用的具体广告媒体、费用支出细目、各种广告之间的有机配合、分步实施广告计划的时间表等。

（七）广告预算与分配

广告预算与分配要详细列出广告的预算总额、资金的到位率，广告的调研、设计和制作费用，以及采用的媒体类型、广告时间间隔、每次的价格等内容，要清晰地列出总额及分项的费用情况。

案例：广告策划书

（八）广告效果预测

广告效果预测是依据广告战略规划的要求，实施之后预计要达到的结果。广告的效果预测应该与战略目标的规定和预算分配的原则等内容结合起来考察。

第三节 人员推销策划

一、人员推销策划概述

（一）人员推销策划的概念

人员推销策划是指在商业促销活动中，推销人员恰当地直接向目标顾客介绍产品，提供情报，以创造需求，促成购买行为的促销活动。人员推销策划是一门艺术，需要推销人员巧妙地将知识、天赋、诚信和智慧融于一身。推销人员应该根据不同的环境、不同的顾客，灵活运用多种推销技巧来满足顾客的要求。

在人员推销策划中，推销人员、推销对象和推销品是三个基本要素。其中前两者是推销的主体，后者是推销活动的客体。通过推销人员与推销对象之间的接触、洽谈，将推销品推销给推销对象，从而达成交易。尤其是在市场营销的日益发展中，推销人员已经不是单纯地从事推销工作，人员推销是一种双向沟通的直接促销方法。

(二) 人员推销的形式和策略

1. 人员推销的基本形式

(1) 上门推销。上门推销是常见的人员推销形式。它是由推销人员携带产品样品、说明书和订单等材料走访顾客，推销产品。这种推销形式可以针对顾客的需要提供有效的服务，方便顾客，故为顾客广泛认可和接受。

(2) 柜台推销。柜台推销是企业在适当地点设置固定门市，由推销人员接待进入门市的顾客，推销产品。柜台推销与上门推销正好相反，它是等客上门式的推销方式。门市里的产品种类齐全，能满足顾客多方面的购买要求，为顾客提供较多的购买方便。

(3) 会议推销。会议推销是指利用各种会议向与会人员宣传和介绍产品，开展推销活动。例如，在订货会、交易会、展览会等会议上推销产品。这种推销形式接触面广、推销集中，可以同时向多个推销对象推销产品，成交额较大，推销效果较好。

2. 人员推销的主要策略

(1) 试探性策略。试探性策略也称为刺激—反应策略，是在不了解顾客的情况下，推销人员运用刺激性手段引发顾客产生购买行为的策略。推销人员事先设计好能引起顾客兴趣、刺激顾客购买欲望的推销语言，通过渗透性交谈对顾客进行刺激，在交谈中观察顾客的反应。然后根据顾客的反应采取相应的对策，诱发顾客的购买动机，使顾客产生购买行为。

(2) 针对性策略。针对性策略是指推销人员在基本了解顾客的前提下，有针对性地对顾客进行宣传、介绍，以引起顾客的兴趣和好感，从而达到成交的目的。因推销人员常常在事前已根据顾客的有关情况设计好推销语言，这与医生对患者诊断后开处方类似，故又称针对性策略为配方—成交策略。

(3) 诱导性策略。诱导性策略是推销人员运用能激起顾客某种需求的说服方法，诱发顾客产生购买行为。这种策略是一种创造性推销策略，它对推销人员要求较高，要求推销人员能因势利导，诱发、唤起顾客的需求，并能不失时机地宣传介绍和推荐所推销的产品，以满足顾客对产品的需求。因此，从这个意义上说，诱导性策略也可称为诱发—满足策略。

二、人员推销策划的流程

不同的推销方式可能会有不同的工作步骤。通常情况下，人员推销一般包括以下八个既相互关联又有一定独立性的工作步骤。

(一) 推销准备

推销成功的概率与准备的程度成正比。一般来说，推销准备主要包括以下几个方面：了解推销环境、产品准备、熟悉公司情况、分析顾客状况、制订推销计划。

【案例 7-1】

肯德基家乡鸡在香港的失败

1973 年，赫赫有名的肯德基公司踌躇满志，“大摇大摆”地踏入了中国香港市场。在一次记者招待会上，肯德基公司主席夸下海口：要在香港开设 50～60 家分店。肯德基家乡鸡首次在香港推出时，配合了声势浩大的宣传攻势，电视广告迅速引起消费者的注意。宣传攻势加上独特的烹调方法和配方，使顾客们都乐于品尝肯德基的家乡鸡。而且，在家乡鸡进入香港以前，香港人很少品尝过所谓的美式快餐。但是，肯德基在香港并没有风光多久，1974年9月，肯德基公司突然宣布多家快餐店停业，只剩下4家坚持营业。到1975年2月，首批进入香港的肯德基快餐店“全军覆没”，全部关门停业。

当时的香港评论家曾大肆讨论此事，最后认为，家乡鸡首次进入香港的失败，败在对香港环境、文化未能深入了解。正如英国市场营销专家史迪尔先生所说，“当年家乡鸡进入中国香港市场，是采用与美国一样的方式。然而，当地的情况要求它必须修改全球性的战略来适应当地的需求。当年的鸡类产品不能满足香港人的需求，宣传概念亦不得当”。

该案例说明，推销活动必须重视对推销环境的分析和研究，并根据推销环境的变化制定有效的推销策略，扬长避短，适应变化，抓住机会，从而实现推销目标。

(二) 寻找顾客

寻找顾客是指寻找潜在可能的准顾客。准顾客是指对推销人员的产品或服务确实存在需求并具有购买能力的个人或组织。寻找顾客的原则：确定推销对象的范围；树立“随处留心皆顾客”的强烈意识；选择合适的途径，多途径寻找顾客；重视老顾客。

寻找顾客的方法有逐户访问法、连锁介绍法、中心人物法、个人观察法、委托助手法、广告开拓法、资料查阅法、市场咨询法、网络搜寻法、交易会寻找法、电话寻找法等。

在推销实践中，并非每一位准顾客都能成为推销人员的目标顾客。从准顾客到目标顾客，还需要对准顾客的资格进行鉴定、选择，分析准顾客是否具备成为目标顾客的条件。顾客资格审查是指推销员对已选定的顾客按一定的标准进行评审，以确定适当的目标顾客的行动过程。顾客资格审查包括顾客购买需求的审查、顾客支付能力的审查、顾客购买资格的审查。

【案例7-2】

推销员小刘的秘诀

某企业的一位推销员小张干推销工作多年，经验丰富，关系户较多，加之他积极肯干，在过去的几年中，他的工作业绩在公司内始终名列前茅。谁知自从一位新推销员小刘参加推销员培训回来后，不到半年，小刘的推销量直线上升，当年就超过了小张。对此小张百思不得其解，问小刘：“你出门比较少，关系户没我多，为什么推销量比我大呢?”小刘指着手中的资料说：“我主要是在拜访前分析这些资料，有针对性地拜访。比如，我对124名老顾客分析后，感到有购买可能的只有94户，根据以往经验，94户中21户的订货量不大，所以，我只拜访73户，这样订货率较高。其实，我的老顾客124户中只有57户订货，订货率不足50%，但这样能让我节约出大量时间去拜访新顾客。当然，这些新顾客也是经过挑选的，尽管订货率不高，但建立了关系，还是值得的。”从小刘这些话可见，小刘之所以能成功，就在于他重视目标顾客的选择。由此可见，重视并科学地寻找、识别顾客，对推销工作的成败起着至关重要的作用。

(三) 约见顾客

约见顾客是指推销人员事先征得顾客同意接见的行动过程。首先，要做好约见前的准备，包括心理、语言、资料、实物等；其次，精心选择约见的时间、地点、场所和环境，并选择约见的方式(包括信函、委托、直接约见等)；最后，正式约见客户，为正式洽谈打下基础。常见的约见理由有6种：以正式推销为由、以从事市场调查为由、以提供服务为由、以签订交易合同为由、以收货款为由、以走访潜在客户为由。

(四) 接近顾客

接近顾客是推销过程中的一个重要环节，它是推销人员为进行推销洽谈与目标顾客进行的初步接触。接近的方法有介绍接近法、产品接近法、利益接近法、好奇接近法、震惊接近法、戏剧化接近法、提问接近法、请教接近法、赞美接近法、馈赠接近法、调查接近法等。

在推销员接近顾客的过程中，首先，应尽可能了解被接近顾客的心理特征；其次，讲究接近顾客的方法；最后，推销员接近顾客时，一定要非常自信，面带微笑。

【案例 7-3】

怎么接近顾客

一个女孩推销一种洗地毯的清洁剂，她敲开了一家的门，当时女主人很忙，对这位推销员确实不太感兴趣，而这个女孩子经过专业化的训练，她说："太太，你不买没有关系的，我只是想告诉你，现在市场上已经有了这种洗地毯的清洁剂。你看一看，这种清洁剂真的很好，你们家的房子很大，地毯很漂亮，有没有什么地方有一点点脏，我帮你去清洗清洗。"女主人只好打开大门，让女孩进屋。看见餐厅的地毯上有小孩洒的可乐，女主人说："那你看看能不能帮我把这点污渍清洗掉。"女孩把一点清洁剂倒在污渍上，擦一擦，然后再拿干毛巾一抹，啊，那里的污渍就不见了！女主人觉得很吃惊，一下就买了两瓶。

(五) 推销洽谈

推销洽谈是一个复杂的、具有丰富内容的、循序渐进的活动过程。整个推销洽谈的过程包括 5 个阶段：准备阶段、摸底阶段、报价阶段、磋商阶段、成交阶段。

推销洽谈既需要推销洽谈人员有较深的专业知识，又要求推销人员掌握一定的洽谈方法、策略和技巧。推销洽谈的方法可以分为提示法和演示法两种。推销洽谈的策略有最后通牒策略、自我发难策略、步步为营策略、寻找共同点策略、参与说服策略。推销洽谈的技巧有倾听技巧和语言技巧。

【案例 7-4】

推销洽谈的技巧

有一位推销人员在拜访一位客户之前打听到这位客户非常挑剔，总喜欢提出异议，于是他经过精心准备之后，满怀信心地去拜访这位客户。一见面，这位推销人员就很礼貌地说："我知道您是一位非常有主见的人，对于我的推销一定会提出很多的好的建议。"推销员一边说一边将事先准备好的 36 张卡片摊在客户面前，说："请随便抽出一张来。"客户从中随手抽出一张卡片，卡片上写的正是一条异议。等这位客户把 36 条异议读完后，这位推销人员说，"请把卡片翻过来读一下"。原来，每张异议的背后都标明了对异议的理解和解释，客户忍不住笑了起来。最终，双方成交了。可见，正式的推销洽谈必须按照一定的步骤和程序去进行，做好每一阶段的工作。

(六) 处理顾客异议

顾客异议是指顾客对推销商品、推销人员及推销方式和交易条件产生的怀疑、抱怨或反对意见。正确处理顾客异议是推销过程中的一项重要工作，也是保证推销成功的重要前提。任何一个推销员都必须随时做好心理准备和思想准备，分析和处理顾客异议，努力促使顾客产生购买行为。顾客异议常常产生于产品质量、价格、需求、支付能力、购买时间、服务等方面。处理方法有转折处理法、转化处理法、以优补劣法、委婉处理法、合并意见法、反驳处理法、冷处理法、使用证据法、举证劝诱法等。

(七)促成成交

成交是整个推销过程中最重要的步骤之一，直接关系到推销的成败。在推销的过程中，要注意成交中的一些基本问题，如要有正确的成交心态，防止第三者对成交的破坏，关键时刻亮出绝招，锲而不舍地做出推销努力等。

要获得推销的成功，除了应掌握成交的一些基本技巧外，也应熟悉常用的推销方法，根据推销员自身、推销品及推销对象的情况选择合适的推销方法在实践中加以运用，并不断提炼、总结和完善。这些方法包括请求成交法、假定成交法、选择成交法、从众成交法、机会成交法、优惠成交法、总结利益成交法、体验成交法等。

(八)售后服务

达成交易并不是推销过程的终结，在推销成交后，应注意保持冷静，尽量避免对顾客的干扰。在成交后的工作中，应采取必要的措施保住顾客。由于服务是产品价格的一部分，服务是顾客正常使用产品的必备条件，服务是建立信任关系的基础，由此推销员必须依据顾客的不同情况，随同产品的出售提供不同层次的服务。

【案例 7-5】

如何提供不同层次的服务

推销员马丽敲开了王先生的门，向他推销榨汁机："王先生，你的同事李先生要我前来拜访，跟你谈一个你可能感兴趣的问题。"王先生打消了怀疑态度，让马丽进入室内。马丽全方位地讲解了榨汁机的优良性能，并进行了精彩的示范。王先生表示出极大的兴趣，但是他认为操作步骤有些麻烦。马丽从容不迫地告诉他："操作起来是有些麻烦，但是考虑到这个榨汁机一流的质量和低廉的价格，这不算什么大问题，不会影响使用效果。"王先生点了点头。马丽趁机说："你喜欢黄色还是绿色?"王先生挑了一个绿色的，交易很顺利达成了。

三、人员推销策划的实施

人员推销策划是指企业根据环境要求和资源条件对人员推销所进行的设计和管理，涉及销售组织结构设计、推销人员配备、推销人员培训、销售队伍管理等内容。

(一)销售队伍的组织结构策划

为了保证人员推销工作的有效进行，企业应根据实际需要搞好人员推销的组织结构设计。推销组织结构主要有以下 4 种类型。

1. 地区型

地区型组织结构指派每名销售代表负责一个地区，作为该地区经销企业全部产品线的唯一代表。地区型组织结构的优点：推销员的职责明确；职责促使推销员积极地与当前客户联系，有利于促进高效推销；费用开支少。企业在规划地理区域时，区域的大小可按同等销售潜力或相等的工作量设计，前者有利于比较销售代表的工作成绩，可鼓励他们尽最大能力努力工作；后者可以使每一个销售代表都能全力从事自己主管区域的销售任务。

2. 产品型

产品型组织结构指推销人员的组织结构是根据企业产品线来划分的。它适用于企业产品数量多、零星分散而且复杂的情况，此时实行产品经营专业化尤为必要。如柯达公司就用不同的推销员分别推销它的胶卷和工业用的产品，胶卷推销员销售能集中送达的简单产品，其他工业品推销员则销售那些需要技术知识的复杂产品。但如果同一顾客购买企业的不同产品，这种结构就不是最好的。

▶ 3. 顾客型

顾客型组织结构指企业按顾客的类别结构来组织推销人员队伍。根据这一方法，企业针对不同行业安排不同的销售队伍，如按大客户安排推销人员，就是按现有业务或新业务安排推销人员。该方式被越来越多的公司采用，因为推销人员对客户非常熟悉，他们与重要客户之间还建立了密切关系。

▶ 4. 复合型

复合型组织结构是企业在广泛地域内向各种不同的顾客销售多种产品时，将几种销售队伍结构方法混合起来使用的方式。推销员可以灵活地根据顾客—地区、产品—地区、产品—顾客、顾客—产品—地区来进行。在这种组织结构下，一名推销员向一名或几名产品经理和部门经理报告工作。

没有哪种单一模式适合所有的公司和情况，每个公司应该选择一种销售结构，使这种销售结构能最大限度地满足顾客的需求和企业本身的市场战略。

(二) 推销人员的配备策划

推销人员的素质和能力决定着人员推销的投入产出效果，企业必须遵循严格的标准精心选拔推销人员。一个合格的推销人员，必须具备强烈的事业心、丰富的专业技术知识、良好的个人气质、熟练的推销技术等条件。

▶ 1. 推销人员的素质与技能要求

优秀的推销人员应具备概括分析能力、人际交往能力、专业技术能力，有良好的思想素质(有远见和诚信)、心理素质(良好的心理素质和健全的人格)及知识素质(学识渊博)。

在企业中，常从以下几个方面对销售人员的个人素质进行测试：意志坚定、坚韧；精力充沛、充满活力；热情、乐于助人；善解人意、忠诚；机智、善于表达与沟通；知识面广、兴趣广泛。

▶ 2. 推销人员选择途径

推销人员主要来源于两个途径。一是内部选拔，即企业从内部职工中挑选推销人员。采用这种形式，由于被选人员对企业的内部情况比较了解，可以减少培训时间和费用，迅速充实推销人员队伍。二是外部招聘，即企业面向社会公开招聘推销人员。企业在外部招聘推销人员可以引进一些具有先进营销理念、推销技巧丰富、能力强的人才，充实企业的推销队伍。同时，对内部人员形成竞争的气氛，有利于促进销售队伍充满活力。

▶ 3. 推销人员选拔

一般选拔程序为：填写申请—面谈—测试考察—调查个人情况—复试—体检—培训和试用—正式聘用定岗。这个过程中要注意履行相关的一些手续，即通过填写表格了解应聘人员的基本情况，如性别、年龄、文化程度、健康状况、从事相关工作的时间等。

除了要进行面试了解应聘者的工作态度、沟通能力、仪表风度等方面的情况外，在条件允许时，企业还可以对应聘者进行一些心理测试，如能力测试、性格测试、兴趣测试等，以便更深入地了解应聘者的情况，为推销人员的选拔提供依据。

（三）销售人员的培训策划

▶ 1. 人员培训的目标

通过培训，要提高销售人员的业务素质，使每一名销售人员树立全心全意为客户服务的思想；具有顺利完成销售工作任务的基本知识和基本技能，主动、耐心、周到地为客户服务，建立与客户联系密切的新型关系。一般来说，通过培训，要销售人员达到以下要求。

（1）增长知识。这是培训的主要目的，因为销售人员肩负着与顾客沟通产品信息、收集市场情报等任务，因此，销售人员必须具备一定的知识层次。

（2）提高技能。技能是销售人员运用知识进行实际操作的本领。

（3）强化态度。态度是企业长期以来形成的经营理念、价值观念和文化环境对销售人员的影响。通过培训，使企业的文化观念渗透到销售人员的思想意识当中，使销售人员热爱企业、热爱推销工作，始终保持高涨的工作热情。

▶ 2. 人员培训的主要内容

（1）企业情况，让销售人员熟悉公司的概况，包括历史、目标、任务、流程等。尽快消除新招聘销售人员的陌生感，提高新销售人员的销售信心。

（2）产品知识，包括产品的全面知识，如结构、性能、品质的比较优势和劣势，产品用途、使用、保养和维修方法，以便在推销时向顾客说明比较。

（3）推销技巧，如产品介绍、演示、洽谈、成交等方面的技巧，包括开拓新顾客的能力、说服顾客的能力、消除顾客异议的能力、诱导顾客成交的能力、重复交易的能力、向顾客提供市场情报及销售指导的能力。

（4）市场情况，主要有三方面：一是市场规则，包括市场管理规则，法律、税收的要求；二是市场调查与分析；三是竞争者介绍，如竞争者历史、现状及发展分析，讨论竞争机会与危机。

（5）推销制度，包括公司的广告政策、赊销规定、最低订货规定、交货政策、运输方式、客户退货、折扣、奖励和货款回收等。

▶ 3. 培训方法

（1）讲授法。这种方法多为单向沟通，受训者获得讨论的机会较少，与讲授者双向交流少。这种方法要提供明确资料，作为以后训练的基础。

（2）会议法。这种方法为双向沟通，受训者有表达意见及交换思想、学识、经验的机会，培训老师容易掌握培训对象对重要内容的了解程度，有时也可以开展专题讨论。

（3）小组讨论法。由培训老师或指定小组长负责讨论，由老师提供资料或案例。小组人数不宜太多，否则难以协调，但可以允许部分人员参加旁听。

（4）案例研究法。这种方法由培训老师负责提供案例，供学员讨论。受训者可以凭借自身的学识和工作经验对案例的内容进行分析研究，寻找解决问题的思路。

（5）角色扮演法。就是指定某一受训者扮演营销人员，其余受训者和培训老师扮演客户，使受训者试处理营销工作当中的每一个过程。演示后，由参加人员对营销人员的行为进行点评，总结经验，指出不足。这种方法贴近营销实际，使受训者获益明显。

（6）示范法。这种方法是由培训老师亲自示范或运用幻灯片、影片、视频完成示范性培训活动，适用于小规模的营销人员的培训。

(四) 推销人员的管理与激励策划

▶ 1. 推销人员的激励

任何组织中的成员都需要激励。激励包括物质激励和精神激励两个方面，企业必须建立完善的激励制度，将两个方面的激励有机地结合起来，提高销售人员工作的积极性和主动性，从而取得较好的推销效果。

(1) 物质激励。物质激励有两种主要的方式。一是销售定额，即企业规定推销人员一年中应销售产品的数额，然后把报酬与定额完成情况挂起钩来。完成或超额完成定额有奖，不能完成定额则会受到惩罚。二是佣金制度，即企业根据销售额或利润额的大小给予销售人员一定比率的报酬，企业还可以根据产品、工作性质的不同给予销售人员不同的佣金。

佣金制度能鼓励销售员尽最大努力工作，并使销售费用与现期收益紧密结合起来，但是佣金制度也存在一些缺陷，如管理费用较高，因而企业常常将佣金制度与薪金制度结合起来。

(2) 精神激励。精神激励的方式很多，如给予荣誉称号、传播典型事迹等，企业应根据实际需要加以选择。

▶ 2. 推销人员的考评

(1) 建立评估的指标。评估指标要基本上能反映销售人员的销售绩效。主要指标如下：①销售增长率、定额百分比、毛利润。②每天平均访问次数、每次访问的平均时间、每次访问的平均费用、每次访问收到订单的百分比、销售费用及销售费用占总销售额的百分比。③平均客户数、新增顾客数、失去的顾客数目等。

为了使评估工作具有科学性，在评估时还应注意影响销售效果的一些客观条件，如销售区域的潜力、地理状况、交通条件等。

(2) 评价推销人员的方式。正式评价主要有两种方式。

① 将各个销售人员的绩效进行比较。进行销售绩效比较时，应建立在各区域市场销售潜力、工作量、竞争环境、企业促销组合等大致相同的基础上，比较的内容也应该是多方面的。除销售额外，销售人员的销售组合、销售费用、对净利润所做的贡献也要纳入比较的范围。

② 将销售人员目前的绩效与过去的绩效相比较。这种比较方式可以完整了解销售人员的长期销售业绩，既有助于全面客观地评价过去，也有助于更好地规划未来。

第四节 营业推广策划

一、营业推广策划的含义

营业推广是指除了人员推销、广告、公共关系以外的、刺激消费者购买和经销商销售的各种市场营销活动，如陈列、演出、展览会、示范表演及其他促销努力。

营业推广策划又称销售促进策划，简称 SP 策划，是指企业合理运用各种短期诱因，鼓励购买和销售企业产品或服务的促销过程。与广告、公共关系和人员推销等方式不同的是，营业推广限定时间和地点，以对购买者奖励的形式促进购买者购买，以此来追求需求的短期快速增加。

营业推广策划的要求主要有以下几点：

(1) 营业推广通常是作为短期考虑，为立即反应而设计，常常有限定的时间和空间。

(2) 营业推广策划注重的是行动，要求消费者或经销商亲自参与。

(3) 营业推广策划在特定时间提供给购买者一种激励，以诱使购买者购买某一特定产品。通常激励或为金钱，或为商品，或为一项附加的服务，这成为购买者购买行为的直接诱因。

(4) 营业推广策划见效快，销售效果立竿见影，对销售增加有实质的价值。

总之，营业推广策划的最大特征在于：它主要是战术性的营销工具，而非战略性的营销工具；它提供的是短期刺激，会导致消费者直接的购买行为。

二、营业推广策划的流程

营业推广策划是一项系统工程，需要对营业推广的各个环节进行一系列的策划。营业推广策划包括确定营业推广目标、选择营业推广工具、制定营业推广方案、实施营业推广方案、评估营业推广效果五个步骤。

(一) 确定营业推广目标

营业推广策划的第一步是确定营业推广所要达到的目标。营业推广所要达到的具体目标要根据所选定的目标市场对象而定，只有知道推广的对象是谁，才能有针对性地制定具体的推广方案。营业推广的对象分为消费者、中间商和推销人员三类，针对不同的对象开展的营业推广活动，促销目标也存在差异。

▶ 1. 针对消费者的营业推广目标

(1) 吸引新的顾客开始试用。

(2) 争夺同类产品和竞争者品牌的使用者。

(3) 鼓动本品牌现有的消费者继续购买本品牌，把延时性购买改为即时性购买；扩大本品牌的新用途，推出更多的产品，从而增加购买量；使消费者接受品牌延伸的新产品。

▶ 2. 针对中间商的营业推广目标

(1) 提供支持，增加销售渠道，包括劝说现有的零售商提供不定期的削价；在店内开展本品牌的促销活动，扩大现有经销渠道和货架陈列；存放额外的开架样品和不定期的促销样品；鼓励零售商进行完整的系列产品的销售。

(2) 增加存货，包括提高平均交易量；诱导中间商储存更多的本品牌产品；鼓励中间商储存新产品和相关产品。

(3) 排除竞争，包括建立中间商的品牌忠诚；排除竞争者的促销。

▶ 3. 针对推销人员的营业推广目标

(1) 鼓励推销人员销售新产品或新品种。

(2) 激励推销人员开拓新的市场，寻找更多的潜在顾客。

(3) 刺激推销人员在淡季销售产品。

（二）选择营业推广工具

所谓选择营业推广工具，是指企业为了达到营业推广的目标而选择最恰当的营业推广方式。一个特定的营业推广目标可以采用多种营业推广工具来实现，所以应对多种营业推广工具进行比较选择和优化组合，以实现最优的促销效益。在选择营业推广工具时主要应考虑以下因素。

（1）市场类型。不同的市场类型对营业推广工具有不同的要求。例如，消费者市场和中间商市场的需求特点和购买行为有很大差异，针对这两个市场选择的营业推广工具必须适应企业所处的市场类型的特点和相应的要求。

（2）营业推广目标。特定的营业推广目标往往对营业推广工具有着较为明确的条件和制约，从而限定营业推广工具的选择范围。

（3）竞争情况。应根据企业本身在竞争中所具有的实力、条件、优势与劣势，以及企业外部环境中竞争者的数量、实力、竞争策略等的影响，选择最适合自己的、最有效的营业推广工具。

（4）促销预算及每种营业推广工具的成本效益。企业市场营销费用中有多少用于促销，促销预算中又有多大份额用于营业推广，这往往又对营业推广工具的选择形成一种硬约束。另外，每种营业推广的成本效益及不同种营业推广工具组合的综合效益也是有差别的。

（三）制定营业推广方案

制定营业推广方案，包括促销费用预算、制定参加条件、选择促销措施分配途径、规定促销措施实施时间等。

▶ 1. 促销费用预算

企业促销费用是影响促销效果的一项重要因素，目标是以最小的成本获取最大的效益，所以一些必要的开支要事先预算好。促销经费预算可用两种方法来制定。

（1）全面分析法，即营销者选择促销方式，然后估算它们的总费用。

（2）整体营业推广预算，即企业从中长期来考虑促销活动。对策划者来说，要考虑的不仅是一两次具体活动的促销预算，还有必要对企业一定时期的所有营业推广费用进行预算。

▶ 2. 制定参加条件

为提高促销活动的有效性，必须选择营业推广对象，哪些人能够参加促销活动，或者说哪些人有资格获取这些诱因。例如，优惠券是对某一地区所有消费者发放，还是只发给购买该产品的消费者，或只发给购买额达到一定数目的消费者。营业推广参加条件要根据具体促销目标而定，若为了吸引新的消费者加入购买行列，则参加促销活动的消费者范围要大一些，参与条件相对要低；如果促销目标仅仅是维持品牌忠诚，则参加促销的消费者范围要小一些，参与条件也就相对高一些。

▶ 3. 选择促销措施分配途径

选择媒介要考虑促销的费用开支，根据不同的实力和预算，选择合适的促销媒介。每一种媒体都具有不同的传达率和成本，促销效果也不一样。例如，企业对一种产品进行促销，方式是向消费者提供 1.5 元的优惠券，消费者凭此券购买产品时可比平时少付 1.5 元。那么这种优惠券至少可以通过四种媒体送达消费者手中，即附于产品包装内、在零售商店里分发、通过邮寄、刊登在广告媒体上。

▶ 4. 规定促销措施实施时间

如果促销时间太短，许多顾客因来不及购买，可能享受不到促销的益处；如果促销持续的时间太长，促销优惠则会失去时效性。规定促销措施的实施时间应包括如下内容。

(1) 确定促销时机。企业什么时候举行促销活动，对促销效果影响很大。特别是季节性产品，如在梅雨季节到来之际，举办新型室内干燥器展销或对抽湿机举行有奖竞赛促销，会受到消费者的热烈欢迎；反过来，在干燥的秋季举办类似的活动，促销效果则会大打折扣。所以，在促销活动之前要首先考虑最佳时机。企业举办促销活动的时机选择，一般考虑四种因素。

① 企业的营销状况。企业应选择在以下情况促销：当购买企业商品的新顾客不多时；新产品导入期采取快速渗透时；消费者对本企业产品的购买频率或购买量较低时；某一地区或某一特定时期，市场竞争特别激烈时；竞争对手频频举办促销活动时；企业需要获得更多的市场情报时；经销商对企业产品的库存拥有量十分少时；为使推销员访问零售店活动更有效时；希望加强广告力度时；顾客要购买该产品而出现困难时；顾客在购买商品之前，要求说明和指导时等。

② 消费需求的特点。一是消费的季节性，往往在消费季节到来之前和消费季节结束之后进行营业推广活动，既能增加顾客的购买兴趣，又不会降低产品的身价；二是消费者的购买决策时机。对于家庭耐用品，一般家庭都选择在时间宽松的情况下购买，所以节假日、双休日都是企业举办促销的好时机。

③ 社会活动的影响。企业可利用大型社会活动来促进商贸发展，对全社会影响颇大的重要活动，如世界杯，申办奥运会，庆祝香港、澳门回归等庆典，都是企业促销的好时机；一些重要节日，如春节、中秋节、情人节、母亲节、父亲节等都是促销良机；在某些特定节日，如儿童节、妇女节，选择特定的顾客实施重点促销也会很有效。

④ 企业自身的活动安排。围绕企业本身，也可以寻找开展促销活动的良好时机，如企业的开业、周年庆典活动，企业纪念日，年末企业回报消费者活动。在这些活动期间举办丰富多彩的促销活动，既能展示企业实力，又能联络企业与消费者的感情，还有利于提升企业形象。

(2) 活动持续的时间。任何一项促销活动都有一定的时间期限。据研究，促销活动最合适的时间长度应视平均购买周期而定，对一种商品的购买间隔期越长，促销持续的时间就应越长。

(3) 举办促销活动的频率。如果促销活动举行得过于频繁，促销效果就会受到很大影响。因此，要科学地确定促销活动的频率。确定促销活动的频率时，一般要考虑以下因素：促销目标、竞争者的促销表现、消费者的购买习惯和反应、活动本身持续的时间和效果，以及长期的促销计划等。

(四) 实施营业推广方案

每一项营业推广工作都应当确定实施和控制方案，实施营业推广方案的过程包括三个阶段。

▶ 1. 事先准备阶段

事先准备阶段是指推出方案之前的准备，包括初步的规划和设计，邮寄或分发至家庭的改良包装物或材料的鉴定。配合广告宣传的准备工作和销售现场材料的准备，要求销售人员为各个配销商做出分配，进行特定的赠品或包装材料的采购和印刷，提前生产一部分存货并陈列在配销中心，准备在特定日期出售以及对零售商的配送。

▶ 2. 实施阶段

促销活动必须严格按照具体操作计划来实施，而且企业必须配有相应的组织与控制小组，负责组织实施方案。对于方案执行中的各种问题，应注意收集、分析并向上汇报，以便及时管理和控制。

▶ 3. 销售延续阶段

销售延续阶段是指从开始实施营业推广的优惠办法开始，到大约95%的优惠商品已经流转到消费者手中为止。这段时间可长可短，主要取决于活动持续时间的长短。

在实施计划的制订及执行过程中，应有相应的监控机制作为保障，应有专人负责控制事态的进展，一旦出现偏差或意外情况应及时予以纠正和解决。

(五) 评估营业推广效果

在营业推广方案实施后，要对推广的效果进行评估，总结经验教训，不断提高营业推广的促销效果，最常用的方法是对推广前、推广期间和推广后的市场份额变化进行对比。营业推广效果的评估还可以通过变更刺激程度、推广时间、推广媒介、推广对象来获得必要的经验数据，以供比较分析并得出结论。

▶ 1. 对实施营业推广前后的市场份额进行对比

这是最常用的消费者促销评估方法，即用营业推广之前、实施过程中和之后的销售量变化来衡量推广效果，在其他条件不变的情况下进行比较，可以分析出促销效果。

▶ 2. 进行市场调查

通过市场调查，了解有多少消费者还记得这次活动，他们的看法如何，有多少消费者参与了该项促销活动，以及这次促销活动对消费者今后的商品选择行为有什么影响。

▶ 3. 通过试验进行比较

通过试验确定在不同的情况下营业推广的效果如何，根据试验的结果确定各项推广活动的实施策略。

三、营业推广方式的策划

根据营业推广的目标，企业可以选择不同的营业推广方式。营业推广的种类很多，各有特点和适用情况。

(一) 面向消费者的营业推广方式

这一类促销活动的对象是消费者，也是最终购买者，因此这种推广方式是最直接的促销方式，使用频率也很高，主要包括以下手段。

(1) 赠送样品：向消费者赠送样品或试用品。赠送样品是介绍新产品最有效的方法，缺点是费用高。样品可以选择在商店或闹市区散发或在其他产品中附送，也可以在做广告时公开赠送或入户派送。此种方法在食品、保健品、美容产品、洗化品等类别的商品促销中使用非常广泛。

(2) 折价券：给购买者一个凭证，在购买某种商品时可凭此证免付一定金额的货款。

这是一种刺激成熟品牌商品销路的有效工具，也可以鼓励买主早期试用新品牌。专家们认为，折价券至少要提供15%～20%的折价才会有效。折价券可以通过广告或直邮的方式发送。

(3) 交易贴花：在营业过程中向顾客赠送印花，当购买者手中的印花积累到一定数量时，可兑换一定数量的商品或优惠购物(积点、积分两种)。这种方式可吸引顾客长期购买本企业的产品。

(4) 赠奖：以相当低的费用出售或免费赠送一些商品作为购买某特定产品的刺激，主要有以下三种形式。

① 随附赠品：在顾客所购买的商品包装内附送，可以给顾客一个惊喜。

② 免费邮寄赠品：消费者凭购买凭证就可得到商店免费邮寄的奖品。

③ 付费赠送：以低于通常零售的价格出售给需要此种商品的消费者。现在许多厂家和经销商定做很多名目繁多的赠品，有些赠品上还印有企业的名称，既作为赠奖，又可以宣传企业。

(5) 产品陈列与示范：企业在零售店占据有利位置，将本企业的产品进行橱窗陈列、货架陈列、流动陈列，同时进行现场使用示范，以展示产品的性能与优越性。例如，某商场销售蒸汽电熨斗，示范方法是把各种不同质地的布料揉皱，再用熨斗展平，从而打开了销路。这种方法适用于新产品及家电、化妆品等的促销活动。

(6) 有奖销售：在顾客购买商品后发给顾客奖券或号码，使顾客不仅能够得到商品，而且可以有额外收获，以此来刺激顾客的购买欲望。

(7) 特价包装：企业对产品给予一定的折扣优惠，并把原价或正常价格与限定优惠价格标明在商品包装或标签上。特价包装，可以将商品单独包装减价销售，也可以采用组合包装的形式，即将相应商品合并包装。特价包装对于刺激短期销售方面甚至比折价券更有效，这种方法适用于非耐用性消费品，短期效果明显。

(8) 会员营销：又称俱乐部营销，是指企业以某种利益或服务为主题，将各种消费者组成俱乐部形式，开展宣传、促销和销售活动。会员营销能培养消费者的品牌忠诚度，缩短厂商与消费者之间的距离，加强营销竞争力。

(二) 面向中间商的营业推广方式

把产品卖给消费者的是经销商，所以对于生产商而言，对经销商促销，提高他们的积极性也是非常必要的。面向中间商的营业推广方式主要有以下形式。

(1) 价格折扣：为了促进中间商大量进货，生产商经常使用的方法就是价格折扣。价格折扣有两种基本形式：一是给予中间商数量折扣，是指中间商在一定时期内进货达到一定数量就可以享受一定的价格折扣；二是给予中间商职能折扣，是指当中间商为产品做广告或做产品陈列时，生产商给予中间商一定的费用补偿或相应的津贴。

(2) 产品交易会和订货会：生产商利用交易会和订货会邀请中间商参会，在会上陈列产品，企业的推销人员介绍产品相关知识，同时进行现场操作演示。采取这种方式，推销人员可以直接与客户代表进行洽谈，形成双向沟通，引导客户签订购货合同。

(3) 销售激励：为了激励中间商全力推销商品，完成或超额完成销售任务，在中间商中开展一系列竞赛活动，获胜者可以得到生产商的奖励。竞赛通常以销售额、销售增长率、货款回笼速度、售后服务质量等一系列指标为标准进行评价，而奖励的形式也是多种多样，有财务支持、福利支持和促销支持等。

(4) 扶持零售商：生产商可以对零售商专柜的装潢予以资助，提供POP广告，以强化零售网络，促使销售额增加；也可以派遣厂方信息员对零售商销售人员进行经营指导或代培销售人员。

(5) 采购支持：是厂家为了帮助中间商采购、节省采购费用和库存费用而采取的一种销售促进方式。采购支持的方式主要有以下几种。

① 网上自动订购系统：厂家向中间商提供订购的各种单据、表格，并通过计算机联网，中间商一旦需要订购，厂家马上给予支持。

② 库存支持采购：为了在库存和存货管理上支持中间商，厂家负责产品的库存，一旦接到中间商要货通知，立即送货上门。

③ 报销采购费用：厂家对中间商采购人员到本企业订购提货的差旅费、住宿费等给予报销，进而吸引采购人员订购本企业产品。

(三) 面向推销人员的营业推广方式

前面两大类促销策划都是针对企业外界的，第三类是企业内部的促销策划，目的是建立员工的意识，而不是指对企业内部的销售，主要包括以下形式。

(1) 销售红利：为了鼓励推销人员积极推销，企业规定推销人员按销售额提成，或按所获利润提成。销售人员的报酬与销售业绩挂钩，会使销售人员更主动、积极地工作，因为销售绩效会不断地激发销售人员的潜力。

(2) 推销竞赛：为了刺激和鼓励推销人员努力推销商品，企业确定一些推销奖励的办法，对成绩优良者给予奖励。奖励可以是现金，也可以是物品或旅游机会等。

(3) 培训机会：在企业中学习也是一种奖励，推销人员一般都非常重视培训的机会。推销人员认为参加不同程度的培训学习，可以证明自己受到肯定和重视。因此，推销人员往往为了获得培训的机会而努力工作，争取做出更好的销售业绩。

(4) 职务提拔：对业务做得出色的推销人员进行职务提拔，并鼓励他将好的经验传授给其他推销人员，也有利于优秀推销员的培养。

【案例 7-6】

玉兰油“惊喜你自己”促销策划

一、缜密的前期准备

本次促销活动是在未设玉兰油专柜的商场、超市进行的店内促销，目的是向消费者传递玉兰油换新包装的信息，让玉兰油时尚、专业、高档的形象深入人心，并通过促销中的买赠活动吸引更多的消费者购买。

宝洁公司每年花3亿多美元的资金用于广告，但平摊到每瓶洗发水的广告费却只有0.8美分，因为宝洁公司懂得如何让每一分广告费都发挥最大的效用。在促销时间的选择上，宝洁公司也同样坚持了这一原则。本次活动的时间选在2001年9月21日至2002年1月27日的周末。为了最大限度地利用资源并达到最好的推广效果，根据商场、超市周末、下午和晚上人流量较大的特点，公司选择了商场、超市内人流量最大的时间段——周五(18：00～20：00)、周六(11：30～20：30)和周日(11：30～20：30)。

玉兰油属于中高档化妆品，消费对象为18～50岁的职业女性，销售区域主要是城市。若只选一些城镇或较小的城市，促进销售和扩大宣传的效果会大打折扣，因此本次活动选择在华东、华南、西南地区一些经济较发达的城市进行。

本次活动的目的是在增加销售的同时提高产品的知名度和传递玉兰油换新包装的信息，在设有专柜的商场、超市，促销小姐会进行宣传，而在未设专柜的商场、超市，消费者不一定知道这一信息，所以本次活动选择在没有玉兰油专柜的商场、超市进行。

明确的组织及职责分工是促销活动稳定有序进行的前提。“惊喜你自己”玉兰油非专柜促销活动有着精简的组织构架与明确的职责分工。在职责分工方面体现了分工明确的原则。例如，本次活动中城市督导的职责包括：负责与商场、超市的沟通；对下属工作人员进行培训与工作评估；在工作中给促销小姐正确的指导；将销售数据和问题及时反馈给公司；监控并收集好赠品发放的数据和证明。

二、完善的活动方式

1. POP 海报的广泛宣传

POP 海报的设计应尽量简洁、醒目、生动，让顾客在三秒钟内对活动的时间、内容一目了然，对活动产生兴趣，并有深入了解的愿望。商场、超市入口处或促销台旁为张贴 POP 海报的最佳位置。

本次活动的 POP 海报采用生动活泼的字体和简洁的语言——“新包装，新上市，买玉兰油满 98 元，送 68 元伊泰莲娜项链”。通过张贴在商场、超市入口处与促销专用台旁的 POP 海报和商场、超市的广播，有效地向消费者传递玉兰油的促销消息，形成一种良好的购买氛围。

2. 促销专用台的完美形象

国内一些企业的促销专用台有时就是简单的一张桌子、一块桌布，而玉兰油的促销专用台则用玻璃制成，设计得像高档化妆品店的化妆品陈列柜。例如，根据玉兰油产品的种类，专用台分成四层，每一层放不同系列的产品(如第一层是洁面产品，第二层是润肤产品)。专用台的颜色与产品包装的颜色融为一体，既方便导购，也提高了专用台的形象，体现出产品的高档、时尚形象和宝洁公司“世界一流产品，美化您的生活”的形象。

3. 宣传手册的有效分发

很多公司都会发放制作精美的宣传手册向消费者宣传促销活动和产品，但在执行中往往是不管产品的目标消费群，无论男女老幼，路过者人手一份。如此一来，声势是大了，可拿了宣传手册的人往往随手就扔，不仅没有起到宣传的作用，还浪费公司的资源。

在本次活动中，宝洁只对路过促销台或对活动有兴趣的顾客发放宣传手册，而且在宣传手册到达顾客手中之前，促销小姐必须对活动进行简短的介绍。这就保证了目标受众能接受活动的信息，扩大了活动的影响。

4. 促销小姐的热情服务

促销小姐的热情服务是促销活动取得预期效果的关键，是维护玉兰油品牌和形象的核心因素。本次活动的促销小姐不仅注重外表形象，而且服务热情到位，对于每一位顾客都以微笑相迎。在导购过程中，她们首先对顾客的皮肤进行分析，然后根据不同的肤质，给予顾客正确的购买建议。对于介绍完后没有购买的顾客，她们同样会热情地说：“谢谢您的光临。”

第五节 公共关系策划

一、公共关系策划概述

(一) 公共关系策划的概念

所谓公共关系策划，是指公关人员通过对公众进行系统分析，利用已经掌握的知识和手段对公关活动的整体战略和策略运筹规划，是对于提出公关决策、实施公关决策、检验公关决策的全过程进行预先的考虑和设想。这个定义包括以下几层含义。

(1) 公共关系策划工作是公关人员的工作，是由公关人员来完成的。

(2) 公共关系策划是为组织目标服务的。

(3) 公共关系策划是建立在公关调研基础上的，既非凭空产生，也不能囊括所有公关活动。

(4) 公共关系策划可以分为三个层次：总体公关战略策划、专门公关活动策划和具体公关操作策划。

(5) 公共关系策划包括谋略、计划和设计三个方面的工作。让公众了解企业，树立企业形象，增强公众的好感和信任，从而乐于接受企业的产品、服务、价格，这就是营销公关策划的要旨。

(二) 公共关系策划的主要内容

公共关系策划的内容主要有以下几个方面。

(1) 树立企业形象。帮助企业建立起良好的内部和外部形象。首先，从企业内部做起，使员工具有很强的凝聚力和向心力；其次，要加强企业的对外透明度，利用各种手段向外传播信息，让公众认识企业、了解企业，赢得公众的理解、信任、合作与支持。

(2) 建立信息网络。公共关系是企业收集信息、实现反馈以帮助决策的重要渠道。由于外部环境在不断地发展，企业如果不及时掌握市场信息，就会丧失优势。公共关系策划可以使企业及时收集信息，对环境的变化保持高度的敏感性，为企业决策提供可靠的依据。

(3) 处理公共关系。在现代社会环境中，企业不是孤立存在的，不可能离开社会去实现经营目标，公共关系活动正是维持和协调企业与内外公众关系的最有效的手段。企业与内外公众关系的协调主要有三个方面：一是协调领导者与企业职工之间的关系；二是协调企业内部各职能部门之间的关系；三是协调企业与外界公众的关系。

(4) 消除公众误解。任何企业在发展过程中都可能出现某些失误，而失误往往是一个转折点，处理不妥，就可能导致满盘皆输。因此，企业平时要有应急准备，一旦与公众发生纠纷，要尽快掌握事实真相，及时做好调解工作。

(5) 分析预测。及时分析、监测社会环境的变化，其中包括政策、法令的变化，社会舆论、自然环境、市场动态等的变化。向企业预报有重大影响的近期或远期发展趋势，预测企业重大行动计划可能遇到的社会反应等。

(6) 促进产品销售。即以自然随和的公共关系方式向公众介绍新产品、新服务，既可以增强公众的购买或消费欲望，又能为企业和产品树立更好的形象。

二、公共关系策划的流程

公共关系策划的具体程序包括：收集信息、评估分析；确定目标、公众分析；设计主题、创意策划；选择媒介、制定策划；确定预算、审定方案；事后评估。

（一）收集信息、评估分析阶段

在这一阶段，企业要做的事情如下。

(1) 收集资料。收集资料是整个公关策划的调查工作重点，主要任务就是按计划的要求与安排，系统地收集各种资料(包括数据和被调查者的意见)。

(2) 整理资料。整理资料是公关调查过程中极为重要的一环。一般来说，通过调查所得到的资料比较零乱、分散，并不能系统而集中地说明问题；某些资料还可能有片面性与谬误等。因而，在取得资料后，必须对资料进行系统科学的整理和分析，去粗取精，去伪存真，分析综合，严加筛选，并进行理性地推理。资料的整理分析主要包括以下工作：检查核实、分类汇编、分析论证。

(3) 撰写调查分析报告。撰写调查分析报告的目的是为制订科学的公关计划方案提供依据，为领导决策提供参考，寻求领导的支持和帮助。调查分析报告应注意用调查资料来说明问题，支撑结论。因此在撰写时，既要坚持实事求是，资料的取舍要合理，推理要合乎逻辑，还要在结构、主题、语言上下功夫。同时，调查报告写好后要及时送交最高管理部门备案，供决策时参考。

（二）确定目标、公众分析阶段

在这一阶段，企业要做的事情如下。

(1) 确定公关目标。公关目标是公关活动期望取得的成果。它是公关策划活动的方向，也是公关策划活动成功与否的衡量标准。一般来说，根据公关沟通内容的不同，公关目标有：传播信息，即向公众传播有关本企业的信息，让公众了解、信任、支持本企业；联络感情，即通过感情投资获得公众对企业的信任与爱戴；改变态度，即让公众接受企业及企业所提供的产品、服务、观念等；引起行为，即诱导公众产生企业所希望的行为方式。

(2) 确定公众。公关是以不同的方式针对不同的公众展开的，而不是像广告那样主要通过大众传媒把各种信息传播给大众。要使活动能有效实施，企业需要确定目标公众，即公关活动的主要对象。目标公众的确定有利于具体公关方案的实施，有利于确定工作的重点、科学地分配力量，有利于更好地选择传播媒介和传播技巧等。

确定目标公众之后，营销策划人员还应对目标公众进行详细的了解和深入的研究，主要是分析目标公众的权利和要求。一般来说，不同的公众有不同的权利和要求，要了解目标公众的权利和要求，并将目标公众的权利和要求与本企业的目标和利益加以权衡、比较，以便确定公关计划的基本要求。

（三）设计主题、创意策划阶段

在这一阶段，企业要做的事情如下。

▶ 1. 设计主题

公关活动主题是对营销公关活动内容的高度概括，提纲挈领，对整个营销公关活动起指导作用。任何一个成功的营销公关活动都是由一系列活动项目组成的系统工程。为避免活动项目过多给人杂乱无章的印象，需要设计出一个统一、鲜明的主题，以统领整个活动、连接各活动项目。主题的表现方式多种多样，它可以是一个口号，也可以是一句陈述或一个表白。主题设计是否精彩恰当，对公关活动的成效影响很大。要设计出一个好的主题，必须满足四个要求：①公关主题必须与公关目标相一致，并能充分表现目标；②公关主题要适应公众心理的需要，既要富有激情，又要使人感到亲切；③公关主题应独特新颖，富有个性，突出活动的特色，给人留下深刻长久的印象；④公关主题的表述应做到简短凝练，易于记忆和传播。

▶ 2. 创意策划

创新是策划的灵魂，创意是策划的核心，要运用创造性思维进行公关策划。创意过程包含了准备阶段、酝酿阶段、启发阶段、成形阶段、求证阶段。进行创意策划，需要掌握建设型公关、维系型公关、防御型公关、进攻型公关及矫正型公关这几种常用的公关模式。

(1) 建设型公关模式。建设型公关模式是指在企业初创时期或新产品、新服务首次推出时为打开局面而采用的公关工作模式。目标是在企业初创或新产品上市时能达到精彩亮相、提高知名度和塑造良好的“第一印象”的目标。重点是宣传和交际，向公众介绍企业及产品等，使公众对新企业、新产品、新服务有所认识，引起公众兴趣，尽量使更多的公众知晓、理解、接近自己，取得公众的信任与支持。建设型公关有多种传播形式，主要有开业(周年)庆典、开业广告、新产品展销、新服务介绍、免费试用、免费接待参观、开业折价酬宾、赠送宣传品、主动参加社区活动等。

(2) 维系型公关模式。维系型公关模式是企业在稳定发展时用于巩固良好公关的模式。目的是通过不间断的传播和公关工作，维持企业在公众心目中的良好形象。这种模式一方面开展各种优惠活动吸引公众再次合作，另一方面通过传播活动把企业的各种信息持续不断地传递给各类公众，使企业的良好形象始终存留在公众的记忆中。一旦产生需求，公众就可能首先想到该企业，接受产品与营销政策。维系型公关模式是针对公众心理特征精心设计的。

(3) 防御型公关模式。防御型公关模式是企业为防止自身的公关失调而采取的一种营销公关活动模式，是企业与外部环境出现不协调或与内部公众发生轻微摩擦时所采用的营销公关活动模式。特点是防御与引导相结合，变消极为积极。防御型公关模式的主要营销公关活动有：开展公关调查和公众意见征询，企业的经营政策及行为的自我审查和自我评判，制度措施的修改与完善等。

(4) 进攻型公关模式。进攻型公关模式是主动争取公众、创造良好环境时采用的一种公关模式。这种模式要求企业运用一切可以利用的手段，抓住一切有利的时机和条件，以积极主动的姿态调整自身行为，改变环境，摆脱被动局面，创造有利于企业发展的新局面。这种模式最大的特点就是“主动”，例如，不断开拓新产品和新市场，改变企业对环境的依赖关系；组织同行联合会，以减少竞争者之间的冲突和摩擦；建立分公司，实行战略性市场转移，创造新环境、新机会等。

(5) 矫正型公关模式。矫正型公关模式是企业遇到风险、企业的公共关系严重失调、企业形象遭到严重损害时所采用的一种公关活动模式。特点是三个“及时”，即及时发现问题、及时纠正错误、及时改善不良形象。企业形象受损一般有两种情况：一种情况是由于外在的原因，如某些误解、谣言，甚至人为的破坏，致使企业的形象受到损害，这时应及时、准确地查明原因，迅速制定对策，采取行动，纠正或消除损害企业形象的行为和因素。另一种情况是由于企业的内在原因，如产品质量、服务态度、环境保护、管理政策、经营方针等方面发生了问题而导致公关的严重失调。这时应迅速查明原因，采取行动，尽快与新闻界取得联系，控制影响面，及时把外界舆论准确地反馈给决策层和有关部门，提出消除危机的办法和纠正错误的措施。同时还需运用各种公关手段和技巧开展营销公关活动，求得公众谅解，公布纠正措施和进展情况，平息风波，恢复信任，重新树立良好的企业形象。

（四）选择媒介、制定策划阶段

在这一阶段，企业要做的事情如下。

（1）选择媒介。不同的传播媒介都有自身的特性，既各有所长，又各有所短，只有选择合适的媒介，才能取得良好的传播效果。在选择传播媒介时，应注意以下几个方面：与公关目标相结合、与传播内容相结合、与传播对象相结合、与经费预算相结合。

（2）制定策划。创意策划经过论证后，必须形成书面报告——策划书。职业化的营销策划人员必须建立自己完整的文书档案系统，每一项具体营销公关活动必须见诸文字，以备查找。公关策划书可以分为长期战略规划、年度工作计划和专题活动计划，它们的基本结构和写作方法大致相同，但也有一些区别。

（五）确定预算、审定方案阶段

在这一阶段，企业要做的事情如下。

▶ 1. 编制预算

任何一项公关活动都需要花费一定的人力、物力和财力，通过编制预算，可使营销策划人员预先了解活动的投入成本，做到心中有数并能在事前进行统筹兼顾的全面安排，保证公关工作正常开展，便于监督管理、堵塞漏洞。公关预算主要包括三个方面。

（1）经费预算。公关预算的经费大致可分为基本费用和活动费用。基本费用是指相对稳定的费用，包括人工报酬、办公费用、房租费和固定资产折旧费等。活动费用是指随某项营销公关活动的开展而形成的费用，包括专项设施材料费、调查研究费、专家咨询费、活动招待费、广告宣传费、赞助费等开支。

（2）人力预算。人力预算是指对实现既定公关目标所需的人才进行初步的估算，应落实公关计划的实施需要企业投入多少人力，需要什么样的人才结构，是否需要外借人员等。

（3）时间预算。时间预算是指为公关具体目标的实现制定一个时间进程表，规定各阶段的具体工作内容及所持续的时间，以便营销策划人员按部就班地工作。

▶ 2. 审定方案

审定方案是公关策划的最后一项工作。营销策划人员根据企业的现状提出各种不同的活动方案，每一个方案都是策划者智慧的结晶，但这些方案未必都适宜，也未必能被同时采用。因此，对这些方案进行优化和论证才能选定最终方案。审定方案工作可分为三个步骤。

（1）优化方案。应尽可能地将公关方案完善化、合理化，提高方案的合理值，强化方案的可行性，降低活动耗费。通常可采用重点法、转变法、反向增益法、优点综合法等方法，取其所长，去其所短，形成最佳方案，达到优化的目的。

(2) 方案论证。一般由有关高层领导、专家和实际工作者对方案提出问题，由营销策划人员进行答辩论证。论证方案应满足系统性、权变性、效益性和可操作性要求。作为决策者，首先要正确地选择专家。一是根据需要解决的问题的性质和难度，选择在能力、知识、经验方面能胜任的专家参与论证；二是决策者切不可先讲自己的观点、意见和看法，而是先提出问题，态度诚恳地请专家解放思想、消除顾虑、畅所欲言地发表自己的见解与看法；三是决策者要为专家提供组织所能收集到的资料与信息；四是当专家意见不一致时不要急于下结论，不要强求统一；五是决策者既要重视专家的意见，又不能为专家所左右。

(3) 方案的最后审定和文字处理工作。营销策划人员策划的方案经过论证后，必须形成书面文字，送交本企业领导审批，使公关的策划目标与本企业的总体目标相一致，使营销公关活动得到本企业其他部门有力的配合和支持。至此，一个公关策划才算全部完成。最后，要将审定的方案打印数份并编上号码：一份交组织高层领导，作为检查公关工作的依据；一份留存营销部，严格按预定计划执行；一份交人事部存档。另外，可根据工作需要和联系程度送交需要支持配合的部门。

(六) 事后评估阶段

一个企业的形象构思与策划成功与否，取决于三个方面的协调与平衡：一是组织利益与公众利益的协调与平衡；二是总体形象与特定形象的协调与平衡；三是知名度与美誉度的协调与平衡。

三、公共关系具体活动策划

企业要实现公关目标，就必须掌握各种公关活动方式，通常而言，有以下几种。

(一) 新闻发布会

新闻发布会又称为记者招待会，是企业为公布重大新闻或解释重要方针政策而邀请新闻记者集会，先将信息公告给记者，然后通过记者所属的大众传播媒介告知公众的一种公共关系专题活动。它是企业传播各类信息，吸引新闻界客观报道，处理好媒体关系的重要手段。特别是当企业遇到一些问题需要向社会公众解释时，借助新闻媒介向公众传递真相、澄清事实、引导舆论、树立或维护企业形象，及时召开新闻发布会便是一种有效的形式。

(二) 展销会

展销会是一种综合运用各种媒介或手段推广产品、宣传企业形象和建立良好公关的大型活动。展销会是一种复合性的传播方式，它提供了企业与公众进行直接双向沟通的机会，是一种高度集中和高效率的沟通方式；同时，作为综合性的大型公关专题活动，展销会是新闻报道的好题材，而且展销会通常带有娱乐性质，可以吸引大量公众。

(三) 专题活动

通过举办各种专题活动，扩大企业的影响力。这方面的活动包括：举办各种庆祝活动、开工典礼、开业典礼等；开展各种竞赛活动，如知识竞赛、劳动竞赛、有奖评优等。

(四) 赞助活动

赞助活动是企业无偿地提供资金或物质支持某一项社会事业或社会活动，以获得一定形象传播效益的公共关系专题活动。它是一种信誉投资和感情投资行为，也是一种积极有效的公共关系促销手段，通过参与各种公益活动和社会福利活动，协调企业与社会公众的关系。这方面的活动包括：保持环境卫生、防止污染和噪声等，赞助社会公益事业，为社会慈善机构募捐等。

（五）对外开放参观

对外开放参观活动是指企业为了让公众更好地了解自己，面向社会各界开放，及时组织和安排广大公众到企业内部来参观、考察。对外开放参观活动是提高企业的透明度、帮助企业争取公众了解和支持的一个重要手段。

此外，有些企业甚至开展了企业旅游项目。游客通过参观企业，不仅可以更好地了解企业的产品和文化，还可以享受旅游的快乐。与此同时，企业也可以创造新的利润增长点。

（六）危机公关活动

企业面临公共关系危机的原因主要有三种：自身行为不当、突发事件、失实报道。企业应根据具体情况，分析具体原因，及时开展卓有成效的危机公关活动。例如，属于企业自身原因引起的公关危机，企业应真诚接受批评，立即采取善后措施，引以为戒；属于突发事件引起的公关危机，则要把真相告知公众，争取公众的谅解与支持，并积极处理突发事件引起的矛盾；属于失实报道引起的公关危机，则要坚持不失态、不失策、冷静处理的原则，及时消除不利影响，扭转不利的舆论状态。

四、危机公关策划

（一）企业危机公关的概念

企业危机是指由于企业自身或公众的某种行为而导致组织环境恶化的突发性事件。企业危机常常是一些意想不到的、危及企业财产和名誉的重大事件。企业运用公关手段，处理企业危机的过程，被称为企业危机公关。

企业发生危机的原因很多，因此企业危机的类型也很多，常见的有产品(或服务)瑕疵型危机、劳工纠纷型危机、股东纠纷型危机、经营不良型危机等。

（二）企业危机公关的原则

▶ 1. 迅速反应原则

从危机事件本身的特点来看，危机事件的突发性和极强的扩散性决定了危机应对必须迅速、果断。危机消息一旦出现，伴随着大众媒体的介入，会立即引起社会公众的关注。由于媒体的消息来源渠道是复杂的，可能会出现对同一危机事件的传播，在内容上产生很大的差异。为了避免不同版本的信息混淆广大消费者的视听，在危机发生时，企业应该以最快的速度设立危机公关处理机构，调集训练有素的专业人员，配备必要的危机公关处理设备或工具，以便迅速调查、分析危机产生的原因及危机的影响程度，进而通过媒体把危机的真相公之于众，以确保危机消息来源的统一，消除公众对危机的各种猜测和疑虑。因此，越早发现危机并迅速反应控制事态，越有利于危机的妥善解决和降低各方的利益损失。

▶ 2. 勇于承担原则

无论面对的是何种性质、类型及起因的危机事件，企业都应该主动承担责任，积极进行处理。即使受害者对于危机的爆发负有一定的责任，也必须明确一点，那就是危急时刻绝对不是争辩是非曲直的时候，无论责任应该由谁承担，企业也不应急于追究，否则容易加深矛盾，不利于问题的解决。此时此刻，企业要以一种勇于负责的姿态出现在公众面前，毫不犹豫地把社会公众利益放在首位。特别是出现重大财产损失或造成人员伤亡的事件，企业更应表现出以人为本的态度，组织专门的联络小组，及时而诚恳地安慰伤亡人员的亲友。有时还需由企业高层领导人亲自出面公开道歉和进行抚慰以示诚意，并告知公众企业正在采取的措施，表示企业有承担经济责任和社会责任的决心。这样做虽然可能需要暂时的妥协退让，甚至要付出一定的代价，但从长远的角度来看，不仅有利于企业解决危机，还有助于企业树立起良好的口碑和形象，为日后的发展奠定基础。

▶ 3. 真诚坦率原则

通常情况下，任何危机的发生都会使公众产生种种猜测和怀疑，媒介的作用也会扩大事件的传播。这时危机企业必须认识到只有诚恳的态度才是挽救企业的有效途径，因为大众媒体和社会公众最不能容忍的事情并非危机本身，而是企业千方百计隐瞒事实真相或故意说谎。企业必须以真诚负责的态度面对公众与媒体，及时与公众和媒体沟通，这样大众更愿意从乐观的角度来看待事件和企业。任何遮遮掩掩、欲盖弥彰的行动都只能招致公众更大的反感，给企业造成更大的伤害。

(三) 企业危机公关的策划

▶ 1. 及时处理危机

在危机爆发之初，往往是危机公关处理的极佳时刻，企业的当务之急是在第一时间启动危机处理领导小组的工作，让它充当企业危机处理的核心，协调指挥，全盘把握。如果企业从来没有建立这样的领导小组，那么应当迅速调动企业人力资源，组成由企业高层管理者、相关的职能部门乃至企业外部专家组成的危机公关处理小组，并视情况设置危机控制中心，明确规定危机公关处理小组成员之间的职责分工、相应权限和沟通渠道。危机公关处理小组组建后，由相关负责人奔赴现场，通过收集信息了解危机的各个方面，进一步确认危机事件的性质和引起危机爆发的原因，了解危机发生的详细经过，了解危机的受害者及受害情况等，以形成对危机的正确认识。一旦确认了危机，危机公关处理小组必须在最短的时间内对危机事件的发展趋势，对危机事件可能给企业带来的影响和后果，对企业能够和可以采取的应对措施，以及对危机事件的处理方针，对人员、资源保障等重大事情做出初步的评估和决策。

▶ 2. 危机诊断

危机诊断是企业根据危机的调查和评估，进而探寻危机发生的具体诱因的过程。在危急时刻，可调配的资源十分有限，企业需要通过危机诊断判断危机产生的真正根源，对于不同程度的危机采取不同的处理，弄清病因，对症下药。

▶ 3. 确认危机公关处理方案

企业危机公关处理的总指挥官，应发挥团队最高统合战力，从可行的方案中选择较为合适的方案。如果企业并没有事前危机管理的防范措施，这是一般资源不足的中小企业较常出现的问题，企业管理者则应亲率相关部门的负责人赴第一线指挥作战，当场讨论如何处理并立刻实践行动方案。

▶ 4. 组织集中力量，落实处理方案

这是危机公关处理的中心环节，公众和舆论不仅要看企业的宣言，更要看企业的行动。危机反应行动应有主次之分，通过前面的危机评估和危机诊断环节，找出主要危机或者危机的重点，首先解决危害性较大、时间要求紧迫的问题，再着手解决其他问题，这样的危机公关处理才是有效的。在危机公关处理的过程中，企业如果能够遵循危机公关处理的一般原则，按照危机公关处理的方针措施步步为营，那么不仅使危机得到遏制、削减，企业甚至可以把危机看成一次发展的契机，抓住机会，实现新的跨越。

【案例 7-7】

强生公司如何应对危机

强生公司生产的泰乐诺胶囊是一种止痛药，1981 年的销售额为 43.5 亿美元，占强生公司总销售额的 7%，其利润占总利润的 17%。1982 年 9 月末的一天，一位叫亚当·杰努斯的患者服了一粒泰乐诺胶囊后当天死亡；另一对在同一天服了泰乐诺胶囊的夫妇，也在两天后死亡。此消息迅速传遍美国，强生公司在止痛药市场上的份额从 35.3%一度下跌到不足 7%，公司面临巨大危机。强生公司对此迅速做出以下反应。

1. 调查并澄清事实

(1) 迅速收集有关受害者的情况、死因以及有毒泰乐诺胶囊的批号、零售点、生产日期、送往分销网的途径等。为此，强生公司特别请了 100 名联邦调查局和州侦探，追查了 2 000 条线索，研究并做出 57 份报告。

(2) 求助媒体提供准确、及时的消息，以避免恐慌。通过调查，得出报告：有毒的胶囊是有人从药店买了成品后掺入硫化氢又退回商店所致，并不是强生公司生产中出的问题。强生公司把这个消息迅速传达给客户和媒体，仅电报费就花了 50 万美元。

2. 评估并遏止事件的影响

“泰乐诺中毒事件”使强生公司损失过亿美元，但最主要的是对强生商标本身的影响。强生公司事后进行民意调查，发现 49%的人回答他们仍会使用这种药，于是，强生公司又把药摆到了货架上。

3. 使泰乐诺重振雄风

强生公司为实现这一目标，采取了“稳住常客，渗透新顾客群”的策略，具体步骤如下：

(1) 请开发此药的麦克奈尔实验室的药学博士托马斯·盖茨在广告中向使用该药的美国人民致谢。

(2) 鼓励胶囊的使用者试用泰乐诺药片。

(3) 承诺在“中毒事件”发生后扔掉泰乐诺的客户，只要打一个免费电话，就可得到 2.5 美元的赠券。

(4) 设计了一种新型的防破坏的包装，增强人们对泰乐诺胶囊的信任感。

强生公司通过这一系列周密的计划和行动，仅用了 8 个月就使泰乐诺重新赢得了 35%的市场份额。这个市场份额一直维持到 1986 年，为强生公司赢得了巨额利润。

本章小结

促销是现代营销的关键。促销策划是指对企业整个促销工作的谋划和设计，即广告、营业推广、公共关系、人员推销如何实现极佳配合。策划的目的是使企业形成整体促销合力，在有限的促销预算下达成理想的促销效果。

企业进行促销策划时需要根据产品的特点、促销对象的不同和营销目标，综合各种影响因素，对各种促销方式进行选择、编配和运用。促销策划的内容大致可分为两类：推动策略与拉引策略。促销策划主要有 7 个步骤：确定目标市场，确定促销目标，确定促销信息，选择促销手段，确定促销预算，确定促销总体方案，评估促销绩效。

广告策划是根据广告主的营销策略，按照一定的程序对广告运作或广告活动的总体战略进行前瞻性规划的活动。广告策划的程序包括：市场调查，确定广告目标，确立广告主题与创意，制定广告策略，制定广告预算，拟订广告策划书，广告实施计划，广告效果评估。广告总体策划的内容包括：明确广告目标；确定广告预算；选择广告信息；评价广告效果。广告定位策划是指广告主通过广告活动，使企业或品牌在消费者心目中确定独特形象的一种方法。广告定位主要有两种方法：实体定位与观念定位。广告媒体是运载广告信息、达到广告目标的一种物质技术手段，是传播广告信息的载体。广告媒体的影响因素主要有广告目标、产品性质、消费者习惯、媒体特性、媒体成本。广告媒体策划是广告策划的重要内容，关系到广告的信息能否到达目标受众、如何到达目标受众，以及目标受众接触广告信息的方式。根据广告策划书的内容要点，参考营销策划书的一般模式和许多广告策划者在实践中总结出来的经验，广告策划书有自身的内容与结构。

人员推销策划是指在商业促销活动中，推销人员恰当地直接向目标顾客介绍产品，提供情报，以创造需求，促成购买行为的促销活动。人员推销策划活动可以按以下步骤进行：推销准备、寻找顾客、约见顾客、接近顾客、推销洽谈、处理顾客异议、促成交易等。人员推销策划涉及销售组织结构设计、推销人员配备、推销人员培训、销售队伍管理等内容。

营业推广策划又称销售促进策划，简称 SP 策划，就是企业合理运用各种短期诱因，鼓励购买和销售企业的产品或服务的促销过程。与广告、公共关系和人员推销等方式不同的是，营业推广限定时间和地点，以对购买者奖励的形式促进购买者购买，以此来追求需求的短期快速增加。营业推广策划包括确定营业推广目标、选择营业推广工具、制定营业推广方案、实施营业推广方案、评估营业推广效果五个步骤。根据营业推广的目标，企业可以选择不同的营业推广方式。

公共关系策划，是指公关人员通过对公众进行系统分析，利用已经掌握的知识和手段对公关活动的整体战略和策略运筹规划，是对于提出公关决策、实施公关决策、检验公关决策的全过程进行预先的考虑和设想。公共关系策划的具体程序包括：收集信息、评估分析；确定目标、公众分析；设计主题、创意策划；选择媒介、制定策划；确定预算、审定方案；事后评估。企业要实现公关目标，就必须掌握各种公关活动方式，通常而言，有新闻发布会、展销会、专题活动、赞助活动、对外开放参观活动、危机公关活动。企业危机公关的原则有迅速反应原则、勇于承担原则、真诚坦率原则。

复习思考题

1. 简述促销策划的含义和内容。
2. 广告策划的程序有哪些？
3. 广告定位策划的具体方法有哪些？
4. 简述影响广告媒体的因素。
5. 人员推销策划的策略有哪些？
6. 简述营业推广策划方式和时机的选择。
7. 简述公共关系具体活动策划的过程。

案例分析

光明畅优　通畅你我
——光明畅优公关促销活动策划

一、活动背景：蓄势待发

光明畅优酸奶自2007年上市后，取得了良好的开端，开创了中国酸奶产品的高端品牌。光明畅优实现每月稳步增长，尤其在华东的销售更为明显。为了能在下半年掀起一股销售高潮，提高畅优的品牌认知，我们需要做一个有影响力的公关促销活动。此活动要区分竞争对手的直接买赠内容，让消费者感觉到畅优不是降价促销活动，而是非常有意义的公关活动。

二、活动分析：以产品为中心

首先从产品功能开始思考，畅优酸奶的主要功能是排毒养颜、润肠通便、调理肠道。"通畅"一直是产品传播中所诉求的卖点，"天天畅优，美丽轻松"是主打广告语，强调产品带给消费者的情感利益。任何品牌的活动归根结底都会围绕产品进行，用品牌拉动产品，以产品推动品牌。

畅优"通畅"的概念(光明畅优通畅你我)是我们本次活动需要表达的内容。

从消费者来看，20～40岁女性是畅优的主要目标消费人群。她们生活在城市，工作生活压力大，饮食没有规律，常被肠道问题所困扰。针对消费者，我们从品牌的角度考虑，塑造畅优品牌形象，使活动带有公益色彩，让消费者感受到光明畅优关注女性肠道健康。作为她们的亲人、朋友或同事，我们应该把对她们的关爱变成一种行动，让她们享受到肠道健康、身体舒畅、天天美丽轻松的关爱。

最终确定了这次公关促销活动主题为"爱她，就让她畅优吧"，此主题既能把产品畅通的概念表达出来，又能涵盖关爱的主题，目标人群非常明确。

三、活动内容：以大带小

拉动产品销量的畅优八连杯装是我们此次活动的主要产品，用它来带动小瓶畅优的销售，形成互动，以大代小。

1. 活动规则

购买畅优原味八连杯产品，赠送产品中已付邮资的畅优卡(明信片)一张。写下朋友的名字、地址及祝福语，邮寄给朋友，朋友收到后可凭畅优卡到指定销售终端领取190克新口味塑瓶畅优一瓶。

2. 兑换方式

收到畅优卡(已盖邮戳)的消费者，撕下兑换联(详情见畅优卡)；消费者在指定便利店的柜台取畅优190克新口味塑瓶畅优一瓶后，在收银台结账时，将撕下兑换联交予收银员即可兑换畅优产品。

3. 兑换地点

上海：可的、喜士多便利店。

四、传播策略：上下结合，两上一下

“爱她，就让她畅优吧”的公关促销活动属于互动活动，让消费者之间分享产品“通畅”功效，增加消费者对畅优品牌的认知。

在传播层面，必须紧紧围绕消费者的生活路径来考虑，针对她们的生活习惯进行思考。目标消费者主要是女性，她们属于城市的白领人群，生活节奏相对快，购物集中在周末。上面的高空传播以电视和广播为主，下面的传播以终端为主，采取“上下结合，两上一下”的整体策略。

另外，在活动初期和活动中，配合两期报纸投放，增加活动信息的告知频率。

电视选择上海新闻娱乐频道、上海生活时尚频道，投放时间：20：00—21：00。电台选择FM101.7的“动感101”、FM103.7的“Love radio”，投放时间：7：00—9：00、8：00—19：00。

这种媒体的组合方式，做到了信息聚焦，即所有资源集中在娱乐媒体传播。无论是上班的路上还是周末的购物，都能让目标消费者很容易接触到畅优的信息传播。

五、创新工具：一张卡、一杯奶、一份情

面对市场的价格竞争，畅优采取一种创新的促销，利用免费明信片作为传播载体。我们将这种明细片称为“畅优卡”，购买指定的产品得到畅优卡，邮寄给自己的亲人、朋友，可以兑换畅优酸奶，享受畅优产品带来的“通畅”，并有一份真诚的祝福。畅优卡让消费者在自己享受产品的同时，给自己的亲人、朋友送去一杯奶，送去一份情。同时，这种免费的畅优卡带有公益的性质，减少了促销的色彩，成为一种“关爱和关怀”，不仅增强了光明品牌与消费者之间的情感沟通，同时也是畅优产品的一次“体验营销”。

畅优卡文案：轻松身体需要呵护，美丽气色需要舒畅！肠道通畅，轻松美丽！畅优，给她由内而外的关爱！爱她，就让她畅优吧！

与往年的数据对比，通过整个活动的传播，畅优酸奶减缓了酸奶销售的整体下滑，实现了淡季的逆转。据统计，最后的畅优卡兑换率高达60%，强力拉动了整个产品的销售。光明畅优的公关促销活动实现了“名利”双收，既提高了光明品牌、畅优品牌的美誉度，又拉动了整个系列产品的销售。

思考：

1. 光明畅优的公关促销活动策划成功的原因有哪些？

2. 结合案例，讨论为什么广告标题要求新、有创意，听起来吸引人？标题怎样与产品概念、机理、文案所表达的内容相切合？

实训活动

一、实训目标

通过广告、公关、营业推广、推销、促销组合的策划，使学生全面了解与掌握促销策划的理论知识与技能，掌握撰写促销策划文案的技巧，提高学生实际操作运用能力。

二、实训内容

1. 策划一套较完整的广告促销计划，并撰写广告促销策划方案。

2. 策划一个较完整的公关促销活动，并撰写公关促销活动策划书。

3. 策划一个较完整的营业推广方案或商演活动，并撰写营销推广或商演活动策划方案。

4. 策划一个较完整的人员推销活动，并撰写人员推销策划方案。

5. 策划一个较完整的促销组合活动，并撰写促销组合策划方案。

三、实训步骤

1. 以5～6人为一组，每组确定1名负责人，组建营销团队。

2. 对各营销团队进行适当角色分工，确保组织合理和每位成员的积极参与。

3. 根据具体项目或产品，在市场调研分析的基础上，让学生进行创意、策划，撰写促销(或广告、公关、营业推广、人员推销、促销组合)策划方案。

4. 每组选派一个代表上台展示方案，制作PPT并进行模拟展示。

5. 评分标准：小组自评占20%，其他组互评占40%，教师评分占40%。

第八章 营销策划书的撰写

学习目标

1. 了解营销策划书与市场调查报告和可行性分析报告的关系。
2. 理解营销策划书的含义、基本结构和主要内容。
3. 掌握营销策划书的编制原则、格式及撰写技巧。
4. 了解营销策划书的版面设计。
5. 了解营销策划书的几种常见模板。

导入案例

脑白金的传奇营销

"今年过节不收礼，收礼还收脑白金"，还记得脑白金的经典广告吗？虽然人们对这个广告的评价不高，但不可否认，史玉柱曾创造了保健品业界的一个脑白金神话。

作为单一品种的保健品，脑白金以"快速启动市场，迅速拓展全国领域"的特点，导演了该领域的神奇现象：历经四个春秋，长盛不衰，在2001年1月创下了单品销量2亿多元的佳绩，突破了中国保健品行业单品单月的销售纪录。2008年4月，国家统计局中国行业企业信息发布中心发布《2007年中国消费品市场重点调查报告》，显示脑白金在2000—2003年连续4年获中国保健品市场销售冠军，之后在2005—2007年一直保持市场销售冠军的地位。

脑白金是营销策划的典范。当我们为脑白金迅速崛起而啧啧称奇时，我们是否也深思过：脑白金的成功靠的是什么？其实最关键的还是营销策划！尤其是《脑白金营销策划书》堪称经典，值得每一位营销策划人学习和研究。

资料来源：网络营销能力秀网站．

营销策划书的撰写是整个营销策划的最后一环，它是将策划的思路、工作步骤等内容予以形式化、具体化的过程。营销策划书是策划者前期工作与全部智慧的结晶，也是策划者协调和指导策划参与者行动的规划。同时，营销策划书也是下一步实施营销活动的具体行动指南。通过营销策划书可以使企业相关人员知悉营销活动的若干内容，明白下一步应做什么、应如何做。营销策划书是创意与实践的连接点，在整个营销策划工作中具有承前启后的作用。

第一节 营销策划书概述

一、营销策划书的含义

营销策划书是营销策划方案的书面反映，又称营销策划文案或营销策划方案。营销策划书是营销策划工作的进一步深化、升华和文字化，是策划者根据营销策划项目的内容和特点，为实现营销策划目标而进行行动的实战方案。

要正确理解营销策划书，就必须了解营销策划书与市场调查报告、可行性分析报告和创业计划书的关系。

(一) 营销策划书不同于市场调查报告

市场调查报告是营销策划活动的一个环节，重点在于通过市场进行调研，判定或判断策划活动是否具有可行性、可操作性与现实性。市场调查的过程是一个去粗取精、去伪存真的过程，市场调查报告既可能认可原有的策划，也可能推翻或者部分修改原有的创意与策划。因此，市场调查报告形成的过程是整个策划活动中极为重要的部分。

营销策划书是营销策划活动的另一个环节，重点是在已经具有可行性的市场调查报告的基础上着手绘制总的蓝图、方案、设计和规划。

这两者的区别就在于在整个营销策划活动中所处的阶段不同，侧重点不同，因而它们的地位与意义自然也就不一样。它们之间有一种相互依存的关系，那就是只有建立在市场调查报告基础上的营销划书，才具有充分的可行性和现实性。

(二) 营销策划书不同于可行性分析报告

可行性分析报告只侧重于计划本身在技术方面是否具有可操作性，是对计划的实施能否带来经济效益的一种评估。可行性分析报告只涉及营销策划书的一部分内容，属于局部性的东西，它的侧重点在于分析、评估可操作层面和技术层面，一般不涉及管理因素、人的因素和对投资人在利益方面的回报，以及回报的形式等诸多方面的内容。

营销策划书是一份内容十分丰富的全方位、多视角、多层次的项目计划书，它涉及企业的人、财、物、规章制度等多种因素。营销策划书为企业规划出一幅宏伟蓝图，它涉及的内容、要求和目标都比可行性分析报告广泛。营销策划书不仅要在技术方面和产业化的模式方面对项目进行详细的阐述和说明，同时还要对项目实施中的管理因素、人的因素和对投资人在利益方面的回报，以及回报的形式等诸多方面的内容加以分析和说明。

两者间的联系在于可行性分析报告是为营销策划书服务的，有了可行性分析报告作为前提条件，营销策划书就更加具有可操作性和现实性。

（三）营销策划书不同于创业计划书

创业计划书又称商业计划书，是创业者将有关创业的想法最终落实在书面上的内容，是对构建一个企业的基本思想，以及对企业创建有关的各种事项进行总体安排的文件。创业计划书是吸引投资者并获得资金的一个基本性文件，是为了达到融资的目的或者其他的发展目标，在经过前期的项目调研、项目分析、盈利模式设计后收集与整理有关资料，全面展示公司和项目的目前状况、未来发展潜力及投入产出计划的书面材料。

营销策划书与创业计划书主要有以下区别。

(1) 营销策划书主要针对目前已有的企业和产品进行创意构思，实现未来营业增长和利润提高，实现营销目的；而创业计划书是为潜在顾客、商业银行和风险投资家提供一份推销新创企业的报告，实现创业计划的融资需求。

(2) 创业计划书中既需要提供企业全部现状及企业的发展方向，又需要提供良好的效益评价体系及管理监控标准，因此，创业计划书要花更多的时间进行项目可行性分析；相对而言，营销策划书中则更需要创新思想和创意思维。

创业计划书的主要结构和内容如表 8-1 所示。

表 8-1 创业计划书的主要结构和内容

序号	具体内容	描述和说明
1	保密协议	公司的一些保密制度及文件规定等
2	执行总结	2.1 公司概述
		2.2 产品介绍
		2.3 市场分析与营销
		2.4 生产运作管理
		2.5 组织与人力
		2.6 投资与财务
3	产品介绍	3.1 产品概述
		3.2 产品优点
		3.3 产品研发与延展
4	市场分析	4.1 宏观环境分析
		4.2 微观环境分析
		4.3 市场竞争分析
		4.4 STP 分析
		4.5 SWOT 分析图解
		4.6 产品市场总结和应对策略
		4.7 发展趋势预测
		4.8 问卷调查数据整理及分析

续表

序号	具体内容	描述和说明
5	营销策略	5.1 营销目标
		5.2 4P 策略组合及具体措施
		5.3 前期市场进入策略
		5.4 成长期市场扩大化策略
		5.5 服务营销
		5.6 阶段性创意营销活动
6	商业模式	6.1 商业模式概述
		6.2 公司商业模式
		6.3 商业模式的创新途径
7	公司战略	7.1 总体战略
		7.2 技术创新战略
		7.3 人才培养战略
8	公司体系	8.1 组织形式
		8.2 企业文化
		8.3 管理方式及创新机制
9	生产运营管理	9.1 公司选址及布局
		9.2 产品研发与生产
		9.3 产品前景规划
		9.4 运营管理
		9.5 物流管理
		9.6 质量管理
10	创业团队	10.1 团队简介
		10.2 团队成员分工
		10.3 团队顾问
11	投融资分析	11.1 投资估算
		11.2 资金筹措方案
		11.3 股本结构与规模
		11.4 重要生产销售指标
		11.5 预计生产销售趋势
		11.6 总成本费用及营运资金估算
12	财务评价	12.1 财务指标分析
		12.2 财务报表分析

续表

序号	具体内容	描述和说明
13	风险分析及其应对方案	13.1 政策风险及应对方案
		13.2 市场竞争风险及应对方案
		13.3 技术风险及应对方案
		13.4 公司运营风险及应对方案
		13.5 财务风险及应对方案
		13.6 管理风险及应对方案
14	法律问题	14.1 各方责任与义务
		14.2 公司设立与注册
		14.3 知识产权
15	附录	附录 1(专利两项)
		附录 2 专利授权书
		附录 3 资质计量认证证书
		附录 4 业绩证明
		附录 5 安全运行证明
		附录 6 与其他仪器对比分析表
		附录 7 获奖证书
		附录 8 订货合同书
		附录 9 支持本团队创业证明
		附录 10 调查报告

二、营销策划书的功能

任何一种营销策划，我们只要通过阅读营销策划书的内容，就可以了解策划者的意图与观点，懂得如何操作、实施营销策划方案。概括起来，营销策划书的主要功能如下。

(一) 指导、规范、协调和约束企业的营销活动

由于营销策划书对企业营销活动的内容、流程、财务支出等做出了比较详尽的说明和安排，企业的整个营销活动过程就必须按照营销策划书所规定的内容和程序进行。从总体上讲，营销策划书对企业营销活动起着指导、规范和约束的功能。

(二) 提供营销活动实施的依据

营销策划的目的在于有效地实施营销活动。营销策划书作为指导企业营销活动的指导性文件，为营销活动的具体实施提供了依据，所有与营销有关的活动必须根据营销策划书进行安排。

（三）协调营销活动各个方面的关系

企业营销活动涉及企业内外许多部门和单位，营销策划书规定了所有这些部门的有关营销活动的内容、职责、权利和工作关系，起着协调的作用。

（四）建立营销活动的考核与评价标准

营销策划书为企业营销活动设置了目标体系，包括营销效益与各种工作效果指标，从而为考核和评价营销活动的效果和效益提供了标准。

（五）为营销活动提供激励

营销策划书规定了企业营销活动的总体目标，并设置了相应的指标体系，企业的各个方面围绕这些目标和指标配置资源，组织人员，并将指标分解到有关的组织和个人。因此，营销策划书能起到积极的激励作用。

三、营销策划书编制的原则

为了提高策划书撰写的准确性与科学性，需要策划人员把握编制的几个主要原则。

（一）实事求是原则

由于策划书是一份执行手册，因此必须务实，使方案更符合企业条件的实际、员工操作能力的实际、环境变化和竞争格局的实际等。这就要求在设计策划案时一定要坚持实事求是的科学态度，在制定指标、选择方法、划分步骤的时候，要从主客观条件出发，尊重员工和他人的意见，克服设计中自以为是和先入为主的主观主义，用全面的、本质的、发展的观点观察与认识事物。

（二）逻辑思维原则

策划的目的在于解决企业营销中出现的问题，制定解决方案，按照逻辑性思维的构思来编制策划书。首先是了解企业的现实状况，描述进行该策划的背景，分析当前市场状况及目标市场，再把策划中心目的全盘托出；其次是详细阐述策划内容，明确提出解决问题的对策；最后是预测实施该策划方案的效果。

（三）简洁朴实原则

简洁朴实原则要求人们在设计策划书时，一定要注意突出重点，抓住企业营销中所要解决的核心问题，深入分析，并提出针对性强的、可行性大的相应对策。切忌华而不实，废话连篇，失去实际操作意义。

（四）可操作性原则

营销策划书的作用之一在于指导营销活动的执行，包括营销活动中每个人的工作及各环节关系的处理，因此，在编写时必须注意可操作性。无法操作的方案创意再好也无任何价值，而且还会耗费企业大量的人力、财力、物力，甚至还可能出现负面影响。

（五）创意新颖原则

营销企划方案应该是一个“金点子”，也就是说要求企划的“点子”（创意）要与众不同，内容新颖别致，表现手段也要别出心裁，给人以全新的感受。新颖、奇特、与众不同的创意是营销策划书的核心内容。

第二节 营销策划书的结构和内容

一、营销策划书的构成要素

营销策划书的种类，因提出的对象与内容不同，而在形式和体裁上有很大的差别。但是，任何一种营销策划书的构成都必须有5W2H1E，共8个基本要素。

what(什么)——营销策划目的、内容：将策划目标和内容进一步具体化、指标化，并说明实现目标和内容的基本要求、标准。

who(谁)——营销策划人员：确定策划中承担各项任务的主要人员及主要人员的责、权、利。

where(何处)——营销策划实施场所：确定策划中承担各项任务的部门及场所。

when(何时)——营销策划时间：列出实现各个目标的时间进度表。

why(为什么)——营销策划原因：主要是向策划实施人员说明策划目标，阐述策划的必要性、可行性等，以使实施人员便于理解和执行。

how(如何)——营销策划手段：确定各部门、人员实现目标及行为的顺序、时间、资金、其他资源等的管理控制方式。

how much(多少)——营销策划预算：按策划确定的目标(总目标或若干分目标)列出细目，计算所需经费，以控制策划活动严格按预算进行。

effect(效果)——预测营销策划效果：确定实施项目策划情况的标准，检查评价工作和出现偏差时应如何处理，以及预测营销策划的结果、效果等。

以上这8个方面，是构成营销策划书的8个基本要素。值得一提的是，要注意“多少”和“效果”对整个营销策划案的重要意义。如果忽视营销策划的成本投入，不注意营销策划书实施效果的预测，那么，这种营销策划就不是成功的策划。只有5W1H的营销策划书不能称为营销策划书，只能算是计划书。

二、营销策划书的基本结构

一般情况下，营销策划书的结构应与营销策划的构成要素(内容)保持一致，这样可以提高营销策划书的制作效率。营销策划书的基本结构如表8-2所示。

表8-2 营销策划书的基本结构

构成	营销策划书的一般格式	详细内容
封面	策划书名称	营销策划书的名称必须写得具体清楚
	策划者的姓名	营销策划者的姓名、工作单位、职务等
	策划书完成时间	依照营销策划书完成的年月日据实填写
正文	策划的目标	营销策划的目标要具体明确
	策划的内容	这是营销策划书中最重要的部分，包括营销策划缘由、前景资料、问题点、创意关键等方面的内容。具体内容因营销策划种类的不同而有所变化，但必须以让读者一目了然为原则

续表

构成	营销策划书的一般格式	详细内容
正文	预算表与进度表	营销策划是一项复杂的系统工程，需要花一定的人力、物力和财力，因此，必须进行周密的预算，编制预算表。营销策划进度表则是把营销策划活动的全部过程制成时间表，何月何日何时要做什么，标示清楚，便于日后检查
细化内容	策划场地	在营销策划方案实施过程中，对需要提供哪些场地、何种场地，需提供何种方式的协助等，均要加以说明
	预测效果	根据掌握的情报，预测营销策划方案实施后的效果
附件	参考的文献资料	有助于完成本策划书的各种参考文献资料，包括报纸、杂志、书籍、演讲稿、企业内部资料、政府统计资料、调查报告等
	其他注意事项	其他重要的注意事项应附在营销策划方案上，如执行本策划方案应具备的条件，必须取得哪些部门的支持协作，希望企业领导向全体员工说明本策划方案的重要意义等

三、营销策划书的主要内容

一份完整的营销策划书包括的主要内容如下。

（一）封面

封面是营销策划书的脸面，会影响阅读者对营销策划书的第一印象，因此不能草率敷衍。好的封面能使阅读者产生强烈的视觉效果，从而对策划内容的形象定位起到良好的辅助作用。因此，给营销策划书配上一个美观漂亮的封面是绝对不能忽视的。封面的设计原则是醒目、整洁，切忌花哨，字体、字号、颜色可根据视觉效果具体考虑。

策划书的封面可提供以下信息：①营销策划书的名称；②被策划的客户；③策划机构或策划人的名称；④营销策划完成日期及适用时间段；⑤编号。

（二）前言

前言的作用有两个：一是对营销策划书的内容进行高度概括性表述；二是引起阅读者的注意和兴趣，使阅读者产生急于阅读正文的强烈欲望。前言内容应简明扼要，一般不要超过一页，字数应控制在 1 000 字以内，内容主要如下。

(1) 接受委托的情况。例如，A 公司接受 B 公司的委托，就××年度的产品营销进行具体策划。

(2) 本次营销策划的重要性和必要性。

(3) 营销策划的概况，即营销策划的过程及要达到的目的。

（三）目录

目录的内容也是策划书的重要部分。目录涵盖了全方案的主体内容和要点，读过后应能使人对营销策划的全貌、营销策划人的思路、营销策划书的整体结构有大致了解，并且能为使用者查找相关内容提供方便。

(四) 概要提示

概要提示包括营销策划的目的、意义、创意形成的过程，相关营销策划的思路、内容等介绍，阅读者通过概要提示，可以大致理解营销策划的要点。概要提示的撰写同样要求简明扼要，篇幅不能过长，一般控制在一页纸以内。另外，概要提示不是简单地把策划内容予以列举，而是要单独成为一个系统。因此，遣词造句等都要仔细斟酌，要起到一滴水见大海的效果。

(五) 正文

正文是营销策划书中最重要的部分，具体包括以下内容。

▶ 1. 营销策划目的

营销策划目的部分主要是对营销策划所要实现的目标进行全面描述，它是营销策划活动的原因和动力。企业营销上存在的问题纷繁多样，概括起来有六个方面。

(1) 企业开张伊始，尚无系统的营销方案，因而需要根据市场特点策划一套营销方案。

(2) 企业发展壮大，原有的营销方案已不适应新的形势，因而需要重新设计营销方案。

(3) 企业改变经营方向，需要相应地调整营销策略。

(4) 企业原营销方案严重失误，不能再作为企业的营销计划。

(5) 市场行情发生变化，原营销方案已不适应变化后的市场。

(6) 企业在总的营销方案下，需在不同的时段，根据市场的特征和行情变化，设计新的阶段性方案。

▶ 2. 环境分析

对同类产品市场状况、竞争状况及宏观环境要有一个清醒的认识。它为制定相应的营销策略，采取正确的营销手段提供依据。“知己知彼，百战不殆”，因此这一部分需要策划者对市场比较了解。

(1) 当前市场状况及市场前景分析。①产品的市场性，现实市场及潜在市场状况。②市场成长状况，产品目前处于市场生命周期的哪一阶段上。对于不同市场阶段上的产品，公司营销侧重点如何，相应营销策略效果怎样，需求变化对产品市场的影响。③消费者的接受性，这一内容需要策划者凭借已掌握的资料分析产品市场发展前景。

(2) 对产品市场影响因素进行分析。主要是对影响产品的不可控因素进行分析，如宏观环境、政治环境、居民经济条件、消费者收入水平、消费结构的变化、消费心理等；对一些受科技发展影响较大的产品，如计算机、家用电器等产品的营销策划中还需要考虑技术发展趋势的影响。

▶ 3. 市场机会与问题分析

营销方案是对市场机会的把握和策略的运用，因此分析市场机会就成为营销策划的关键。只要找准了市场机会，策划就成功了一半。

(1) 针对产品目前营销现状进行问题分析。一般营销中存在的具体问题，表现为多方面：①企业知名度不高，形象不佳，影响产品销售；②产品质量不过关，功能不全，被消费者冷落；③产品包装太差，提不起消费者的购买兴趣；④产品价格定位不当；⑤销售渠道不畅，或渠道选择有误，使销售受阻；⑥促销方式不当，消费者不了解企业产品；⑦服务质量太差，令消费者不满；⑧售后保证缺乏，消费者购买后顾虑多等。

(2) 针对产品特点分析优、劣势。在营销策划过程中，既要善于从存在的问题中找出劣势并予以克服，也要善于从经营优势中找出市场机会，发掘产品的市场潜力。分析各目标市场或消费群特点进行市场细分，对不同的消费需求尽量予以满足，抓住主要消费群作为营销重点，找出与竞争对手的差距，扬长避短，以利用好市场机会。

▶ 4. 营销目标

营销目标是在目的和任务的基础上，公司所要实现的具体目标，即营销策划方案执行期间，经济效益目标达到：总销售量为××××万件，预计毛利×××万元，市场占有率实现××。

▶ 5. 营销战略和具体营销方案

这是营销策划书中的最主要部分。可操作性是衡量这部分内容的主要标准。制定营销战略及具体营销方案时应遵循"对症下药""因地制宜""切实可行"三条基本原则。

(1) 营销宗旨。一般企业可以注重这样几方面：①以强有力的广告宣传攻势顺利拓展市场，为产品准确定位，突出产品特色，采取差异化营销策略；②以产品主要消费群体为产品的营销重点；③建立起点广面宽的销售渠道，不断拓宽销售区域等。

(2) 产品策略。通过对产品市场机会与问题进行分析，提出合理的产品策略建议，形成有效的4P组合，以达到最佳效果。

① 产品定位。营销策划人员进行产品市场定位的关键主要从满足消费者需求或欲望出发，揭示消费者购买每一件产品的真正目的，在消费者心目中寻找一个空位，使产品迅速启动市场。

② 产品质量功能方案。产品质量就是产品的市场生命。企业对产品应有完善的质量保证体系。

③ 产品品牌。营销策划者必须具有强烈的品牌意识。在营销策划书中，通过对产品品牌的策划，力争在消费者心目中形成具有一定知名度、美誉度的产品品牌。

④ 产品包装。在营销策划中，需要采用能迎合消费者心理，并使消费者满意的包装形式。

⑤ 产品服务。营销策划人员应对服务进行精心策划，以确保策划的成功。在策划中要特别注意产品服务方式、服务质量的改善和提高。

(3) 价格策略。任何商品的交换都必须以一定的价格水平为前提，价格是决定再生产过程能否顺利实现的重要因素之一。商品价格的变化，不仅影响商品的销售和利润，而且对顾客的购买行为也产生直接的影响。在价格策划上，从产品的价格竞争和非价格竞争两个方面同时入手，是确保策划成功的重要因素之一。

(4) 销售渠道。一般着重分析：产品目前的销售渠道状况；准备如何对销售渠道进行拓展；中间商、代理商的销售积极性如何；已采取了哪些实惠政策进行鼓励，效果如何；准备制定哪些奖励政策等。

(5) 广告宣传。这里只强调几个普遍性原则。①服从公司整体营销宣传策略，树立产品形象，同时注重树立公司形象。②长期化。广告宣传商品个性不宜变来变去，变多了，消费者就会不认识商品，反而使老主顾也觉得陌生，所以，在一定时段上应推出一致的广告宣传。③广泛化。选择广告宣传媒体多样式化的同时，注重抓宣传效果好的方式。④不定期地配合阶段性的促销活动，掌握适当时机，及时、灵活地进行如重大节假日、公司有纪念意义的活动等。

实施步骤可按以下方式进行：①策划期内前期推出产品形象广告；②适时推出诚征代理商广告；③节假日、重大活动前推出促销广告；④把握时机进行公关活动，接触消费者；⑤积极利用新闻媒介，善于创造性地利用新闻事件提高企业产品知名度。

(6) 具体行动方案。根据策划期内各时间段特点，推出各项具体行动方案。行动方案要细致、周密，可操作性强又不乏灵活性。还要考虑费用支出，一切量力而行，尽量以较低费用取得良好效果为原则。尤其应该注意季节性产品淡、旺季营销侧重点，抓住旺季营销。

(7) 策划项目行动时间表和有关人员职务分配表。在制定具体行动方案时，最好制定出行动时间表，标明各项行动的起止时间和责任人，写明策划所需物品及场地、策划所需的相关资料，使行动方案更加明确，更具可操作性，真正做到人人有事干，个个有专责。

▶ 6. 财务分析

这一部分记载的是整个营销方案推进过程中的费用投入，包括营销过程中的总费用、阶段费用、项目费用等，原则是以较少投入获得最优效果。用列表的方法标出营销费用也是经常被运用的，优点是醒目易读。

▶ 7. 行动方案控制

这一部分是作为策划方案的补充部分。营销/销售活动的行动方案控制包括：风险控制，即风险来源与控制方法；方案调整，即在方案执行中都可能出现与现实情况不相适应的地方，因此必须随时根据市场的反馈及时对方案进行调整。

(六) 结束语

与前言呼应，使营销策划书有一个圆满的结束，而不致使人感到太突然。结束语中应再次重复主要观点并概述策划要点。

(七) 附录

附录是营销策划书的附件。附录的内容对营销策划方案起着补充说明作用，便于策划方案的实施者了解有关问题的来龙去脉。凡是有助于阅读者理解策划内容的可信的资料都可以列入附录。但是为了突出重点，可列可不列的资料以不列为宜。附录的另一种形式是提供原始资料，如消费者问卷的样本、座谈会的原始照片等。作为附录也要标明顺序，以便查找。

营销策划书一般由以上几项内容构成。企业产品不同，营销目标不同，则所侧重的各项内容在编制上也可有详略取舍。

第三节 营销策划书撰写技巧

一、成功的营销策划书的特征

成功的营销策划书一般表现出以下特征：

(1) 阅读者粗略过目就能了解策划的大致内容；

(2) 使用浅显易懂的语言，充分体现委托方的利益和要求；

(3) 策划书展现的内容与同类策划书相比，有相当明显的差异性和优越性；

(4) 图文并茂，增强策划书的表现效果；

(5) 条理清晰，逻辑分明，阅读者看完策划书后，能够按照策划书的内容有步骤、有计划地执行；

(6) 能够充分体现企业的勃勃生机和企业的基本特征。

为了做到以上几点，营销策划者在撰写营销策划书时应该做到：

(1) 基于现实的社会实践和市场调查，具有可行性；

(2) 经过深思熟虑之后提炼出好的创意；

(3) 使用恰当的表述方式，包括采用图文并茂的方式和简洁明快的语言运用。

二、营销策划书的撰写技巧

营销策划书和一般的报告或文章有所不同，可信性、可操作性及说服力是营销策划书的生命，也是营销策划书追求的目标。因此，在撰写营销策划书时应注意以下几点。

(一) 合理使用理论依据

要提高营销策划内容的可信性，并使阅读者接受，就要为策划者的观点寻找理论依据。这是一个事半功倍的有效办法。但是，理论依据要有对应关系，纯粹的理论堆砌不仅不能提高理论依据的可信性，反而会给人脱离实际的感觉。

(二) 适当举例说明

在营销策划书中，加入适当的成功与失败的例子既可以充实内容，又能证明自己的观点，增强说服力。在具体使用时一般以多列举成功的例子为宜，或选择一些国外先进的经验与做法，以印证自己的观点，效果非常明显。

(三) 利用数字说明问题

营销策划书是一份指导企业实践的文件，可靠程度如何是决策者首先要考虑的。策划书的内容不能留下查无凭据的嫌疑，任何一个观点均要有依据，而数字就是最好的依据。在营销策划书中，利用各种绝对数和相对数来进行比较对照是绝对不可少的，而且要使各种数字都有可靠的出处。

(四) 运用图表帮助理解

图表有助于阅读者理解策划的内容，同时，图表还能提高页面的美观性。图表的主要优点在于有强烈的直观效果，因此，用图表进行比较分析、概括归纳、辅助说明等非常有效。图表的另一优点是能调节阅读者的情绪，有利于阅读者对策划书的深刻理解。

(五) 合理设计版面

策划书的视觉效果的优劣在一定程度上影响着策划效果的发挥。有效利用版面安排也是策划书撰写的技巧之一，包括打印的字体、字号大小、字与字的空隙、行与行的间隔、黑体字的采用，以及插图和颜色等。如果整篇策划书的字体、字号完全一样，没有层次、主辅，那么这份策划书就会显得呆板、缺少生气。总之，通过版面安排可以使策划书重点突出、层次分明，严谨而不失活泼。

（六）注意细节，消灭差错

细节往往会被人忽视，但是对于营销策划书来说，细节却十分重要。一是策划书中如果出现错字、别字、漏字，就会影响阅读者对策划者的印象。二是企业的名称，专业术语不得有误。三是一些专门的英文单词，差错率往往是很高的，在检查时要特别予以注意。如果出差错，阅读者会以为是由于撰写人本身的知识水平不高所致，这就影响了阅读者对策划内容的信任度。四是纸张的好坏、打印的质量等都会对策划书本身产生影响。

三、营销策划书的版面设计

营销策划书的视觉效果在一定程度上会影响营销策划的效果。合理安排版面也是营销策划书撰写过程中需要重视的地方。

（一）版面大小

营销策划书的印刷纸张一般都应采用国际标准的纸张，如 A4、A5 等。营销策划书的版心(指内容在纸张上所占的面积)应设计得小一些，即页面边缘空白要留得多一些，这样不仅较为美观，而且便于对页面进行装帧美化，也便于读者进行批注。

（二）格式与位置

格式是文字排版中的字体、字号、行距等，根据不同的需要，可自行设定。例如，正文采用宋体小四号，备注说明采用楷体五号等。不同级的标题可分别设计，方便阅读者了解策划内容的层递逻辑关系。同级标题的字体大小要一致，各级标题的格式与位置要注意前后统一。例如，一级标题都用宋体二号，二级标题都用宋体三号，三级标题用宋体小三号等。

（三）图片

图片在正文中的安排，应该尽量放在与图片内容相关的文字附近，要求图片的内容中字体、字号一致，并且应该加上顺序编号和说明文字。

（四）页码、页眉的设计

页码和页眉是整个营销策划书的画龙点睛之处。页码与页眉不仅可以起到记录页数的作用，更重要的是能够进行版面的美化和独特的装帧设计，使营销策划书的外观呈现独特性和美观性。因此，应对页码与页眉做些艺术化的设计或处理。

在营销策划书的页眉处，一般应显示策划书的标题、策划人的单位名称、企业标志等常规信息，使整个策划书的脉络更清晰，阅读更方便。

（五）版面装饰

营销策划书可以通过一些辅助性的装帧图片，使页面看起来更加活跃，同时还可以用一些能够起到强调作用的特殊符号，将希望引起读者注意的内容凸显出来。

四、营销策划书的完善

营销策划书的完善，就是对营销策划书进行通篇复查，对重点内容进行审核，以修正错误与不妥之处，提高营销策划书的质量。

（一）营销策划书的检查

营销策划书撰写完成之后，要进行全面的校正，就是对营销策划的内容、结构、逻辑及文字等进行检查与修改。对营销策划书校正完毕以后，还要将营销策划书通读一遍，进行最后的确认。通过这种方式来确认营销策划内容及营销策划内容的表现是否真正合适、营销策划书的文字是否有错误。

（二）营销策划书的装订

营销策划书的撰写、校正工作完成以后，还要对营销策划书进行装订。一份装订整齐得体的营销策划书，同样是营销策划工作顺利推进的重要内容之一。装订营销策划书时要注意以下几点：营销策划书是否要分成若干册；各部分内容之间是否要插入分隔页；如果营销策划书内的彩色图片是否需要彩色印刷；确定营销策划书的复印或印刷册数。

（三）营销策划书的介绍

策划者完成策划书并非策划工作的结束，还有一项很重要的工作，就是向上级、同事或顾客介绍营销策划书。营销策划书的介绍成功与否决定了营销策划书能否被接受、采纳，原定的策划方案能否付诸实践。因此，营销策划人员要对介绍营销策划书做好充分的准备，如事先做好辅助介绍用的 PPT 等。

第四节 营销策划书的模式与范例

营销策划书的模式并不是很固定，策划人员可以灵活地根据实际表达需要加以调整，但是也存在一些通用的模式，下面介绍几种常见的模式。

一、按部就班模式

按部就班模式的营销策划书严格按照规范的营销策划流程来呈现，中规中矩，因为符合大部分人的逻辑思维方式，所以比较常见。按部就班模式基本的逻辑结构如下。

（一）第一部分：前言

前言包括策划的背景、目的和意义、主要的策划人(或单位)及策划的过程简介。

（二）第二部分：营销环境分析

▶ 1. 宏观的制约因素

宏观的制约因素包括：①目标市场所处区域的宏观经济形势，含总体的经济形势、总体的消费态势、产业的发展政策；②市场的政治、法律背景，含可能影响产品市场的政治因素、可能影响产品销售和推广的法律；③市场的文化背景，含产品与目标市场的文化背景、产品与目标消费者的文化背景。

▶ 2. 微观的制约因素

微观的制约因素包括：①原料供应商与企业的关系；②营销中间商与企业的关系。

▶ 3. 市场概括

市场概括包括：①市场的规模，含整个市场的销售额、市场可能容量的最大销售额、消费者总量、消费者总的购买量，以及以上几个要素在过去一个时期中的变化与未来市场规模的变化趋势；②市场的构成，含构成这一市场的主要产品的品牌、各品牌占据市场的份额、市场上居于主要地位的品牌、与本品牌构成竞争的品牌、未来市场构成的变化趋势；③市场的特性，含季节性、暂时性、其他突出的特点。

（三）第三部分：消费者分析

▶ 1. 消费者的总体消费态势

消费者的总体消费态势包括：①现有的消费趋势；②各类消费者消费本类产品的特性。

▶ 2. 现有消费者分析

现有消费者分析包括：①现有消费者群体的构成，含现有消费者的总量、现有消费者的行业分类、现有消费者的企业规模、现有消费者的经营模式、现有消费者的管理模式、现有消费者的收入状况、现有消费者的地域分布；②现有消费者的消费行为，含购买动机、购买时间、购买频率、购买数量、购买地点；③现有消费者的态度，含对产品的喜爱程度、对本品牌的偏爱程度、对本品牌的认知程度、对本品牌的指名购买程度、产品使用后的满意程度、未满足的需求。

▶ 3. 潜在消费者分析

潜在消费者分析包括：①潜在消费者的特性，含总量、行业、规模、经营模式、管理模式、收入状况、地域分布；②潜在消费者现在的购买行为，含现在购买哪些品牌的产品、对这些产品的态度、有无新的购买计划、有无可能改变计划购买的品牌。

▶ 4. 消费者分析总结

消费者分析总结包括：①目标消费者群体的特性；②目标消费者群体的共同需求；③如何满足目标消费者群体的需求。

（四）第四部分：产品分析

▶ 1. 产品特征分析

产品特征分析包括：①产品的性能，含最突出的性能、最适合消费者需求的性能、还不能满足消费者需求的性能；②产品的质量，含质量的等级，消费者对产品质量的满意程度，继续保持、继续提高的可能；③产品的价格，含在同类产品中的档次、与产品质量的配合程度、消费者对产品价格的认同程度；④产品的材质和工艺，含产品的主要原料、在材质上的特别之处、消费者对产品材质的认知程度、现有的生产工艺、在生产工艺上的特别之处、消费者对生产工艺的认知程度；⑤产品的外观与包装，含与产品的质量、价格和形象的融合程度，外观和包装上的欠缺之处，在货架上的同类产品是否醒目，对消费者的吸引力，消费者对产品外观和包装的评价。

▶ 2. 产品的品牌形象分析

产品的品牌形象分析包括：①企业赋予产品的形象，含企业对产品形象的考虑、企业为产品设计的形象、企业品牌形象设计中的不合理之处、企业对消费者进行的产品形象宣传；②消费者对产品形象的认识，含消费者对产品形象的反馈、消费者认知的形象与企业设定的形象间的差距、消费者对产品形象的预期、产品形象在消费者认知方面的问题。

▶ 3. 产品定位分析

产品定位分析包括：①产品的预期定位，含企业对产品定位的设想、企业对产品定位的不合理之处、企业对消费者进行的产品定位宣传；②消费者对产品定位的认识，含消费者对产品定位的反馈、消费者认知的定位与企业设定的定位间的差距、消费者对产品定位的预期、产品定位在消费者认知方面的问题。

▶ 4. 产品分析总结

产品分析总结对产品与竞争对手进行比较分析，包括产品性能分析、产品质量分析、产品价格分析、产品采购分析、产品工艺分析等。

(五) 第五部分：竞争状况分析

▶ 1. 竞争地位分析

竞争地位分析包括市场占有率、对消费需求的认识，以及企业自身的资源和经营目标。

▶ 2. 竞争对手分析

竞争对手分析包括主要的竞争对手、竞争对手的基本情况、竞争对手的优势劣势、竞争对手的策略。

▶ 3. 竞争分析总结

略。

(六) 第六部分：营销环境分析总结

营销环境分析总结常用 SWOT 分析法，分析营销环境的优势与劣势、机会与威胁。优势与劣势分析主要是着眼于企业自身的实力及企业与竞争对手的比较，而机会与威胁分析将注意力放在外部环境的变化及对企业的可能影响上。在分析时，应把所有的内部因素(优劣势)集中在一起，然后用外部的力量来对这些因素进行评估。

(七) 第七部分：目标市场选择策划

▶ 1. 总体目标

总体目标包括企业提出的目标和企业根据市场情况可以达到的目标。

▶ 2. 目标市场

目标市场包括：①原有目标市场分析，含市场的特性、市场的规模、机会与威胁、优势与劣势、问题重要点、重新进行目标市场决策的必要性；②市场细分，含市场细分的标准、各个细分市场的特性、各个细分市场的评估、最有价值细分市场的描述；③企业的目标市场策略，含目标市场选择的依据、目标市场选择的策略。

(八) 第八部分：营销组合策划

▶ 1. 产品创意

产品创意包括产品概念塑造、包装塑造、品牌塑造、形象塑造等。

▶ 2. 价格策划

价格策划包括定价目标、定价方法、定价策略、调价策略等。

▶ 3. 渠道策划

渠道策划包括渠道设计、渠道管理、渠道组建等。

▶ 4. 促销策划

促销策划包括广告策划、人员推销策划、营业推广策划、公共关系策略等。

营销组合策划是重点内容，需要策划人员具有创新意识和创新精神，提出具有操作可行性和经济可行性的建议。

（九）第九部分：行动计划

行动计划包括在各目标市场的开始时间、活动的结束时间、策划活动的持续时间和进程安排。

（十）第十部分：经费预算

经费预算包括策划创意费用、策划设计费用、策划制作费用、广告媒介费用、其他活动所需要的费用和机动费用。

（十一）第十一部分：效果预测与监控

策划效果的预测包括策划主题测试、策划创意测试、策划文案测试、策划作品测试等。

策划效果的监控包括媒介发布的监控、策划效果的测定等。

（十二）第十二部分：附录

附录包括市场调查问卷、市场调研报告、其他证明材料。

二、内容策划模式

内容策划模式的营销策划书重点分析某个营销专题的策划，如推广活动策划、广告策划、新产品上市策划等，根据某个专题营销活动来展开，因此没有固定的逻辑写作模式，根据策划的专题不同而有所调整。

（一）产品销售（或人员推销）策划书

以某产品销售（或人员推销）策划书为例，包含的主要内容如下。

案例：华为手机营销策划书

(1) 产品的销售状况分析。

(2) 产品的投资与利润分析。

(3) 产品的价值分析与建议。

(4) 产品的销售对象分析与建议。

(5) 产品的销售可行性分析。

(6) 产品的销售时机的选择与建议。

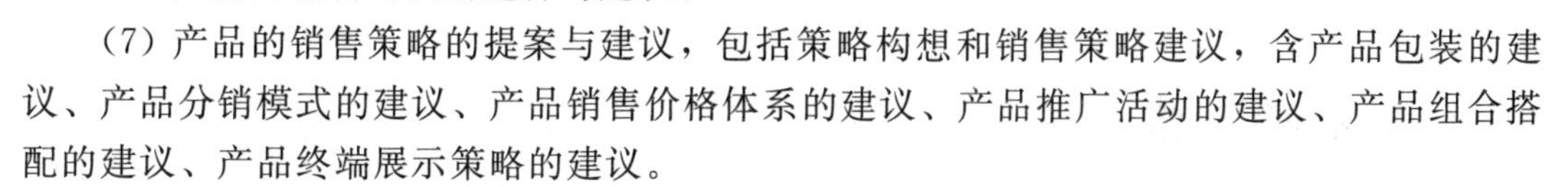

(7) 产品的销售策略的提案与建议，包括策略构想和销售策略建议，含产品包装的建议、产品分销模式的建议、产品销售价格体系的建议、产品推广活动的建议、产品组合搭配的建议、产品终端展示策略的建议。

(8) 产品的销售预算。

(9) 产品的销售效果预估。

（二）产品促销策划书

产品促销策划书的主要内容如表 8-3 所示。

表 8-3 产品促销策划书的主要内容

项　　目	内　　容
市场分析 （为决策提供依据）	(1)总则
	(2)促销调查的主要观点及内容
	(3)市场预测及建议

续表

项　目	内　容
促销目标	(1)总体目标，包括市场目标和财务目标
	(2)目标分解
促销提案	(1)促销的主题和卖点
	(2)促销时机和持续时间
	(3)促销对象
	(4)促销地点
	(5)促销区域
	(6)促销的类型和方法
	(7)促销媒介
	(8)促销活动方式
广告配合方式(宣传形式)	(1)广告媒介选择
	(2)广告创意设计
	(3)广告时段选择
促销活动的步骤	(1)前期安排，包括人员安排、物资安排和实验方案
	(2)中期操作
	(3)后期延续
促销预算	(1)预算计划，包括总预算和分预算(管理费用、销售费用、附加利益费用)
	(2)资金费用来源
效果评估	(1)销售业绩评估
	(2)市场影响力评估

本章小结

营销策划书是营销策划方案的书面反映，又称营销策划文案或营销策划方案。营销策划书是营销策划工作的进一步深化、升华和文字化，是策划者根据营销策划项目的内容和特点，为实现营销策划目标而进行行动的实战方案。概括起来，营销策划书的主要功能有以下几个方面：指导、规范、协调和约束企业营销活动，提供营销活动实施的依据，协调营销活动各个方面的关系，建立起营销活动的考核与评价标准，为营销活动提供激励。为了提高策划书撰写的准确性与科学性，这就需要策划人员把握编制的原则，包括实事求是原则、逻辑思维原则、简洁朴实原则、可操作性原则、创意新颖原则。

任何一种营销策划书的构成都必须有 8 个基本要素。一份完整的营销策划书包括的主要内容有封面、前言、目录、概要提示、正文、结束语、附录。企业产品不同，营销目标不同，则所侧重的各项内容在编制上也可有详略取舍。

营销策划书的撰写技巧包括合理使用理论依据，适当举例说明，利用数字说明问题，运用图表帮助理解，合理设计版面，注意细节、消灭差错。营销策划书的版面设计应注意：版面大小，格式与位置，图片，页码、页眉的设计，版面装饰。营销策划书的完善，应注意营销策划书的检查、营销策划书的装订、营销策划书的介绍。

营销策划书的模式并不是很固定，策划人员可以灵活地根据实际表达需要对模式加以调整，但是也存在一些通用的模式。常见的模式有两种，包括按部就班模式、内容策划模式。

复习思考题

1. 简述营销策划书编制的原则。
2. 一份完整的营销策划书包括哪些主要内容？
3. 营销策划书有哪些撰写技巧？
4. 营销策划书的版面设计应注意什么？

案例分析

中信银行武汉分行“创新”案例分析

在强手如林的金融市场，如何突破重围，打破壁垒，占领市场成为众多金融企业面临的难题。中信银行武汉分行在行长徐学敏的带领下异军突起，在武汉金融市场的夹缝中杀出一条血路，演绎了“中信奇迹”。截至2008年年底，其资产总额折计人民币453.64亿元，各项存款余额423.81亿元；按五级分类口径，不良贷款率仅为0.21%，实现年利润8.57亿元；在负债规模、盈利水平、资产质量和主要人均指标等方面，跃居武汉市股份制商业银行榜首，公司业务等主要指标也已超过部分国有银行。

一、中信银行武汉分行白手起家

1999年，中信银行决定在武汉设立分行，时任武汉市政府副秘书长的徐学敏博士担当筹备重任。作为最初的创业者，分行并没有自己的业务产品，可谓白手起家，而且其人员结构又比较复杂，有来自国有商业银行的，有来自政府机构部门的，但都没有经营股份制商业银行的经验。2000年3月30日，中信银行武汉分行正式开业。在强手如林的武汉金融市场，怎样打破市场壁垒，如何在夹缝中求生存？这是中信银行武汉分行首先要考虑的问题。

二、中小股份制商业银行的崛起和挑战

20世纪80年代，中国开始进行比较深入的金融体制改革。1987年，中国第一家股份制商业银行正式挂牌，标志着中国股份制商业银行的春天来临。20世纪90年代末至21世纪初，中国宏观经济表现良好，存贷款利差不断扩大，股份制商业银行抓住机遇，改善自身经营管理水平，取得了超常的发展。其资产规模迅速扩大、不良贷款率大幅下降、资本充足率稳步提高、盈利水平大幅增加，开始成为中国商业银行体系中的一支生力军。

然而，随着中国金融市场化改革的深入和国有商业银行改革成果的逐步显现，中小股份制商业银行的弊端开始逐步暴露：一是由于治理结构的问题，使其难以超越原国有商业银行的轨迹，呈现“体制复归”的趋势；二是中小股份制商业银行作为市场的新进入者，受到资源、机构、网络和人才等方面的限制，实际竞争能力相对不足，部分银行陷入了“短周期怪圈”——经营不稳健、不规范。这引起了金融监管部门的高度关注。

三、武汉的经济发展和金融环境

经济总量是衡量金融行业市场容量的重要指标。根据中国统计年鉴的数据显示，1999年，武汉市国内生产总值为1 085.68亿元，比1990年增加908.85亿元，比1998年增加83.79亿元，十年来平均每年增长100亿元左右。而当年，上海、北京和广州的国内生产总值分别为4 034.96亿元、2 174.46亿元和2 056.74亿元。可以看出，虽然武汉经济呈逐年递增的趋势，但经济总量并不大，与上海、北京和广州等城市还有很大的差距。

在金融环境方面，武汉曾被国内金融界视为高风险区域城市。中国社会科学院《中国城市金融生态环境评价》报告的评估结果表明，武汉金融生态相对指数排名靠后，经济市场化程度不高、政府干预经济较多、法治建设相对滞后，金融生态环境有待改善。

经济总量小、金融环境差是制约各个银行在武汉发展的重要因素，也同样制约着中信银行武汉分行的生存和发展。

四、中信银行武汉分行的竞争对手

中信银行武汉分行在武汉市场面临众多的竞争对手：一是传统的国有独资商业银行，其银行网点多、资产规模大，在武汉市场具有垄断地位；二是其他中小股份制商业银行，已先后建立起各自的优势和竞争力。

交通银行武汉分行重新组建于1988年，是华中地区第一家股份制金融企业。该行拥有广泛的布局、合理的分销网络，行业分布广泛，掌握着高价值的客户群，覆盖率也逐年提高。以1999年为例，交通银行武汉分行存款达219.32亿元，贷款114.14亿元。

招商银行武汉分行成立于1992年。它大力整合信息技术资源，经营管理水平和服务质量良好，以其特有的品牌在武汉树立了良好的社会形象，是武汉地区实力最强的股份制商业银行之一。

民生银行武汉分行成立于1997年。成立后，分行各项业务迅速崛起，资产、存款、贷款规模均位居各股份制银行前列，并保持了良好的资产质量，实现了规模、效益、质量的稳步发展，在当地同业中树立了充满生机与活力的商业银行形象。

光大银行武汉分行成立于1997年。在“精品银行、理财银行”的经营理念指导下，不断拓展业务领域，取得了良好的经营业绩，在综合经营、公司业务、国际业务、理财业务等方面培育了较强的竞争优势。

华夏银行武汉分行成立于1999年11月，比中信银行武汉分行早四个月登陆武汉。为了抢夺市场份额，建立竞争优势，华夏银行武汉分行势必与中信银行武汉分行展开激烈的竞争。

面对种种的不利因素，中信银行武汉分行凭什么去打破市场壁垒？又如何去建立竞争优势从而获得领先的市场地位呢？此时，徐学敏行长敏锐地意识到，在武汉设立分行充满了竞争与发展的压力和巨大的经营风险，一不小心就会陷入“短周期怪圈”。作为市场的后进者，中信银行武汉分行在夹缝中生存，只有走出一条创新之路，才能生存下来，获得长远的发展。

思考：

1. 中信银行武汉分行如何才能突破市场壁垒，在武汉市场生存下来？
2. 处于弱势地位的武汉分行，如何才能在强手如林的武汉市场占有一席之地？

实训活动

一、实训目标

通过实训，正确把握营销策划的构思过程，了解如何将营销策划的内容和实施步骤条理化、文字化，能撰写出质量较好的营销策划书。

二、实训内容

根据提供的情景模拟资料，进行模拟营销策划，并将策划的构思过程、营销策划的内容和实施步骤条理化、文字化，撰写营销策划书。

情景模拟一：为迎接新一年的“双十一”，请你为某电商品牌(可自行选择)“双十一”促销活动撰写一个营销策划案。

情景模拟二：小赵准备开一家服装店，面积是80平方米，主要经营各种休闲服饰，面对这个中型城市的白领顾客。小赵的店开在商业区，周围已有多家服装店。为了开业时一炮打响，小赵准备拿出2万元用于开业庆典。请为小赵设计一个别具特色、富有创意的开业庆典，让她成功提高知名度，并将这个别具特色、富有创意的开业庆典活动(策划构思，策划内容和实施步骤)写成开业庆典营销策划书。

三、实训步骤

1. 以5～6人为一组，每组确定1名负责人，组建营销团队。
2. 对各营销团队进行适当角色分工，确保组织合理和每位成员的积极参与。
3. 在授课老师指导下，先分组展开讨论分析，构思策划过程、策划内容和实施步骤，最后推选代表进行角色扮演，在课堂上模拟营销策划全过程。
4. 每组选派一个代表上台展示方案，制作PPT并进行模拟展示。
5. 评分标准：小组自评占20%，其他组互评占40%，教师评分占40%。

第九章 网络营销策划

学习目标

1. 了解网络营销的含义和特点。
2. 了解常见的网络营销方法。
3. 理解网络营销策划的含义和流程。
4. 理解网络营销新产品开发策划。
5. 理解网络营销产品的定价策略。
6. 了解常见的网络营销促销活动。

导入案例

天猫：2015苹果新品发布，再一次改变世界

“2015苹果新品发布，再一次改变世界”，天猫官方微博上的一条消息瞬间在网上炸开了锅。苹果又要出新品了，还是天猫首发？没错，这个真的是苹果，只不过此苹果非彼苹果。天猫借着高端电子产品的噱头，为真正的苹果幽默了一把：“6.8cm黄金握感，匠心精神，始于设计。”“1700°甜度跑分。甜，是基本素质。”“纯天然工艺，只为构建极致口感。”除了精彩的文案，连产品的页面展示也与苹果手机官网保持着一致的风格，还有科技感十足的产品解析视频，一本正经地跟大家开玩笑，让人忍俊不禁。“苹果”早已成了“苹果手机”的代名词，而此次天猫的娱乐营销正是利用人们对于“苹果”这个词语的固定化理解，运用受众的错觉感，制造悬念。很讨巧地借势苹果手机，为自己的苹果制造热点，90分钟内售罄10 000份，这个结果足以体现这次营销的强大威力。

天猫把科技界的宣传模式成功地复制在了此次生鲜食品的推广当中，新西兰进口苹果的背景自然也配得上如此高规格的营销战役，而这背后更大的目的则是展现天猫国际在生鲜市场上的强劲实力，为天猫国际生鲜业务的发展增添了更多想象空间。

资料来源：王巧贞．苹果新品，天猫首发？新视界，2017.

第一节 网络营销概述

一、网络营销的概念

网络营销(on-line marketing 或 cyber marketing)是企业营销实践与现代信息通信技术、计算机网络技术相结合的产物，是建立在电子信息技术基础之上、借助于互联网特性来实现一定营销目标的现代营销系统。广义的网络营销指企业利用一切计算机网络——包括国际互联网、内部网和系统专线网——进行的营销活动；狭义的网络营销专指国际互联网营销。

为了更加正确、全面地理解网络营销这一概念，下面再给出几点说明。

(一) 网络营销不能脱离传统的市场营销而孤立存在

网络营销不是孤立的，它是企业整体营销战略的一个组成部分。网络营销活动不可能脱离一般营销环境而独立存在，它是建立在传统营销理论基础之上的，不是简单的营销网络化，而是传统营销理论在互联网环境中的应用和发展。应当说，网络营销永远也不会取代传统营销，市场营销永远都会包含比网络营销更丰富的内容。有学者指出，离开了传统营销配合的网络营销，还不如离开了网络营销的传统营销。可见，网络营销不应该而且也不可能同市场营销割裂开来。

网络营销的实质是利用网络这一手段，最大限度地满足客户的需求，达到开拓市场、增加盈利的经营过程。网络营销的目的仍然是千方百计地满足客户的需求和实现企业产品、服务的销售与盈利。因此，无论是网络营销还是传统营销，基本的营销目的和原理是相同的，只是由于网络营销依赖互联网的应用环境而具有自身的特点，因而有相对独立的理论和方法体系。在企业营销实践中，往往是传统营销和网络营销并存。当然，网络营销也离不开现代信息技术，它是以互联网为主要手段，借助通信技术、计算机技术等来实现营销目标的一种营销活动。

(二) 网络营销不等于网上销售

网络营销是为实现产品销售目的而进行的一项基本活动，但网络营销本身并不等于网上销售。这可以从以下四个方面来说明。

(1) 网络营销的效果表现在多个方面，如提升企业品牌价值、加强与客户之间的沟通、拓展对外信息发布的渠道、改善顾客服务水平等。网上销售是网络营销发展到一定阶段而产生的效果，但不是唯一效果。

(2) 网络营销的目的并不仅仅是促进网上销售。很多情况下，网络营销活动并不一定能实现网上直接销售的目的，但是可能会促进销售总额的增加，并且增强顾客的忠诚度。

(3) 网上销售只是网络营销内容的一部分，而不是网络营销必备的内容。许多企业的网站并不具备网上销售产品的条件，主要是企业发布产品信息的一个渠道。

(4) 网站的推广手段通常不仅靠网络营销，往往还要采取许多传统的方式，如在传统媒体上做广告、召开新闻发布会、印发宣传册等。在我国，上网人数占总人口的比例还较小，即使对已经上网的人来说，由于种种因素的限制，可能有人根本不知道如何在互联网上查询信息。因此，一个完整的网络营销方案除了在网上做推销之外，还很有必要利用传统营销方法进行网下推广。这与传统营销一样，营销和销售是两个既相联系又相区别的概念，销售是营销的结果，营销服务于销售。销售更多的是一种操作过程，是营销的实现；而营销则是一种艺术过程，一种吸引顾客注意力的艺术。

(三) 网络营销不等于电子商务

网络营销和电子商务是一对既紧密相关又具有明显区别的概念，许多人对它们的认识还存在一定的误区。网络营销的定义已经指出：网络营销是企业整体营销战略的一个组成部分，是借助互联网手段来实现一定目标的营销活动；而电子商务是一个比较宽泛的概念，它主要强调的是电子化的交易。可以简单地把电子商务理解为利用电子化手段从事的商业活动，但是，这里的商业活动包含的内容比较多，交易前、交易中和交易后的商业活动都属于电子商务的范畴。网络营销本身并不是一个完整的商业交易过程，只是促进商业交易的一种手段。可见，网络营销只是电子商务的一部分。从这种意义上说，电子商务可以被看作网络营销的高级阶段。一个企业在完全开展电子商务之前，同样可以开展不同层次的网络营销活动。

此外，网络营销是电子商务的基础。电子商务主要是指利用互联网进行的各种商务活动的总和，即交易方式及相关商务活动的电子化。网络营销强调的是交易行为和方式，因此必须解决与之相关的法律、安全、技术、认证、支付和配送等问题。网络营销的最终目的是实现交易过程的电子化，而网络营销活动的内容在于如何利用互联网和企业网站做好与客户之间的信息交流。可见，网络营销为电子商务的顺利开展做了前期的铺垫。可以说，网络营销是电子商务的基础，开展电子商务离不开网络营销，但网络营销并不等于电子商务，电子商务与网络营销的主要分界线就在于是否有交易行为的发生。为最终产生网上交易所进行的推广活动属于网络营销的范畴，因此，当一个企业的网上经营活动发展到可以实现电子化交易的程度时，就认为是进入了电子商务阶段。

(四) 网络营销不是“虚拟营销”

网络营销不是独立于现实世界的“虚拟营销”，它是传统营销的一种扩展，即向互联网的延伸，所有的网络营销活动都是实实在在的。网络营销的手段也不应仅仅限于网上，而应注重网上和线下相结合。网络营销与传统营销并不是彼此独立的，而是一个相辅相成、互相促进的营销体系。

(五) 网络营销是手段而不是目的

网络营销是凭借网络媒介综合利用各种营销方法、工具并协调这些方法与工具间的相互关系，从而更加有效地实现企业营销目的的手段。网络营销的主要目的是提升企业品牌形象、增进顾客关系、改善顾客服务水平、开拓网上销售渠道并最终扩大销售。

二、网络营销的特点

(一) 交互性

网络是一个双向沟通的媒体，对于每一个上网者而言都是平等的。在网络营销中，企业通过互联网展示商品图像，通过商品信息资料库提供有关的查询，来实现供需互动与双向沟通。企业还可以进行产品测试与消费者满意调查等活动。顾客可以在企业的网站上浏览商品信息，能够在线提交表单，在留言本上留下意见，从 FAQ(frequently asked questions)中找到问题的解决方案，或是通过聊天室、BBS等形式与企业人员进行在线交流与沟通。企业可以通过这些方式及时了解顾客的需求，针对顾客的意见和建议做出反馈并进行相应的处理。

（二）个性化

在产品与服务更为发达的今天，顾客有了更多的选择机会。互联网上的营销是一对一的、理性的、消费者主导的、非强迫性的、循序渐进式的，网站一般都能建立完整的用户数据库，包括用户的地域分布、年龄、性别、收入、职业、婚姻状况、爱好等。这样，网络营销更具有针对性，可以更好地满足消费者的个性化需求，避免推销员强势推销的干扰，并通过信息提供和交互式交谈，与消费者建立长期良好的关系。

（三）时域性

营销的最终目的是占有市场份额，由于互联网能够超越时间约束和空间限制进行信息交换，使得营销脱离时空限制进行交易变成可能，因此企业有了更多的时间和更大的空间进行营销，可每周7天，每天24小时随时随地地提供全球性营销服务。

（四）经济性

由于网络营销所采用的是互联网这一综合数字信息媒体，因此只要是数字化的信息均可以通过网络进行传递，并且这种传递延时几乎可以忽略不计。由于没有店面租金成本，没有商品库存压力，因此很低的行销成本及极低的结算成本从根本上降低了网络营销的成本。

（五）技术性强

网络营销是建立在以高科技作为支撑的互联网的基础上的，企业实施网络营销必须有一定的技术投入和技术支持，改变传统的组织形态，提升信息管理部门的功能，引进懂营销与计算机技术的复合型人才，这样才能具备市场竞争优势。

（六）手段多样

随着互联网技术的发展，互联网用户迅速增长，网络营销手段日益丰富。以前，网络营销手段集中在网络调研、网络促销和销售上，如今，常见的网络营销手段已达到近二十种。营销手段的丰富，不仅给企业带来了更多的选择机会，也对企业实施网络营销提出了更高的要求。

三、常用的网络营销方法

（一）搜索引擎营销

搜索引擎是指根据一定的策略，运用特定的计算机程序，从互联网上收集信息，在对信息进行组织和处理后，为用户提供检索服务，然后将用户检索的相关信息展示给用户的系统。搜索引擎营销是基于搜索引擎平台的网络营销，利用人们对搜索引擎的依赖和使用习惯，在人们检索信息的时候尽可能地将营销信息传递给目标客户。

搜索引擎营销追求最高的性价比，即以最小的投入，获得最大的来自搜索引擎的访问量，并产生商业价值。搜索引擎营销的最主要工作是扩大搜索引擎营销在营销业务中的比重，通过对网站进行搜索优化，更多地挖掘企业的潜在客户，帮助企业实现更高的转化率。

搜索引擎营销目前主要有两大流派：一种是竞价排名广告模式，也叫点击付费广告(PPC)；另一种是搜索引擎优化(SHO)推广模式。这两种模式的对比如表 9-1 所示。

表 9-1 PPC 与 SHO 的比较

项目	PPC	SHO
意义	广告	自然搜索结果
计费方式	每次点击费用	前期建置后采用月费制
优点	1. 可立即显示效果； 2. 可挑选无限多组关键字； 3. 可清楚控制每日成本； 4. 关键字可灵活替换	1. 不易被其他网站取代名次； 2. 为自然搜索结果； 3. 建立品牌形象； 4. 上线越久成本越低
缺点	1. 可替代性高； 2. 同业恶性点击； 3. 价格越来越高	1. 显示效果较慢； 2. 关键字排序位置精确预估较难
点击率	3%～10%	第一页 65%；第二页 25%；第三页 5%
每次点击成本	排名越高则越贵，关键字也会因为更多厂商使用而越来越贵	成本下降

点击付费广告通过购买搜索结果页上的广告位来实现营销目的，各大搜索引擎都推出了自己的广告体系，相互之间只是形式不同而已。搜索引擎广告的优势是相关性，由于广告只出现在相关搜索结果或相关主题网页中，因此，搜索引擎广告比传统广告更加有效，客户转化率更高。

搜索引擎优化是指通过对网站结构(内部链接结构、网站物理结构、网站逻辑结构)、高质量的网站主题内容、丰富而有价值的相关性外部链接进行优化，利用搜索引擎的搜索规则来提高网站在有关搜索引擎内的排名方式。

(二) 交换链接

交换链接又称互惠链接，是具有一定互补优势的网站之间的简单合作形式，即分别在自己的网站上放置对方网站的 logo 或网站名称，并设置对方网站的超级链接。这样一来，用户可以从广告主的合作网站中发现广告主的网站，从而达到广告主的网站与合作网站互相推广的目的。交换链接的作用主要表现在几个方面：获得访问量、增加用户浏览时的印象、在搜索引擎排名中增加优势、通过合作网站的推荐增加访问者的可信度等。

(三) 网络广告

在所有与品牌推广有关的网络营销手段中，网络广告的作用最为直接。标准的广告条曾经是网络广告的主流，2001 年之后，网络广告领域发起了一场轰轰烈烈的创新运动，新的广告形式不断出现。新型广告由于克服了标准广告承载信息量有限、交互性差等弱点，因此获得了较高的点击率。

现在一种新的网络广告形式是交换广告，交换广告也是网络广告的一种，一般是免费的。交换广告与交换链接有许多相似之处，都是出于平等互惠的目的，为增加访问量而采取的一种推广手段。交换广告与交换链接的主要区别在于交换的是标志广告，也有文本广告，而不是各自网站或名称。

(四) 信息发布

信息发布既是网络营销的基本职能，又是一种实用的操作手段。通过互联网，不仅可以浏览大量的商业信息，同时还可以自己发布信息。在网上发布信息可以说是网络营销最简单的方式，网上有许多网站提供企业供求信息发布，并且多数为免费发布信息，有时这种简单的方式也会取得意想不到的效果。不过，最重要的是将有价值的信息及时发布在自己的网站上，以充分发挥网站的功能，如新产品信息、优惠促销信息等。

(五) 邮件列表

邮件列表实际上也是一种电子邮件营销形式，它是基于用户许可的原则，用户自愿加入、自由退出。稍有不同的是，电子邮件营销直接向用户发送促销信息，而邮件列表是通过为用户提供有价值的信息，在邮件内容中加入适量促销信息，从而实现营销的目的。邮件列表的主要价值表现在四个方面：作为公司产品和服务的促销工具、方便和用户进行交流、获得赞助或者出售广告空间、收费信息服务。邮件列表的表现形式很多，常见的有新闻邮件、各种电子刊物、新产品通知、优惠促销信息等。

(六) 个性化营销

个性化营销的主要内容包括：用户定制自己感兴趣的信息内容、选择自己喜欢的网页设计形式、根据自己的需要设置信息的接收方式和接收时间等。个性化服务在改善顾客关系、培养顾客忠诚及增加网上销售方面具有明显的效果。但个性化服务的前提是获得尽可能详尽的用户个人信息，这两者之间存在一定的矛盾。个性化服务是一个循序渐进的过程，需要在一定的基础条件下进行，如完善的网站基本功能、良好的品牌形象等。

(七) 会员制营销

会员制营销是拓展网上销售渠道的一种有效方式，主要适用于有一定实力和品牌知名度的电子商务公司。会员制营销已经被证实为电子商务网站的有效营销手段，国外许多网上零售型网站都实施会员制计划，几乎已经覆盖了所有行业。国内的会员制营销还处在发展阶段初期，不过已经可以看出电子商务企业对此表现出的浓厚兴趣和旺盛的发展势头。除了对网上销售具有直接的促进作用之外，会员制营销方法也可以产生良好的广告效果。

(八) 网上商店

建立在第三方提供的电子商务平台上、由商家自行经营的网上商店，如同在大型商场中租用场地开设商铺的专卖店一样，是一种比较简单的电子商务形式。网上商店除了具有通过网络直接销售商品这一基本功能之外，还是一种有效的网络营销手段。从企业整体营销策略和顾客的角度考虑，网上商店的作用主要表现在两个方面：一方面，网上商店为企业扩展网上销售渠道提供了便利的条件；另一方面，建立在知名电子商务平台上的网上商店增加了顾客的信任度。从功能上来说，对不具备电子商务功能的企业网站是一种有效的补充，对提升企业形象并直接增加销售具有良好的效果。表 9-2 所示为网上商店的主要工作内容及经验分析与总结。

表 9-2　网上商店的主要工作内容及经验分析与总结

主要工作内容	经验分析与总结
确定恰当的业务范围	1. 在决定开店以后必须确定自己要开什么类型的店，卖什么货品，不要看别人卖得好就也跟着去进货，最好是锁定一个主题
	2. 要根据自身资源的优势、特长选择自己的目标创业范围，切忌盲目地模仿。如果有成熟的产品、可观的市场，那么就只要考虑营销；如果网络经营者有志成为网络新时代的企业家，那么就需要考虑多个问题
	3. 如果作为新手没有把握，那么建议进入自己熟悉的、感兴趣的市场。例如，自己喜欢服饰，对如何穿出风格有良好的眼光，那么建议做服装方面的，顺便可以卖点饰品等
将重点放在营销上	1. 确定自己要经营的产品(或服务)
	2. 确定自己产品的特色是什么，找到自己不同于别人的独特“卖点”
	3. 自己的产品(或服务)能给买主什么实惠？例如，产品是无尘黑板刷，当教师用它来刷黑板时，几乎不会出现粉笔灰飞扬的情况，这就是产品给顾客带来的实惠
	4. 合理制定产品的价格、渠道和促销策略
开通微信平台，建立 QQ 群	开通微信公众平台，建立 QQ 群，以多种渠道开展各种促销活动，随时随地向目标客户群推广产品或服务
定期“问候”顾客	通过电子邮件或短信，向顾客提供免费的最新商品信息，可以吸引顾客的目光，增加潜在的购买率
关注新动态、新方向	随时了解产品或服务中更快、更好、更便捷的渠道，并尝试进行开发
不断充电，向行业前辈学习	目前，在网络上开店竞争也比较激烈，产品很难在相当长的一段时间内一直受到用户喜爱，网络营销的模式、促销手段及产品开发与设计知识在不断更新，因此，经营者要多渠道参加培训或者讲座，多向行业内的成功者学习和请教，同时注意多阅读有关书籍，努力提高自己的经营管理水平
建立良好的信誉	同自己喜欢的人或信赖的人做生意相当重要，“人无信则不立”，信誉是品牌的第一步。如果忽略了信誉，信誉一旦开始透支，产生连锁反应，便会导致丢失顾客。可能有一天早上醒来，你会发现一个竞争对手已撬走你的客户
征求顾客的意见	顾客是生意的源头，也是活动的招牌，要将顾客的需求转化为自己产品或服务的未来目标，以赢得更大的市场。因此，应该对顾客关系给予足够重视，建立完整的顾客联系卡，将顾客的肯定意见广为宣传

（九）病毒式营销

病毒式营销是一种常用的网络营销方法，常用于进行网站推广、品牌推广等。病毒式营销并非真的以传播病毒的方式开展营销，而是在互联网上利用用户口碑传播的原理，使信息像病毒一样传播和扩散，利用快速复制的方式传向数以千万计、数以百万计的受众。在互联网上，这种“口碑传播”更为方便，可以像病毒一样迅速蔓延，因此病毒式营销(病毒性营销)成为一种高效的信息传播方式，而且，由于这种传播是用户之间自发进行的，因此几乎是不需要费用的网络营销手段。

一个有效的病毒式营销策略包括六个基本要素：①提供有价值的产品或服务；②提供无须努力即可向他人传递信息的方式；③信息传递范围很容易从小规模向大规模扩散；④利用公众的积极行为；⑤利用现有的通信网络；⑥利用别人的资源。

成功实施病毒式营销需要五个步骤：①对病毒式营销方案进行整体规划和设计；②对病毒式营销展开独特创意，病毒式营销之所以吸引人，就在于它的创新性；③对网络营销信息源和信息传播渠道进行合理的设计，以便利用有效的通信网络进行信息传播；④对病毒式营销的原始信息在易于传播的小范围内进行发布和推广；⑤对病毒式营销的效果进行跟踪和管理。

上述成功实施病毒式营销的五个步骤对病毒式营销的六个基本要素从实际应用的角度做出了进一步的阐释，使病毒式营销更具有指导性，充分说明了病毒式营销在实践应用中应遵循的基本规律。

(十) 网络视频营销

通过数码技术将产品营销现场实时视频图像信号和企业形象视频信号传输至互联网上，客户只需登录企业网站就能看到对企业产品和企业形象进行展示的电视现场直播。由于我国网络视频用户数量多，因此，这一营销形式目前被许多企业在宣传企业产品、树立企业形象时广泛采用。

像可口可乐和联合利华这样的大公司都加入了网络视频营销大军——这些网络视频能够带来数百万的观众，但是成本却比在电视节目中投放广告低得多。例如在中国，百度《唐伯虎》系列小电影没有投入任何推广费用，却换来 2 000 万人的传播效应，让“百度更懂中国”深入人心，这个网络视频营销的成功案例也鼓舞了许多企业跃动的心。

(十一) 论坛营销

论坛营销就是企业利用论坛这种网络交流的平台，通过文字、图片、视频等方式发布企业的产品和服务的信息。论坛营销可以成为支持整个网站推广的主要渠道，尤其是在网站刚开始的时候，是一个很好的推广方法。利用论坛的超高人气，可以有效地为企业提供营销传播服务。而由于论坛话题的开放性，几乎企业所有的营销诉求都可以通过论坛传播得到有效的实现。论坛营销是以论坛为媒介，参与论坛讨论，建立企业的知名度和权威度，并顺带着推广企业的产品或服务。运用得好，论坛营销可以是非常有效的网络营销手段。

【案例 9-1】

“臣妾做不到啊”火了《甄嬛传》

电视剧《甄嬛传》中，蔡少芬所扮演的皇后表情夸张，对应台词正是“臣妾做不到啊”，之后“臣妾做不到啊”被众多网友恶搞而爆红网络。“别再胖了，臣妾做不到啊！”“睡前不许玩手机了，臣妾做不到啊！”“不吐槽，臣妾做不到啊！”这种在各大论坛、SNS 社区快速传播的病毒传播方式，让网友急切地想知道这句话的来源，从而促进了《甄嬛传》这部电视剧的热播。

(十二) 网络图片营销

网络图片营销已经成为人们常用的网络营销方式之一，我们时常会在QQ上接收到朋友发过来的有创意的图片，在各大论坛上看到以图片为主要线索的帖子，这些图片或多或少地掺有广告信息，比如图片右下角带有网址等。静态图片主要使用的格式为JPG格式，动态图片主要使用的格式为GIF格式，制作图片的常用工具有Photoshop等软件。

在营销实践中，在公司主页、群发邮件里添加图片，能够提高阅读信息的美感，吸引客户注意力。图片形象直观，让人一看就过目不忘，大大节省阅读邮件的时间。图片还可以设置为进入公司网站或相关栏目的链接入口，提高点击率。

(十三) 网络营销联盟

目前，网络营销联盟在国外已经很成熟，在我国还处于萌芽阶段。1996年，亚马逊通过这种方式取得了成功。网络营销联盟包括三个要素：广告主、网站主和广告联盟平台。广告主根据网络广告的实际效果(如销售额、引导数等)向网站主支付合理的广告费用，节约营销开支，提高企业知名度，扩大企业产品的影响力，提高网络营销实际效果。

(十四) 竞价推广

竞价推广是把企业的产品、服务等以关键词的形式在搜索引擎平台上做推广，是一种按效果付费的新型而成熟的搜索引擎广告，用少量的投入就可以给企业带来大量潜在客户，有效提升企业销售额。

竞价推广营销是现阶段网络环境下，盈利最轻松的一种营销模式。竞价营销类似电视购物营销，是一种最直接的销售模式，不过竞价营销的成本更低，而且盈利空间更大。竞价推广作为一种按效果付费的网络推广方式，由百度在国内率先推出。企业购买该项服务后，通过注册一定数量的关键词，使推广信息率先出现在网民相应的搜索结果中。

(十五) 微博营销

微博营销以微博作为营销平台，每一个粉丝都是潜在营销对象，企业利用更新自己的微型博客向网友传播企业信息、产品信息，树立良好的企业形象和产品形象。每天更新内容，就可以跟大家交流互动，或者发布大家感兴趣的话题，以达到营销的目的。

微博营销注重价值的传递、内容的互动、系统的布局、准确的定位，微博的火热发展也使得微博营销的效果尤为显著。微博营销涉及的范围包括认证、有效粉丝、话题、名博、开放平台、整体运营等，具体可采取企业网站博客频道模式、第三方BSP公开平台模式、建立在第三方企业博客平台的博客营销模式、个人独立博客网站模式、博客营销外包模式、博客广告模式六种方式。

微博营销作为新兴的营销方式，因为具有便利、实时、传播和互动的特性，所以能一步步地占领市场营销领域。但是微博从诞生至今不过几年的时间，本身还在不断发展与变化中，我们在看到微博营销的独特魅力的同时，也要正视它所面临的诸多机遇与风险。这种环境下，企业应该选择竞争力强、市场份额较大的微博门户网站作为主要营销平台。制定微博营销策略时，企业也要充分利用微博的特性并且结合企业的实际情况。

另外，微博营销并不是孤立的，它不能解决所有的营销问题，只有把微博营销与其他营销方式有效地融合起来，才能利用微博营销的优势、避免微博营销的劣势和降低微博营销的风险，企业制定的整体营销策略也才能更加合理可行。

【案例 9-2】

凡客诚品的微博营销

如何创新发布产品、品牌信息，凡客诚品的经验也许可以作为案例加以借鉴。

作为最早在新浪微博"安家"的广告主之一，凡客多年来培育出来的成熟的实战技巧成就了它作为广告主微博明星的天然优势。

在凡客诚品的微博页面上，你可以清晰地看到这家迅速崛起的企业对待互联网营销的老练：一会儿联合新浪相关用户赠送凡客诚品围脖；一会儿推出 1 元秒杀原价 888 元衣服的抢购活动来刺激粉丝脆弱的神经；一会儿又通过赠送礼品的方式，邀请姚晨和徐静蕾等名人就凡客诚品的产品进行互动。

除此以外，你还能看到凡客诚品畅销设计师讲述产品设计的背后故事，看到入职三个月的小员工抒发的感性情怀，对于关注话题中检索到的网民对于凡客诚品的疑问，凡客诚品幕后团队也会在第一时间予以解答。

(十六) 网络事件营销

事件营销也称事件炒作，是一种借势而行的有效营销利器。事件炒作花费的成本较低，一旦成功，效果非凡，最高性价比的营销方式非此方式莫属。

网络事件营销其实是事件营销的一个专业分支，是企业通过策划、组织和利用名人效应、新闻价值，以及具有社会影响力的人物或事件，通过网站发布与吸引媒体、社会团体和消费者的兴趣有关的信息，以提高企业或产品的知名度、美誉度，树立良好的品牌形象，并最终促成产品或服务的销售目的实现的手段和方式。利用事件营销可以使有价值的新闻热点或突发事件在平台内或平台外通过炒作的方式提高影响力。

【案例 9-3】

ALS 冰桶挑战，出色的网络事件营销

ALS 冰桶挑战在 2015 年夏天由国外传入，并经国内最大的社交平台——微博不断发酵。率先接受挑战的是科技界雷军、李彦宏这样的"大佬"们，而后，娱乐圈的各路明星也纷纷加入活动，使冰桶挑战的热度持续升温。

ALS 的中文全称是"肌萎缩侧索硬化症"，患有此病的波士顿学院的著名棒球运动员 Pete Frates 希望更多人能够关注到这一疾病，于是发起冰桶挑战。活动规则如下：被点名的人要么在 24 小时内完成冰桶挑战，并将相应视频上传到社交网站，要么为对抗 ALS 捐出 100 美元。因挑战的规则比较简单，活动得到了病毒般的传播，并在短短一个月内到筹集到 2.57 亿美元的捐款。

与其他网络营销事件相比，ALS 冰桶挑战是网络营销与公益活动的首次结合。这一事件的成功，也扭转了人们对网络营销一贯的看法，除了哗众取宠和吸取眼球以获取利益外，网络营销也可以正面的形象回馈大众。

(十七) 微信营销

当前，微信已成为消费者很重要的沟通和交流工具，具有传播速度快、成本低、覆盖广的特点。

微信与QQ的相同点很多，它们都是腾讯旗下最成功的社交产品之一，都可以发表自己的心情主题，同时还可以发表文章，发送到朋友圈或者自己的QQ空间。微信和QQ都可以添加好友让自己的社交更加丰富，同时都可以发送语音和纯文字消息，随时随地与你想要保持关系的人联系。

微信与QQ的不同点主要有：微信主要针对手机App端，而QQ主要针对PC端和手机端。两种程序针对的用户群体是一样的，但是针对的平台不一样。语音交流是微信的主体，QQ还是以文字和表情为主，语音视频相对运用较少。微信的辅助功能主要是“我的银行卡服务”，而QQ的主要生活服务是“QQ钱包”。

由于手机终端被越来越多的用户采纳和接受，同时微信更有利于交流和扩大朋友圈，交易更加安全和便捷，因此，微信营销模式已渐渐取代QQ营销模式，成为企业营销的首选模式。

微信营销是网络经济时代企业营销模式的一种创新，实现了点对点的营销。微信营销主要体现在以安卓系统、苹果系统的手机或者平板电脑中的移动客户端上进行的区域定位营销，商家通过微信公众平台，结合微信会员卡展示商家微官网、微支付、微活动，已经形成了一种主流的线上线下微信互动营销方式。例如，现在比较流行的微信抢红包的游戏，吸引了很多消费者参与，企业应该充分利用微信公众号平台宣传企业信息、产品信息、促销信息等，从而扩大企业的影响力。

案例：海底捞火锅——每日微信流量100万元

（十八）网络数据库营销

数据库营销是指利用一些营销技巧，巧妙地获取大量意向用户的联系方式，然后通过邮件提醒、企业QQ群发等宣传手段来进行推销，目的是把每个客户打造成企业的忠诚客户，让他们不断地消费企业的产品或者服务，如淘宝网、团购网、携程网、当当网等向新客户推荐新产品的邮件群发。

当前，数据库营销主要有两大形式：

(1) 打造终生客户，建立客户数据库、邮件数据库。

(2) 建立企业QQ群，QQ群也是企业重要的数据库。企业QQ可以管理近10万个客户QQ，并支持信息群发。

第二节 网络营销策划及流程

一、网络营销策划的定义

网络营销策划是企业在特定的网络营销环境和条件下，为达到一定的营销目标而制订具体的网络营销策略和活动计划。

网络营销策划是一项复杂的系统工程。它属于思维活动，但它是以谋略、计策、计划等理性形式表现出来的思维活动，是直接用于指导企业网络营销实践的。它包括对网站页面设计的修改和完善，搜索引擎优化，付费排名，以及与客户的互动等诸多方面的整合，是网络技术和市场营销经验的协调作用的结果。网络营销策划也是一个相对长期的工程，期待网站的营销在一夜之间有巨大的转变是不现实的。一个成功的网络营销方案的实施，需要通过细致的规划设计。

根据不同的网络营销活动，以及要解决的问题，营销策划方案也会有很大区别。应根据目前国际流行的电子商务和网络营销观念，制定行之有效的且符合企业自身情况的网络营销方案。但从网络营销策划活动的一般规律来看，其基本内容和编制格式具有共同性或相似性。

二、网络营销策划的层次

目前，我国企业的网络营销策划大致可分为以下三层。

（一）信息应用层策划

信息应用层是最简单、最基本的一层。在这个层次上，企业主要通过利用互联网来发布信息，并充分利用网络优势，与外界进行双向沟通。

在应用层中，不需要企业对信息技术有太高的要求，只是最基本的使用。例如，通过发电子邮件与消费者进行沟通、交流，定期给客户发各种产品信息邮件、产品推荐邮件、电子刊物等，加强与顾客的联系；建立企业主页，将一些关于企业、产品、服务的介绍放在上面，辅之以精美的图文，供访问者浏览；通过专用数据专线上网。

（二）战术营销层策划

在战术营销层策划中，企业主要进行下列工作。

1. 网络营销调研

利用互联网在线调研可以轻松地完成有关信息调研工作，能够充分满足各种统计数据的要求，提高营销调研的质量。由于网络营销调研通过网络开展，因此大大减少了数据输入工作，缩短了调研时间。

2. 网上销售

网上销售是目前网络营销最具诱惑力的方面之一，大量的产品在网上“安营扎赛”，销售产品种类繁多。而现实中，这个企业也许仅仅就是一台计算机，没有员工，没有办公大楼。

3. 营销战术系统

营销战术系统主要包括一些用于管理库存的子系统，能连接网站的子系统，以及用于答复用户意见、反馈信息的子系统。决策者们利用这些网上系统分析工具，进行各种各样的决策活动。

（三）战略营销层策划

战略营销层是建立在战术营销层的基础上，将整个企业营销组织、营销理念等完全融入网络，依靠网络指定方针，开展战略部署，实现战略转移，缔结战略决策。

三、网络营销策划的基本原则

（一）系统性原则

网络营销是以网络为工具的系统性的企业经营活动，它是在网络环境下对市场营销的信息流、商流、制造流、物流、资金流和服务流进行管理的。因此，网络营销方案的策划是一项复杂的系统工程。策划人员必须以系统论为指导，对企业网络营销活动的各种要素进行整合和优化，使“六流”皆备，相得益彰。

(二) 创新性原则

网络为顾客对不同企业的产品和服务所带来的效用和价值进行比较带来了极大的便利。在个性化消费需求日益明显的网络营销环境中，通过创新、创造与顾客的个性化需求相适应的产品特色和服务特色，是提高效用和价值的关键。特别的奉献才能换来特别的回报，创新带来特色，特色不仅意味着与众不同，而且意味着额外的价值。在网络营销方案的策划过程中，必须在深入了解网络营销环境尤其是顾客需求和竞争者动向的基础上，努力营造旨在增加顾客价值和效用、为顾客所欢迎的产品特色和服务特色。

(三) 可操作性原则

网络营销策划的第一个结果是形成网络营销策划方案。网络营销策划方案必须具有可操作性，否则毫无价值可言。这种可操作性表现为在网络营销策划方案中，策划者根据企业网络营销的目标和环境条件，就企业在未来的网络营销活动中做什么、何时做、何地做、何人做、如何做的问题进行周密的部署、详细的阐述和具体的安排。也就是说，网络营销策划方案是一系列具体的、明确的、直接的、相互联系的行动计划的指令，一旦付诸实施，企业的每个部门、每个员工都能明确自己的目标、任务、责任，以及完成任务的途径和方法，并懂得如何与其他部门或员工相互协作。

(四) 经济性原则

网络营销策划必须以经济效益为核心。网络营销策划虽然本身消耗一定的资源，但是通过网络营销策划方案的实施，能够改变企业经营资源的配置状态和利用效率。网络营销策划的经济效益，是策划所带来的经济收益与策划和方案实施成本之间的比例。成功的网络营销策划，应当是在策划和方案实施成本既定的情况下取得最大的经济收益，或花费最小的策划和方案实施成本取得的目标经济收益。

四、网络营销策划的流程

网络营销方案的策划，首先，明确策划的出发点和依据，即明确企业网络营销目标，以及在特定的网络营销环境下企业所具有的优势、劣势、机会和威胁（SWOT 分析）；其次，在确定策划的出发点和依据的基础上，对网络市场进行细分，选择网络营销的目标市场，进行网络营销定位；最后，对各种具体的网络营销策略进行设计和集成。

(一) 明确组织任务和远景

要设计网络营销方案，首先就要明确或界定企业的任务和远景。任务和远景对企业的决策行为和经营活动起着鼓舞和指导作用。

企业的任务是企业所特有的，也包括了公司的总体目标、经营范围，以及关于未来管理行动的总的指导方针。为了区别于其他公司的基本目的，它通常以任务报告书的形式确定下来。

(二) 确定组织的网络营销目标

任务和远景界定了企业的基本目标，而网络营销目标和计划的制订将以这些基本目标为指导。表述合理的网络营销目标，应当对具体的营销目的进行陈诉，如利润比上年增长12%，品牌知名度达到50%等。网络营销目标还应详细说明达到这些目标的时间期限。

（三）SWOT分析

除了企业的任务、远景和目标之外，企业的资源和网络营销环境是影响网络营销策划的两大因素。作为一种战略策划工具，SWOT分析有助于公司经理以批评的眼光审时度势，正确评估公司完成基本任务的可能性和现实性，而且有助于正确地设置网络营销目标，并制订旨在充分利用网络营销机会实现网络营销目标的计划。

（四）市场调研

通过市场调研的手段，对市场做一次真正的了解，主要是了解客户群体，以及客户群体的日常行为和思维方式。知道了自己的客户是谁，客户会在哪儿，客户的需求量等情况，才可能真正地利用网络资源成交业务。

（五）市场定位

市场定位就是根据所做的市场调研，判断能否通过网络进行营销。网络空间虽然很大，但并不是所有的公司都适合通过网络来成交业务，因此一定要根据自身的情况来考虑。

（六）网络营销平台的设计

这里所说的平台，指由人、设备、程序和活动规则的相互作用形成的能够完成一定功能的系统。完整的网络营销活动需要五种基本的平台：信息平台、制造平台、交易平台、物流平台和服务平台。

（七）网络营销组合策略

网络营销组合策略是网络营销策划中的主题部分，主要包括4P策略(产品策略、价格策略、渠道策略、促销策略)的设计等。

（八）网络营销策划书形成

把网络营销策划形成书面文件。

（九）方案的执行

根据以上制定的方案，逐渐地去推进完成，把客户最想要的以客户最希望的方式展示给他们，并且要方便快捷。

（十）效果评估及策略调整

对方案执行情况进行科学的定位，以及时调整方案。其中主要评估的标准是客户关注度和客户咨询量，以及客户咨询量和客户成交量的对比，从而找出提升方法。

第三节 网络营销策划实务

网络营销作为新的营销方式和营销手段，内容非常丰富。一方面，网络营销要针对新兴的网上虚拟市场，及时了解和把握网上虚拟市场的消费者特征和消费者行为模式变化，为企业在网上虚拟市场进行营销活动提供可靠的数据分析和营销依据；另一方面，网络营销通过在网上开展营销活动来实现企业目标。因此，网络营销作为信息技术、信息产业、信息基础设施在营销领域的延伸拓展，使消费品、工业品市场的营销迎来了变更的时代，传统的营销组合将有所增减，营销各环节的革新也不可避免。

一、营销网站策划

营销网站是企业网络营销体系的心脏，要想获得成功，必须精心策划。

（一）构建实用有效的营销网站

策划企业网站的思路与做法主要有以下几点。

(1) 站点应提供必要的资源和工具。页面可以提供现存的数据库，如互联网的指南、图像库和文件库等有价值的工具和资源可供查询者使用。工具和资源的设计取决于潜在访问者的兴趣。例如，运动鞋店为访问者提供介绍运动知识的数据库，并提供著名球员和球队的网页链接。如果这个问题解决得好，就可以吸引顾客反复访问运动鞋店的网站。

(2) 站点提供的信息一定要有新鲜感。站点既是橱窗又是广告，同时还是公关和主要促销活动的场所。网民之所以停留在你的站点，常常是为了满足好奇心理。满足好奇心理，是网站吸引网民的重要手段。

(3) 站点设计要有个性。网上的站点实在太多，没有个性的网站会在网民的上网过程中一带而过，很难留住网民。

(4) 站点的内容要经常更新。站点应保证页面内容经常处于变化之中，让顾客每次访问时都有新鲜的感觉。要使访问者见到的网页能反映公司每天的变化，因为呆板和重复的网页是多数顾客所讨厌的，这也是我国很多企业常见的疏漏之处——很多企业都有了自己的网址，半年之后再去访问还是老面孔，提供的信息大都已经过时了。

(5) 开展站点活动。在站点上开展各种竞赛、有奖活动，或者提供一些知识解答，请有关专家回答公众关心的热点问题，都可以提高公众对本企业站点的兴趣，这些活动可以通过电子邮件的方式进行，也可以在线进行。

(6) 使站点实现超值服务。实现站点超值服务也是吸引网上公众的重要方式之一。超值服务的范围很广，应用较普遍的服务内容有免费软件下载、虚拟图书馆、天气预报、金融信息、旅游指导、电影等。各个站点的超值服务各式各样，目的只有一个——吸引公众上网。

(7) 设计自己与同业的链接。顾客买东西往往要货比三家，特别是在网上购物时更为认真。想通过信息不对称来赚取超额利润相对较难，因为顾客通过查询软件很容易做到信息对称，而且会造成企业形象上的不良后果。在站点上提供同业链接，方便了顾客，效果反而更好。

(8) 在传统媒体上宣传自己的站点。在信息传播中，传统媒体依然是不可替代的、重要的信息传播渠道。企业应在一切可能的传统场合，向公众告知自己的站点地址，宣传自己的超值站点服务。

(9) 及时、认真地回复电子邮件。由于电子商务是一个虚拟的过程，大多数人并不习惯，往往在访问后出于好奇而留下电子邮件，就像商场的顾客看完商品会问一下价钱一样。对此，企业一定要给予及时的答复，这是发信人下次上网时访问站点的前提。这方面的常见问题是，有的商家信件不多时集中起来一起回复，而当信件太多时回复特别慢，甚至根本不回复。

(二) 建立网络营销站点的三大准备步骤

目前，绝大部分企业所面临的和要解决的只是电子商务的第一阶段，即建立网站、发布信息及简单的网上订货机制。这一阶段实现的步骤主要由以下三步构成。

第一步：申请域名。域名像商标一样也有国别之分，我国用户通常情况下都选择注册两种域名，即国内域名和国际域名。

第二步：租用磁盘空间，选用配套服务。此步骤是让用户能够有足够的空间来放置自己的信息，并有充足的配套服务可供使用。例如，是否培训，是否提供电子邮箱、网页及拨号等。

第三步：发布信息。将要发布的信息做成网页放在租用的空间上，或将供查询的数据放入网上数据库。

这三步工作完成，网站也就建立起来了，但是并不意味着工作的结束，建立网站是一个长期性的工作，需要经常地维护和更新。另外，企业网络营销是否得当，还基于网站营销策略与方法的策划。

二、市场调研策略策划

网络的互动功能(双向或多通道信息交流)为企业提供了一个高效率、低成本的市场调研途径。它包括直接在网上通过问卷进行调查，以及通过网络来收集市场调查中需要的一些二手资料。利用网上调查工具，可以提高调查效率和调查效果。在利用互联网进行市场调查时，重点是如何利用有效工具和手段实施调查和收集整理资料。获取信息不再是难事，关键是如何在信息海洋中获取想要的资料信息和分析出有用的信息。

(一) 通过电子邮件或来客登记簿询问访问者

互联网能在营销人员和顾客之间搭起一座友谊的桥梁，起关键作用的是电子邮件和来客登记簿(guestbook)。电子邮件可以附有 html 表单，顾客能在表单界面上单击相关主题并且填写附有收件人电子邮件地址的有关信息，然后回发给公司。来客登记簿是让顾客填写并回发给公司的表单。如果公司营销人员愿意，所有的顾客都能读到有关公司情况的内容。营销人员通过电子邮件和来客登记簿能获得有关访问者的详细信息。如果有相当人数的访问者回应，营销人员就能统计分析出公司的销售情况。

(二) 查询邮编确定地区平均收入

营销状况在不同地区是有差别的，因此营销策略也应因地而异。营销人员应了解某地区的平均收入情况，以便采取适当的营销策略。在互联网上，营销人员确定访问者的邮编后，就能查询到访问者所在的地区，从而对该地区的平均收入情况做出估计。

(三) 给予访问者奖品或者免费商品

如果访问者被告知能获得一份奖品或者免费商品，他们肯定说出该把这些东西寄到何处，从而得知他们的姓名、住址和电子邮件地址，这种策略被证明是有效可行的。它能减少因访问者担心个人站点被侵犯而发出不准确信息的数量，从而使营销人员提高调研的工作效率。

(四) 要求访问者注册从而进入访问者的个人主页

如果用大量有价值的信息和免费使用软件来诱惑访问者，他们可能会愿意说出有关个人的详细情况。Industry. net 是专门登载工业贸易信息的站点。这个站点提供大量的免费信息，允许访问者下载软件，同时鼓励访问者提供包含个人姓名、职位、所在公司、所在行业的有关信息。这种策略同样适用于互联网上的其他直销站点。

(五) 向访问者承诺物质奖励

互联网上有为数不多的站点能给访问者提供商品购买折扣或给予奖金，但这需要访问者填写一份包括个人习惯、兴趣、假期、特长、收入等情况的调查问卷。因为有物质奖励，许多访问者都会完成由这些站点提供的调查问卷。

(六) 用软件来检测访问者是否完成了调查问卷

访问者经常会无意地遗漏一些信息。营销人员能通过一些软件程序来确定他们是否正确地填写了调查问卷。如果访问者遗漏了调查问卷中的一些内容，调查问卷会重新发送给访问者进行补填。如果访问者按要求完成了调查问卷，他们会在个人计算机上收到证实完成的公告牌。但是，这种策略不能保证调查问卷上所反映信息的真实可靠性。营销人员在电话调查和商业展示会发出的调查问卷中，面临同样的问题。

三、产品策略策划

(一) 网上产品的特性

作为信息有效的沟通渠道，网络可以成为一些无形产品(如软件和远程服务)的载体。作为网上产品，必须结合网络特点重新考虑产品的设计、开发、包装和品牌的传统产品策略。传统的优势品牌在网上市场并不一定是优势品牌。一般而言，目前适合在互联网上销售的产品通常具有以下特性。

▶ 1. 产品性质

由于网上用户在初期对技术有一定要求，用户上网大多与网络等技术相关，因此网上销售的产品最好是与高技术或与计算机、网络有关的。一些信息类产品(如图书、音乐等)也比较适合网上销售，还有一些无形产品(如服务)也可以借助网络的作用实现远程销售，如远程医疗。

▶ 2. 产品质量

网络的虚拟性使得顾客可以突破时间和空间的限制，实现远程购物和在网上直接订购，这使得网络购买者在购买前无法尝试或只能通过网络来购买产品。

▶ 3. 产品式样

通过互联网对全世界国家和地区进行营销的产品要符合该国家或地区的风俗习惯、宗教信仰和教育水平。同时，由于网上消费者的个性化需求，网络营销产品的式样还必须满足购买者的个性化需求。

▶ 4. 产品品牌

在网络营销中，生产商与经营商的品牌同样重要。一方面，要在网络上浩如烟海的信息中获得浏览者的注意，必须拥有明确、醒目的品牌；另一方面，由于网上购买者面临很多选择，同时网上的销售无法进行购物体验，因此，购买者对品牌更加关注。

▶ 5. 产品包装

作为通过互联网经营的针对全球市场的产品，包装必须符合网络营销的要求。

▶ 6. 目标市场

网上市场是以网络用户为主要目标的市场，在网上销售的产品要适合覆盖广大的地理范围。如果产品的目标市场比较狭窄，可以采用传统营销策略。

▶ 7. 产品价格

互联网作为信息传递工具，在初期是采用共享和免费策略发展而来的，网上用户比较认同网上产品价格低廉的特性。另外，由于通过互联网经营销售的产品成本低于其他渠道的产品成本，因此在网上销售产品一般采用低价位定价。

（二）网络营销的产品和服务策划

在基于互联网的网络营销中，企业的产品和服务要有针对性，产品形态、产品定位和产品开发要体现互联网的特点。

▶ 1. 产品形态

在互联网上，信息产品和有形产品的销售是不一样的。信息产品直接在网上销售，而且一般可以试用；而有形产品只能通过网络展示，尽管多媒体技术可以充分、生动地展示产品的特色，但无法直接尝试，而且要通过快递公司送货或传统商业渠道分销。因此，网络营销的产品和服务应尽量是信息产品和服务、标准化的产品、在购买决策前无须尝试的产品，才能有利于在网上销售。

▶ 2. 产品定位

在消费者定位上，网络营销的产品和服务的目标应与互联网用户一致，网络营销所销售产品和服务的消费者首先是互联网的用户，产品和服务要尽量符合互联网用户的特点。在产品特征定位上，互联网用户的收入水平和教育水平都较高，喜欢创新，对计算机产品和高科技产品情有独钟，因此，要考虑产品和服务是否与计算机有关，是否属于高科技。

▶ 3. 产品开发

在产品开发中，企业可以迅速向顾客提供新产品的结构、性能等各方面的资料，并进行市场调查，顾客可以及时将意见反馈给企业，从而大大地提高企业开发新产品的速度，也降低企业开发新产品的成本。通过互联网，企业还可以迅速建立和更改产品项目，并应用互联网对产品项目进行虚拟推广，从而以高速度、低成本实现对产品项目及营销方案的调研和改进，并使企业的产品设计、生产、销售和服务等各个营销环节能共享信息、互相交流，促使产品开发从各方面满足顾客需要，以最大限度地达到顾客满意。

四、价格策略策划

网络交易导致支付方式更加简便、灵活，数字货币、电子支票的发展更使商业信用达到极致。企业应不断改进技术，提高网络支付方式和财务结算的安全性、简便性、灵活性。因此，安全的结算系统显得尤为重要。

网络营销中，产品和服务的定价要考虑以下因素。

▶ 1. 国际化

由于互联网营造的全球市场环境，企业在制定产品和服务的价格时，要考虑国际化因素，针对国际市场的需求状况和产品价格情况，以确定本企业的价格对策。

▶ 2. 趋低化

由于网络营销使企业的产品开发和促销等成本降低，企业可以进一步降低产品价格。

同时由于互联网的开放性和互动性，市场是开放和透明的，消费者可以就产品及价格进行充分的比较、选择，因此，要求企业以尽可能低的价格向消费者提供产品和服务。

▶ 3. 弹性化

由于网络营销的互动性，顾客可以和企业就产品价格进行协商，也就是可以议价。另外，企业也可以根据每个顾客对产品和服务提出的不同要求，来制定相应的价格。

▶ 4. 价格解释体系

企业通过互联网，向顾客提供有关产品定价的资料，如产品的生产成本、销售成本等，建立价格解释体系，为产品定价提供理由，并答复消费者的询问，使消费者认同产品价格。

此外，网络营销中提供产品和服务的价格依然要根据产品和服务的需求弹性来制定，同时又要考虑网络营销的特点。企业在网上可以向顾客提供价格更低的产品和服务，但向顾客提供更多的方便和闲暇时间是不可忽视的重要因素。

五、渠道策略策划

如果问互联网对企业营销的哪个方面影响最大，回答肯定是企业营销渠道。国际互联网对在线订购、采购订单、存货、送货跟踪等电子贸易活动提供支持，因此，企业应将更多精力投向直销产品，推行电子函购销售，建设高效的物流系统。

网络渠道的构成主要有以下类别。

(一) 会员网络

网络营销中一个最重要的渠道就是会员网络。会员网络是在企业建立虚拟组织的基础上形成的网络团体。通过会员制，可以促进顾客之间的联系和交流，以及顾客与企业的联系和交流，培养顾客对企业的忠诚，并把顾客融入企业的整个营销过程中，使会员网络的每一个成员都能互惠互利，共同发展。

(二) 分销网络

根据企业提供的产品和服务的不同，分销渠道也不一样。如果企业提供的是信息产品，企业就可以直接在网上进行销售，只需要较少的分销商，甚至不需要分销商。如果企业提供的是有形产品，企业就需要分销商。企业要想达到较大规模的营销，就要有较大规模的分销渠道，建立大范围的分销网络。

(三) 快递网络

对于提供有形产品的企业，要把产品及时送到顾客手中，就需要通过快递公司的送货网络来实现。规模大、效率高的快递公司建立的全国甚至全球范围的快递网络，是企业开展网络营销的重要条件。

(四) 服务网络

如果企业提供的是无形服务，企业可以直接通过互联网实现服务功能。如果企业提供的是有形服务，需要对顾客进行现场服务，企业就需要建立服务网络，为不同区域的顾客提供及时的服务。企业可以自己建立服务网络，也可以通过专业性服务公司的网络实现顾客服务目的。

(五) 生产网络

为了实现及时供货，以及降低生产、运输等成本，企业要在一些目标市场区域建立生产中心或配送中心，形成企业的生产网络，并与供应商的供货网络及快递公司的送货网络相结合。企业在进行网络营销中，根据顾客的订货情况，通过互联网和企业内部网对生产网络、供货网络和送货网络进行最优组合调度，可以把低成本、高速度的网络营销方式发挥到极限。

六、促销策略策划

新型网络营销的促销策略有以下几种方式。

（一）折价促销

折价又称打折、折扣，是目前网上最常用的一种促销方式。因为目前网民在网上购物的热情远低于商场超市等传统购物场所，因此网上商品的价格一般都要比传统方式销售时低，以吸引人们购买。网上销售商品不能给人全面、直观的印象，也不可试用、触摸等，再加上配送成本和付款方式的复杂性，会造成顾客网上购物和订货的积极性下降。在这种情况下，幅度比较大的折扣可以促使消费者进行网上购物的尝试并做出购买决定。目前，大部分网上销售商品都有不同程度的价格折扣。

（二）赠品促销

赠品促销目前在网上的应用不算太多。一般情况下，在新产品推出试用、产品更新、对抗竞争品牌、开辟新市场情况下，利用赠品促销可以达到比较好的促销效果。赠品促销的优点：可以提升品牌和网站的知名度；鼓励人们经常访问网站以获得更多的优惠信息；能根据消费者索取赠品的热情程度来总结分析营销效果和产品本身的反映情况等。

（三）抽奖促销

抽奖促销是网上应用较广泛的促销形式之一，是大部分网站乐于采用的促销方式。抽奖促销是以一个人或数人获得超出参加活动成本的奖品为手段进行商品或服务的促销，网上抽奖活动主要附加于调查、产品销售、扩大用户群、庆典、推广等活动。消费者或访问者通过填写问卷、注册、购买产品或参加网上活动等方式获得抽奖机会。

（四）积分促销

积分促销在网络上的应用比传统营销方式要简单和易操作，网上积分活动很容易通过编程和数据库等来实现，并且结果可信度很高，操作相对较为简便。积分促销一般设置价值较高的奖品，消费者通过多次购买或多次参加某项活动来增加积分以获得奖品。积分促销可以增加上网者访问网站和参加某项活动的次数；可以增加上网者对网站的忠诚度；可以提高活动的知名度等。

本章小结

网络营销是企业营销实践与现代信息通信技术、计算机网络技术相结合的产物，是建立在电子信息技术基础之上、借助于互联网特性来实现一定营销目标的现代营销系统。网络营销的特点是交互性、个性化、时域性、经济性、技术性强，手段多样。常见的网络营销方法有搜索引擎营销、交换链接、网络广告、信息发布、邮件列表、个性化营销、会员制营销、网上商店、病毒式营销、网络视频营销、论坛营销、网络图片营销、网络营销联盟、竞价推广、微博营销、网络事件营销、微信营销、网络数据库营销。

网络营销策划是企业在特定的网络营销环境和条件下，为达到一定的营销目标而制订的具体的网络营销策略和活动计划。目前，我国企业的网络营销策划大致可分为三层：信息应用层策划、战术营销层策划、战略营销层策划。网络营销策划的基本原则有系统性原则、创新性原则、可操作性原则、经济性原则。网络营销策划的流程包括明确组织任务和远景、确定组织的网络营销目标、SWOT 分析、市场调研、市场定位、网络营销平台的设计、网络营销组合策略、网络营销策划书形成、方案的执行、效果评估及策略调整。

传统营销由于受到网络营销的冲击，必须在市场调研、产品、价格、渠道、促销等方面进行创新。

复习思考题

1. 网络营销的常用方法有哪些？
2. 简述网络营销策划的含义。
3. 网络营销策划的流程有哪些？
4. 新型网络营销的促销策略有哪些方式？

案例分析

京东商城与《男人帮》的“帮”营销

2011 年 10 月 22 日起，电视剧《男人帮》在浙江卫视、东方卫视等五大卫视首播后，迅速成为热门话题。在谈论剧情和角色的同时，剧中大量的植入广告也成为热点，国内 B2C 网络领导品牌京东商城首当其冲。甚至有人调侃道：“《男人帮》里最受关注的是谁？孙红雷？黄磊？王珞丹？都不是，是购物网站京东商城。”

品牌植入依附于影视剧，影视剧的成功与否直接决定了植入品牌的宣传效果，所以一次有效地植入运作的前提是选对人和找对剧。所谓选对人，最核心的就是导演和主演，这是一部影视剧成功的关键因素。在这一点上，京东认识非常清楚，赵宝刚导演加孙红雷、黄磊、汪俊、王珞丹等主演，成为京东选择《男人帮》的第一理由。

长达 30 集、总时长超过 20 小时的《男人帮》，为京东的充分表现提供了更大的舞台，为京东广告植入的广度提供了基础。从第 9 集开始，京东在剧中不断出现，通过多种形式传达服务特色。

货品低价：罗书全在剧中喃喃自语“正品行货，全网低价”，并打电话询问“能低到什么份”。

快速送货：第一天订了餐具，第二天就收到，罗书全感叹“这么快”；顾小白深夜迷迷糊糊买了一台计算机，早上还没睡醒，计算机就已送到。

正规发票：面对京东送货人员，顾小白要求“发票给我看看”。

无忧退货：顾小白订的电脑不想要了，罗书全买来用了几天的按摩椅，都可以无理由原价退货。

客服态度：无论是订货还是退货，甚至面对用户“两块钱卖不卖”的无理调侃，京东人员都热忱相待。

特色服务：“月黑风高”“211 限时达”等特色服务在剧中都有体现。

商品齐全：顾小白们在剧中买了电脑、按摩椅、数据线等多种商品。

一个电商品牌能够吸引消费者的因素在剧中几乎都得到了传达，让消费者对京东有了更为系统和全面的认识，而不仅仅是停留在品牌知名度层面。应该说，京东广告此次植入运作相当圆满，但京东并没有因此止步，而是进一步通过多样化传播来配合植入营销，从而加强营销的效果。

首先是普通电视广告。京东的策略是让观众在剧中看到京东，在电视剧中间插播的广告中也要看到京东。京东的电视广告分为数码篇和服饰篇，以孙红雷为代言人。数码篇中，孙红雷教大家耍酷，诸如“拍她，就是夸她”“有派就是有 iPad”“戴什么比听什么重要”等说法简约不简单，京东在售的蓝牙、录音笔、照相机、平板电脑等典型数码产品也贯穿其中。服饰篇异如同工，“西服不一定打领带，混搭才是王道”“领子越多就越有格调”等说辞同样令人耳目一新。整个广告连贯紧凑，切合生活，趣味生动。最后的广告语：“Fashion 学《男人帮》，购物让京东帮，全剧潮服（数码产品）京东有售”，不到 20 个字的文案，让硬广和《男人帮》及京东植入形成了紧密结合。

不仅在电视上，在各大网站、楼宇电梯视频、移动公交视频，处处皆可看到京东的广告影像。可以说，京东与《男人帮》的此次合作创造了网络品牌营销的奇迹，开启了新的影视剧植入营销模式。

思考：

1. 请问京东的此次影视剧植入营销为什么能够如此成功？
2. 请问京东此次与《男人帮》的合作为其带来了哪些市场贡献？

实训活动

一、实训目标

通过实训，使学生理解和熟悉网络营销策划的主要内容，掌握网络营销策划的运作手段，提高学生的实际操作运用能力。

二、实训内容

选择任一企业或网络平台，选择网络营销策划方式，对企业的产品或品牌重新进行营销策划。

三、实训步骤

1. 以 5～6 人为一组，每组确定 1 名负责人，组建营销团队。
2. 对各营销团队进行适当角色分工，确保组织合理和每位成员的积极参与。
3. 根据具体项目或产品，要求学生在进行市场调研的基础上，进行全面的市场分析，经过各团队交流讨论，并撰写营销策划方案。
4. 每组选派一个代表上台展示方案，制作 PPT 并进行模拟展示。
5. 评分标准：小组自评占 20%，其他组互评占 40%，教师评分占 40%。

第十章 服务营销策划

学习目标

1. 了解服务及服务的特征。
2. 理解服务营销的含义和特征。
3. 了解服务营销策划的特点。
4. 掌握服务营销策划的流程。
5. 掌握理解服务营销组合策划的具体内容。
6. 理解服务营销策划的策略与方法。

导入案例

制造业巨头的服务化转型

如果有人问你，世界上最大的咨询服务公司是哪家？你可能想不到会是IBM。如果有人问你，IBM和GE的收入主要来自什么业务？你可能想不到答案会是服务。如果有人问你，耐克公司是一家制造企业还是一家服务企业？你可能想不到答案会是后者。不管你信不信，这些都是不容置疑的事实。

IBM长期以来一直定位为“硬件制造商”。但是进入20世纪90年代，IBM陷入了前所未有的困境，公司濒临破产。在郭士纳的率领下，IBM成功地由制造企业转型为信息技术和业务解决方案公司。IBM的全球企业咨询服务部(Global Business Service)在160多个国家和地区拥有专业的咨询顾问，是世界上最大的咨询服务组织。2006年，IBM的硬件收入仅占全部收入的24.61%，其余收入均来自全球服务、软件和全球金融服务。

大家可能知道，GE是世界上最大的电器和电子设备制造公司，它除了生产消费电器、工业电器设备外，还是一个巨大的军火承包商，制造宇宙航空仪表、喷气飞机引航导航系统、多弹头弹道导弹系统、雷达和宇宙飞行系统等。但是，GE的收入却有一半以上来自服务，2006年，GE的服务收入占总收入的比重为59.1%。目前，GE已经发展成为集商务融资、消费者金融、医疗、工业、基础设施和NBC环球于一体的多元化的科技、媒体和金融服务公司。

耐克是一家世界著名的运动鞋企业。然而，公司总部除了从事研发设计和市场营销外，其他所有制造环节几乎都外包给加工质量好、加工成本低的鞋厂。通过制造外包，耐克实际上已经成为服务企业。

资料来源：刘继国．制造业服务化发展趋势研究．北京：经济科学出版社，2009：1-2.

第一节 服务与服务营销

一、服务的内涵和特征

(一) 服务的概念

管理学对于服务概念的研究，始于20世纪60—70年代市场营销学者对服务问题的关注。由于服务业的快速发展和服务概念本身的复杂性，尽管众多学者和机构曾试图提供一个能够反映服务独特属性的关于服务的定义，但至今还没有形成一个清晰的、一致认可的定义。在关于服务的定义中，比较有代表性的定义如下。

美国市场营销协会(1960)："服务是用于出售或连同产品一起出售的活动、利益或满足感。"

雷根(Regan，1963)："服务是直接提供满足，或与有形商品或其他服务一起提供满足的不可感知活动。"

斯坦顿(Stanton，1974)："服务是可以被独立识别的不可感知活动，为顾客提供满足感，但并非一定要与产品一起出售。"

莱特南(Lehtinen，1983)："服务是与某个中介人或机器设备相互作用并为消费者提供满足的一种或一系列活动。"

格隆鲁斯(Gronroos，1990)："服务是指或多或少具有无形特征的一种或一系列活动，通常(但并非一定)发生在顾客同服务的提供者及有形的资源、商品或系统相互作用的过程中，以便解决消费者的有关问题。"

卡斯帕尔(Kasper，2006)："服务是在本质上无形、易逝的一系列活动，服务交易并不存在所有权的转移问题。服务过程是一个互动的过程，目的在于为顾客创造价值。"

通过对众多关于服务定义的研究，我们可以把服务的内涵大致概括为：

(1) 服务是一个通过服务活动为顾客创造价值的过程。服务企业满足顾客需求，向顾客提供利益，为顾客提供问题解决方案，主要是通过一系列活动来完成的。服务中用到的有形物品，通常是作为服务设施与工具，用来帮助服务人员有效地完成服务活动。

(2) 服务是一种互动的活动过程。无论是医疗服务、维修服务、影视服务，还是银行服务，尽管服务所作用的对象和服务的行为方式有着明显区别，但任何一项服务都要由服务人员借助于一定的服务设施和服务工具，通过一系列活动来完成服务过程。在这个活动过程中，从服务需求的提出和确认到服务的完成，通常都需要顾客的参与，从而发生顾客与服务人员、服务环境、服务设施与工具，以及与其他顾客之间的互动。

(3) 服务交易通常不发生所有权转移。在大多数情况下，服务交易完成后，顾客并不从服务企业那里带走任何有形的物品。同样的服务设施、服务工具、服务人员和服务过程，可以继续为下一位顾客提供同样的服务。虽然顾客在购买有些服务时获得了某些有形物品的所有权，如机票、疾病诊断报告书等，但顾客通常都不是为了获得这些物品本身。

因此，我们可以简要地把服务定义为：服务是借助于服务设施与工具，为顾客创造价值的互动活动过程。

(二) 服务的特征

▶ 1. 无形性

无形性是服务区别于有形产品的一个最显著的特征。服务的无形性又称为服务的抽象性和不可触知性，这意味着服务在本质上不能像有形产品那样，在购买或消费之前就能被看到、听到、嗅到、触摸到、品尝到，因而事先很难对服务的结果和过程做出判断。例如，购买航空旅行服务的乘客，得到的是被航空公司安全、按时送达目的地的承诺和服务。入住酒店的房客，买到的只是在特定时间使用客房的权利，在离开时，他们什么也不带走。服务的无形性可以从以下三个不同的层次进行理解。

(1) 服务的很多元素看不见、摸不着、无形无质，但又是可以被感知的，消费者正是根据感受来评价服务质量的优劣的。因此，在提供服务时应当化无形为顾客的良好感受。

(2) 我们说服务是无形的，并不认定说服务过程始终不存在任何有形的物体或要素。在绝大多数情况下，服务的过程是有形物品与无形服务的结合。

(3) 服务进行的过程有时是有形元素和无形元素的结合，但有形元素并不是服务的本质。

▶ 2. 不可分离性

服务的不可分离性是指服务的生产过程通常和消费过程在时间和空间上是同步的。例如，在电信服务中，用户接通电话，电信运营商开始服务，同时用户开始利用电话进行沟通交流；用户挂断电话，服务和消费同时终止。

服务的不可分离性意味着以下几点。

(1) 服务的生产和消费过程通常要求顾客和服务员工同时在场，从而使顾客和服务员工发生彼此间面对面的接触。

(2) 顾客通常必须参与到服务生产的过程中，这使服务质量和服务效率不仅受到服务的接触设施、服务工具及服务人员的服务态度和服务能力的影响，也受到顾客本身的影响。

(3) 出现在服务现场的其他顾客和人员对服务的生产和消费也具有重要的影响。

例如，每一位接受教育服务的学生，通常都要参与到由任课教师组织的课堂教学活动过程中，与教师和其他同学发生面对面的接触。教学效果不仅取决于教学设施及任课教师的知识水平和教学方法，也取决于学生的课堂投入和对教学过程的参与，并受到课堂中其他同学表现的影响。

▶ 3. 差异性

服务的差异性也被称为服务的可变性，是指服务的过程质量和结果质量具有易变和不稳定的特性。服务的差异性通常是由于人与人之间的互动(顾客和服务员工之间及其他在场的顾客之间)，以及伴随这一过程的所有因素的变化(如时间、地点等)而导致的。这就意味着，即使是同一家服务企业提供的同一种服务，不同的服务员工或者同一位服务员工在不同的时间，提供给顾客服务的质量也可能会有差异。

具体来说，可能造成服务差异性的因素主要体现在三个方面。

(1) 服务人员的服务技能、努力程度甚至在为顾客提供服务过程中的心理状态等的差别和变化造成服务质量的差异，如同一所大学的同一门课程，不同教师的教学效果之间的差异必然受到教师的学识水平、授课技巧、敬业程度等的影响。

(2) 顾客的知识水平、兴趣爱好、沟通交流能力等的不同，导致顾客需求的差异及在准确表达顾客需求方面的差异，并由此导致服务质量的变化。例如，理发服务的质量不仅取决于理发师的服务态度和服务能力等，也取决于顾客对于自身气质、职业形象要求、头型等的认知，以及向理发师准确表达自己的发型需求的能力。

(3) 服务的时间和地点的变化导致服务质量的差异。时间是变化的最主要原因，即使同一家服务企业的同一位服务人员向同一位顾客提供同一种服务，这一次服务和下一次服务之间也可能会出现差异。此外，同样的服务在不同的场景中也会有不一样的服务质量。例如，现在国内很多旅游城市流行实景演出，实景演出的效果经常受到天气状况的影响。

▶ 4. 不可储存性

服务的不可储存性也被称为服务的易逝性，是指服务不能被储存、转售或退回的特性。服务不能被及时购买和消费就会造成损失和浪费。例如，一家有 200 间客房的酒店，在淡季时只能订出 100 间房间，则另外 100 间房间就只能空置；而在旺季，200 间客房却无法满足更多客人的需求。类似地，航空公司某个航班的一个座位、律师的一段工作时间都无法收回并在以后出售，一位顾客如果对一位理发师的服务不满意，也无法退货。

服务的不可储存性，意味着服务企业需要有效平衡服务供给与服务需求之间经常出现的矛盾。否则，就很可能会出现在需求高峰期无法满足顾客的服务需求，或者服务质量不可避免地降低；而在服务需求的非高峰期则出现服务能力不能有效利用，从而导致浪费的情况。

二、服务营销的含义和特征

(一) 服务营销的含义

服务营销是现代市场营销的一个新领域，是随着服务业的快速发展和激烈的市场竞争而产生的一种新的管理手段。它是指服务业为了满足顾客对服务效用的需求，实现顾客预定的目标，通过采取相应的策略而达成服务交易的商务活动过程。

服务营销能否取得成功的关键是企业能否为消费者提供满意的服务产品，并不断引进适应性的营销策略，以满足更多顾客的需要。

(二) 服务营销的特征

▶ 1. 供求分散性

在服务营销活动中，服务产品的供求具有分散性。不仅供方覆盖了第三产业的各个部门和行业，企业提供的服务也广泛分散，而且需方更是涉及各种各类企业、社会团体和千家万户不同类型的消费者。由于服务企业一般占地小、资金少、经营灵活，因此往往分散在社会的各个角落。服务供求的分散性，要求服务网点要广泛而分散，尽可能地接近消费者。

▶ 2. 营销方式单一性

有形产品的营销方式有经销、代理和直销多种方式。服务营销则由于生产与消费的统一性，只能采取直销方式，中间商的介入是不可能的，储存待售也不可能。服务营销的单一性和直接性在一定程度上限制了服务市场规模的扩大，也限制了服务商在许多市场上出售自己的服务产品，给服务产品推销带来了困难。

▶ 3. 营销对象复杂多变

服务市场的购买者是多元的、广泛的、复杂的。购买服务的消费者的购买动机和目的各异，某一服务产品的购买者可能涉及社会各界各业各种不同类型的家庭和不同身份的个人。例如，同样是一家餐馆，面对的顾客群体的口味多种多样，这就需要餐馆合理制定营销策略，力求最大限度地满足消费者的需求。

▶ 4. 服务的消费者需求弹性大

根据马斯洛需求层次理论，人们的基本物质需求是一种原发性需求，对这类需求人们易产生共性；而人们对精神文化消费的需求属于继发性需求，需求者会因各自所处的社会环境和各自具备的条件不同而形成较大的需求弹性。同时，对服务的需求与对有形产品的需求在一定组织及总金额支出中相互牵制，也是导致服务需求弹性较大的原因之一。同时，服务需求受外界条件影响较大，如季节的变化、气候的变化、科技的发展等。

▶ 5. 对服务营销人员的技术、技能和心理素质要求高

服务者的技术、技能直接关系着服务质量。服务者的服务质量不可能有唯一的、统一的衡量标准，而只能有相对的标准和凭购买者的感觉体会。同时，服务营销需要从业人员拥有良好的心理素质和良好的沟通技巧，要对自己有信心，面对顾客的抱怨时能够认真倾听，始终保持良好的精神状态。

三、服务营销策划

营销策划是对企业的营销活动做出的预先筹划和谋略。我们可以将服务营销策划理解为服务型企业为实现特定目标，在市场调查的基础上，提出新颖的营销思路和营销对策，并制订具体实施计划方案的思维活动。与一般实体产品相比，服务营销策划具有以下特点。

（一）以提供无形服务为目标

无形是服务最明显的特点。如果说有形产品是一个物体或一样东西，那么服务则表现为一种行为、绩效或努力。顾客在购买服务之前是看不见、尝不到、摸不着、听不见、嗅不到的，他们难以感知和判断其质量和效果，更多的是根据设施和环境来衡量服务。

（二）以顾客为核心

服务的不可分离性决定了服务产品的消费与服务产品的提供是同时进行的，也就是服务的消费者要直接参与服务的生产过程，并与服务提供者密切配合，因而使顾客成为服务的一部分。在这一过程中，服务绩效的好坏不仅取决于服务者的素质，也与顾客个人的行为密切相关，这就使服务营销工作复杂化。服务营销者在努力提高自己的素质、创建良好信誉的同时，还要时时注意揣摩消费者的心理喜好，区别不同类型消费者对同一服务的需

求差异特性，有针对性地开展服务营销工作，以增加消费者的满意度，消除和弱化消费者不满和抱怨的情绪。

(三) 注重服务质量的整体控制

服务质量是服务企业对消费者或顾客服务的效果与效率。对于顾客而言，服务质量就是顾客对自己所接受的服务过程、服务水准、服务效用的认同度和满意度，全面意义上的服务质量须从两方面来描述：①技术质量，以服务操作规程来描述和控制；②功能质量，以顾客感受和获得的满意度来描述。

(四) 时间是非常重要的因素

由于服务的不可感知形态，以及生产与消费的同时进行，从而使服务具有不可储存性。虽然服务设备、劳动力等能够以实物的形态存在，但它们只代表一种服务供应能力而非服务本身。服务的供过于求造成服务供应力的浪费，供不应求则又使顾客失望。因此，使波动的市场需求与企业服务供应能力相匹配，并在时间上一致，便成为企业服务营销管理的一项课题。另外，在服务市场上，既然服务生产和消费过程是由顾客同服务提供者面对面进行的，服务的推广必须及时、快捷，以缩短顾客等候服务的时间，因为等待时间过长会引起顾客的厌烦，使顾客对企业的服务质量及形象产生怀疑。服务营销中的时间因素对提高服务效率和顾客对服务的评价起着重要作用。

第二节 服务营销策划的流程

不同于其他行业，服务企业在提供服务过程中，顾客一直是身处其中的，我们把服务过程中顾客与服务组织的接触叫作“交锋时刻”。顾客是否对服务感到满意，在很大程度上取决于“交锋时刻”。服务营销策划帮助企业提高各个环节的效率，更好地应对服务行业的需求波动。服务营销策划的流程一般分为七个环节，流程如图 10-1 所示。

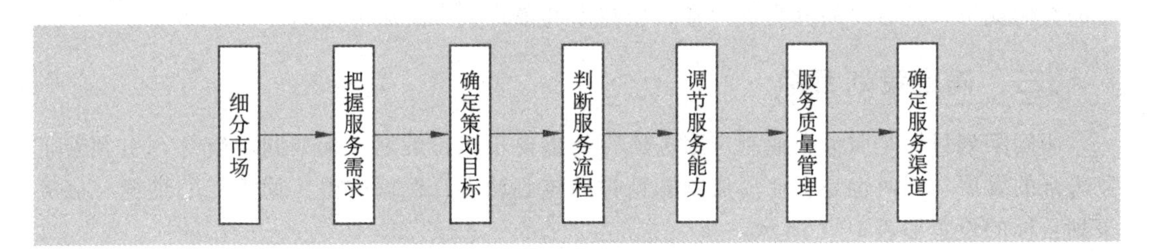

图 10-1 服务营销策划流程

一、细分市场

任何一个企业，无论规模如何，所能满足的也只是市场总体中十分有限的部分，而不可能全部满足，不可能为所有消费者都提供有效的服务。市场细分就是根据消费者明显不同的需求特征，将整体市场划分成若干个消费者群的过程，每一个消费者群都是一个具有相同需求和欲望的细分子市场。

和实物产品市场细分一样，服务市场的细分主要是依据一定的细分变量进行的。服务市场细分的常用变量可以概括为地理因素、人口统计因素、心理因素和行为因素四个方面，每一方面又包括一系列的细分变量。

二、把握服务需求

服务需求是指在顾客心目中，服务应达到的和可达到的水平。服务行业是由于顾客的期望才产生的，有句经典的话："企业拥有一个最简单的结构：最首要的事情是让用户满意，其次才是利润。如果做不好第一件事情，第二件事情将永远不可能发生。"特别是对于服务行业，顾客的回头率很高，唯有及时了解顾客的期望，调整产品的结构，才能保证在竞争日益激烈的市场中站稳脚跟。

一般来说，了解服务期望可以从以下几个方面入手。

（一）了解顾客最关心的期望

企业与顾客对某个具体服务的认识有时是不同的，弄清什么是顾客最关心的内容，企业才能有针对性地提供让顾客满意的服务。例如，在餐厅消费时，顾客的满意度受到食品价格、口味、附加价值等影响，但同时人们也非常关心卫生状况。

【案例 10-1】

IBM——从顾客最关心的期望着手提供服务

可以说，IBM 的辉煌在很大程度上得益于它正确的营销战略，即 IBM 就意味着服务。IBM 把服务精神列为竞争取胜的重要手段。例如，一家大医院要安装一套计算机系统，计算机的品牌很多，有些品牌的科技性能及软件比 IBM 还先进，但医院最后还是选择了 IBM。原因在于，IBM 销售人员总是耐心地访问医院上上下下有关人士，他们不说专业术语，不用高深的计算机知识"吓唬"人，而是尽量根据医院的需求，努力解决医院的实际问题。

（二）了解重点客户的期望

一般来说，企业必须重点对待那些关键客户，因为他们是利润的主要来源。服务行业可以从行业的特点出发，例如，证券行业的经纪业务可以按照财务指标来划分，按照保证金的数额就可以把客户划分为大户室、中户室和散户大厅的服务类别。

三、确定策划目标

明确策划目标是服务企业制定服务流程的重要步骤，策划目标如同指航灯，引领着企业未来的发展，同时也是企业形成团队精神的核心动力。根据彼得·德鲁克的理论，服务策划目标的设置如表 10-1 所示。

表 10-1　服务策划目标的设置

构成要素	具 体 内 容
市场地位	①服务产品的销售额；②服务产品所占的市场份额；③服务拓展的可行性
生产率	①服务劳动效率；②资本产出率
利润率	①利润率的预期；②利润的使用和扩大投入；③吸引新资本
创新目标	①服务产品的创新；②服务营销方式的创新；③服务营销理念的创新
管理者的业绩	①管理者业绩的目标与具体目标；②管理者培训和开发

四、判断服务流程

服务流程可以看作一个“投入—变换—产出”的过程，最后的结果通常不是一件有形的产品。服务可以被描述为一种行为或者行为的结果。根据顾客本身及资产在服务流程中的不同情况，服务可以分为以下四种类型。

▶ 1. 作用于人体的可触行为

这种服务发生在人的身体上，使身体的形状、地理位置发生一定变化，如外科手术、交通运输、美容服务等。这种服务要求顾客必须身处服务现场，与服务组织及员工有长时间的紧密接触。

▶ 2. 作用于人的精神的不可触行为

这种服务结束时对人的精神产生影响，使顾客感到愉悦或头脑充实，例如增加了知识、得到了信息、改变了想法等。在提供这种服务的过程中，并不一定需要顾客身处服务机构中，也可以通过传播媒介进行，如广播电视、移动通信等。无形的信息是此类型服务组织和顾客的主要接触内容。

▶ 3. 作用于有形资产的可触行为

这种服务针对的是顾客的有形资产，所以客户本人并不要求在场，如包裹运输、服装洗涤、家电送修等。在许多情况下，顾客将物品送到服务机构或组织上门服务，顾客只要提供相应的要求和指示就行。

▶ 4. 作用于无形资产的可触行为

这里的无形资产主要包括顾客的钱财、重要文件、数据等。随着现代技术的日益发达，顾客几乎不需要与服务机构进行接触，如电子银行、电话银行等。但在有些情况下还是需要面对面的服务，如投资咨询、申请贷款等。

五、调节服务能力

服务能力是指一个服务系统提供服务的能力程度。服务能力是由人力资源、设施和设备、时间以及顾客参与四大要素构成的。

(一) 人力资源

人的劳动是所有高接触型服务和许多低接触型服务的一个关键能力要素。一句名言非常形象地说明了这一点：“律师的时间和专门知识即是他的资产。”专业服务及基于知识的产出尤其依赖高水平的专业人员。对于饭店服务员、护士、电话接线员等大量重复性的服务工作来说，各岗位员工的安排方式、劳动生产率也是决定产出的关键因素。

此外，人力资源还是具有高度灵活性的能力要素。在劳动力流动市场充分且发达的条件下，人员可以全时工作、兼职工作或加班加点工作，还可以通过交叉培训而胜任多项工作，这些都是灵活调整服务能力的重要途径。

(二) 设施和设备

制造业中的设施和设备主要考虑半成品、原材料和人员容纳等问题，而服务行业的设备还要考虑顾客的接待问题，因此在要求上更进了一层。设施和设备对服务能力的大小往往起到决定性的作用，如医院的床位、宾馆的房间数、货车的车厢容积等。

（三）时间

因为是服务性行业，所以必须考虑到顾客需求的随机性和可预测性，而这两者又都与时间要素相关联。预测高峰期和延长服务时间都是服务能力管理的方法，如短途城际火车票定价，虽然路程、列车类别、服务标准等均无差异，但不同时间的定价有所差异，目的就是调节短期客流。

（四）顾客参与

在不同的服务行业，顾客的参与度不一样。例如，在银行 ATM 机上自助取款、在自助餐厅用餐等都属于高参与度活动。顾客参与整个服务过程的程度往往决定了顾客的满意度。例如，某个驾校因为给学员训练的时间过短，而且教练没有对学员进行细致的辅导，导致学员大量投诉。因此，应尽可能鼓励顾客参与，这是提高顾客满意度的一条途径。

在考虑调节服务能力时，需要遵守供需平衡的原则，针对不同情况的需求采取不同的服务能力策略。在需求波动明显加大时，通过改变设施布局、延长服务时间、利用非全时员工、使用预定系统和处理超额预订问题，提高供应能力；在需求波动不足时，通过提供价格诱因、开发互补性服务等多种方式，达到资源利用率的优化。成功的服务能力管理，可以做到既降低服务的成本，同时又提高顾客满意度。例如，我国每年的火车调度、营运线路设计都考虑到顾客的实际需求。

六、服务质量管理

服务质量是消费者对于企业所提供服务感受的优劣程度。服务质量管理是一项系统工程。

（一）影响服务质量的主要因素

从消费者的角度来看，服务质量取决于两个主要因素：外显服务和隐性服务。

外显服务特指能够看得到的服务，一般是指服务设施、服务材料和服务环境等方面产生的效果，也可称为“硬服务”。例如，健身中心提供的健身器械，宾馆为顾客提供的客房和床位，歌厅的音箱设备、娱乐的环境和清洁状况等，都可视为外显服务。

隐性服务特指消费者接受服务时在心理上和精神上的感知和享受，包括消费者和服务提供者进行服务接触所产生的瞬间印象，也可称为“软服务”。例如，服务提供者的态度、行为方式、穿着等给消费者带来的感知和享受。

（二）服务行业的质量管理模式

目前，服务行业的质量管理模式主要分为两种：产品生产模式和消费者满意程度模式。

(1) 产品生产模式。这种模式强调充分发挥有形资源和生产技术的优势，提高服务质量，实现最低的有形资源占用，最大限度地满足消费者的需求。

(2) 消费者满意程度模式。这种模式强调消费者对服务质量的反馈，反馈的结果有时受有形服务要素的影响，更多的是受消费者与服务人员相互交往的情绪、感觉和交流氛围等无形要素的影响。一旦消费者的期望和接受的服务出现差异，就会影响消费者满意度。这种管理模式能够促使服务人员重视自身的能力和工作态度，不断提高服务水平。

产品生产模式的优点是实现最低的有形资源占用，最大限度地满足消费者的需求；缺点是过于强调有形服务要素的效能发挥，而忽视了消费者的感受和评价。消费者满意程度模式的优点是能够促使服务人员重视自身的能力和工作态度，不断提高服务水平；最大的缺点是片面强调消费者的主观意见，容易将服务人员的注意力转移到消费者的心理感受上，而忽视环境和技巧等对服务的影响。

随着人们生活水平的日益提高，越来越多的企业采取产品生产模式和消费者满意程度模式相结合的方式来强化服务质量管理。

七、确定服务渠道

传统的服务渠道一般包括直销、经销、联合营销等，必须根据服务目标的特点来决定选用哪种或哪几种服务渠道。

（一）直销

与传统的营销方式相比，直销的优点在于减少流通环节、降低交易成本，并可使企业较快地接受市场信息，及时调整经营策略。直销方式普遍运用在保健品、化妆品、家居洗涤用品、小型厨具等市场。但随着市场的变化，直销的缺点逐渐显现，如人员的规范性不一致、盈利不稳定、业绩压力大等。作为直销手段而言，更应该向高端客户靠拢。

（二）经销

经销是指由经销商负责服务产品的销售和顾客服务，这种方式最大的优点在于扩大了消费群，降低了企业的运营成本。在企业经营策略中，一般将售后、流通部分转移出去，一来可以降低企业的运营成本，二来可以使企业更高效地聚焦于自己的核心产品，而且经销商有更多的机会了解顾客的需求。但需要注意的是，一般经销商的服务水平低于企业的服务水平，企业也可能无法及时收到信息反馈。

（三）联合营销

当今人们的生活节奏加快，人们越来越倾向于“一站式”购物方式，这使家乐福、沃尔玛等大型卖场的生意日益火爆。受这一现象的启发，很多企业也纷纷打出“一条龙服务”“一揽子服务”等概念。当然，要提供这些服务，由一家企业来完成是既不现实也不经济的。按照“专业的事情交给专业的人办”的原则，几家相关的企业联合起来提供服务是一种常见的营销策略。

第三节 服务营销组合策划

服务营销是服务组织依据自身制定的营销战略，对营销过程中的各个要素变量进行配置和控制的活动。由于服务的生产与消费的同步性，顾客通常会参与到服务的生产过程中，并与服务人员直接接触；而且由于服务的无形性，顾客经常会根据一些有形的线索评价和体验服务。因此，服务组织可以利用附加的沟通变量与顾客交流，以使顾客满意。

越来越多的证据显示，传统的市场营销的层面和范围不适合服务市场营销。现有的证据足以说明有必要重新调整市场营销组合，以适应服务市场营销。服务市场营销组合除了具有传统的市场营销组合的四个要素 4P(产品、价格、渠道、促销)外，还拥有三个要素——人员、有形展示和过程，即服务市场营销要素组合为产品、价格、渠道、促销、人员、有形展示和过程，如表 10-2 所示。

表 10-2　服务市场营销要素

要素	内　容
产品	服务范围、服务质量、服务水平、附属产品、包装、品牌、服务承诺、售后服务
价格	灵活性、折扣/折让、佣金、付款条件、期限、差别定价、认知价值、质量/定价
渠道	渠道类型、中间商、店面位置、运输、仓储、分销渠道
促销	促销组合、人员销售、促销活动、广告、宣传、媒介类型、公共关系、数量
人员	人力配置：招聘、培训、激励/投入
	人际行为：团队、授权、态度
	顾客：顾客教育、顾客行为、参与程度
有形展示	服务场所：招牌、装潢、色彩、陈设、噪声水平、设施/设备
	有形物品：员工制服、名片、报告、对账单
过程	流程、政策、步骤、机械化、顾客参与、员工授权、顾客控制、标准/定制

一、产品策划

服务市场营销组合中，服务产品是第一要素。服务市场营销的首要任务就是向市场提供符合顾客需求的服务产品。服务产品是一种特殊的商品，服务企业必须考虑提供服务的范围、服务项目、服务质量，同时还应注意品牌、服务承诺及保证、售后反馈等。随着社会经济的发展、人们生活水平的提高，消费者的需求日益多样化、人性化，要提高服务产品的竞争能力，就需要将这些因素进行有机组合，不断创新，以满足消费者的需求。通过与顾客建立和保持良好的互惠互利关系，通过良好的服务，可以使企业及时得到反馈信息，挖掘和创造顾客潜在的需求，及时调整企业的经营方式和目标，开发出顾客最需要的新产品，最大限度地使顾客满意，最终培育忠诚的客户群。

服务产品策划主要包括以下几方面的内容。

(1) 服务项目策划。服务项目策划是指对企业以何种服务形式、服务方式和服务种类进入服务业的策划活动。一个良好的服务项目策划能够给顾客带来较高的价值，它是服务竞争取胜的首要因素。

(2) 服务产品开发策划。在制造业中存在新产品开发策划，同样，在服务业也有服务产品开发策划。开发新的服务产品，是企业生存和发展的有效途径。服务产品开发策划一般包括调查研究阶段、新服务产品开发的构思创意阶段、设计阶段、试制与评价鉴定阶段、生产技术准备阶段和正式上市阶段。

(3) 服务品牌策划。品牌代表利益认知、情感属性、文化传统和个性形象等价值观念，一个具有丰富文化内涵的品牌才具有持久的生命力。因此，品牌是服务产品形象和文化的象征，好的服务品牌策划能够使企业保持长久而旺盛的生命力。

(4) 服务质量策划。服务质量是判断一家服务企业好坏的最主要依据。一个好的服务质量策划对于一项服务产品的设计具有十分重要的作用，它能有效地提高顾客的感知服务质量，提高顾客满意度，从而使他们成为忠诚顾客。

(5) 服务的有形展示策划。服务是无形的，而服务设施、服务设备、服务人员、顾客、市场信息资料、定价目标等都是有形的，这些有形物都可为无形的服务提供有形的展示。因此，一切可传达服务特色及优点的有形组成部分都被看作有形展示，包括服务环境的装修、色彩、氛围、布置，服务设施用品和有形线索等，它直接影响顾客对服务质量的评价。因此，良好的有形展示策划是提高顾客感知服务质量的有效途径。

二、价格策划

价格方面要考虑的因素包括价格水平、折扣、折让和佣金、付款方式和信用等。价格往往被看作判断服务质量的证据，顾客按照自身对认知价值的理解考虑服务价格。因此，在确定服务价格时，价格与质量间的相互关系是重要的考虑对象。另外，由于不同的顾客对相同服务价值的感知方式是不一样的，这就需要为不同的细分市场制定不同的价格策略。价格策划的内容包括：确定定价目标，确定服务需求，测算服务成本(基于活动的成本会计)，分析竞争者的成本和价格，选定定价方法等。此外，在进行服务营销价格策划时，要考虑具体的服务特征，如表 10-3 所示。

表 10-3 服务特征对服务定价的影响

服务特征	对服务定价的影响
无形性	顾客在购买服务产品时，不能客观、准确地检查无形无质的服务，这使服务产品的定价远比有形产品的定价更为困难
不可存储性	使服务的供求始终难以平衡，产生了不同时期有差别的服务产品价格
需求不稳定性	顾客往往可以推迟消费某些服务，甚至可以自己实现某些服务的内容，类似的情况往往导致服务卖主之间更激烈的竞争
服务同质性	使价格竞争更加激烈。一般来说，越是独特的服务卖方越可以自行决定价格，只要买主愿意支付此价格。服务质量具有很高的差异性，服务与服务之间没有统一的质量标准可供比较
不可分性	使服务受到地理和时间因素的限制，消费者只能在一定的时间和区域内才能接受服务，这种限制加剧了企业之间的竞争，也直接影响服务的定价水平

三、渠道策划

渠道策划涉及给顾客提供服务时的地点、时间以及采用的渠道方式等方面的决策。服务场所的位置、可达性，销售渠道的形式，以及服务覆盖的地理范围，在服务营销中都是重要的因素。可达性不仅指服务场所便于寻找、到达和停留，对于通过远程接触的方式提供的服务，还意味着电话线路的畅通和互联网数据传输的流畅和高速。所以，分销渠道的类型以及销售涵盖的地区范围都与服务便利性密切相关。由于服务可以采用电子分销渠道，互联网等信息技术的迅猛发展使企业在制定服务营销策略时更加重视如何利用电子分销渠道。服务时间要素的重要性使速度和便利性成为服务渠道策划中重要的决定性因素。

由于服务的不可分离性，服务渠道的策划和有形产品渠道的策划有较大区别。服务渠道的策划较少考虑渠道结构，而主要着手服务渠道和服务位置的选择。

四、促销策划

促销包括广告、人员推销、营业推广、宣传、公共关系等各种市场营销沟通方式。服务业的促销活动与有形产品的促销活动大致相同，用于有形产品促销的工具、策略和策划步骤也适用于服务促销。为增进消费者对无形服务的印象，企业在促销活动中要尽量使服务产品有形化。例如，许多理发店、婚纱摄影店将一些经过顾客允许的服务成果加以展示，增加了顾客关于服务产品的信息，提升了企业良好的形象。这样，无形的服务就具有了一种有形化的特征。

五、人员策划

人员要素应该是参与者，是指参与到服务过程中并对服务结果产生影响的所有人员，包括企业的员工、顾客和处于服务环境中的其他人员。

企业员工的着装、仪表、态度和行为等因素，都会影响顾客对服务的感知。同时，员工也担当着企业兼职营销人员的责任，代表企业的形象。因此，企业必须对员工进行培训、指导和激励，并通过竞争来保证员工能够按照企业的承诺向顾客提供服务和有效地处理各种突发事件。

同时，由于服务的过程性(不可分割性)，顾客自身也会参与到服务过程中。顾客对服务质量与服务感知也会产生重要的影响，他们的态度会影响其他顾客对服务质量与服务过程的感知。

此外，处于服务环境中的其他人员也影响服务生产与服务消费过程。例如，持有银行贵宾卡而享受到特殊服务的人，往往会因为其他人的羡慕而提高对服务质量的感知和服务价值的认同。

六、有形展示策划

有形展示的要素包括有形环境(装潢、颜色、陈设、声音)，以及提供服务时所需用的实物设施(如汽车租赁公司所提供的汽车)，还有其他实体性信息标志(如航空公司的机身上喷涂的公司标志或干洗店对洗好的衣物的“包装”)，完全不涉及有形证据的“纯服务业”极少。一般的实体产品可以进行自我展示，但是由于服务自身的特点使得其难以进行自我展示。在服务过程中，一切可以传递服务特色与优点的有形组成部分，均可称为服务的有形展示。有形展示按构成要素进行分类，可分为实体环境、信息沟通和服务价格。

【案例 10-2】

富侨：中国足浴第一品牌的有形展示

富侨是拥有十多家直营店、四百多家加盟店、年产值达 30 多亿元的大型企业，是中国足浴著名品牌。2007 年，富侨成功打入新加坡市场，凭借优雅的环境、优质的服务赢得了市场。富侨的内部装修专门请专家进行设计，按照高档适用、经久不落后的原则，结合北派官廷中式的华贵气势与田园式的自然流派形成了自己独特的风格，并以亭、台、楼、阁等典型的中式符号穿插其中，从而提高了企业的文化品位，使之生动而富有情趣。四百多家连锁店都统一按照总店的要求进行装饰，使顾客一到富侨，即感觉是一种享受。

(一) 实体环境

实体环境包括以下内容。

1. 周围环境因素

周围环境因素包括空气质量、噪声、气氛、整洁度等。这类因素通常被顾客视为服务产品内涵的必要组成部分。这类因素的存在虽然不能使顾客格外激动，但若缺少这些要素或是这些要素达不到顾客的期望，就会削弱顾客的信心。周围环境因素通常被认为是理所当然的，所以它们的影响是中性的或消极的，也就是说，顾客注意到周围环境因素，更多的是引发否定行为而不会因此有意接近。

2. 设计因素

设计因素包括建筑、结构、颜色、造型、风格等美学因素和陈设、标识等功能因素。这类因素被用于改善服务产品的包装，显示产品的功能，建立有形的、赏心悦目的产品形象。设计因素的主动刺激比周围环境因素更易引起顾客的积极情绪，鼓励顾客采取接近行为，有较强的竞争潜力。

3. 社会因素

社会因素指在服务场所内一切参与及影响服务产品生产的人，包括服务员工和其他出现于服务场所的人士，他们的人数、仪表、行为等都有可能影响顾客对服务质量的期望和认知。

(二) 信息沟通

沟通的信息来自企业本身及其他引人注目之处，通过多种媒体传播与展示服务，从赞扬性的讨论到广告，从顾客口头传播到企业标志，不同形式的信息沟通都传送了有关服务的线索。信息沟通所使用的方法有以下两点。

(1) 服务有形化，在信息交流中强调与服务相联系的有形物，让服务显得实实在在。

(2) 信息有形化，通过鼓励积极的口头传播、做服务承诺和在广告中应用容易被感知的展示等，使信息更加有形化。很多顾客都特别容易接受其他顾客提供的口头信息，据以做出购买决定。例如，选择医生、律师或选修课教师时，顾客会先征询其他人的看法。

(三) 服务价格

服务价格之所以受到服务营销者重视，是因为价格是营销组合因素中决定收入的主要因素；而顾客之所以关注价格，是因价格可以提高或降低人们的期望。由于服务是无形的，因此价格是对服务水平和质量的可见性展示。价格能展示一般的服务，也能展示特殊的服务；它能表达对顾客的关心，也能给顾客以急功近利的感觉。制定正确的价格能传递适当的信息，是一种对服务有效的有形展示。

七、过程策划

服务是一组由一系列活动组成的过程，在这个过程中，生产与消费同步进行，顾客对服务质量产生感知是关键所在。所以，企业只有对这一系列过程加以管理，才能真正实现优质服务。服务在向顾客提供之前，一般都是一样的。不同的人在不同的时间、不同地点的参与，才使服务过程呈现出不同的结果。因此，服务设计要考虑服务的生产与交付过程性，以及顾客真正的需求。服务管理者要特别关注以下过程要素：服务系统的运作流程和步骤、服务供应中的器械化程度、给予员工何种限度的授权、顾客参与操作过程的程度、顾客的控制感、预定与等候制度等。同一服务业内，各个企业设计的服务过程差异很大，但不同的过程并没有优劣之分。

第四节 服务营销策划的策略与方法

由于服务本身具有无形性、不可分性、易变形和不可存储性，企业在开展服务营销策划时就要避免服务自身的特点对服务营销产生的不利影响，尽量使服务有形化、可分化、规范化和可调化；又要依据服务灵活性的特点，做到服务的技巧化、差异化和效率化，从而提高顾客的感知服务质量，提高顾客满意度。

一、服务有形化策略

服务的有形化是指服务机构有策略地提供服务的有形要素，以帮助顾客识别和了解服务，并由此促进服务营销。服务有形化策略包括服务承诺化策略与服务包装化策略。

（一）服务承诺化策略

服务承诺是指公布服务质量或效果的标准，并给予顾客利益上的保证或担保。服务承诺化是指服务机构对服务过程的各个环节的质量予以承诺，以促进服务营销。

对服务做出承诺，可以降低服务消费者因服务的无形性而须承担的认知风险，因而可以降低顾客由此产生的心理压力，增强顾客对服务的信任，从而促进服务营销，进而激发和扩大顾客需求。例如，格力公司承诺空调保修时间延长到六年，这是对顾客的一种承诺，更是企业信心的体现。

（二）服务包装化策略

服务包装是指服务环境。服务包装（或环境）作为服务的有形线索，能够提示它所包装的服务信息。服务包装（或环境）是有价值的，可以使服务增值。

在某种意义上，服务包装化是指服务环境的“营销”，即有策略地设计和提供服务环境，让顾客通过接触环境来识别和了解服务的理念、质量和水平等信息，从而促进服务的购买或交易。简单地说，服务包装化就是让顾客接受服务前先接受服务的包装或环境。

二、服务技巧化策略

服务无形性的背后是服务的技巧。一切服务业归根结底都是靠其他行业难以替代的服务技巧生存和发展的。服务技巧化是指培养和增强服务的技巧，利用服务技巧来吸引和满足顾客，充分发挥技巧在服务营销中的作用。服务技巧化主要体现为服务的技能化。

服务技能是指服务人员服务的熟练程度、技艺、能力等。服务技能化就是培养和增强服务人员的技能，利用服务技能来吸引和满足顾客，充分发挥技能在服务营销中的作用。对一家重视技能化的服务机构来说，它的营销在一定程度上就是服务技能的营销。

服务技能是服务产品价值的核心来源。技能是技巧的主要组成部分，服务技能的增强从根本上增强了服务营销的吸引力。

三、服务可分化策略

服务可分化是指在服务过程中让服务生产者与服务消费者之间实行部分分离。服务的可分化主要体现为服务的自助化。

服务自助化是指服务生产者向顾客提供某些服务设施、工具或用品，让部分服务由顾客自行完成，以便服务生产者与消费者之间实现一定程度上的分离。

服务的自助化有利于增强服务消费者在服务过程中的自主体验感和自我责任感。顾客的自主体验感增强，会加深对服务过程的兴趣和激情，从而有助于服务的再次购买。顾客对服务的自我责任感增强，对服务提供者的责任期望会相对降低，这对服务营销是有利的。

四、服务关系化策略

服务的不可分性对服务营销存在有利的一面，主要表现为：服务的生产与消费不可分，在客观上成为服务业的一种要求，使服务业比制造业更需要关心顾客的需求、改善与顾客的关系等。为了利用有利的一面，服务营销可以采取关系化策略，即在服务营销中通过强调关系营销、内部营销、口碑营销、公共关系、与顾客接触“真实瞬间”的服务质量等来实现对顾客的优质服务，而实现服务细微化是关系化营销的重要策略。

服务细微化是指服务机构或人员从细微处关心顾客和贴近顾客，使服务关系进入更深的层次。“见微知著”是古人对服务细节精辟的提炼，服务机构只有通过对细微处的观察，才能满足顾客真实需要或偏好，从而使服务营销有效。

服务的细微化有利于顾客对服务质量的感知，服务质量较强的主观性会影响服务过程的每一个具体细节，因而会对整个服务过程的质量产生根本性影响；服务的细微化可使顾客提升对服务者的主观感受，从而产生优质服务的印象。

五、服务规范化策略

服务的规范化是指在服务过程中建立规范并用规范引导、约束服务人员的心态和行为，以保持服务的稳定性。服务规范化主要包括服务理念化和服务标准化两个环节。

(一) 服务理念化

服务理念化是指服务机构建立自己的理念并用理念来规范服务人员的心态和行为。企业理念是指企业用语言文字向社会公布和传达自身的经营思想、管理学和企业文化，主要包括企业宗旨、使命、目标、方针等内容。

服务机构的理念通常是借助于文字的有形形式向消费者公布和传达的服务有形信息。例如，汉堡王公司“任你称心享用”、联合航空公司“你就是主人”等，都生动、形象地表达了各自的营销理念，提高了消费者对这些公司服务产品的信任，有利于体现服务特色和实现企业的内部营销。

（二）服务标准化

服务标准化是指服务机构系统地建立服务质量标准，并用服务质量标准来规范服务人员的行为。

服务标准化是服务理念化的实现形式，两者之间有内在联系。有的实施性较强的服务理念与服务标准区别不大，在实行规范化营销时，应避免重标准而轻理念的现象。因为服务理念是服务标准的灵魂，缺乏理念的服务标准不管制定得如何全面细致，也是冰冷呆板的；而让服务人员执行缺乏灵魂的服务标准，也难以取得理想的效果。所以，服务营销的开展，既要重视标准化，也要重视理念化以及两者间的内在关联。

六、顾客满意策略

顾客满意是指顾客对一件产品或服务满足他们需要的绩效与他们的期望进行比较所形成的感觉状态。实现顾客满意的重点在于提高顾客满意度，服务营销的最终目标就是要提高顾客满意度，追求顾客忠诚。要做到提高顾客满意度，就要做到以下几点。

（一）塑造“顾客至上”的经营理念

“顾客至上”的经营理念，是服务顾客最基本的动力，同时它又可引导决策，联结公司所有的部门共同为顾客满意的目标奋斗。比如，台湾“塑胶大王”王永庆之所以成为市场的大赢家，就是因为他深刻认识到一个重要的事实——“顾客至上”才是一家公司欣欣向荣的基本要素；麦当劳成功的要素就是它始终重视顾客，千方百计让顾客满意，它的整体价值观念是质量、服务、卫生和客户价值。

（二）开发令顾客满意的产品

顾客满意策略要求企业的全部经营活动都要以满足顾客的需求为出发点，把顾客需求作为企业开发产品的源头。所以，企业必须熟悉和了解顾客，即要调查他们现实和潜在的需求，分析他们购买的动机、行为、能力和水平，研究他们的消费传统、习惯、兴趣和爱好。只有这样，企业才能科学地顺应顾客的需求走向，确定产品的开发方向。例如，Sony公司的一款产品Walkman，极大地满足了年轻人边走边听音乐的需求，从而获得了巨大成功。

（三）提供令顾客满意的服务

热情、真诚地为顾客着想的服务能带来顾客的满意，所以企业要不断完善服务系统，以便利顾客为原则，用产品具有的魅力和一切为顾客着想的体贴去感动顾客。售后服务是生产者接近消费者的直接途径，它比通过发布市场调查问卷来倾听消费者呼声的方法更有效。由此不难看出，今后企业的行为必须要以消费者满意为焦点。

（四）科学地倾听顾客的意见

顾客是企业的生存之本，只有耐心倾听顾客的意见，才能最大限度地满足顾客的需求，让顾客满意，这是改善服务、提高顾客满意度的一条捷径。大部分情况下，抱怨的顾客需要忠实的听者，喋喋不休的解释只会使顾客的情绪更差。面对顾客的抱怨，员工应掌握好聆听的技巧，从顾客的抱怨中找出顾客抱怨的真正原因，以及顾客对于抱怨期望的结果。

（五）正确处理客户抱怨

当顾客投诉或抱怨时，不要忽略任何一个问题，因为每个问题都可能有一些深层次的原因。顾客抱怨不仅可以增进企业与顾客之间的沟通，而且可以诊断企业内部经营与管理所存在的问题，因而企业应该利用顾客的投诉与抱怨来发现自身需要改进的领域。在处理顾客抱怨中发现问题，对产品质量问题应该及时通知生产方；对服务态度与服务技巧问题，应该向管理部门提出，加强教育与培训。处理完顾客的抱怨之后，企业应与顾客积极沟通，了解顾客对于企业处理问题的态度和看法，增加顾客对企业的忠诚度。

本章小结

管理学对于服务概念的研究，始于20世纪60—70年代市场营销学者对服务问题的关注。由于服务业的快速发展和服务概念本身的复杂性，尽管众多学者和机构曾试图提供一个能够反映服务独特属性的关于服务的定义，但至今还没有形成一个清晰的、一致认可的定义。本书简要地把服务定义为：服务是借助于服务设施与工具，为顾客创造价值的互动活动过程。服务具有无形性、不可分离性、差异性和不可存储性的特征。

服务营销是指服务业为了满足顾客对服务效用的需求，实现预定的目标，通过采取相应的策略而达成服务交易的商务活动过程。服务营销的特征包括：供求分散性、营销方式单一性；营销对象复杂多变；服务的消费者需求弹性大；对服务营销人员的技术、技能和心理素质要求高。

服务营销策划可以理解为服务型企业为实现特定目标，在市场调查的基础上，提出新颖的营销思路和营销对策，并制订具体实施计划方案的思维活动。与一般实体产品相比，服务营销策划具有以下特点：以提供无形服务为目标；以顾客为核心；注重服务质量的整体控制；时间是非常重要的因素。

服务营销策划的流程一般分为七个环节：细分市场、把握服务需求、确定策划目标、判断服务流程、调节服务能力、服务质量管理和确定服务渠道。服务市场营销组合除了具有传统的市场营销组合的四个要素4P（产品、价格、渠道、促销）外，还拥有三个要素——人员、有形展示和过程，即服务市场营销要素组合为产品、价格、渠道、促销、人员、有形展示和过程。

企业在开展服务营销策划时就要避免服务自身的特点对服务营销产生的不利影响，尽量使服务有形化、可分化、规范化和可调化，又要依据服务业灵活性的特点，做到服务的技巧化、差异化和效率化，从而提高顾客的感知服务质量，提高顾客满意度。具体的策略有服务有形化策略、服务技巧化策略、服务可分化策略、服务关系化策略、服务规范化策略、顾客满意策略。

复习思考题

1. 服务营销的含义是什么？有哪些特征？
2. 服务营销策划的流程有哪些？
3. 服务营销的组合包括哪些要素？
4. 服务质量管理有哪些具体内容？
5. 简述服务的有形展示。

案例分析

杭州东信驾校营销纪实

一、案例背景

(一)杭州东信驾校简介

杭州东信驾校全称为杭州东信机动车驾驶员培训有限公司(以下简称东信驾校)，系普天东方通信集团有限公司下属的一家专门经营C、Z照培训业务的子公司。公司成立于2002年12月，投资1 000万元，按杭州市一类驾校资质要求(教练车至少50辆，教练员55名)设立，配有理论教室、多媒体教室、排故实验室、修理车间等。拥有室外教练场地6 000平方米，内部教学道路5 000米。不出公司，学员即可进行初步道路训练。

(二) 杭州驾驶员培训市场现状

自1996年以来，杭州市学员人数一直保持稳步快速上升趋势，每年以14%～20%的幅度递增。特别是近年来政府对私家车政策的进一步放宽，2002年杭州市报名参加驾驶员培训(以下简称驾培)的人数首次突破10万人大关。2003年，随着学车年龄的放宽，学车人数已达到15万人，预计2004年将达到18万人左右。杭州市的驾培服务机构也由三年前的60余家发展到目前的86家，2004年将达到90家，其中市区就达75家。教练车也由1 000余辆发展到3 500辆，其中C照教练车就达2 300辆。

驾培行业的快速发展，使竞争者大量涌入，从业人员迅速增加，培训价格为3 200～3 780元。面对驾培行业混乱的市场局面，从驾培协会传出消息，到2004年4月底，19辆教练车以下的三类驾校将一律被淘汰。各大驾校开始短兵相接，纷纷打起价格战、分销战、促销战等，使驾校行业硝烟四起。

二、东信驾校的市场分析

(一) 招生途径调查

通过调查，得到驾校招生途径数据如表10-4所示。

表10-4 驾校招生途径数据

招生途径	东信驾校	传统的驾校
朋友介绍	65%	80%
市场推广	12%	5%
媒体广告	19%	14%
网络	4%	1%

从表10-4中的数据可以发现：朋友介绍是招生的最主要途径。一方面，说明教练员的水平、素质和修养在学车过程中的重要性，因此应加强教练队伍建设，提高教练素质，实行人性化教学，积极和学员沟通交流(包括学习中和学成后)；另一方面，也说明传统的驾校招生过于依赖人际介绍。分析发现，传统的驾校都没有市场营销部，而是靠学员介绍学员的传统方法，这种方法比较有效，但传播面不广。

（二）学员年龄结构调查

经调查知，21～40岁的学员占整个市场份额的79.84%。其中，21～24岁多为在校大学生，正处于求知学技的黄金年龄，学车的目的是提升技能，增加就业砝码。如果价格适中，会吸引一大批学生来学车。所以，需针对学生这个特殊的群体采用差别定价策略。25～30岁的学员多为单位技术骨干、研究生，大部分为单身，他们对提升自己的技能方面有强烈的需求，容易接受新鲜事物，对新潮流、新的消费方式有着极强的尝试欲望，是消费的中坚力量，并且对价格不像学生那样敏感，更看重考试的通过率，所以要在考试通过率上做文章。30～40岁的学员学车主要是为了买车，这部分人对价格也不敏感，他们对学车通过率、服务，特别是学车时间比较重视。他们大多属于忙人，时间不是很多，所以要想吸引这批人，必须在学车的模式上有所创新。

三、东信驾校营销策略组合

东信驾校以市场调查结果为依据，制定了服务产品、价格、渠道、促销等策略，并予以整合。

(1) 在服务产品上，大力创新。东信驾校是杭州第一家引入模拟考试设备和IC卡预约学车系统，并在服务上提供上门接送服务、提供夜间灯光教练的驾校。针对有些驾校的教练吃、拿、卡、要等现象，东信驾校又推出为学员提供免费的午餐。2004年2月，针对驾培市场呼吁个性化学车模式，东信驾校又推出休闲学车和IC卡预约学车两种新模式。休闲学车服务就是为不上车的学员准备休息室，配备卡拉OK、报纸杂志；专门提供免费上网服务的休息室；在学车场地边的大草坪内提供休闲茶吧，学员自带茶叶，驾校免费提供开水和场地；考虑到学车都是一整天，驾校为学员免费提供带卫浴设备的午睡房间；免费提供乒乓球、台球设施，甚至提供烧烤设备和场地。IC卡预约学车模式主要针对时间比较紧的学员，通过预约，可以实现单人单车单教练，享受个性化的服务。

(2) 在价格上，采取差别定价方法。譬如，市场价3 680元，3人以上的收3 580元，6人以上的收3 500元；学生价3 480元，3名以上学生收3 450元，6名以上学生收3 400元；合作单位价格为3 580元。

(3) 在渠道上，拓展报名点，特别是在体检考试的地方设立报名点，在城东、城南等地与其他连锁店合作设点，积极和杭州各大企业和事业单位、学校建立长期合作关系，合作协议单位可以享受东信驾校内部员工价。随着信息化程度越来越高，东信驾校把传统行业搬上了互联网，通过建立网站，提供网上报名和网上预约等业务，简化了报名程序。在方便学员的同时，也扩大了驾校招生的范围。

(4) 在促销上，2003年9月，由于公安部放宽了对学车年龄的限制，东信驾校和《都市快报》合作，首先推出老年班学车活动。此活动一经推出，就在社会上掀起了老年人学车热。2003年11月，针对交通事故频繁发生，而“马路杀手”又多出自驾驶新手的状况，《都市快报》与东信驾校联合推出“新手特训营”，征集30位新手(驾龄一年以下)参加，进行城市驾车知识讲座，汇集新手出现的种种问题，进行共性和个性分析，并邀请省安全厅资深汽车技术顾问人员进行城市驾驶方略、汽车 ABS、SRS、AT、三元催化、零公里购车、汽车轮胎等讲解。此外，这些新手司机还可以在教练的陪同下进入杭州主要道路，进行驾车实战练习。

东信驾校经过一年多市场化运作后，从理解客户需求入手，在培训模式上不断创新，配以一流的硬件设施和优雅的环境，致力于打造杭州驾驶培训新景象。

思考：

1. 根据案例材料，讨论市场调查在服务营销策略制定过程中的作用。

2. 根据案例材料，分析东信驾校的服务定价基础及定价策略、服务分销渠道、服务沟通与促销策略。

3. 你还可以为东信驾校提出什么建议？

实训活动

一、实训目标

了解服务企业如何制定定价、分销和促销策略，并进行服务定价、分销和促销策略策划的实操练习。

二、实训内容

选择一家服务企业(如电影院、动物园、酒店、沐足城、驾校或其他服务组织)，对相关管理人员进行深度访谈，根据访谈情况写出该服务企业的定价、分销和促销策略并进行评价。帮助该服务企业设计一套有创意且能产生良好效果的定价、分销和促销策略方案。

三、实训步骤

1. 以 5～6 人为一组，每组确定 1 名负责人，组建营销团队。

2. 对各营销团队进行适当角色分工，确保组织合理和每位成员的积极参与。

3. 各团队围绕实训项目，收集某企业背景资料，并认真学习相关理论和知识，制定包括访谈提纲在内的执行方案，经过充分讨论，最后综合形成小组报告。

4. 每组选派一个代表上台展示方案，制作 PPT 并进行模拟展示。

5. 评分标准：小组自评占 20%，其他组互评占 40%，教师评分占 40%。

参考文献

[1]〔美〕菲利普·科特勒．市场营销管理(亚洲版)[M]．3版．洪瑞云，梁绍明，等，译．北京：中国人民大学出版社，2005.

[2] 郭国庆．市场营销学通论[M]．北京：中国人民大学出版社，1999.

[3] 吴健安．市场营销学[M]．4版．北京：高等教育出版社，2001.

[4] 杨群祥．市场营销概论：理论、实务、案例、实训[M]．2版．北京：高等教育出版社，2015.

[5] 金润圭．市场营销学[M]．3版．北京：高等教育出版社，2015.

[6] 张鸿．市场营销学[M]．北京：科学出版社，2009.

[7] 王小兵，王晓东．市场营销理论与实务[M]．北京：清华大学出版社，2016.

[8] 严宗光．市场营销学：理论、案例与实务[M]．北京：科学出版社，2011.

[9] 廖以臣．市场营销教学案例[M]．北京：高等教育出版社，2012.

[10] 任锡源．营销策划[M]．北京：中国人民大学出版社，2016.

[11] 张鸿．营销策划[M]．北京：科学出版社，2014.

[12] 李琼，程艳霞．营销策划理论与实务[M]．北京：人民邮电出版社，2014.

[13] 王丽丽．市场营销策划：理论、实务、案例、实训[M]．北京：高等教育出版社，2010.

[14] 杨岳全．市场营销策划[M]．北京：中国人民大学出版社，2000.

[15] 杨明刚．市场营销策划[M]．3版．北京：高等教育出版社，2015.

[16] 唐嘉庚．服务营销学[M]．北京：高等教育出版社，2011.

[17] 谭俊华．营销策划[M]．2版．北京：清华大学出版社，2017.

[18] 杨明刚．营销策划创意与案例解读[M]．上海：上海人民出版社，2008.

[19] 符国群．消费者行为学[M]．北京：高等教育出版社，2001.

[20] 中国营销传播网.

[21] 中国市场营销网.

[22] 中国营销在线.

[23] 零售网.

[24] 数字化营销科研网.

[25] 网上新观察.

教师服务

感谢您选用清华大学出版社的教材！为了更好地服务教学，我们为授课教师提供本书的教学辅助资源，以及本学科重点教材信息。请您扫码获取。

教辅获取

本书教辅资源，授课教师扫码获取

样书赠送

市场营销类重点教材，教师扫码获取样书

清华大学出版社

E-mail: tupfuwu@163.com
电话：010-83470332 / 83470142
地址：北京市海淀区双清路学研大厦 B 座 509

网址：http://www.tup.com.cn/
传真：8610-83470107
邮编：100084